Karrieren im Zwielicht

Norbert Frei

Karrieren im Zwielicht

Hitlers Eliten nach 1945

In Zusammenarbeit mit Tobias Freimüller, Marc von Miquel,
Tim Schanetzky, Jens Scholten, Matthias Weiß

Campus Verlag
Frankfurt/New York

Die Deutsche Bibliothek – CIP-Einheitsaufnahme
Ein Titeldatensatz für diese Publikation ist bei
Der Deutschen Bibliothek erhältlich.
ISBN 3-593-36790-4

2. durchgesehene Auflage 2002

Redaktion: Klaus Gabbert
Umschlaggestaltung: mancini design, Frankfurt
Umschlagmotiv: Presse- und Informationsamt der Bundesregierung;
Süddeutscher Verlag, Bilderdienst
Satz: Leingärtner, Nabburg
Druck und Bindung: Druckhaus Beltz, Hemsbach
Gedruckt auf säurefreiem und chlorfrei gebleichtem Papier.
Printed in Germany

Inhalt

Exkurse

Vorwort

Thomas Fischer

Hitlers Eliten nach 1945 – unter diesem Titel sendet die ARD 2002 eine sechsteilige zeitgeschichtliche Fernsehdokumentation, die vom Südwestrundfunk produziert wurde. Norbert Frei, wissenschaftlicher Berater der Sendereihe, legt dazu dieses Begleitbuch vor, das den Stoff der Filme aufnimmt, ihn erweitert und vertieft.

Sendungen und Buch erzählen von Menschen, hauptsächlich von Männern, zu deren hervorstechenden Eigenschaften es gehörte, daß sie mehr als andere nach beruflichem Erfolg strebten. Sie wollten Karriere machen. Den meisten war der Rang nicht in die Wiege gelegt, sie mußten sich ihren Erfolg erarbeiten. Dabei galt es, Konkurrenten aus dem Wege zu räumen, Rückschläge einzustecken, Beziehungen zu knüpfen, Demütigungen zu ertragen – und im Ehrgeiz nicht nachzulassen. Am Ende stand das Ziel, als Teil der Funktionselite an den Hebeln der Macht zu sitzen.

Dies an sich ist noch keine aufregende Sache, findet sich Vergleichbares doch zu allen Zeiten. Spannend wird es aber, wenn solche Karrieren in einem System stattfinden, das, wie der englische Wirtschaftshistoriker Harold James formulierte, »die Unmenschlichkeit zur täglichen Routine« macht. Und noch spannender wird es, wenn sich diesen Eliten nach 1945 die Chance zu einer zweiten Karriere in einem System bietet, das das NS-Regime ächtete und die Wahrung der Menschenrechte zur politischen Maxime erhob.

Männer wie Hermann Josef Abs, vor und nach 1945 im Vorstand der Deutschen Bank; Werner Best, vor 1945 Justitiar der Gestapo, danach Mitarbeiter bei Stinnes; Henri Nannen, im Krieg in einer Propagandakompanie, dann Chefredakteur des *Stern*; Reinhard Gehlen, Chef der Ostspionage unter Hitler und Adenauer – sie alle verfügten über die Gabe, sich mit Geist, Charme und guten Umgangsformen in wechselnden Systemen zu Moderatoren, Botschaftern, Anwälten ganz unterschiedlicher Einzelinteressen und Interessengruppen zu machen. Das brachte ihnen vielfältige nützliche Kontakte und Einflußmöglichkeiten ein, machte sie aber auch zu Mitwissern und Mitverantwortlichen. Karrieren im Zwielicht.

Die erste Karriere war nicht gegen Hitler und die NSDAP zu machen. Wer in der Wirtschaft, in der Justiz, beim Militär, im Gesundheitswesen oder im Journalismus Einfluß hatte, gewinnen oder behalten wollte, mußte sich »arrangieren«, indem er sich dem politischen Modell »Nationalsozialismus« verschrieb und dessen Erfolg zu seinem Erfolg machte.

Die meisten wurden dabei früher oder später »Parteigenossen«, viele wurden auch Mitglied der einen oder anderen NS-Organisation, nicht selten der SS. Das half in jedem Fall der Karriere. Viele hielten aber auch Distanz zur Partei – und stimmten zugleich manchen Kernzielen Hitlers zu: dem Kampf gegen das »Versailler Diktat«, gegen den Bolschewismus, gegen die Juden. Auf die eine oder andere Weise fand jeder etwas Gutes an Hitlers Projekt und sah in ihm die Chance für den beruflichen Aufstieg.

Das Knüpfen von Beziehungsnetzen war dafür eine geradezu unabdingbare Voraussetzung. Je länger die NS-Herrschaft dauerte, desto größer wurde die Zahl der politischen Organisationen, Sondereinrichtungen und Spezialisten »zur besonderen Verwendung«. Um in diesem wildwachsenden Dschungel mit- und gegeneinander agierender Interessengruppen nicht aus der Karrierebahn geworfen zu werden, wurde es geradezu überlebenswichtig, gute und stabile Beziehungen zu entwickeln und die rasch wechselnden politischen und militärischen Konstellationen im Auge zu behalten. Diese Fähigkeiten waren weitaus wichtiger als das wiederholte Bekenntnis zur nationalsozialistischen Politik.

1945 tat sich zunächst für fast alle, die mit dem Nationalsozialismus Karriere gemacht hatten, ein Abgrund auf. Sie mußten zur Kenntnis nehmen, daß nach zwölf aus ihrer Sicht arbeits- und erfolgreichen Jahren nicht nur der von ihnen mitgetragene Staat militärisch besiegt, politisch erledigt und moralisch diskreditiert war, sondern daß auch sie selbst sich in einer existentiellen Krise befanden. Viele mußten in alliierten Prozessen als Angeklagte oder Zeugen Fragen nach ihrer persönlichen Verantwortung für den Terror und die Verbrechen der vergangenen Jahre beantworten. Viele stürzten dabei ab – insbesondere jene, die zur politischen Führungselite gehört hatten. Kein NS-Politiker von Bedeutung konnte nach 1945 auf die politische Bühne zurückkehren. Einige nahmen sich das Leben, andere flüchteten über vorbereitete »Rattenlinien« ins Ausland oder verschafften sich mit Hilfe der Gestapo noch im Mai 1945 eine neue Identität. Nicht wenige wurden verurteilt, manche zum Tode. Die Mehrheit aber fühlte sich nicht verantwortlich und vertraute darauf, bald wieder benötigt zu werden.

So beispielsweise Reinhard Gehlen, bis 1945 Hitlers Spionagechef für den Krieg im Osten. Er, dessen einziger Ehrgeiz es von Kindheit an gewesen war, die heißbegehrten roten Streifen eines Generalstabsoffiziers zu tragen, war noch am 9. April 1945 von Hitler wegen wiederholt düsterer Lagebeurteilungen entlassen worden. Aber er hatte sich darauf vorbereitet. Bereits seit Oktober 1944 hatte er mit einigen Vertrauten unter größter Geheimhaltung wichtige Akten gesammelt und vergraben. Nun setzte er sich in aller Stille in die bayrischen Alpen ab und wartete mit ein paar Getreuen in einer Berghütte am Spitzingsee auf das Ende des Krieges. Am 22. Mai 1945 stellte er sich den Amerikanern. Sein Kalkül, daß diese seine Dienste in Anspruch nehmen würden, ging nach einigen Wochen der Ungewißheit auf. Unter amerikanischer Leitung baute er die »Organisation Gehlen« auf und wurde 1956 Geheimdienstchef der Bundesrepublik.

Ähnlich erging es Professor Julius Hallervorden. Der Hirnforscher erhielt am 14. Juni 1945 in Dillingen Besuch von seinem Kollegen Leo Alexander, der im Auftrag der amerikanischen Anklagebehörde im Nürnberger Prozeß medizinische Menschenversuche recherchierte. Hallervorden präsentierte ihm seine aus Berlin ausgelagerte Gehirnsammlung von Euthanasieopfern in der Hoffnung auf eine gedeihliche Zusammenarbeit. In seinem Tagebuch notierte Alexander, wie ihm Hallervorden den Besitz der Sammlung erklärte: »Ich habe da so was gehört, daß das gemacht werden soll, und da bin ich denn zu denen hingegangen und habe ihnen gesagt, nu Menschenskinder, wenn ihr nu die alle umbringt, dann nehmt doch wenigstens mal die Gehirne heraus, so daß das Material verwertet wird. Die fragen dann, nu, wie viele können Sie untersuchen, da sage ich ihnen, eine unbegrenzte Menge – je mehr, desto lieber ...« Leo Alexander zeigte sich nicht begeistert von Hallervordens Vorschlag, die Präparate für gemeinsame Forschungszwecke zu nutzen. Er veröffentlichte seine Notizen und brachte den Professor damit in Bedrängnis. Trotz dieser »Rufschädigung« konnte der aber problemlos seine Karriere fortsetzen: am Max-Planck-Institut für Hirnforschung, Gießen.

Was auch heute, nach fast sechs Jahrzehnten, noch immer irritiert, ist die Tatsache, daß nicht nur einige hundert, sondern einige hunderttausend für Unrecht und Unmenschlichkeit mitverantwortliche Angehörige der Funktionseliten nach 1945 tatsächlich ihre »zweite Chance« erhielten: die meisten in der Bundesrepublik, eher wenige in der DDR, wo linientreue Kader die Führungspositionen besetzten. Verblüffend ist auch, welche Zählebigkeit einige platte Lügen, die bereits während der ersten NS-Prozesse von den Verteidigern in Umlauf gesetzt wurden, bald entwickelten. Am meisten verbreitet war die Behauptung, es sei lediglich eine kleine skrupellose Clique von fanatischen Parteiführern gewesen, die mit Hilfe von SS und Gestapo über das Volk geherrscht habe und deren Befehlen auch die Funktionseliten hilflos ausgeliefert gewesen seien. Man habe gehorchen müssen, um sein eigenes Leben zu retten, und sei nur zum Schein, um »Schlimmeres zu verhüten«, aktiv für das Regime eingetreten. Dieses Märchen von den »verführten«, »unschuldigen« Deutschen und vom »Befehlsnotstand« wurde besonders in den fünfziger Jahren von den alten und neuen Eliten dazu genutzt, die weitere Strafverfolgung von NS-Verbrechen zu unterlaufen und eine gesellschaftliche Aufarbeitung der Vergangenheit abzuwehren.

Doch wenn auch viele der alten Eliten bald wieder über Macht und Einfluß verfügten: Ihre Position war potentiell angreifbar geworden. Die Verantwortung für die Vergehen und Verbrechen des nationalsozialistischen Staates ließ sich nicht abschütteln. Trotz kollektiven Beschweigens und Vertuschens erfüllte sich die Hoffnung auf das große Vergessen nicht. Im Gegenteil: Je mehr die NS-Zeit zur Geschichte wurde, desto länger wurden die Schatten der Vergangenheit. Sie erreichten nach und nach auch jene, die sich zunächst in Sicherheit wähnten.

Ende der fünfziger, Anfang der sechziger Jahre führte die DDR eine Fülle belastender Materialien gegen viele hundert Mitglieder der neuen-alten Funktionselite in der Bundesrepublik ins Feld. Eine Reihe von Broschüren, schließlich ein ganzes *Braunbuch*, brachte zahlreiche Prominente aus Wirtschaft, Verwaltung, Justiz, Militär und Presse in arge Bedrängnis – und manche zu Fall. Aber auch in der Bundesrepublik selbst wuchs nun das Interesse an der Aufarbeitung der Vergangenheit. Der Auschwitz-Prozeß seit 1963 ließ vor allem die junge Generation kritisch nach den Handlungsspielräumen fragen, die die Funktionseliten im NS-Staat gehabt hatten. Und wenigstens einige der Befragten stellten sich jetzt öffentlich ihrer Vergangenheit.

Zum Beispiel Henri Nannen. Er hatte 1939 Hitler als den »Führer« gepriesen, der »unser Volk wieder fest gegründet hat auf den unerschütterlichen Grund der Herkunft und des Blutes, aus dem letzten Endes auch die Kunst ihre Nahrung empfängt.« Nachdem er die Autorenschaft für solche Sätze lange geleugnet hatte und wie viele andere von den Verbrechen nichts gewußt haben wollte, schrieb Nannen am 1. Dezember 1979 anläßlich der Fernsehserie *Holocaust* an seine »lieben Stern-Leser«: »Wer sich nicht Augen und Ohren zuhielt und das Gehirn abschaltete, dem blieb nicht verborgen, daß hier das perfekteste Verbrechen seinen Weg nahm. Wir hätten es wissen müssen, wenn wir es nur hätten wissen wollen. Wer Soldat im Osten war, dem konnten die Judenerschießungen, die Massengräber und beim Rückzug die ausgebuddelten und verbrannten Leichenberge nicht verborgen bleiben. Ich jedenfalls, ich habe gewußt, daß im Namen Deutschlands wehrlose Menschen vernichtet wurden, wie man Ungeziefer vernichtet. Und ohne Scham habe ich die Uniform eines Offiziers der deutschen Luftwaffe getragen. Ja, ich wußte es und war zu feige, mich dagegen aufzulehnen.«

Das lange Schweigen, Vertuschen und Schönfärben der Vergangenheit durch die Führungseliten und ihr fehlender Wille, für mitverschuldetes Unrecht einzustehen, ging damit zu Ende. Aber es hat die ersten Jahrzehnte der Bundesrepublik innen- und außenpolitisch stark belastet und die Herausbildung einer demokratischen Gesellschaft beträchtlich verzögert. Ein stärkerer Druck der politischen Nachkriegselite auf den Justizapparat hätte sicherlich die juristische und politische Aufarbeitung der Vergangenheit vorantreiben und den Austausch der belasteten durch unbelastete Führungskräfte beschleunigen können. Vielleicht wären der Bundesrepublik dadurch die großen gesellschaftlichen Konflikte der sechziger und siebziger Jahre erspart geblieben.

Andererseits gilt, daß die Demokratie die vielen »alten Kameraden« einigermaßen schadlos überstanden hat. Und die Skandale um die NS-Vergangenheit von Männern wie Hans Globke, Josef Neckermann, Theodor Oberländer, Hans Filbinger oder Werner Höfer – um nur einige Prominente zu nennen – haben die Demokratie letztlich eher gestärkt als geschwächt.

Mediziner: Operation Volkskörper

Tobias Freimüller

Die deutschen Mediziner hatten 1945 allen Grund, optimistisch in die ungewisse Zukunft zu blicken, denn wie auch immer sich die Dinge entwickeln würden: Ärzte würden immer gebraucht. Und die Ärzteschaft war sich noch weniger als andere gesellschaftliche Eliten einer Schuld bewußt. Zu Verbrechern waren doch nur wenige geworden: jene, die in Konzentrationslagern oder in den sogenannten »Euthanasie«-Anstalten gemordet hatten. Die große Mehrheit der Ärzte dagegen hatte, so schien es, ihren Beruf fernab der Politik ausgeübt. Doch zugleich wußte jeder, der es wissen wollte: Zwischen Medizin und Nationalsozialismus hatte es enge Verbindungen und weitgehende Übereinstimmungen gegeben. Die Reinigung des »deutschen Volkskörpers«, die Ausgrenzung und Vernichtung alles »Minderwertigen« – dieses Projekt hatten das Regime und viele Ärzte bis zuletzt gemeinsam vorangetrieben. Und wer einmal die grauen Busse gesehen hatte, in denen Behinderte und psychisch Kranke abtransportiert worden waren, der konnte sich auch eine ganz konkrete Vorstellung davon machen, daß Mediziner ihr Berufsethos nicht nur verraten, sondern es geradezu auf den Kopf gestellt hatten. Sie hatten gemordet, statt zu heilen.

Der Nürnberger Ärzteprozeß und die Selbstinterpretation der Ärzteschaft

Die Frage nach individueller Schuld und Verstrickung stellte sich für die Ärzte in ganz unterschiedlicher Weise. Die meisten Hausärzte, die in ihrem Praxisalltag zwischen 1933 und 1945 kaum eine Veränderung erlebt zu haben meinten, sahen in der Regel keinen Anlaß zu selbstkritischer Reflexion – um so weniger, als rasch deutlich wurde, daß ihr Berufsstand nach wie vor ein ungebrochen hohes öffentliches Ansehen und Vertrauen genoß.

Für die medizinische Elite an Forschungsinstituten und Universitäten stellte sich die Situation anders dar. Nicht nur galt es, einen wissenschaftlichen Rückstand gegenüber dem Ausland aufzuholen, den man selbst durch internationale Abschottung und die Beschäftigung mit Auslesemedizin

Die Selbstgleichschaltung der Ärzteverbände 1933

Folgendes Telegramm sandte der Leiter des Ärztevereinsbundes und Leiter des Hartmannbundes, Alfons Stauder, anläßlich des Zusammentritts des Reichstages am 22. März 1933 an Adolf Hitler: »Die ärztlichen Spitzenverbände Deutschlands begrüßen freudigst den entschlossenen Willen der Reichsregierung der nationalen Erhebung, eine wahre Volksgemeinschaft aller Stände, Berufe und Klassen aufzubauen und stellen sich freudigst in den Dienst dieser großen vaterländischen Aufgabe mit dem Gelöbnis treuester Pflichterfüllung als Diener der Volksgesundheit.«

Quelle: Jütte, Robert (Hg.): *Geschichte der deutschen Ärzteschaft*, Köln 1997, S. 144

Die Nationalsozialisten konnten 1933 kaum Schritt halten, so schnell vollzog die deutsche Ärzteschaft ihre Selbstgleichschaltung. Die Standesvertretungen ordneten sich dem neuen Regime unter, die Ärzteverbände begannen mit der Ausgrenzung jüdischer Kollegen, noch bevor dies verlangt worden war, und nicht weniger als 45 Prozent der deutschen Ärzte wurden Mitglieder der NSDAP. 26 Prozent traten der SA bei (zum Vergleich: etwa elf Prozent der Lehrer waren in der SA) und neun Prozent der SS (Lehrer: 0,4 Prozent). Eine ganze Medizinergeneration versprach sich, angesichts der katastrophalen Arbeitsmarktsituation, von der zentralistischen NS-Gesundheitspolitik eine Verbesserung ihrer finanziellen Lage und war auch empfänglich für die nationalsozialistische Vision einer selektionistischen Gesundheitspolitik, die die Starken und »Erbgesunden« fördern und die Schwachen und Minderwertigen aussondern sollte. Eine kostenminimierende Kollektivmedizin sollte den »Volkskörper« als Ganzes in den Blick nehmen und ihn von kranken Organen oder Gliedern befreien. Für die Bevölkerung galt die Pflicht zur Gesundheit, und der Arzt wurde zum »Arzt am Volkskörper«. Nicht jeder Mediziner konnte dieser Vision etwas abgewinnen – allzu vielen aber erschien eine obrigkeitsstaatlich geplante und von Experten autoritär durchgesetzte Gesundheitspolitik als das Gebot der Stunde.

Die Biologisierung des Sozialen: Die nationalsozialistische Erbgesundheitspropaganda konnte sich auf den herrschenden Zeitgeist stützen, wenn sie die vermeintlichen Folgen einer Vermehrung von Erbkranken darstellte – aber auch auf die Postulate einer moralisch entfesselten Wissenschaft. Das Plakat entstammt einer Ausstellung des Reichsnährstandes.

und »Rassenhygiene« verursacht hatte, man mußte auch das Vakuum kompensieren, das die ausgegrenzten, vertriebenen und ermordeten jüdischen Kollegen hinterlassen hatten. Und man mußte sich von bislang erwünschten, nun aber politisch und gesellschaftlich diskreditierten Vorstellungen verabschieden: vom Ziel der Auslese der Besten und der Vernichtung der »Minderwertigen« ebenso wie von allen vermeintlich medizinischen Definitionen höher- und minderwertigen Lebens. Die Distanzierung von diesen selektionistischen Vorstellungen bedeutete aber immer auch die Revision einer langen berufsständischen und ganz persönlichen Tradition, in der das Jahr 1933 eben keinen tiefen Bruch bedeutet hatte. An welchem Punkt hatte man die Grenze zwischen Heilen und Töten überschritten? Es konnte doch nicht alles falsch gewesen sein, was man von seinen akademischen Lehrern übernommen und dann in der Weimarer Republik und schließlich im NS-Staat selbst vertreten hatte. Wie weit mußte man nun umdenken? Wer hatte sich disqualifiziert? Wer hatte noch eine Chance?

Solche Gedanken wurden freilich nur in der unmittelbaren Nachkriegszeit ausgesprochen, und auch dann nur im privaten Raum. Die offiziellen Standesorgane der Ärzteschaft waren mit praktischen Fragen befaßt. Die lokalen und regionalen Ärztekammern der Westzonen mel-

»Arbeit am Volkskörper«: Massensterilisationen Der erste große Schritt hin zu einer spezifisch nationalsozialistischen Medizin war ab 1934 die Zwangssterilisation von mehr als 300 000 Menschen auf der Grundlage des »Gesetzes zur Verhütung erbkranken Nachwuchses« vom 14. Juli 1933. Das Gesetz basierte auf einem Entwurf von 1932, enthielt nun aber Zwangsmaßnahmen: Alle Angehörigen und Institutionen des Gesundheitswesens waren verpflichtet, Erbkranke bei neu eingerichteten »Erbgesundheitsgerichten« anzuzeigen. Zudem wurde die erbbiologische Erfassung der Bevölkerung vorangetrieben: Schon in den zwanziger Jahren war vielerorts mit der Sammlung von Krankendaten begonnen worden, die nach 1933 den Grundstock einer geplanten »Reichssippenkartei« bildeten. In Hamburg waren 1939 im Rahmen dieser erbbiologischen Bestandsaufnahme schon zwei Drittel der Einwohner registriert. Dieses Vorgehen öffnete der Verfolgung mißliebiger Minderheiten Tür und Tor: Registriert und sterilisiert wurden nicht allein Erbkranke; auch Kriminelle, Prostituierte und »Asoziale« wurden Opfer dieser »negativen Eugenik«.

deten schon in der politisch offenen Situation der unmittelbaren Nachkriegsmonate ihre Interessen an und nahmen Stellung zur alliierten Säuberungspolitik, bevor sie ihre eigene Reorganisation vorantrieben und sich 1947 zur Arbeitsgemeinschaft der Westdeutschen Ärztekammern (aus der 1955 die Bundesärztekammer hervorgehen sollte) zusammenschlossen. Schließlich ging es darum, die wichtigste Geschäftsgrundlage der Medizin aufrecht zu erhalten: das Vertrauen der Patienten. Um das traditionell sehr hohe Ansehen der Ärzte in der Bevölkerung zu wahren, mußte unter allen Umständen vermieden werden, die Rolle der Medizin im Dritten Reich allzu deutlich hervortreten zu lassen.

In der Entnazifizierungsfrage agierten die Ärztefunktionäre erfolgreich. Bis zur Einführung geregelter Spruchkammerverfahren 1946 stritten sie erfolgreich dafür, daß Berufsverbote nur bei Belastungen verhängt wurden, die über die bloße Mitgliedschaft in der NSDAP hinausgingen. Das Interesse der Besatzungsmächte, die gesundheitliche Versorgung im besiegten Deutschland nicht zusammenbrechen zu lassen, tat ein übriges: Selbst Ärzte, denen die Berufsausübung zunächst verboten worden war, erhielten von den Ärztekammern vorläufige Lizenzen, die ihnen das Praktizieren wieder erlaubten. Seit Beginn der Spruchkammerverfahren konnten entnazifizierte ehemalige Parteigenossen ohnehin ihren Beruf wieder ausüben, was sich auch in der Personalpolitik der Ärztekammern niederschlug: Ärztekammerpräsident Ernst Fromm (ab 1955) war Mitglied der SA, sein Nachfolger Hans-Joachim Sewering (ab 1973) Mitglied der SS gewesen. Der erste Hauptgeschäftsführer der Arbeitsgemeinschaft, Carl Haedenkamp, bot das Bild eines Funktionärs, der seiner Zunft in gleich drei aufeinanderfolgenden politischen Systemen effizient diente.

Mit dem Ärzteprozeß, dem ersten der Nürnberger Nachfolgeprozesse, drohte der Ärzteschaft 1946 ein Ereignis von unkalkulierbarer öffentlicher Wirkung. Der Hauptkriegsverbrecherprozeß hatte gezeigt, wie konsequent die Besatzungsmächte mit NS-Prominenz umgingen und was für ein öffentliches Echo ein solches Verfahren auslösen konnte. Dieser Bedrohung mußte standespolitisch entgegengewirkt werden, selbstvergewissernd nach innen, abwiegelnd nach außen. Deshalb beschlossen die regionalen Ärztekammern noch vor ihrer Fusion zur Arbeitsgemeinschaft am 2. November 1946, eine Beobachterkommission nach Nürnberg zu entsenden, die den Prozeß verfolgen und anschließend in der medizinischen Fachpresse eine Dokumentation publizieren sollte. Carl Oelemann, Vorsitzender der Ärztekammer Groß-Hessens, bat den jungen Heidelberger Privatdozenten und ausgewiesenen NS-Gegner Alexander Mitscherlich, die Kommission zu leiten – wohl auch, weil sich kein renommierter älterer Kollege dafür fand.

Mitscherlich erklärte sich unter der Bedingung bereit, daß alle medizinischen Hochschulfakultäten seiner Entsendung zustimmten, was auch geschah. Allerdings verband sich mit der Zustimmung die klare Erwartung, daß Mitscherlichs Dokumentation beweisen würde, was man sich

Carl Haedenkamp – ein Lebenslauf

Effizient in allen Systemen: Ärztefunktionär Carl Haedenkamp.

Seit 1922	Geschäftsführer des Hartmannbundes, Leipzig
1923–1939	Schriftleiter der *Ärztlichen Mitteilungen* bzw. des *Deutschen Ärzteblatts*
1924–1928	Reichstagsabgeordneter der DNVP
1933	Aktive Rolle bei der »Gleichschaltung« der Ärzteschaft; Beauftragter des Reichsärzteführers Gerhard Wagner zur Überwachung der »Ausschaltung« jüdischer und sozialistischer Ärzte
1934	Mitglied in der NSDAP
1939	Konflikt mit dem neuen Reichsärzteführer Leonardo Conti
1946	Geschäftsführer des Nordwestdeutschen Ärztekammerausschusses
1947–1955	Geschäftsführer der Arbeitsgemeinschaft der Westdeutschen Ärztekammern
1949–1955	Geschäftsführender Vorsitzender des Präsidiums des Deutschen Ärztetages
1948–1955	Hauptgeschäftsführer der Arbeitsgemeinschaften der Landesstellen der Kassenärztlichen Vereinigungen
1954	Großes Bundesverdienstkreuz der Bundesrepublik Deutschland für seine »Verdienste um die Gesunderhaltung des deutschen Volkes«

von dem Prozeß versprach. Die Göttinger Fakultät beispielsweise war sich sicher, »daß durch den bevorstehenden Prozeß in Nürnberg gegen deutsche Ärzte geklärt wird, daß nur eine verschwindend kleine Zahl von Ärzten, die in eigener Verantwortung handelten, sich schuldig gemacht hat und dementsprechend bestraft werden muß, daß aber die deutsche Ärzteschaft als solche entsprechend ihrer Tradition und ihrer inneren Überzeugung frei von Schuld und nicht mit Vorwürfen zu belasten ist«[1].

Für Mitscherlich hingegen stand das Ergebnis seiner Beobachtungen keineswegs bereits fest. Er sah seine Aufgabe vielmehr darin, durch die »Vermittlung zeitgenössischer Geschichte«[2] die Ärzteschaft zur Auseinandersetzung mit den ethischen Grundlagen ihres Berufes zu befähigen. Mitscherlich reiste mit dem Medizinstudenten Fred Mielke, der Ärztin Alice Gräfin von Platen-Hallermund und drei weiteren Kollegen nach Nürnberg, wo man tagsüber der Verhandlung beiwohnte und abends versuchte, Ordnung in die Flut der Prozeßdoku-

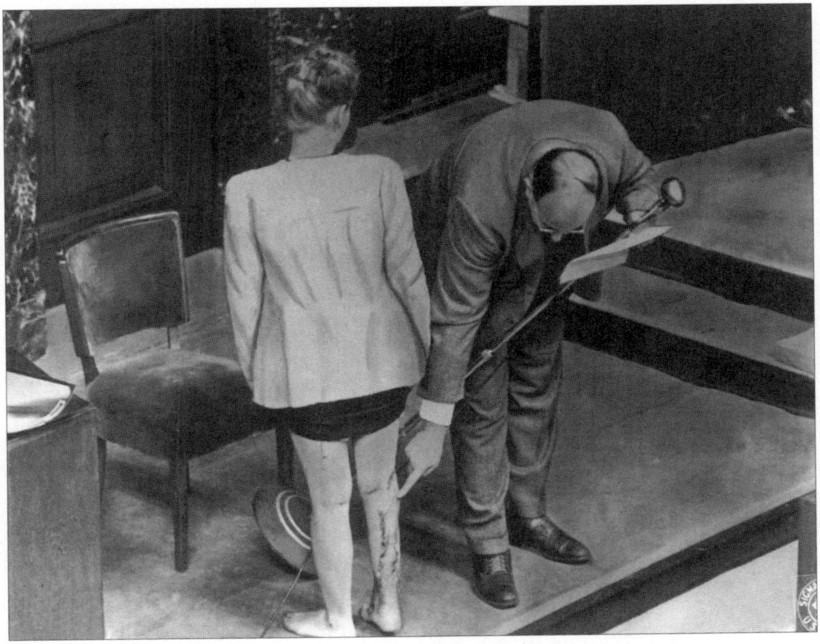

Beweisaufnahme: Die polnische Zeugin J. Bzize zeigt ihre Narben, die Folge der Menschenversuche im Konzentrationslager Ravensbrück waren.

mente zu bringen und eine Auswahl für die geplante Publikation zu treffen.

Am 25. Oktober 1946 nahm der Militärgerichtshof in Nürnberg die Anklageschrift »gegen Karl Brandt und andere« entgegen, am 21. November wurde der Prozeß eröffnet. Knapp eineinhalb Jahre nach Kriegsende war das Material für ein zweisprachig zu führendes Verfahren gegen 23 Angeklagte beisammen, in das die Anklage nicht weniger als 32 Zeugen, 570 eidesstattliche Erklärungen, Berichte und Dokumente einbringen sollte. Die Verteidigung führte 30 Zeugen und 901 Beweisstücke ein. Angesichts dieser Dimension und der kurzen Vorbereitungszeit kann es nicht verwundern, daß die Auswahl der Angeklagten aus heutiger Sicht zum Teil als willkürlich erscheint: Viele andere hätten mit gleichem Recht auf die Anklagebank gehört, doch diejenigen, die dort saßen, waren deshalb nicht die falschen. Einige potentielle Angeklagte standen auch deshalb in Nürnberg nicht vor Gericht, weil die Besatzungsmächte Wissenschaftler abwarben, die ihnen für die Fortentwicklung ihrer Luftfahrttechnik und Luftfahrtmedizin interessant erschienen.

Von den 23 Angeklagten waren 20 Ärzte, drei hohe Beamte. Der Schwerpunkt der Anklage lag auf den Menschenversuchen und der KZ-Medizin: 14 von 16 Anklagepunkten bezogen sich auf diesen Bereich. Daneben traten die Komplexe der Sterilisationen und der »Euthanasie« in den Hintergrund. Wegen der »Euthanasie«-Morde angeklagt wurden nur Viktor Brack, stellvertretender Leiter der Kanzlei des Führers, sowie der Hauptangeklagte Karl Brandt, seit 1934 Begleitarzt Hitlers und später als Reichskommissar für das Sanitär- und Gesundheitswesen mächtigster Mediziner des NS-Staates mit unumschränkten Vollmachten.

Die Verteidigung stützte sich vor allem auf zwei Argumente: Hinsichtlich der Menschenversuche machte sie die besonderen Umstände der Kriegssituation geltend, denen die Angeklagten hätten Rechnung tragen müssen. Die wehrmedizinischen Versuche hätten dem Wohl der im Felde stehenden Soldaten und der Verhütung von Infektionskrankheiten gedient; man sei stets davon ausgegangen, daß sich die Versuchspersonen freiwillig zur Verfügung gestellt hätten oder daß es sich um ohnehin zum Tode verurteilte Verbrecher gehandelt habe. Zudem wurde auf die lange Tradition von Humanexperimenten – nicht nur in Deutschland – verwiesen. Und auch die »Euthanasie« rückte die Verteidigung in eine bis in die Antike reichende Tradition: Schon immer seien doch Patienten von unheilbarem Leid erlöst worden. Hitlers Ermächtigungsschreiben sei zudem als gesetzliche Grundlage zu verstehen, die wissenschaftliche Arbeit frei von NS-Ideologie gewesen. Daß mit Karl Brandt ein Arzt an der Spitze der Angeklagten stand, der nicht nur bei Hitler, sondern auch in seiner Zunft großes Ansehen genossen hatte, machte diese Differenzierung zwischen Ideologie und Wissenschaft allerdings nicht plausibler.

Das Argument der langen Tradition von Experimenten an Menschen war tatsächlich nicht von der Hand zu weisen. Das Gericht konnte die angeklagten Mediziner deshalb nicht einfach als perverse Sadisten klassifizieren. Es handelte sich immerhin um einige der angesehensten deutschen Wissenschaftler, die darauf beharrten, bei ihren Experimenten habe es sich um seriöse, mit wissenschaftlicher Zielsetzung durchgeführte Versuche gehandelt. Das Gericht war also gezwungen, erst einmal die ethischen Grundlagen der zu fällenden Urteile zu formulieren.

Die Richter kamen schließlich zu dem Ergebnis, daß Menschenversuche mit der ärztlichen Ethik vereinbar seien, sofern sie bestimmten Vor-

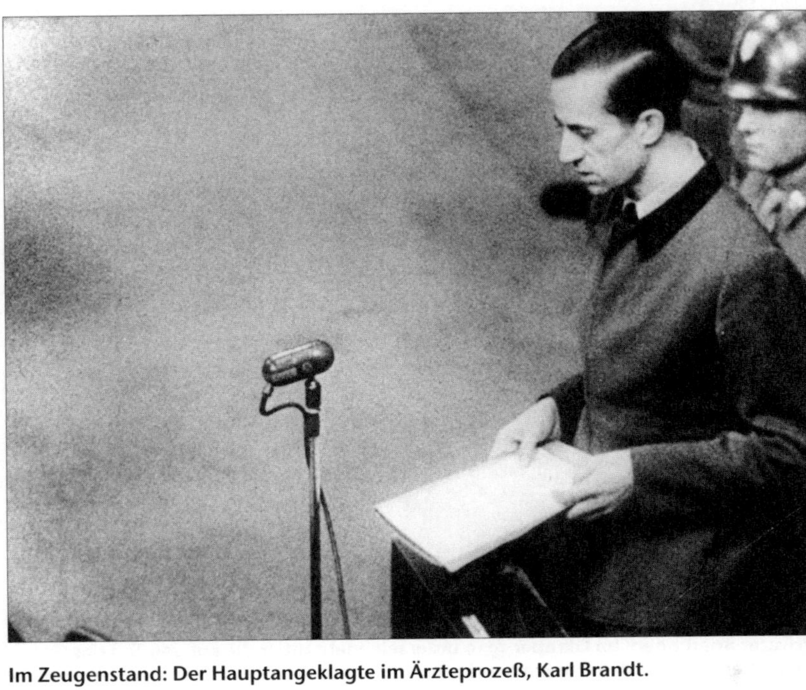

Im Zeugenstand: Der Hauptangeklagte im Ärzteprozeß, Karl Brandt.

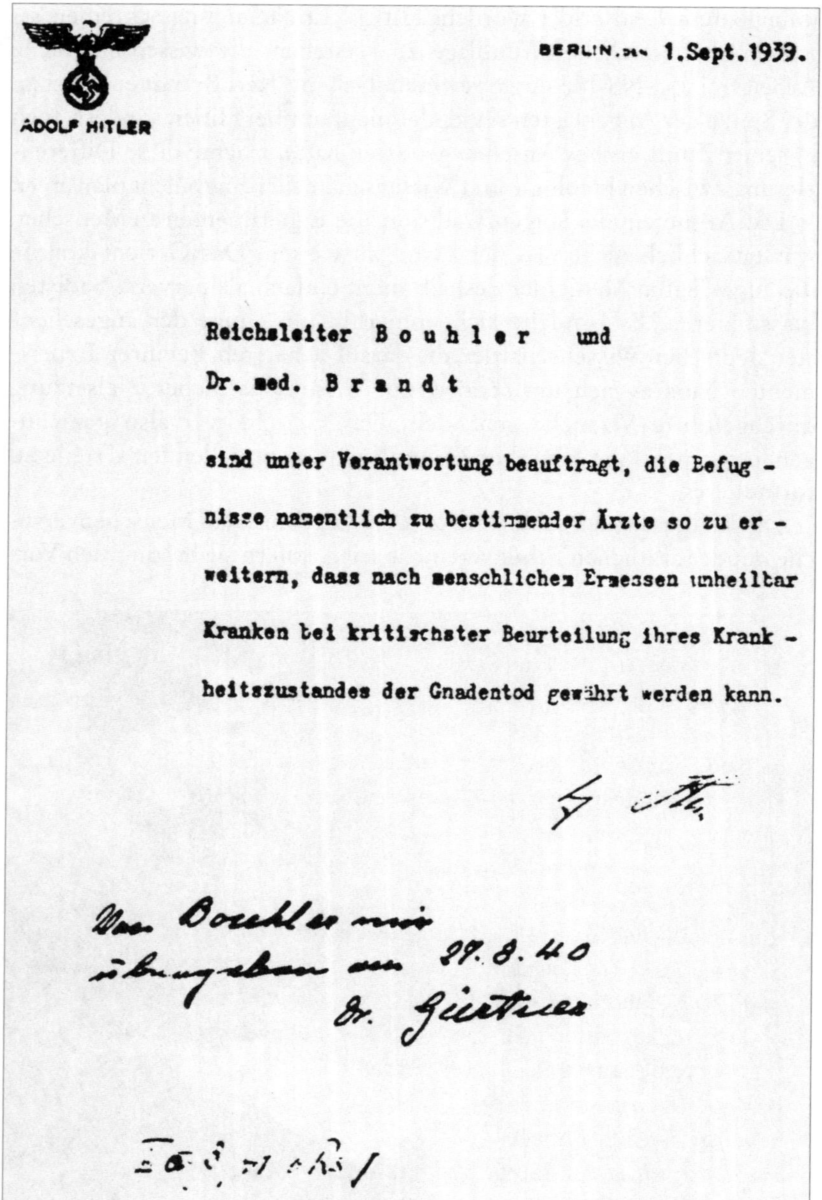

ADOLF HITLER

BERLIN, den 1.Sept.1939.

Reichsleiter B o u h l e r und

Dr. med. B r a n d t

sind unter Verantwortung beauftragt, die Befug - nisse namentlich zu bestimmender Ärzte so zu er - weitern, dass nach menschlichem Ermessen unheilbar Kranken bei kritischster Beurteilung ihres Krank - heitszustandes der Gnadentod gewährt werden kann.

Von Bouhler mir übergeben am 27.8.40 Dr. Gürtner

Privater Briefbogen: Im Oktober 1939 unterzeichnete Hitler die auf den Tag des Kriegsbeginns rückdatierte Ermächtigung zur »Euthanasie«.

aussetzungen genügen: Zentral sei, daß die Versuche dem Wohle der Menschheit dienten und die Erkenntnisse auf anderem Wege nicht erreichbar seien. Die Versuchspersonen müßten über die möglichen Folgen aufgeklärt und fähig sein, frei von Zwang ihre Zustimmung zu geben. Ergebnisse aus Tierversuchen müßten ebenso vorliegen wie grundlegende Kenntnisse über das Wesen der fraglichen Krankheit. Unnötige körperliche und psychische Schmerzen seien zu vermeiden, und schließlich dürfe kein Versuch durchgeführt werden, der den Tod oder irreparable Gesundheitsschäden der Betroffenen nach sich ziehe. Jeder Versuch müsse von wissenschaftlich geschultem Personal nach wissenschaft-

Vom »Gnadentod« zum Massenmord Die euphemistisch »Euthanasie« genannte Tötung von behinderten Kindern und psychisch Kranken bildete den entscheidenden Schritt zur »Vernichtung lebensunwerten Lebens«. Nachdem ein betroffenes Elternpaar ein entsprechendes Gesuch an Hitler gerichtet hatte, wurde 1939 mit dem Mord an behinderten Kindern begonnen (»Kindereuthanasie«). Federführend war die Kanzlei des Führers. Ärzte und Hebammen waren verpflichtet, jedes »mißgestaltete Neugeborene« dem »Reichsausschuß zur wissenschaftlichen Erfassung von erb- und anlagebedingten schweren Leiden« auf Meldebögen zu benennen, auf deren Grundlage drei Gutachter die Tötungsentscheidung trafen. Die Opfer wurden in sogenannten »Kinderfachabteilungen« in Krankenhäusern und Heilanstalten medikamentös getötet, nachdem sie dort eine Weile verwahrt worden waren, um den Eindruck zu vermitteln, sie erführen eine medizinische Behandlung.

Auf ähnlicher Täuschung beruhte der Mord an »unheilbar Kranken«, die »Aktion T4« (so bezeichnet nach der Tiergartenstraße 4 in Berlin, dem Sitz der »Euthanasie«-Zentrale). Mit einem auf den Tag des Kriegsbeginns rückdatierten Schreiben hatte Hitler seinen Kanzleichef Philipp Bouhler und seinen Begleitarzt Karl Brandt ermächtigt, »die Befugnisse namentlich zu bestimmender Ärzte so zu erweitern, daß nach menschlichem Ermessen unheilbar Kranken bei kritischer Beurteilung ihres Krankheitszustandes der Gnadentod gewährt werden kann«. T4-Gutachter entschieden fortan anhand der in den psychiatrischen Anstalten ausgefüllten Meldebögen über das Schicksal der Patienten. Die Opfer wurden in sogenannte Zwischenanstalten verbracht, um nach einiger Zeit in einer von sechs speziellen Tötungsanstalten zunächst durch Injektionen, später durch Gas ermordet zu werden. Anstaltsärzte erfanden leidlich plausible Todesursachen, die den Angehörigen mitgeteilt wurden. Das funktionierte nicht ohne Pannen: Zuweilen erhielten Hinterbliebene zwei Urnen statt einer, oder ein Patient, dem der Blinddarm vor Jahren entfernt worden war, war angeblich an einer Blinddarmentzündung gestorben. Auch die angestrebte Geheimhaltung funktionierte nicht. In der Bevölkerung, besonders in der Umgebung der Tötungsanstalten, regte sich Protest, der vor allem von kirchlichen Stellen artikuliert wurde. Deshalb, aber auch, weil die anvisierte Gesamtzahl von 70 000 Opfern erreicht war, wurde die Aktion im August 1941 offiziell gestoppt.

Doch das Morden ging weiter. Die Anstaltsärzte »arbeiteten« nun in eigener Regie und griffen dabei auf medizinisch anmutende Methoden zurück: Statt durch Gas wurden die Patienten durch Injektionen oder mittels Elektroschock getötet; mancherorts ließ man die Kranken auch einfach verhungern. Dieser »wilden Euthanasie« fielen etwa 50 000 Menschen zum Opfer.

Mit der »Aktion 14 f 13« (benannt nach dem Aktenzeichen in den Unterlagen der Konzentrationslagerinspektion) begann der Mord an Konzentrationslagerinsassen, der 1943 etwa 10 000 bis 20 000 Opfer forderte. KZ-Lagerärzte erfaßten mit Hilfe verkürzter Meldebögen die Todeskandidaten, die von T4-Gutachtern vor Ort gleich gruppenweise »begutachtet« und in T4-Anstalten getötet wurden. Mit der »Aktion 14 f 13« weitete sich das »Euthanasie«-Programm auf Juden, Zigeuner, Polen und andere Opfergruppen aus. Die medizinische Begründung war vollends zur Farce geworden, die Ärzte verzichteten jedoch meist nicht darauf, sich durch weiße Kittel als solche zu präsentieren.

Ab Mitte 1943 wurden im Rahmen der bislang noch wenig erforschten »Aktion Brandt« auch Bewohner anderer Anstalten, zum Beispiel von Altersheimen, in die Tötungen einbezogen. Die »Aktion Reinhardt« bedeutete den endgültigen Übergang zum organisierten Massenmord in den Vernichtungslagern: T4-Experten und T4-Technik wurden zur Errichtung der ersten Vernichtungslager Belzec, Sobibór und Treblinka bereitgestellt. Am Ende des Weges der Medizin im Dritten Reich standen Ärzte an der Selektionsrampe der Vernichtungslager.

lichen Prinzipien durchgeführt werden, und die Versuchspersonen müßten jederzeit die Möglichkeit haben, den Versuch abzubrechen.

Dieser Kriterienkatalog wird seither als »Nürnberger Kodex« bezeichnet. Bei der deutschen Ärzteschaft hat er zunächst allerdings keine nennenswerte Resonanz gefunden, und im Ausland sind später immer wieder Fälle bekanntgeworden, in denen Ärzte Patienten zu zweifelhaften Experimenten herangezogen haben – unter Mißachtung der in Nürnberg formulierten Grundsätze.

Die Frage, ob die durch die Menschenversuche in Konzentrationslagern gewonnenen Erkenntnisse überhaupt in zukünftige Forschungen Eingang finden dürften, blieb lange Zeit undiskutiert. Faktisch wurden Präparate, die von Opfern der NS-Medizin gewonnen worden waren, an vielen Universitäten in Forschung und Lehre wie selbstverständlich weiter verwendet.

Trotz der Probleme, die aus dem Präzedenzcharakter des Nürnberger Verfahrens resultierten, blieb die Prozeßführung objektiv und souverän. Mitscherlichs Kommission befand: »So mußten wir die Geduld und Unvoreingenommenheit des Gerichtshofes bewundern. Hier wurde

Geheime Reichssache: Die »Euthanasie«-Opfer wurden mit Bussen in die Tötungsanstalten gebracht.

Menschenversuche Die Konzentrationslager boten Medizinern eine von jeglichen ethischen und strafrechtlichen Normen befreite »Forschungssituation«. Unter dem Etikett »wehrwissenschaftlicher« Erfordernisse und des Kampfes gegen Infektionskrankheiten führten Ärzte aus moralisch entfesseltem Experimentierinteresse und individuellem Karrierestreben wissenschaftlich wertlose, bestialische Experimente an den Lagerinsassen durch. Einige Beispiele:

Im Konzentrationslager Dachau unternahm Sigmund Rascher »terminale Versuche« zur Erforschung der Auswirkungen von Unterkühlung, aber auch der »Rettung aus großen Höhen« (die Versuchspersonen wurden in Unterdruckkammern zu Tode gebracht). Der Tod der Versuchspersonen war eingeplant und zwecks späterer Sektion auch erwünscht. Hauptsächlich im Lager Buchenwald, aber auch in Kriegsgefangenenlagern an der Ostfront, experimentierte man mit Impfstoffen gegen Fleckfieber, indem man die Versuchspersonen zunächst infizierte, um dann die Wirkung der Gegenmittel zu testen. Prof. Karl Gebhardt war federführend bei einer Versuchsreihe im Frauenkonzentrationslager Ravensbrück, bei der die Opfer mit Gasbranderregern und anderen Bakterien infiziert und dann mit Sulfonamiden »behandelt« wurden. In den Lagern Sachsenhausen und Natzweiler experimentierte man mit chemischen Kampfstoffen, um taugliche Gegenmittel zu finden. Prof. August Hirt sammelte an der Reichsuniversität Straßburg Schädel von »jüdisch-bolschewistischen Kommissaren«. Gefangene aus Auschwitz wurden eigens dafür im Lager Natzweiler getötet und skelettiert.

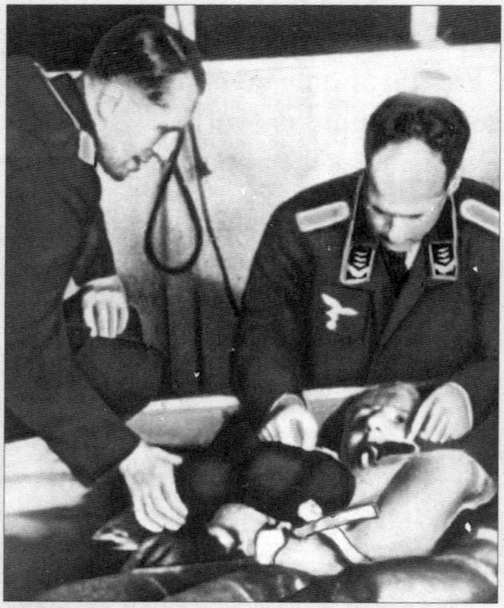

Tod der Häftlinge eingeplant: Unterkühlungsversuche im Konzentrationslager Dachau.

jedenfalls blinder Haß nicht mit blinder Rache vergolten, vielmehr in einer ernsten Bemühung die Distanz für Reflexion geschaffen.«[3] Und an anderer Stelle lobte Mitscherlich: »Die Prozeßführung ist außerordentlich sorgfältig. Geduld und unparteiliche Haltung der Richter, die der Verteidigung jede mögliche Freiheit gewähren, wird jedem Teilnehmer der Verhandlungen Bewunderung abnötigen.«[4]

Am 20. August 1947 endete der Nürnberger Ärzteprozeß. Sieben Angeklagte wurden zum Tode, sieben zu lebenslangen, zwei zu begrenzten Freiheitsstrafen verurteilt; weitere sieben wurden freigesprochen. Die zum Tode Verurteilten wurden am 2. Juni 1948 in Landsberg hingerichtet. Die zu Zeitstrafen Verurteilten wurden zwischen Februar 1951 und November 1952 begnadigt, schließlich kamen auch die Lebenslänglichen nach und nach frei.

Ein erster Zwischenbericht der Mitscherlich-Kommission erschien 1947 als Broschüre unter dem Titel *Das Diktat der Menschenverachtung*; der ursprüngliche Plan, die Ergebnisse in der *Deutschen Medizinischen Wochenschrift (DMW)* zu veröffentlichen, war an der Ablehnung der Redaktion gescheitert. Die Auflagenhöhe der Broschüre von 25 000 Exemplaren orientierte sich an der Auflagenzahl der *DMW*, da man mit einem identischen Leserkreis rechnete. Doch die Zeitschrift erwähnte die Broschüre mit keinem Wort. Auch in den Tageszeitungen war die Resonanz gering. Unter Medizinern zirkulierte die Schrift zwar, aber die Reaktionen der Ärzteschaft waren wenig freundlich. Mitscherlich sah sich wütenden Attacken ausgesetzt: »Es war kein Geringerer als der Berliner Chirurgie-Ordinarius Sauerbruch, der mich als unbotmäßigen Privatdozenten scharf attackierte«, erinnerte sich Mitscherlich in seinen Memoiren. »Er und andere, zum Beispiel der internistische Papst Rein in Göttingen ... unterstellten mir, ich hätte Tatsachen verfälscht. Dabei hatten wir nichts anderes getan, als Gerichtsakten, in denen die Beziehungen der genannten Größen zu ehemaligen Machthabern sichtbar wurden, wortgetreu zu veröffentlichen. ... Meine medizinischen Kollegen haben mich damals nicht nur als Vaterlandsverräter beschimpft, sondern auch verschiedentlich versucht, mich beruflich zu diffamieren und zu schädigen. Das Verhalten der Kapazitäten grenzte an Rufmord.«[5]

Neben Friedrich Hermann Rein und Ferdinand Sauerbruch versuchte auch der Berliner Pharmakologe Wolfgang Heubner, seine Rolle im Nationalsozialismus in ein anderes Licht zu rücken und Mitscherlich zur Änderung bestimmter Textpassagen zu zwingen. Über diese

DAS DIKTAT DER MENSCHENVERACHTUNG

—

EINE DOKUMENTATION VON
ALEXANDER MITSCHERLICH UND
FRED MIELKE

Der Nürnberger Ärzteprozeß und seine Quellen / Die hier veröffentlichten Dokumente geben einen Einblick in die sachlichen Grundlagen des Verfahrens. Korrespondenzen, Übersichten der Geheimforschungen und Augenzeugenberichte machen deutlich, welche wissenschaftlichen Absichten verfolgt, welcher Stil im Umgang mit Menschen gepflogen und welche eugenischen und rassenpolitischen Endziele angestrebt wurden. Insgesamt zeigt sich, wie Menschlichkeit und ärztliche Souveränität untergehen, wenn eine Wissenschaft im Menschen nur noch das Objekt sieht und ihn als solches behandelt

—

VERLAG LAMBERT SCHNEIDER · HEIDELBERG

Bericht aus Nürnberg: 1947 erschien Mitscherlichs Report als Broschüre, zwei Jahre später als Buch unter dem Titel »Wissenschaft ohne Menschlichkeit«.

persönlich motivierten Entlastungsversuche hinaus entwickelte sich zwischen Rein und Mitscherlich aber auch eine in der *Göttinger Universitäts-Zeitung* ausgetragene tieferreichende Diskussion. Rein bestritt eine Schuld der Wissenschaft mit dem Argument, die Angeklagten hätten sich gerade durch ihre Taten außerhalb der Wissenschaft gestellt. Mitscherlich dagegen verwies auf die entscheidende Frage: Wie hatten ausgewiesene medizinische Experten und anerkannte Wissenschaftler zu Verbrechern werden können?

Beobachter des Nürnberger Ärzteprozesses: Privatdozent Alexander Mitscherlich.

Als Mitscherlichs Mitarbeiter Fred Mielke 1948 auf dem Ärztetag in Stuttgart über den Prozeßverlauf berichtete, erklärte er, die Zahl der an Medizinverbrechen unmittelbar Beteiligten sei »verschwindend gering«. Verglichen mit den etwa 90000 in Deutschland tätigen Ärzten handele es sich um »etwa 300 bis 400 Ärzte, wenn man hoch schätzt«[6]. Wie auch immer Mielke auf diese Zahl gekommen sein mochte – sie eignete sich hervorragend, eine vermeintlich klar identifizierbare Gruppe verbrecherischer Einzeltäter der übergroßen Mehrzahl unschuldiger Mediziner gegenüberzustellen, und gemessen an den 23 Angeklagten des Ärzteprozesses war die Zahl ja nicht einmal gering. Der Blick auf die vielfältigen Übereinstimmungen zwischen Medizin und NS-Regime, die Verstrickung der Ärzteschaft als Berufsgruppe, wurde durch diese Zahlendebatte jedoch völlig verstellt – aus der Sicht der Ärztekammern exakt das erwünschte Ergebnis.

Als 1949 die abschließende Publikation der Kommission in einer Auflage von 10000 Exemplaren unter dem Titel *Wissenschaft ohne Menschlichkeit* erschien, resümierten die Standesvertreter in einem Vorwort dann auch zufrieden, es sei nun erwiesen, »daß nur ein verschwindend geringer Teil der Standesangehörigen die Gebote der Menschlichkeit und der ärztlichen Sitte verletzt hat. Diese wenigen

Personen waren entweder SS-Ärzte und hohe Staatsbeamte oder Sanitätsoffiziere. ... Von etwa 90000 in Deutschland tätigen Ärzten haben etwa 350 Medizinverbrechen begangen. ... Die Masse der deutschen Ärzte hat unter der Diktatur des Nationalsozialismus ihre Pflichten getreu den Forderungen des Hippokratischen Eides erfüllt, von den Vorgängen nichts gewußt und mit ihnen nicht im Zusammenhang gestanden. Der Prozeßverlauf hat ferner einwandfrei bewiesen, daß die ärztlichen Berufskörperschaften völlig unbeteiligt waren.«[7]

Mitscherlich machte sich nach den Erfahrungen mit der ersten Publikation jetzt keine Illusionen mehr über die Bereitschaft der Deutschen im allgemeinen und der Ärzteschaft im besonderen, sich mit der NS-Vergangenheit auseinanderzusetzen. Er veröffentliche das Buch, so

Ein Buch verschwindet Mitscherlichs Buch vermochte der Verdrängung schwerlich entgegenzuwirken, denn es erreichte seine Leser nicht. 1960 erinnerte sich Mitscherlich: »Im Gegensatz zum *Diktat der Menschenverachtung* blieb jetzt die Wirkung völlig aus. Nahezu nirgends wurde das Buch bekannt, keine Rezensionen, keine Zuschriften aus dem Leserkreis; unter den Menschen, mit denen wir in den nächsten zehn Jahren zusammentrafen, keiner, der das Buch kannte. Es war und blieb ein Rätsel – als ob das Buch nie erschienen wäre.« Um das Schicksal des Buches herrscht bis heute Unklarheit. Mitscherlich vermutete, es sei von den Ärztekammern nicht wie geplant an die Kollegenschaft verteilt worden. Zudem habe die Verbandsspitze die Buchhandelsauflage »in toto aufgekauft«, denn alle Exemplare seien »kurz nach dem Erscheinen aus den Buchläden« verschwunden und hätten somit »nicht in die Hände unerwünschter Leser« geraten können[10]. Von standesoffizieller Seite wurde dagegen stets behauptet, die mangelnde Verbreitung des Buches sei auf das geringe Interesse der Ärzte zurückzuführen. Als jedoch die World Medical Association 1949 von den deutschen Medizinern als Vorbedingung der Aufnahme in den Weltbund ein Schuldbekenntnis forderte, wurde ausgerechnet die Mitscherlich-Publikation als Indiz dafür gewertet, daß man sich intensiv mit der NS-Vergangenheit auseinandergesetzt habe. So konnte die deutsche Ärzteschaft auch ohne Schuldbekenntnis 1951 in den Schoß der internationalen Ärzteschaft zurückkehren.

hieß es in seinem Vorwort, in dem Bewußtsein, daß die Ergebnisse »kaum noch vom Bedürfnis einer großen, auf Rechenschaft drängenden Öffentlichkeit erwartet werden«[8]. Und er betonte, die Herausgeber sähen ihre Aufgabe nicht darin, »irgend jemanden in den Augen seiner Mitmenschen anklägerisch zu belasten, so allerdings auch nicht darin, anderen, die in diesen Dokumenten nicht genannt sind, die billige Möglichkeit zu schaffen, sich als Nichtbetroffene fühlen zu dürfen«[9].

Sein Pessimismus war berechtigt. Die Zahl 350 war von nun an für 40 Jahre das einzige, was der Ärzteschaft zu ihrer NS-Vergangenheit einfiel. Jenseits der vermeintlich 350 Schuldigen strahlte die Medizinerzunft im Gewand der Unschuld – und im weißen Kittel der 65 Arztfilme, die allein zwischen 1946 und 1959 gedreht wurden.

Der Nürnberger Ärzteprozeß beendete Mitscherlichs medizinische Karriere, bevor sie begonnen hatte. Zwar erlangte er in den sechziger Jahren durch sein Buch über *Die Unfähigkeit zu trauern*, das er zusammen mit seiner Frau publizierte, große Bekanntheit und großen Einfluß in der Debatte über den Umgang mit der NS-Vergangenheit, und er wurde zum Mentor der bundesdeutschen Psychoanalyse. Einen adäquaten Platz innerhalb der medizinischen Wissenschaft aber, gar einen Lehrstuhl, erhielt Mitscherlich nie. Er wurde 1958 Extraordinarius an der Heidelberger Universität und 1966 auf einen Lehrstuhl an die Universität Frankfurt berufen – von der philosophischen Fakultät. Zeitlebens blieb Mitscherlich einer der »bestgehaßten Männer der deutschen Medizin«[11]. Noch 1973 torpedierten seine Standesgenossen einen Auftritt Mitscherlichs vor dem Deutschen Internistenkongreß, den er mit einem Festvortrag eröffnen sollte. Der Organisator Hermann Bergmann mußte ihm mitteilen, die Internisten hätten mit geschlossenem Auszug aus dem Saal gedroht, wenn Mitscherlich zu ihnen spreche.

Erst als Mitscherlichs Report 1960 als Fischer-Taschenbuch unter dem Titel *Medizin ohne Menschlichkeit* erschien, fand die Publikation auch ein nennenswertes Echo in der Öffentlichkeit; das Buch erreichte bis 1996 eine Gesamtauflage von 119000 Exemplaren. In dieser Neuausgabe bezog Mitscherlich auch Stellung zu der ominösen Zahl 350: »Natürlich kann man eine einfache Rechnung aufstellen. Von ungefähr 90000 damals in Deutschland tätigen Ärzten haben etwa 350 Medizinverbrechen begangen. Das bleibt noch eine stattliche Zahl, vor allem, wenn man an das Ausmaß der Verbrechen denkt. ... Doch das trifft nicht den Kern. Dreihundertfünfzig waren unmittelbare Verbrecher – aber es war ein Apparat da, der sie in die Chance brachte, sich zu verwandeln.«[12]

Lernprozesse: Die medizinische Wissenschaft und der Abschied von der Rassenhygiene

Zu dem Apparat, von dem Mitscherlich sprach, gehörten vor allem die Vertreter der medizinischen Wissenschaft. Als 1949 die NS-Vergangenheit aus Sicht der Ärzteverbände so erfolgreich »bewältigt« war, saßen diese mehrheitlich noch immer – oder schon wieder – in ihren Forschungsinstituten und Universitäten.

Ein Beispiel dafür sind die Vorgänge in der medizinischen Fakultät der Universität Hamburg: Dort hatte man sich 1945 nur kurzzeitig bemüht, schwer belastete Kollegen hinauszudrängen. Prominentestes Opfer dieser spontanen Selbstentnazifizierung war der Dekan und Professor für Psychiatrie, Hans Bürger-Prinz, der im Sommer 1945 seinen Hut nehmen mußte, aber bereits 1947 wieder auf seinen Lehrstuhl zurückkehren konnte. In der Zwischenzeit hatte sich gezeigt, daß nicht einmal die englischen Besatzer ein Interesse daran hatten, die Fakultät konsequent zu säubern. Der aus NS-Haft entflohene und von den Briten zum Rektor ernannte Rudolf Degwitz, der dies als einziger gefordert hatte, wanderte im Sommer 1948 schließlich resigniert – und mit dem gesamten medizinischen Establishment Hamburgs zerstritten – in die USA aus. Die von der Rektorenkonferenz der britischen Zone beschlossene Linie, vorrangig Emigranten und NS-Verfolgte zu berufen, wurde weitgehend ignoriert. In Hamburg hatten im Oktober 1949 alle planmäßigen Professoren der medizinischen Fakultät ihr Amt wieder inne. Bis 1952 waren auch alle Privatdozenten rehabilitiert, unter ihnen SS-Angehörige und Beteiligte an Menschenversuchen. Wären eine Reihe weiterer Mediziner, die sich zeitweise in Berufungsverfahren befanden – wie der Kinderarzt Werner Catel und der Psychiater Werner Villinger – tatsächlich nach Hamburg gekommen, dann wäre der Fakultät »ein Lehrkörper beschert worden, der in Sachen rassenhygienischer Potenz die des Lehrkörpers in der Nazi-Zeit bei weitem übertroffen hätte«[13].

Nachfolgekandidaten

Werner Villinger war Kandidat für die Nachfolge von Bürger-Prinz. Er war schon ab 1932 Professor für Psychiatrie in Hamburg gewesen und als solcher entschiedener Befürworter einer rassenhygienisch ausgerichteten Psychiatrie. Bereits 1927 hatte er als ärztlicher Abteilungsleiter des Hamburger Jugendamtes erbbiologische Erfassungen an Jugendlichen durchgeführt, was in der Hansestadt nach 1933 eine besonders schnelle und weitgehende Identifizierung von Angehörigen mißliebiger Minderheiten ermöglichte. Von 1934 bis 1939 war Villinger in den Bodelschwinghschen Anstalten in Bethel tätig, wo es unter seiner Regie zu regelrechten Massensterilisierungen kam. 1940 bis 1945 hatte Villinger an der Universität Breslau einen Lehrstuhl für Psychiatrie innegehabt und parallel dazu als T4-Gutachter gearbeitet. 1946 wurde er nach Marburg berufen – und lehnte den Ruf nach Hamburg ab.

Einer der Nachfolgekandidaten für den ausgewanderten Rektor Degwitz war Werner Catel – der Mann, der neun Jahre zuvor den Anstoß für die »Kindereuthanasie« gegeben hatte, als er den Eltern eines auf seiner Leipziger Station liegenden Kindes riet, ein Tötungsgesuch an Hitler zu richten. Catel, Mitglied im »Reichsausschuß zur wissenschaftlichen Erfassung erb- und anlagebedingter schwerer Leiden« und einer der drei Obergutachter der »Euthanasie«-Aktion, amtierte seit 1947 als Direktor einer Kinderheilstätte im Taunus. 1947 als »überzeugter Antifaschist« entnazifiziert, mußte er sich 1948 in Hamburg einem Gerichtsverfahren stellen, das ausgerechnet Rudolf Degwitz, für dessen frei gewordenes Amt sich Catel interessierte, mit angeregt hatte. Das Hamburger Landgericht lehnte es aber ab, die Hauptverhandlung zu eröffnen, denn die Tötungen seien zwar rechtswidrig gewesen, die Beteiligten hätten jedoch kein Unrechtsbewußtsein gehabt. Ferner sei man nicht der Meinung, »daß die Vernichtung geistig völlig Toter und ›leerer Menschenhülsen‹ ... absolut und a priori unmoralisch ist«[14].

Berufungskandidat Werner Catel ging 1954 an die Universität Kiel – und wurde dort noch zu Beginn der achtziger Jahre in Ehren gehalten.

Problematischer als für Professoren einer normalen medizinischen Fakultät wie in Hamburg stellte sich die Lage für diejenigen Wissenschaftler dar, die sich in einem offenkundig disqualifizierten Bereich der NS-Medizin profiliert hatten: der »Rassenhygiene«. Eines der wichtigsten Zentren dieser Disziplin war das 1927 gegründete Kaiser-Wilhelm-Institut für Anthropologie, menschliche Erblehre und Eugenik in Berlin-Dahlem. Hier waren einige von Deutschlands führenden Rassenhygienikern versammelt gewesen: neben Institutsdirektor Eugen Fischer auch Hans Nachtsheim, Fritz Lenz und Otmar Freiherr von Verschuer, der Fischer 1942 als Institutsdirektor folgte, nachdem er zwischenzeitlich in Frankfurt tätig gewesen war. Während Fischer in der Nachkriegszeit unbehelligt seine Pension verzehrte, waren seine jüngeren Kollegen auf eine neue Karriere aus. Sie gelang allen, wenn auch unterschiedlich schnell.

Die größten Probleme hatte dabei Verschuer. Er war in vieler Hinsicht ein typischer Vertreter der Weimarer Medizinelite: deutschnational, antidemokratisch, aristokratisch, elitär und autoritär. Ein Nationalsozialist sei er nicht gewesen, sagte Verschuer nach 1945. Und in der Tat: Im Gegensatz etwa zu seinem Frankfurter Nachfolger Heinrich Wilhelm Kranz, einem »Rassenkundler« mit steiler NS-Karriere, der die Arbeit des Instituts ausdrücklich dem »biologischen Endsieg« gewidmet hatte, erschien Verschuer eher als ein traditioneller deutscher Professor. Dazu trug sein aristokratischer Habitus ebenso bei wie seine Zugehörigkeit zur Bekennenden Kirche und sein relativ später Eintritt in die NSDAP (1941).

1945 hatte Verschuer auf eigene Faust große Teile des Institutsmaterials mit Lastwagen in sein hessisches Heimatdorf Solz bei Bebra bringen lassen und wartete dort auf eine Möglichkeit, seine Karriere fortsetzen zu können. Das Schicksal seiner ehemaligen Berliner Kollegen verhieß Gutes: Hans Nachtsheim, der als einer der wenigen nicht völlig nazifizierten Rassenhygieniker galt, wurde 1946 auf einen Genetik-Lehrstuhl der Berliner Humboldt-Universität berufen, von wo er nach scharfen Kontroversen mit den Sowjets um die Lehre des sowjetischen Genetikers Lyssenko 1949 an die Freie Universität wechselte. Fritz Lenz erhielt mit Hilfe eines entlastenden Zeugnisses Nachtsheims 1946 einen Ruf nach Göttingen. Nachtsheim hatte seinen Persilschein aber allein aus ständischem Solidaritätsgefühl ausgestellt, nicht aus innerer Überzeugung. So schrieb er Lenz, er könne ihn »von der Mitschuld am Aufstieg des Nationalsozialismus auf Grund Ihrer eigenen Äußerungen nicht freisprechen«. Auch habe er es »als unklug« empfunden, »daß Sie sich bei der gegebenen Situation bald nach dem Zusammenbruch um einen Lehrstuhl in Göttingen bewarben«. Auch ausländische Kollegen seien der Meinung, den »führenden Persönlichkeiten dieses Instituts müsse der Prozeß gemacht werden, ihre Schuld sei tausendmal größer als die irgendeines idiotischen SS-Mannes«. Nachtsheims Rat: »Es muß erst mit den Jahren Gras über alles wachsen.«[15]

Verschuer hatte bereits im Frühjahr 1945 wieder Hoffnung schöpfen können. Sein ehemaliger Fakultätskollege Bernhard de Rudder, dem ein distanziertes Verhältnis gegenüber dem Nationalsozialismus nachgesagt wurde und der nun Dekan der Frankfurter Medizinischen Fakultät war, hatte Verschuer mitgeteilt, er habe »die stille Hoffnung, daß wir Sie eines Tags als Erbbiologen (ohne Rassenhygiene alten Stils) wieder hierher kriegen«. Das Fach solle allerdings, überlegte de Rudder, fortan »Genetik« heißen, da die Bezeichnung »Rassenhygiene« die Amerikaner »geradezu aufreize«. Für Verschuer war dies, wie er es in seiner Antwort ausdrückte, »eine schöne Musik«. Der mittlerweile an Lenz ergangene Ruf ermutigte ihn nun noch mehr. Im Oktober 1945 schrieb er an de Rudder: »Wenn Lenz ohne Bedenken akzeptiert worden ist, so müßte ich ja direkt mit positiven Vorzeichen gerufen werden.«[16]

Parallel zu den offensiven Bemühungen um die Fortsetzung ihrer Karriere mühten sich Verschuer, dessen ehemaliger Mitarbeiter Karl Diehl und de Rudder im privaten Briefwechsel aber auch um Selbstvergewisserung und Standortbestimmung. Dieses Nachdenken über die NS-Zeit und die eigene Rolle blieb jedoch immer abstrakt und verharrte im Ungefähren. Der Nationalsozialismus schien wie ein Unwetter über Deutschland und über die Wissenschaft gekommen zu sein. Die Verantwortung für das Geschehene trugen nicht Personen – schon gar nicht man selbst –, verantwortlich waren die Verirrungen eines vermeintlich technisierten und entmenschlichten Zeitalters. Insbesondere die Abkehr des modernen Menschen vom Christentum identifizierten die Korrespondenzpartner als Grundübel. Als Konsequenz aus dieser Erkenntnis forderte Verschuer politische Abstinenz, den Rückzug in einen wissenschaftlichen Elfenbeinturm (»sei es als Wissenschaftler, Künstler oder auch als Mönch oder Nonne«) und eine christliche Fundierung der Wissenschaft.

Immerhin sahen Verschuer und seine Kollegen in jenen Orientierungsversuchen unmittelbar nach Kriegsende die Dinge relativ klar. Die

Tatsache, daß sie in den vergangenen Jahren alles andere als politische Abstinenz an den Tag gelegt, sondern den NS-Staat aktiv mitgestaltet hatten, kam privat ebenso zur Sprache wie die begangenen Fehler: »Nicht, als ob ich an dem Grundsätzlichen, das ich bisher vertreten und gefordert habe, etwas zu ändern hätte, aber doch in dem Sinne, als es nunmehr möglich ist, die mißbräuchliche Anwendung meiner Wissen-

Rassenhygiene Ausgangspunkt der »Rassenhygiene« waren die Evolutionstheorie Darwins und die bereits auf den Menschen bezogene Vererbungslehre seines Vetters Francis Galton, der auch den Begriff »Eugenik« geprägt hatte. Galton verstand darunter »die Wissenschaft von der Verbesserung des Erbgutes, nicht nur durch umsichtige Paarung, sondern auch durch all die Einflüsse, die den geeigneteren Linien eine bessere Chance geben« – also durch gesteuerte Zuchtwahl. Eugenische Planspiele waren kein deutsches Spezifikum, vielmehr war die Sterilisierung Krimineller, Geisteskranker und unheilbar Erbkranker in den zwanziger Jahren in vielen europäischen Ländern und in 25 US-Bundesstaaten gesetzlich geregelt. Doch in Deutschland resultierte aus der Forschung nach der Vererbbarkeit von Merkmalen, die man als typisch für eine bestimmte »Rasse« erkannt zu haben glaubte, der Unterbau für einen vorgeblich wissenschaftlich legitimierten Rassismus. Durch die Wiederentdeckung der Mendelschen Vererbungsgesetze zu Beginn des Jahrhunderts erlebte die »Rassenhygiene«, unter deren Etikett die Erbbiologie und die traditionell vergleichende Anthropologie zusehends verschwammen, einen weiteren Bedeutungszuwachs.

Insbesondere der Leipziger Jurist Karl Binding und der Freiburger Psychiater Alfred Hoche – beides renommierte Wissenschaftler – beeinflußten mit ihrem 1920 erschienenen Buch *Die Freigabe der Vernichtung lebensunwerten Lebens – ihr Maß und ihre Form* eine ganze Generation von Medizinern und Juristen. Binding und Hoche definierten das Leben unheilbar Geisteskranker als »absolut zwecklos« und entwickelten eine therapeutisch verstandene medizinische Vision der Tötung von »geistig Toten« und »leeren Menschenhülsen«. Die Tötung dieser »Ballastexistenzen« sei einer »sonstigen Tötung nicht gleichzusetzen, sondern [stelle] einen erlaubten nützlichen Akt« dar.

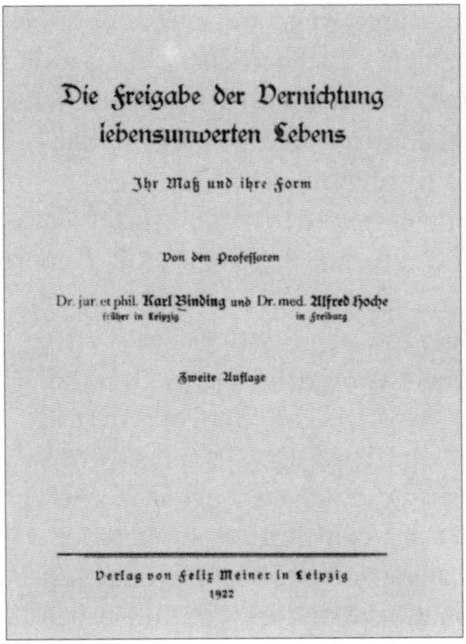

Die Freigabe der Vernichtung lebensunwerten Lebens

Ihr Maß und ihre Form

Von den Professoren

Dr. jur. et phil. Karl Binding und Dr. med. Alfred Hoche
früher in Leipzig in Freiburg

Zweite Auflage

Verlag von Felix Meiner in Leipzig
1922

Psychiater Hoche definierte »lebensunwertes Leben«.

schaft nicht nur dadurch zu kritisieren, daß man vieles verschweigt und nur das unterstreicht, was man für richtig hält, sondern indem man aus den begangenen Fehlern die Lehren zieht.« Das darwinistische Ausleseprinzip wollte Verschuer als erstes über Bord werfen: »Also setzen wir den Hebel an der ganz anderen Seite an! – Also Bankerott der Eugenik – werden Sie vielleicht denken, wenn Sie solche Meinungen, gerade von mir vertreten, hören. Ja, Bankerott aller ›Züchtungs‹-Phantastereien!«[17]

Mit diesen Einsichten und der Verwandlung der zuvor politischen in eine christliche Wertbindung war die Vergangenheit für Verschuer dann aber auch bewältigt. Eine derart geläuterte Wissenschaft sei für die Zukunft gerüstet, er selbst geradezu prädestiniert für die notwendige Kurskorrektur: »Bei objektiver Betrachtung müßte man mich ungeschoren lassen, ja, im Gegenteil: Die Besatzungsmächte sollten ein Interesse daran haben, daß die Korrektur der Irrlehren des Nationalsozialismus in der Rassenfrage und die Mißbräuche, die vorgekommen sind, von deutscher wissenschaftlicher Seite selbst richtiggestellt und korrigiert werden. Nur so kann man hoffen, daß die richtige Auffassung in diesen Dingen sich durchsetzt und damit die so notwendige Klärung eintritt.

Erfolgt solch eine Kritik und Korrektur durch einen jüdischen oder politischen Emigranten, so wird ihm in Deutschland nicht viel Glauben geschenkt werden. Dagegen glaube ich, in weitesten Kreisen des deutschen Volkes auf meinem Gebiet soviel Autorität zu besitzen, daß sie meiner Darstellung Glauben schenken werden.«[18]

Im Februar 1946 stand Verschuer an der Spitze der Frankfurter Berufungsliste, doch dann taten sich überraschend Probleme auf: Robert

Der Zwillingsforscher Otmar Freiherr von Verschuer (1896–1969) war nach dem Medizinstudium 1923 Assistent von Wilhelm Weitz in Tübingen geworden, der ihm sein späteres Spezialgebiet nahebrachte, die erbbiologische Zwillingsforschung. 1927 ging Verschuer an das Berliner Kaiser-Wilhelm-Institut. Im NS-Staat boten sich für ihn hervorragende Karrierechancen, für die er auch vereinzelte Zweifel an der wissenschaftlichen Beweisbarkeit nationalsozialistischer Rassentheorien zurückstellte. 1935 wechselte er an das neue »Universitätsinstitut für Erbbiologie und Rassenhygiene« an der Universität Frankfurt und wurde zugleich Professor an der dortigen Medizinischen Fakultät. Verschuer sah sich nun als »Erbarzt«. Nicht nur gab er eine gleichnamige Zeitschrift heraus und stellte seinem Standardwerk *Erbpathologie* das programmatische Kapitel »Der Erbarzt im völkischen Staat« voran; er füllte auch die drei selbstdefinierten Funktionen eines Erbarztes aus: In Frankfurt wurde erstens erbbiologisch geforscht – dafür wurden u. a. persönliche Daten von Erbkranken aus dem Frankfurter Raum gesammelt –, zweitens wurden die Erkenntnisse in universitären Lehrveranstaltungen, öffentlichen Vorträgen und populärwissenschaftlichen Publikationen verbreitet, und drittens wurden (als praktische Anwendung) in einer dem Institut angeschlossenen »Beratungsstelle für Erb- und Rassenpflege« jährlich etwa 1 000 Personen wegen Ehestandsdarlehen, Ehetauglichkeitszeugnissen und Begutachtungen zur Sterilisation untersucht, wobei das stetig wachsende Erbarchiv, in dem 1938 bereits 250 000 Menschen erfaßt waren, als Grundlage diente. Das weite Betätigungsfeld Verschuers zeigt, welche wissenschafts-, bevölkerungs- und gesellschaftspolitische Definitionsmacht seine Arbeit im NS-Staat gewonnen hatte. Derart profiliert, kehrte Verschuer 1942 als Institutsdirektor an das Berliner Kaiser-Wilhelm-Institut zurück.

Havemann, der kommissarische Leiter der Kaiser-Wilhelm-Gesellschaft, wandte sich empört gegen die drohende Berufung. So schrieb er an den zuständigen amerikanischen Major Sculitz, Verschuer sei schwer belastet, SS-Männer wie Josef Mengele hätten an seinem Institut gearbeitet, und Verschuer selbst habe »durch seine schrankenlose Unterstützung und Rechtfertigung der nationalsozialistischen Rassenlehre und Rassenpolitik mit zu den prominenten und aktivsten Vertretern des Faschismus unter den Wissenschaftlern«[19] gehört. Dieser Brief wirbelte viel Staub auf. Die Presse wurde aufmerksam, die Kaiser-Wilhelm-Gesellschaft sperrte Verschuer alle Bezüge, seine Berufung drohte zu scheitern.

Der schwerwiegendste der erhobenen Vorwürfe war, daß Verschuer mit seinem Assistenten Mengele in engem Kontakt gestanden hatte, während dieser Lagerarzt in Auschwitz war, zumindest aber über dessen dortige Tätigkeit informiert gewesen sei. Und in der Tat spricht alles dafür, daß Verschuers Behauptung, nicht gewußt zu haben, welchen Charakter die »Lazarettätigkeit« Mengeles hatte, eine glatte Lüge war. Beweisbar war und ist das nicht, denn die betreffenden Unterlagen waren und blieben verschwunden.

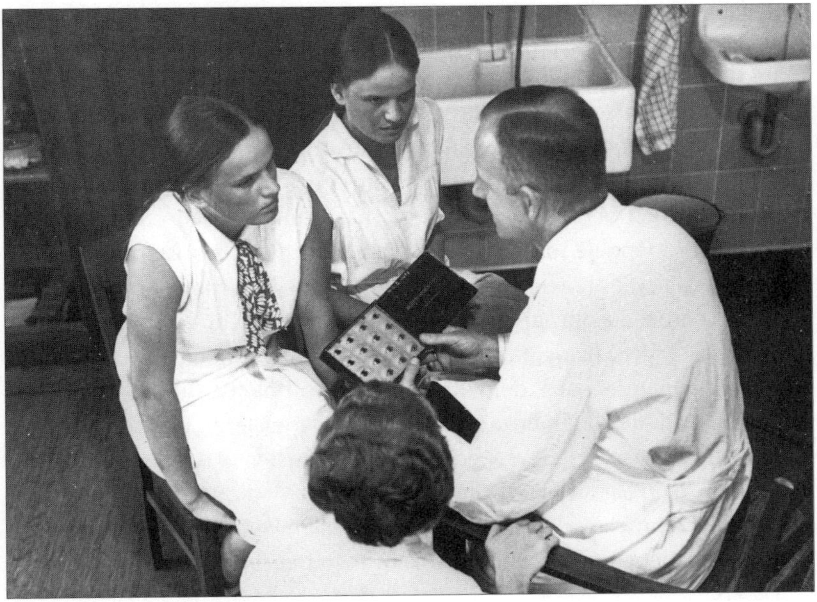

Vergleich der Augenfarben: Forscher Verschuer 1930.

Verschuer wähnte sich als Opfer eines Komplotts seiner ehemaligen Berliner Kollegen, die ihm das Institutsmaterial neideten – um so mehr, als die Kaiser-Wilhelm-Gesellschaft eine Kommission gebildet hatte, der neben Havemann auch Nachtsheim angehörte. Auf der Grundlage der Veröffentlichungen des Belasteten wollten sich dessen Kollegen »ein Gesamtbild Verschuers als Wissenschaftler im Lichte des Zeitgeschehens

Der Assistent Josef Mengele hatte 1936 in Verschuers Frankfurter Institut promoviert. Verschuer wollte seinen Lieblingsassistenten nach Berlin mitnehmen, doch Mengele meldete sich zur Waffen-SS und kam erst im Januar 1943 nach einer Verwundung in die Reichshauptstadt. Wenig später ließ er sich, wiederum freiwillig, nach Auschwitz versetzen, wo er sich nicht nur als allgegenwärtiger Selektionsarzt profilierte, sondern auch eigenverantwortlich Experimente – vor allem an Zwillingen – vornahm. Mengeles Ziel: die Habilitation. Vieles spricht dafür, daß seine Arbeit in Auschwitz in Abstimmung mit Verschuer erfolgte. Verschuer waren von der Deutschen Forschungsgemeinschaft (DFG) mehrere Projekte genehmigt worden, die augenfällig mit Mengeles Tätigkeit in Auschwitz zusammenhingen. Verschuer berichtete über den Fortgang seines Projektes »Spezifische Eiweißkörper«: »Mit Genehmigung des Reichsführers SS werden anthropologische Untersuchungen an den verschiedenen Rassegruppen dieses Konzentrationslagers durchgeführt und die Blutproben zur Bearbeitung an mein Laboratorium geschickt.« Im Januar 1945 meldete er der DFG, er habe »von über 200 Personen verschiedenster rassischer Zugehörigkeit« Blutproben erhalten. Mengele unterstützte auch Verschuers Assistentin Karin Magnussen, die an einem weiteren Projekt zur »Vererbung von Augenfarben« arbeitete. Ihr sandte er die Augen einer Zigeunerin mit Heterochromasie (Verschiedenfarbigkeit) – und die ihrer Kinder.
Mengele wurde nach dem Krieg zum Symbol für die NS-Medizin schlechthin. In Südamerika vermeintlich unerreichbar, eignete er sich gut zur Stilisierung zum medizinischen Monster, das seinerseits die Schuld der in Deutschland wieder etablierten Mediziner zu relativieren half. Jahrzehntelang konnte sich Mengele allen Verfolgungen und Auslieferungsbegehren entziehen. Er kam 1979 bei einem Badeunfall ums Leben.

Amtliche Bekanntmachung

Wegen vieltausendfachen Mordes an Juden, Zigeunern, Slawen und anderen Deportierten im Konzentrationslager Auschwitz in den Jahren 1943 bis 1945 sucht die Staatsanwaltschaft Frankfurt am Main den ehemaligen SS-Hauptsturmführer und Lagerarzt

JOSEF MENGELE

geboren am 16. März 1911 in Günzburg

Mengele nennt sich auch (Doktor) José Mengele und hat sich ferner als Helmut Gregor, angeblich geboren am 6. August 1911 in Termeno, ausgegeben.

Die Lichtbilder zeigen Mengele 1938 (links und Mitte) und 1956 (rechts). Andere angebliche Fotos von Mengele, die teils in den Medien veröffentlicht werden, sind nicht authentisch.

Mengele ist 174 cm groß, hat grün-braune Augen und spricht Deutsch, Englisch, Spanisch und vermutlich auch Guarani. Er wird in Südamerika vermutet.

Für Hinweise, die zur Ergreifung und Auslieferung Mengeles führen, wird die ausgesetzte Belohnung auf

1000000.- DM

(in Worten: eine Million Deutsche Mark)

erhöht, deren Zuerkennung und Verteilung unter Ausschluß des Rechtsweges erfolgt. Die Belohnung ist ausschließlich für Privatpersonen bestimmt und nicht für Personen, zu deren Berufspflicht die Verfolgung strafbarer Handlungen gehört.

Hinweise werden erbeten an die Staatsanwaltschaft bei dem Landgericht Frankfurt am Main (Telefon 069/13671), das Hessische Landeskriminalamt in Wiesbaden (Telefon 06121/831) oder jede andere Kriminal- oder Polizeidienststelle, im Ausland an die Botschaften und Konsulate der Bundesrepublik Deutschland.

Frankfurt am Main, den 31. Januar 1985

Staatsanwaltschaft bei dem Landgericht
Der Leitende Oberstaatsanwalt
Haueisen

Monster Mengele: Die Jagd nach dem Entflohenen lenkte ab von mancher personellen Kontinuität in der Bundesrepublik.

und insbesondere im Hinblick auf seine Einstellung und sein Verhalten zum Nationalsozialismus und dessen Lehren«[20] machen und sich mit den in der Presse erhobenen Vorwürfen auseinandersetzen. Die Kommission kam zu dem Ergebnis, daß lediglich einige Zitate Verschuers Distanz zum Nationalsozialismus belegten, seine Schriften aber ansonsten auf weitgehende Zustimmung deuteten. Verschuer habe »seine wahre wissenschaftliche Erkenntnis geopfert, um sich den Beifall und die Gunst der damaligen Machthaber zu sichern – ein Vorwurf, der schwerer wiegt als der eines, wenn auch irregeleiteten, Fanatismus«. Er habe wissen müssen, daß Mengele seine Blutproben nicht von freiwilligen Spendern gewonnen haben konnte; deshalb, so die Kommission, habe sein Handeln »selbstverständlichen Forderungen menschlicher und wissenschaftlicher Ethik« widersprochen. Die Schlußfolgerung lautete, daß »ein Institut mit eugenischen Zielen niemals Menschen anvertraut werden dürfte, deren restlose Objektivität und deren unbedingtes Eintreten für das wahre Wohl unseres Volkes nicht gesichert erscheint. Charakterlosigkeiten, wie sie in der oben genannten Rede zum Ausdruck kommen, sind weder rein menschlich, noch erst vom wissenschaftlichen Standpunkt aus tragbar.«

Nach diesem überdeutlichen Votum geriet Verschuer immer mehr unter Druck. Über zwei Jahre mußte er um seine Zukunft bangen, die Frankfurter Berufung kam nicht zustande. Doch ernsthafte Konsequenzen blieben aus. Ende 1946 hielt Verschuer seine Entnazifizierungsurkunde in Händen. Er war mit einer Geldbuße von 600 Mark belegt und in die Gruppe IV (»Mitläufer«) eingestuft worden.

Voraussetzung für eine Rückkehr in die Wissenschaft war aber, daß es gelang, die Vorwürfe der Kommission zu entkräften. Verschuer ersuchte deshalb einige ehemalige Kollegen aus dem Umfeld der Kaiser-Wilhelm-Gesellschaft, ein zweites Gutachtergremium zu bilden. Dieses beriet im September 1949 und legte auch bald seinen Bericht vor.[21] Der Zeitgeist wehte jetzt offenbar aus einer anderen Richtung, denn in nahezu allen Punkten kamen die Zweitgutachter zu einem entgegengesetzten Urteil: Aus Verschuers Nähe zu kirchlichen Kreisen, die er auch im Dritten Reich aufrechterhalten hatte – er habe gar die »besonders gefährdeten sonnabendlichen Gottesdienste in der Dahlemer Dorfkirche« besucht –, folgerte man seine »gegnerische innere Haltung« zum Nationalsozialismus. Im Berliner Institut sei der Hitlergruß nicht praktiziert, hingegen

Verschuers Kollegen: Eugen Fischer, Fritz Lenz, Hans Nachtsheim.

bei gemeinsamen Mahlzeiten ein christliches Gebet gesprochen worden. Daß das Institut vielfach mit NS-Institutionen verbunden gewesen war, konnte die Kommission nicht feststellen. Auch Verschuers Arbeit für das »Reichsinstitut für Geschichte des neuen Deutschlands« in der »Forschungsabteilung Judenfrage« und seine Gutachtertätigkeiten nahm man nicht zur Kenntnis. Ebenfalls keine Belege fand man dafür, daß Verschuer über die Zustände in Auschwitz und die Herkunft der berüchtigten Augensendungen Mengeles informiert war.

Schwerer tat sich die Entlastungskommission mit einigen öffentlichen Äußerungen Verschuers. Man verurteilte manche »Redewendungen«, gestand Verschuer aber zu, daß er oftmals die Wissenschaft gegen die Ideologie verteidigt habe und daß »eine allzu deutliche Opposition damals unmittelbare Lebensgefahr bedeutete. Unter solchen Bedingungen können wir es nicht ganz unbegreiflich finden, daß auch ein lauterer Mensch gelegentlich Gedanken und Worte nachgesprochen hat, die täglich um ihn her dröhnten.« Abschließend meinte die Kommission, obwohl Verschuers Bild »durch einige Flecken getrübt« sei, zeichne er sich durch »alle Qualitäten aus, die ihn zum Forscher und zum Lehrer akademischer Jugend prädestinieren«. Dieses entlastende Zeugnis sowie das über die Jahre gerettete Institutsmaterial, vor allem aber die in der Zwischenzeit grundlegend veränderte gesellschaftliche Stimmung, machten Verschuer schließlich den Weg frei: Zum Sommersemester 1951 wurde er an die Universität Münster berufen, 1952 Vorsitzender der Deutschen Gesellschaft für Anthropologie und 1954 in Münster Dekan der Medizinischen Fakultät.

Wissenschaftlich versuchte Verschuer, an seine früheren Forschungen anzuknüpfen, doch es war nicht einfach, für seine diskreditierte Disziplin neue Anwendungsbereiche und eine neue Legitimation zu finden. Er mußte feststellen, daß man international hoffnungslos isoliert war und kaum noch mitreden konnte: »Es wird noch mühevolle Aufbauarbeit kosten, bis wir nur annähernd den Vorsprung des Auslandes wieder erreicht haben. In USA, England, Schweden, Dänemark und Frankreich sind ganz neue Forschungsgebiete der Humangenetik zur Entfaltung gekommen. ... Natürlich bin ich bemüht ..., Schritt zu halten.«[22] Die eigene Mitschuld an dieser Tatsache sah Verschuer freilich nicht. Blind war er auch dafür, daß die Rückkehr der alten Größen auf bundesdeutsche Lehrstühle den Rückstand nochmals vergrößerte. Letztlich verlängerten deren Schüler die Tradition der traditionellen Darwinschen Eugenik sogar bis in die siebziger Jahre.

Heinrich Schade, Verschuers Assistent aus Frankfurter und Berliner Zeiten, der 1954 zunächst Professor in Münster wurde und ab 1965 das Institut für Humangenetik und Anthropologie in Düsseldorf leitete, ist nur eines von vielen Beispielen – allerdings ein besonders prägnantes: Er hatte sich 1939 bei Verschuer mit einer erbbiologischen Untersuchung habilitiert, für die alle greifbaren Daten über etwa 4000 Personen aus dem Schwalm-Eder-Kreis zusammengetragen worden waren. Die entstandenen »Sippentafeln« erlaubten, die genealogischen Ursprünge der dortigen Bevölkerung bis zum Dreißigjährigen Krieg zurückzuverfolgen. Schade ging es um die Vererbung von Krankheiten, er interessierte sich aber ebenso für »Hysteriker«, »Sonderlinge« und »Leistungsbeschränkte«[23], denn die Möglichkeit zur Fortpflanzung mußte nach seiner Auffassung nicht nur den eindeutig Erbkranken genommen werden, sondern auch sogenannten »leichten Fällen«, die man nur anhand der »Sippendiagnose« überhaupt erkennen könne. Auch nach 1945 veränderte sich Schades Gedankenwelt kaum. Noch immer witterte er hinter jeder sozialen Auffälligkeit eine erbbiologische Schädigung. Die Rassenmerkmale von jugoslawischen Roma untersuchte er ebenso wie die der Ostfriesen, wobei er der These nachging, deren Schädel hätten »neandertaloide Formen«. Auch die Bevölkerung des Schwalm-Eder-Kreises suchte Schade wieder heim. Seine nach 1945 entstandenen Veröffentlichungen sind von denen aus der NS-Zeit kaum zu unterscheiden, und seine radikalen bevölkerungspolitischen Überzeugungen führten ihn in den siebziger und achtziger Jahren schließlich in deutlich rechtsradikales

Fahrwasser. In Büchern wie *Völkerflut und Völkerschwund* (1974) und *Deutschland – ohne Deutsche* (1985), zu dem Schade den Beitrag »Genosuizid – Volksselbstmord« beisteuerte, warnte er vor dem drohenden Untergang des deutschen Volkskörpers. Bis 1974 war Schade in der universitären Lehre tätig.

Auch Verschuer knüpfte an frühere Arbeiten und vertraute Forschungsmethoden an: Er ließ von ihm zwischen 1936 bis 1940 untersuchte krebskranke Zwillinge erneut aufspüren und dokumentierte

Zum Forscher und Lehrer prädestiniert Otmar von Verschuer wird 1951 Professor für Humangenetik in Münster und hat von nun an keine kritischen Nachfragen mehr zu fürchten. Bis auf wenige Ausnahmen. Eine davon, eine kritische Rezension von Verschuers 1959 erschienenem Buch *Genetik des Menschen*, stammt von seinem gut informierten ehemaligen Kollegen Hans Nachtsheim: »Man erinnert sich dabei an seine zwischen 1933 und 1945 erschienenen Veröffentlichungen ähnlicher Art. ... Man kann und darf heute nicht verschweigen, daß gerade diese Bücher keine reine Wissenschaft waren. Zwei Auflagen der ›Erbpathologie‹ begannen mit dem berüchtigten Kapitel ›Der Erbarzt im völkischen Staat‹, enthaltend eine Glorifizierung Adolf Hitlers. In der 1945, wenige Monate vor Kriegsende, erschienenen 3. Auflage hat der Verf. – eine Art Autoentnazifizierung in letzter Minute – das ganze Kapitel weggelassen. Das zweite Buch, die ›Rassenhygiene‹, atmet nationalsozialistischen Geist vom Vorwort über die Rassenpolitik und die Judenfrage hinweg bis ins Schlußwort hinein. Man kann die Frage aufwerfen, ob der Verf. die berufene Persönlichkeit ist, heute wieder ein Lehrbuch der Humangenetik zu schreiben.«

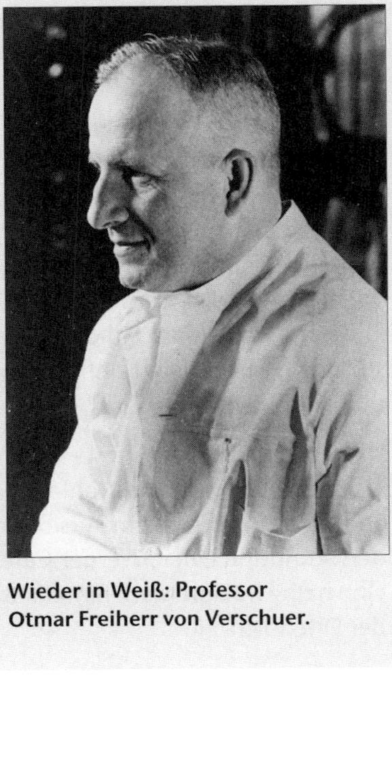

Wieder in Weiß: Professor Otmar Freiherr von Verschuer.

Immer neues Grauen beim Anblick der Monstren Werner Catel wurde 1954 zum Professor für Kinderheilkunde an die Kieler Universität berufen, obwohl die Universität und auch die Kieler Landesregierung über seine Vergangenheit informiert waren. Erst 1960 – in der Folge der Aufdeckung des maßgeblichen »Euthanasie«-Organisators Werner Heyde (s. dazu S. 53ff.) – wurde Catel die Emeritierung nahegelegt. Catel hat eine Beteiligung an der »Euthanasie« stets bestritten, andererseits unverblümt für die Tötung behinderter Kinder geworben. So trat er auch nach seiner Emeritierung in einem *Spiegel*-Interview vom August 1964 für die Tötung von Kindern ein, bei denen keine »seelischen Regungen« festgestellt werden können.

Spiegel: »Wie untersuchen Sie denn sechs oder acht Monate alte Kinder auf seelische Regungen?«

Catel: »Es gibt da viele Indizien, die Auskunft geben können, nicht müssen. Ob das Kind nach der Flasche greift, ob es lächelt, wie sein Reflexverhalten ist.«

Spiegel: »Manche Kinder sind Früh-, andere sind Spätentwickler. Wie stellt man fest, ob das Kind im untermenschlichen Stadium verharren wird?«

Catel: »Glauben Sie mir, es ist in jedem Fall möglich, diese seelenlosen Wesen vom werdenden Menschen zu unterscheiden.«

Nach der elterlichen Einwilligung sollte, Catel zufolge, die letztgültige Entscheidung von einem Gremium getroffen werden, das er sich so vorstellte: »Der zuständige Amtsarzt, mindestens zwei ärztliche Spezialisten ... Ferner sollten ein Jurist und ein Theologe dabeisein. Schließlich muß eine Frau, eine Mutter, dazugehören.« Sorgen machte sich Catel vor allem um die Eltern behinderter Kinder: »Jeder Arzt, der sich in der Praxis mit unheilbaren Idioten befassen muß, weiß von den bis zur Zerstörung reichenden Konfliktsituationen in den Ehen. Er kennt das immer neue Grauen beim Anblick der Monstren.«

Die Universität Kiel rühmte Catel nach seinem Tod 1980, er habe »in vielfältiger Weise zum Wohle kranker Kinder beigetragen«. Sein Plan aber, die Universität zur Auslobung eines »Werner-Catel-Preises« und der Gründung einer »Werner-Catel-Stiftung« zu bewegen, indem er ihr eine halbe Million Mark hinterließ, scheiterte an empörten Reaktionen der Öffentlichkeit.

deren Krankheitsverläufe. Seit Mitte der fünfziger Jahre betrieb er darüber hinaus die erbpathologische Erfassung der Bevölkerung des Regierungsbezirkes Münster. Über 30000 Menschen wurden als Träger von 200 verschiedenen krankhaften Erbmerkmalen identifiziert. Verschuers Mitarbeiter konnten allerdings nicht mehr auf die Meldung von Krankheitsfällen hoffen, die zu Zeiten des »Gesetzes zur Verhütung erbkranken Nachwuchses« die Erstellung der damaligen Frankfurter Erbkartei erleichtert hatten. Deshalb mußten »die Unterlagen durch Eigendurchsicht aus Krankheitsdokumentationen in den Krankenhäusern und Gesundheitsämtern eingeholt«[24] werden. Die »Bezeichnungen ›Erbkartei‹ oder ›Kartei der Erbkranken‹« habe er dabei vermieden, teilte Verschuer seinem Kieler Kollegen Wolfgang Lehmann mit, »um unangenehmen Erinnerungen vorzubeugen«[25]. An diesem Forschungsprojekt wird die Kontinuität elitär-obrigkeitsstaatlich geprägter Konzepte einer erbbiologischen Erfassung der Bevölkerung besonders deutlich. Eine ganz unerwartete Bedeutung erlangte die Münsteraner Erbkartei, als sich im Zeichen des beginnenden Atomzeitalters die Frage stellte, ob radioaktive Strahlungen sich auf das menschliche Erbgut auswirken könnten. Daher wurde Verschuers Projekt über Jahre vom Bundesministerium für Atomenergie großzügig unterstützt. Die Zahlungen wurden schließlich eingestellt, als sich zeigte, daß Verschuer keine verwertbaren Ergebnisse vorweisen konnte.

Wie vielen medizinischen Wissenschaftlern, so war auch Freiherr von Verschuer die Anpassung an die neuen Verhältnisse gelungen, zumindest äußerlich. Aus dem führenden Rassenhygieniker war ein etablierter Humangenetiker geworden. Und während Nachtsheim und Villinger die Zwangssterilisation propagierten und Werner Catel für die »Kinder-euthanasie« eintrat, schien Verschuer etwas aus der Vergangenheit gelernt zu haben. Er war Mitglied eines Eugenischen Arbeitskreises, der im Auftrag des Bundesgesundheitsministeriums zu einem geplanten Sterilisationsgesetz Stellung beziehen sollte. Der Arbeitskreis äußerte sich ablehnend und monierte vor allem, der Ärzteschaft werde zugemutet, »auf Grund eines Gerichtsbeschlusses gegen dieses Grundprinzip ärztlichen Handelns zu verstoßen und schuldloses menschliches Leben zu töten«[26]. Gegenüber der begeisterten Zustimmung zum nationalsozialistischen Sterilisationsgesetz war dies für Verschuer eine Kehrtwende.

Nach seiner Emeritierung vollzog er in seinem letzten, 1966 erschienenen kleinen Buch *Eugenik* endgültig den Abschied von der selektionistischen Eugenik. Auf seine Weise war Verschuer bei dem Prinzip der Individualmedizin angekommen. Die »Verantwortung vor Gott« war für ihn nun der einzige Maßstab allen wissenschaftlichen Handelns. Scharf wandte er sich gegen die Tötung »lebensunwerten Lebens«, gegen die Abtreibung und schließlich auch gegen die klassische Eugenik, denn, so Verschuers Einsicht, es gebe keinerlei objektiv gültigen Maßstab für die Bewertung des einzelnen Menschen. Einen Vortrag vor der evangelischen Akademie Hofgeismar im Februar 1968 zum Thema »Gesichtspunkte einer verantwortlichen Humangenetik« schloß er mit der Mahnung: »Ich möchte aber doch noch gerade im Hinblick auf die so schweren

Experten für die Erbgesundheit 1959 trat ein »Wiedergutmachungsausschuß« der Bundesregierung zusammen, der über die Entschädigung von NS-Zwangssterilisierten beriet. Am 13. April 1961 hatte der Ausschuß einige Experten geladen, zu denen neben Hans Nachtsheim auch Werner Villinger und sein ehemaliger Assistent Helmut Ehrhardt gehörten. Nachtsheim war nach 1945 entschiedenster Fürsprecher einer »Sterilisierung aus eugenischer Indikation«. Öffentlich forderte er die Möglichkeit zur freiwilligen Sterilisation entsprechend dem Gesetzentwurf von 1932, doch in der Expertenanhörung zeigte er sich von der Notwendigkeit der Zwangssterilisation überzeugt. Die Experten argumentierten, das NS-Sterilisationsgesetz sei rechtsstaatlich zustande gekommen, und malten die Schreckensvision einer unkontrollierten Vermehrung von Erbkranken an die Wand. Werner Villinger stimmte ausdrücklich zu. Er hatte in der Nachkriegszeit erfolgreich die völlige Umdeutung seiner Vergangenheit betrieben, 1958 war er gar als Gründungsmitglied der Bundesvereinigung Lebenshilfe für das behinderte Kind beigetreten (die sich erst 1989 öffentlich von Villinger distanzierte). Kurz nach der Ausschußberatung machte dann aber der *Spiegel* unter dem Titel »Die Kreuzelschreiber« unter anderem auch Villingers Verwicklung in die »Euthanasie« bekannt. Villinger wurde vom Amtsgericht Marburg vernommen und mußte fürchten, daß nicht nur seine Tätigkeit als T4-Gutachter ans Licht kommen würde. Wenige Tage nach einer ersten Vernehmung stürzte er bei einer Bergtour in Österreich zu Tode – ein Selbstmord wurde vermutet, konnte aber nicht nachgewiesen werden.

Anpassungsleistungen eines Forschers

»Der Führer des deutschen Reiches ist der erste Staatsmann, der die Erkenntnisse der Erbbiologie und Rassenhygiene zu einem leitenden Prinzip in der Staatsführung gemacht hat. ... Ob wir das Gebäude unserer Wissenschaft durch Forschungsarbeit erweitern und ausgestalten, ob wir den Studenten Wissen und Erfahrungen auf ihren Lebensweg mitgeben, ob wir an der erbbiologischen Gesundung unseres Volkskörpers mitwirken – immer dienen wir dem Leben unseres Volkes.«

Otmar von Verschuer: Ansprache zur Eröffnung des Instituts für Erbbiologie und Rassenhygiene an der Universität Frankfurt am 19. Juni 1935

»Die einzig wesentliche Rassegefahr durch die Juden hat durch die Politik des Nationalsozialismus ihre endgültige Regelung gefunden.«

Otmar von Verschuer: »Bevölkerungs- und Rassefragen in Europa«, in: *Europäischer Wissenschaftsdienst*, 1 (1944), S. 1–4, hier S. 3

»Die sogenannten Rassengesetze des Nationalsozialismus waren Ausfluß einer politischen Ideologie und keineswegs eugenische Gesetze. Ebenso hat die grauenvolle Massenvernichtung von Juden, von politischen Gegnern und von Geisteskranken als außergesetzlicher politischer Gewaltakt mit der Eugenik nichts zu tun. Ich darf deshalb darauf verzichten, hier weiter darauf einzugehen. Doch möchte ich nicht unterlassen, an dieser Stelle ein Wort persönlichen Bekenntnisses zu sagen, da ich in den Jahren 1933–45 forschend und lehrend in der Wissenschaft der Humangenetik und damit auch der Eugenik tätig gewesen bin. Von der nationalsozialistischen Ideologie war ich – schon als Glied der bekennenden Kirche – durch einen breiten Graben getrennt. Als beamteter Professor meinte ich in dem Rahmen vorliegender Gesetze der staatlichen Obrigkeit verpflichtet zu sein. Als Sachverständiger in eugenischen Fragen habe ich vielen einzelnen Menschen in ihrer damaligen Not helfen können. Gegenüber dem Mißbrauch meiner Wissenschaft habe ich – das bedaure ich sehr – nicht genügend Widerstand geleistet; die Dämonie in ihren furchtbaren Auswirkungen ist mir zu spät bewußt geworden. Wie auf allen Eugenikern der Zeit liegt also auch auf mir ein Anteil von Schuld.«

Otmar von Verschuer: *Probleme der Eugenik – Aufgaben und Gefahren*, unveröffentlichter Vortrag von 1965

Erfahrungen, die wir in der Vergangenheit auf diesem Gebiet erleben mußten, sagen, daß vor jegliche eugenische Maßnahme, die von irgendeiner Stelle in Erwägung gezogen wird, gewissermaßen ein Warnungsschild aufgerichtet sein sollte, ein Warnungsschild, auf das ich schreiben möchte: ›Menschenwürde, Menschenrechte, Nächstenliebe, Verantwortung unter Gott‹.«[27]

Doch die Anpassungsleistungen schützten Verschuer nicht davor, von jüngeren Kollegen aus der ersten Reihe der medizinischen Forscher herausgedrängt zu werden. 1964, im Jahr seiner Emeritierung, wurde die *Zeitschrift für Menschliche Vererbungs- und Konstitutionsforschung* umbenannt in *Humangenetik*, und die mit der Neukonzeption beauftragten jüngeren Humangenetiker weigerten sich sämtlich, mit dem bisherigen Herausgeber Verschuer zusammenzuarbeiten. Dieser reagierte verständnislos. Er erkannte nicht, daß sich in der Neuorientierung des Fachblattes eine nachholende Modernisierung der gesamten Wissenschaft niederschlug, die sich – äußerlich markiert durch den Abtritt der Generation Verschuers – endgültig von der Genetik des frühen 20. Jahrhunderts verabschiedete. Im universitären Betrieb jedoch zog sich dieser Abschied hin: Wer in den sechziger Jahren Medizin studierte, der saß unter Umständen noch einschlägig belastetem Lehrpersonal gegenüber. Und selbst wenn die NS-Mediziner nicht mehr selbst lehrten, lebten ihre wissenschaftlichen Positionen in ihren Lehrbüchern noch lange fort.

NS-»Euthanasie« vor Gericht

Auch diejenigen, die im Dritten Reich nicht als prominente Wissenschaftler, sondern als einfache Ärzte im Rahmen der »Euthanasie« Schuld auf sich geladen hatten, sahen sich seit 1945 dem politischen Wandel unterworfen. Zunächst war, wer in den ersten Nachkriegsjahren vor Gericht zitiert wurde, in aller Regel hart bestraft worden: Allein 21 Todesurteile wurden wegen der »Euthanasie«-Morde verhängt. Die Angeklagten erwartete zumeist die Einordnung als Täter (nicht als Gehilfen) und damit die Höchststrafe – ob vor deutschen oder alliierten Gerichten. Ende der vierziger Jahre, als Mitscherlichs Buch so rätselhaft unter Ausschluß der Öffentlichkeit erschien und sich für Verschuer und andere allmählich die Karriereaussichten besserten, ging jedoch auch die

Strafverfolgung von Tötungsärzten zu Ende. Nach 1947 wurde keiner der »Euthanasie«-Ärzte mehr wegen Mordes verurteilt. Signalwirkung hatte die bereits erwähnte Weigerung des Landgerichts Hamburg von 1949, die Hauptverhandlung gegen 19 der »Kindereuthanasie«-Beschuldigten zu eröffnen, darunter auch Werner Catel.

Auch die Ärzteschaft war sich, was die »Kindereuthanasie« betraf, im unklaren darüber, ob das Handeln der beteiligten Ärzte nicht im moralischen Sinne zu rechtfertigen sei. Die Hamburger Ärztekammer, 1949 vor die Entscheidung gestellt, ob den beteiligten Ärzten die Zulassung zu entziehen sei, erklärte, »daß das hier zugrundeliegende Problem der Euthanasie ... noch keineswegs im rechtlichen oder berufsethischen Sinne geklärt« sei und »letzten Endes mehr auf eine weltanschauliche Frage« hinauslaufe.[28] 1961 hatte man sich Klarheit verschafft: Hamburger Gesundheitsbehörde und Ärztekammer gaben kund, »daß die Handlungen der beschuldigten Ärztinnen und Ärzte aus den Jahren 1941 bis 1943 keine schweren sittlichen Verfehlungen im Sinne des §5 Abs. 1 Ziffer 3 der Reichsärzteordnung darstellen und somit heute nach etwa 20 Jahren nicht Anlaß zu einem Antrag auf Entziehung der Approbation sein können«[29].

Den wenigen Angeklagten, die in den fünfziger Jahren überhaupt vor Gericht erscheinen mußten, wurde zumeist der sogenannte »Verbotsirrtum« zugebilligt. Es wurde ihnen also zugestanden, sich über die Rechtswidrigkeit ihrer Taten nicht bewußt gewesen zu sein. Vor allem in Fällen der »Kindereuthanasie« war man schnell bereit, den Tätern zuzugestehen, für die Kinder nur das Beste gewollt zu haben; und insbesondere dann, wenn sie aussagten, sie hätten in Einzelfällen Opfern das Leben retten können, wurden Schuld und einzelne »Wohltaten« gegeneinander aufgerechnet. Neben dem »Verbotsirrtum« schlug auch die juristische Konstruktion der »Pflichtenkollision« positiv zu Buche, derzufolge sich die Angeklagten nicht gegen den Befehl höherer Instanzen hätten auflehnen können. Zu einer Verurteilung wegen Mordes gehören nach bundesdeutschem Recht schließlich auch »niedere Beweggründe«. Die Gerichte spürten deshalb in den »Euthanasie«-Prozessen den Motiven und Ambitionen, letztlich der Persönlichkeitsstruktur der Angeklagten nach. Die konkreten Verbrechen gerieten immer mehr aus dem Blick, der Exkulpation selbst Schwerbelasteter stand damit Tür und Tor offen.

Wer das rettende Ufer der fünfziger Jahre erreicht hatte, mußte keine ernsthaften strafrechtlichen Konsequenzen mehr fürchten. Selbst bereits

Verurteilte profitierten von einer regelrechten Begnadigungswelle. Um die Aufmerksamkeit der Justiz auf sich zu ziehen, mußte man sich schon sehr unvorsichtig verhalten, wie etwa Carl Clauberg, der 1955 aus der Kriegsgefangenschaft zurückkehrte – und entschieden zu forsch auftrat: Clauberg machte kein Geheimnis daraus, daß er in Auschwitz Experimente zur Massensterilisation durchgeführt hatte. Er pries seine

»Sabotierende Maßnahmen« 1953 stand in Köln Dr. med. Alfred Leu in einem Revisionsprozeß vor Gericht. Er war in einem ersten Verfahren aufgrund seiner Verstrickung in die Kinder- und Erwachsenen-»Euthanasie« wegen Mordes verurteilt worden. Im Revisionsprozeß wurde er nur noch wegen Totschlags verurteilt. Das Gericht begründete das modifizierte Urteil damit, daß es sich bei den Opfern um »tiefstehende Existenzen ohne wahrnehmbares Gefühlsleben« gehandelt habe. Als medizinische Referenzpublikation bemühte man *Die Freigabe der Vernichtung lebensunwerten Lebens*, das einschlägige Werk von Binding und Hoche. Schließlich billigte man Leu gar zu, er habe nur an den Tötungen teilgenommen, um Schlimmeres zu verhindern, und sprach seinen Taten deshalb einen gewissen »Sabotagecharakter« zu. Äußerst ungewöhnlich war, daß Leu von anderen Ärzten schwer belastet wurde, die ihn als überzeugten Nationalsozialisten schilderten. Das Gericht ging diesen Hinweisen mit verblüffenden Argumenten aus dem Weg: Leu, so vermutet man, »hielt es für geboten, seine sabotierenden Maßnahmen auch dadurch zu tarnen, daß er entgegen seiner inneren, die Euthanasie ablehnenden Einstellung nach außen den Anschein erweckte, als bejahe er diese von der Staatsführung befohlene Aktion. Seinen Kollegen wie auch dem Pflegepersonal gegenüber äußerte er sich daher wiederholt in dem Sinne, daß er die Euthanasierungsaktion bejahe und für rechtens halte. ... Daß der Angeklagte in den Kranken der Anstalt, und gerade auch in den hoffnungslosen Endzuständen immer noch bedauernswerte, menschliche Wesen sah, bestätigt sich nicht zuletzt aus der Fürsorglichkeit, mit der er sich ... um die Beschaffung der zur Bestattung der Euthanasieopfer erforderlichen Särge bemühte.«

Quelle: Ernst Klee, *Was sie taten – was sie wurden. Ärzte, Juristen und andere Beteiligte am Kranken- oder Judenmord*, Frankfurt/M. 1986, S. 210

dort entwickelte Methode, ließ sich Visitenkarten drucken und suchte per Zeitungsinserat eine Sekretärin. Erst aufgrund massiven öffentlichen Drucks wurde er im November 1955 verhaftet und verlor seine Approbation. Nachdem Clauberg 1957 in der Untersuchungshaft gestorben war, bemerkte die *Frankfurter Rundschau* nachdenklich: »Es war der Staatsanwaltschaft reichlich schwergefallen, Sachverständige zu finden, die gewillt waren, ihre Gutachten in unmißverständlicher Weise abzugeben. ... Clauberg ist ein Symbol gewesen, eines der Symbole des Dritten Reiches. Man muß hoffen, daß die Ärzte, die Bedenken tragen, seine Methoden als das zu bezeichnen, was sie waren, nicht als lebende Symbole der Nachkriegszeit anzusehen sind.«

Entgegen solchen Hoffnungen war die Atmosphäre aber derart verändert, daß sich jetzt auch Ärzte, die es nach 1945 vorgezogen hatten, unter falschem Namen unterzutauchen, wieder hervorwagten. Das eindringlichste Beispiel lieferte Georg Renno, der ehemalige »Euthanasie«-Arzt der Anstalt Hartheim. Renno hatte bei Kriegsende den Namenszug in seinem Führerschein von Renno zu »Reinig« verändert und unter diesem Pseudonym praktiziert, ohne daß die Ärztekammer seine Identität überprüfte. 1954, mittlerweile wissenschaftlicher Mitarbeiter der Schering AG, beantragte Renno unter Hinweis auf das gerade erlassene Amnestiegesetz formlos die Rückumwandlung seines Namens. Die Behörden akzeptierten umstandslos seine Begründung, er habe seinen Namen seinerzeit aus Angst vor einer drohenden Inhaftierung aller SS-Angehörigen verändert.

Ein Ende der Phase der moralischen Nachsicht mit belasteten Ärzten bahnte sich an, als sich am 12. November 1959 ein Mann der Staatsanwaltschaft Frankfurt stellte, der angab, Werner Heyde, der ehemalige Würzburger Ordinarius für Psychiatrie und zeitweilige Leiter der »Aktion T4«, zu sein. Was die staunende Öffentlichkeit in den folgenden Wochen und Monaten erfuhr, war eine haarsträubende Geschichte.

Heyde war im Mai 1945 als Leiter eines Lazaretts der Waffen-SS von den Amerikanern verhaftet und nach Aufenthalt in verschiedenen Internierungslagern im Februar 1947 an die deutsche Justiz ausgeliefert worden. Im April wurde er aus der Untersuchungshaft nach Nürnberg gebracht, weil er im Ärzteprozeß als Zeuge geladen war. Auf dem Rücktransport sprang Heyde vom Lastwagen und schlug sich nach Schleswig-Holstein durch, wo er sich falsche Papiere auf den Namen Fritz Sawade besorgte. Mit seinem Fluchtort hatte er eine gute Wahl getroffen: Ehemalige Nationalsozialisten konnten kaum irgendwo mit einem solchen Ausmaß an Nachsicht und Integrationsbereitschaft rechnen wie im nördlichsten Bundesland. Heerscharen von NS-Verbrechern fanden hier nach 1945 Unterschlupf; in der schleswig-holsteinischen Landesregierung waren bis auf den Innenminister zeitweise alle Kabinettsmitglieder ehemalige Parteigenossen.

Ende 1949 erhielt Heyde unter seinem neuen Namen eine Stelle als Sportarzt an der Landessportschule Flensburg-Mürwik. Der örtliche Internist Hans Glatzel vermittelte ihm dann bald eine Tätigkeit als Gutachter für das Oberversicherungsamt Schleswig. Sowohl Glatzel als auch der Direktor des Oberversicherungsamtes, Ernst-Siegfried Buresch, wußten von Heydes wahrer Identität, dennoch konnte er bis 1959 als »Nervenarzt Dr. Sawade« für Behörden und Gerichte etwa 7000 neurologische Gutachten erstellen.

Die Aufdeckung drohte Heyde erstmals 1954, als der emeritierte Leiter der Kieler Nervenklinik, Hans Creutzfeldt, aus Ärger über ein Gutachten Heydes, das seinem eigenen widersprach, an Buresch, inzwischen Präsident des Landessozialgerichts Schleswig, schrieb und andeutete, daß mit Sawade etwas nicht stimme. Doch etliche prominente Personen aus der schleswig-holsteinischen Justiz- und Gesundheitsverwaltung waren massiv daran interessiert, Heyde nicht auffliegen zu lassen, denn das hätte auch die Tatsache aufgedeckt, daß er wider besseres Wissen als Gutachter beschäftigt worden war. Heydes Aussage im Vorfeld des späteren Prozesses läßt vermuten, daß es infolge des Creutzfeldt-Briefes zu einer Besprechung auf höchster Ebene kam, an der neben Buresch auch Generalstaatsanwalt Adolf Voß und Innenminister Helmut Lemke (ab 1963 Ministerpräsident von Schleswig-Holstein) teilgenommen haben sollen. Die Herren, so sagte Heyde aus, hätten ein »Stillhalteabkommen« in seiner Angelegenheit getroffen. Buresch schickte Creutzfeldts Brief an den Absender zurück mit dem Hinweis, er könne es nicht als seine Aufgabe ansehen, einen für das Ansehen der Ärzteschaft so folgenschweren Schritt zu tun. Ein Anwalt Heydes, dem Creutzfeldt persönlich verpflichtet war (er hatte dessen Frau 1943 in einem Gerichtsverfahren vertreten), konnte ihn dazu bewegen, die Sache auf sich beruhen zu lassen.

Neben seiner Gutachtertätigkeit reiste Heyde/Sawade mit einer Borgward Isabella als Vortragender durch die schleswig-holsteinischen Lande. Es schien niemanden zu wundern, daß ein kleiner Nervenarzt derart kenntnisreiche Vorträge halten konnte und mit internationalen

Mitwisser

Es war »praktisch allgemein bekannt, insbesondere in ärztlichen Kreisen, daß der Name Dr. Sawade ein Pseudonym war. Wenn der Name Sawade genannt wurde, zwinkerte man mit den Augen und schwieg.«

Hans Glatzel am 10. Dezember 1959[30]

»Ich glaube nicht, daß es abgesehen vom Seelsorger einen Beruf gibt, in dem der Begriff des Schweigens eine so große Rolle spielt wie bei uns, und zwar Schweigen in bezug auf alles.«

Hans Bürger-Prinz am 29. April 1961 im Untersuchungsausschuß des Schleswigholsteinischen Landtags[31]

»Im selben Jahr, in dem der Creutzfeldt-Brief kam – 1954 –, [ist] doch der Professor Catel von der Landesregierung ... angestellt worden – trotz genauer Kenntnis, daß er an der Euthanasie beteiligt gewesen war. Ich sage Ihnen das nur deswegen, um zu zeigen, daß die allgemeine Stimmung – auch im Landtag – eine andere war, als sie heute ist.«

Ernst Siegfried Buresch am 8. April 1961 im Untersuchungsausschuß des Schleswigholsteinischen Landtags[32]

»Dr. Hartwig Delfs, Medizinaldirektor bei der Landesversicherungsanstalt in Flensburg, gewann Dr. Sawade dann im Sommer 1952 für die Untersuchungsstelle der Landesversicherungsanstalt in Flensburg als Gutachter. ... Dr. Delfs bekundet, daß Heyde im Herbst 1952 zu ihm gekommen sei, um sich ihm gegenüber ... zu offenbaren. Bei dieser Gelegenheit habe er etwa erklärt: ›Ich bin nicht der einfache Nervenarzt, für den ich mich hier ausgebe, ich bin der ehemalige Ordinarius für Neurologie und Psychiatrie und Direktor der Universitätsnervenklinik in Würzburg. ... Ich sage Ihnen das, damit Sie es nicht von anderer Seite hören.‹ Als Dr. Delfs dann Heyde daraufhin gefragt habe, wer diese Tatsache außerdem noch wisse, habe Heyde erklärt, das wüßten noch eine ganze Reihe anderer Herren, insbesondere auch der Landesversicherungsanstalt, des Oberversicherungsamtes, des Versorgungsamtes und der Staatsanwaltschaft. Dr. Hartwig Delfs hat diese Kenntnisse nicht weitergegeben, da es ihm als Vertrauensbruch erschienen wäre. ... Es wäre nach seiner Auffassung eine ›glatte Denunziation‹ gewesen.«

Abschlußbericht des Heyde-Untersuchungsausschusses[33]

Kapazitäten wie dem Hamburger Professor Bürger-Prinz parlierte. Heyde traf auch des öfteren seine Frau – die derweil Witwenrente bezog – und unternahm mehrere Auslandsreisen.

Zum Verhängnis wurde Heyde schließlich ein skurriler Streit zwischen dem Direktor der Kieler Universitätsklinik, Helmuth Reinwein, und einigen Burschenschaftlern, von deren lautstarken nächtlichen Feiern sich Reinwein gestört fühlte. Die Justiz rückte seinen trinkfesten Nachbarn nicht entschieden genug zu Leibe, so schien es Reinwein. Zunehmend mißtraute er den Behörden und wirbelte soviel Staub auf, daß sich schließlich die Landesregierung in die Posse einschaltete und den Ministerialdirektor a.D. Ernst Delbrück bat, die Wogen zu glätten. Diesem gegenüber nun brachte der erboste Reinwein die Sawade-Angelegenheit als Beleg für die Unzulänglichkeiten der Landesjustiz vor. Delbrück informierte den Chef der Gesundheitsabteilung im Innenministerium von Reinweins Angaben, und dieser forderte am 4. November 1959 den Flensburger Amtsarzt auf, sich Sawades Approbation zeigen zu lassen. Der Beamte des Innenministeriums trug seinen Verdacht dem Landeskriminalpolizeiamt Kiel vor. Daraufhin lief endlich die Fahndung nach Heyde an, wenn auch mit merkwürdigen Verzögerungen und Fahndungspannen. Heyde erkannte die Aussichtslosigkeit seiner Lage und stellte sich am 12. November 1959 in Frankfurt der Justiz.

Nicht zu Unrecht erschien die Mitwisserschaft weiter Kreise zunächst skandalöser als Heydes Doppelexistenz. Im Dezember 1959 setzte der schleswig-holsteinische Landtag auf Druck der SPD-Opposition einen Untersuchungsausschuß ein, der klären sollte, welche »Beamten, öffentlich Bediensteten und Personen des öffentlichen Lebens« von der Sache gewußt hatten. In 43 Sitzungen zwischen Januar 1960 und Juni 1961 vernahm der Ausschuß 60 Zeugen; Heyde selbst wurde in der Haft vernommen. Das Ergebnis war eine lange Liste reputierlicher Mitwisser: »Der größte Teil der Wissensträger hat durch sein Verhalten gezeigt, daß es ihm an dem notwendigen Staatsbewußtsein gefehlt hat. Alle Personen, Organe und Einrichtungen, die sich um die Festigung des heutigen Staates bemühen, müssen deshalb dazu beitragen, im Rahmen ihrer Aufgaben, die durch diesen Fall erneut deutlich gewordene Lücke im Staatsbewußtsein zu schließen.«[34] Keiner der 18 identifizierten Mitwisser hatte aber mit ernsthaften Konsequenzen zu rechnen, auch nicht der ursprünglich für das Heyde-Verfahren vorgesehene und dann als Mitwisser entlarvte Generalstaatsanwalt Voß.

Nur einer wurde am Ende empfindlich bestraft: Volkmar Hoffmann, Reporter der *Frankfurter Rundschau.* Er hatte am 20. November 1959 geschrieben: »Selbst Ministerpräsident Kai-Uwe von Hassel (CDU) und Kultusminister Osterloh (CDU) – oder gar das ganze Kabinett? – wußten seit mehreren Monaten, daß sich unter dem Namen Dr. Sawade der steckbrieflich gesuchte Euthanasiearzt und SS-Standartenführer Professor Werner Heyde verbarg.« Hoffmann wurde wegen übler Nachrede zu sechs Monaten Gefängnis mit Bewährung verurteilt.

Im Mai 1962 stellten der Frankfurter Generalstaatsanwalt Fritz Bauer und seine Mitarbeiter schließlich eine über 800 Seiten starke Anklageschrift gegen Heyde fertig. Er wurde angeklagt, in seiner Eigenschaft als Leiter und Obergutachter der »Aktion T4« mindestens 100000 Menschen getötet zu haben. Sieben Monate waren für den Prozeß angesetzt, doch die Zweifel an seinem Zustandekommen wuchsen. Heydes Anwalt orakelte, sein Mandant werde nicht vor Gericht erscheinen, und eine Illustrierte berichtete von einem zwar fehlgeschlagenen, aber offenbar penibel geplanten Fluchtversuch. Heyde wurde in ein anderes Gefängnis verlegt und man traf alle Vorsichtsmaßnahmen, um ihn an einem möglichen Selbstmord zu hindern. Doch vergeblich: Kurz vor Beginn der

»Mein Name ist Dr. Sawade«: Karikatur aus der *Stuttgarter Zeitung*, 1964.

Hauptverhandlung fand man ihn am 13. Februar 1964 tot in seiner Zelle. In einem langen Abschiedsbrief betonte er, er fühle sich unschuldig und habe nicht das Opfer eines Schauprozesses werden wollen. Reue ließ Heyde nicht erkennen.

Das *Hamburger Echo* kommentierte das Ende der Affäre: »Jedenfalls werden jetzt eine ganze Anzahl von Leuten spürbar aufatmen! ... Gewisse Universitätslehrstühle, von denen man gemunkelt hatte, sie würden bei dem Prozeß ins Wanken geraten, werden ruhig bleiben, und ihre Inhaber werden ungestört auf die Altersgrenze zumarschieren können.«[35] Diese Einschätzung mag richtig gewesen sein, langfristig folgenreicher war die Heyde/Sawade-Affäre aber in anderer Hinsicht. Sie läutete das Ende des Schweigens über die NS-Vergangenheit der Medizin ein. Insbesondere jene Ärzte, die mit dem Tatkomplex der »Euthanasie« zu tun gehabt hatten, mußten nun mit dem Ende ihrer stillschweigenden Integration rechnen. Denn jetzt, in der Folge der Aufdeckung Heydes, machte sich eine Gruppe engagierter Juristen um Fritz Bauer daran, die Medizinverbrechen des Dritten Reiches – insbesondere die »Euthanasie«-Morde – in mühevoller Kleinarbeit auszuleuchten.

Das wichtigste der nun in Gang kommenden Verfahren gegen »Euthanasie«-Ärzte betraf Heinrich Bunke, Aquillin Ullrich und Klaus Endruweit. Die drei nahezu gleichaltrigen Studienfreunde waren zu Kriegsbeginn notapprobiert und 1940, als 26jährige, von Heyde für die »Aktion T4« angeworben worden. Sie entschlossen sich aus freien Stücken zur Mitarbeit, wobei die persönliche Unterredung mit dem bekannten Ordinarius Heyde, dessen Verweis auf Hitlers Ermächtigungsschreiben und die Hoffnung auf einen Karrieresprung eine wichtige Rolle gespielt haben mögen. Wie Renno und andere konnten dann auch Bunke, Ullrich und Endruweit in den fünfziger Jahren unter ihrem richtigen Namen in der Provinz als angesehene Ärzte praktizieren. Ullrich war aus einem US-Internierungslager geflohen, hatte zunächst mit falschen Papieren im Bergbau gearbeitet und schließlich 1952 eine Praxis als Frauenarzt in Stuttgart eröffnet. Bunke praktizierte seit 1951 in Celle, Endruweit hatte sich bereits 1946 in Bettrum bei Hildesheim als praktischer Arzt niedergelassen.

Als die drei Mediziner 1961/62 verhaftet wurden, konnten sie sich der Solidarität ihrer Heimatgemeinden sicher sein. Für Bunke setzten sich 5 000 Sympathisanten bis hinauf zum niedersächsischen Sozialminister mit Unterschriften und gezielten Interventionen ein; Endruweit gelang es

Die Verhaftung des ehemaligen Hauptgutachters der »Aktion T 4«, Werner Heyde, fand ein großes Echo in der Presse und leitete das Ende der Untätigkeit bei der Strafverfolgung von NS-Medizinverbrechen ein. Der *Spiegel* wies mit einfachen graphischen Mitteln auf Heydes Tätigkeit als »Kreuzelschreiber« hin – und gleichzeitig auf seinen Selbstmord. Heyde hatte sich vier Tage vor Erscheinen der Ausgabe in seiner Zelle erhängt.

durch die Unterstützung lokaler Prominenz (Ärzte, Pfarrer, Kommunalpolitiker und der Sportverein), die drohende Entziehung seiner Zulassung zu verhindern, wobei ihm gewiß auch seine Mitgliedschaft im Vorstand der Kassenärztlichen Vereinigung Niedersachsens und im Vorstand der Ärztekammer Hildesheim zugute kam. Eine Untersuchungshaft mußte ohnehin keiner der drei antreten; Bankbürgschaften und andere Auflagen genügten.

Vierter Angeklagter war Kurt Borm, ehemals »Euthanasie«-Arzt in der Anstalt Sonnenstein und ab 1941 in der T4-Zentrale tätig. Auch er war im Zuge der Ermittlungen gegen Heyde aufgefallen und als leitender Arzt der inneren Abteilung des städtischen Krankenhauses Uetersen 1962 verhaftet worden, nach bekanntem Muster aber von der Untersuchungshaft verschont geblieben. Da sich andeutete, daß die Vorwürfe gegen Borm gravierender ausfallen könnten als die gegen die drei anderen, wurde gegen ihn weiter ermittelt, während die Hauptverhandlung gegen seine Kollegen im Oktober 1966 begann.

Doch das neuerwachte öffentliche Interesse an der Strafverfolgung von NS-Ärzten bedeutete noch keine Revision der Rechtsprechungspraxis, wie sie für die fünfziger Jahre kennzeichnend war. Im Prozeß gegen Bunke, Endruweit und Ullrich konstatierte das Gericht zunächst, die Angeklagten seien überlegt, planmäßig und heimtückisch vorgegangen, insofern erfüllten »die im Rahmen der Aktion ›T4‹ durchgeführten Massentötungen ... den Tatbestand des Mordes«. Diese Feststellung, die freiwillige Teilnahme der Angeklagten an der Mordaktion, die betonte Geheimhaltung und Verschleierung – alles schien auf eine harte Bestrafung hinzudeuten. Doch das Gericht stellte dann fest, die Angeklagten hätten »das ›Unerlaubte‹ ihres Tuns nicht erkannt und in einem unvermeidbaren Verbotsirrtum gehandelt«[36]. Sie seien vielmehr von der Rechtmäßigkeit ihres Tuns überzeugt gewesen, da sie von der Existenz des Ermächtigungsschreibens Hitlers gewußt und die Schrift von Binding/Hoche gekannt hätten. Sie seien also keine »Überzeugungstäter« gewesen und hätten kein eigenes Interesse an den Krankentötungen gehabt. Weiter befand das Gericht, die Tötung der Patienten sei nicht »grausam« gewesen, da die Tötung durch Kohlenmonoxid keine Qualen für die Opfer bedeute. 1967 wurden die Angeklagten freigesprochen. Im Gerichtssaal gab es Beifall.

Manches war seit den frühen sechziger Jahren in Bewegung geraten: Eine Minderheit engagierter Juristen fahndete nach Schuldigen, die zweite Karriere vieler NS-Mediziner näherte sich aus Altersgründen ihrem Ende, und immer öfter störten Skandale das Beschweigen der Vergangenheit. Aber die Bevölkerung mochte sich in ihrer übergroßen Mehrheit ihre »Halbgötter in Weiß« nicht als Täter enttarnen lassen. Ganz offensichtlich empfand man die selektionistischen Moralvorstellungen und Wertmaßstäbe, die im Nationalsozialismus so exemplarisch zur politischen Wirklichkeit geworden waren, nicht als Skandal. Zwar ist der Beifall nach dem Freispruch der drei Ärzte gewiß nicht repräsentativ, doch sah man in den Freigesprochenen in erster Linie die beliebten Doktoren, nicht die ehemaligen Tötungsärzte. Und die Nachsicht mit den Tätern korrespondierte mit einer ausgesprochenen Ignoranz gegenüber den ehemaligen Opfern: In der deutschen Psychiatrie und in Behinderteneinrichtungen herrschten auch in den frühen siebziger Jahren vielfach noch Zustände, die sich von denen des Dritten Reiches nur dadurch unterschieden, daß die Patienten nicht mehr ermordet wurden. Psychisch Kranke wurden, wie der *Spiegel* beklagte, medikamentös ruhiggestellt und »mit kriminellen Triebtätern, Alkoholikern oder Drogensüchtigen, unheilbar Schwachsinnigen und Alterskranken unterschiedslos in überfüllten Großkliniken zusammengepfercht«[37]. Eine Mentalität des Wegsperrens dominierte über eine moderne Individualpsychiatrie, die Deutschen beschäftigten sich nach wie vor nicht gern mit den Schwächsten der Gesellschaft.

Der Bundesgerichtshof kassierte am 7. August 1970 das Urteil gegen Bunke, Endruweit und Ullrich und verwies das Verfahren zur Neuverhandlung zurück nach Frankfurt. Nun sollte auch Kurt Borm mit vor Gericht stehen. Der Gesundheitszustand der Angeklagten Bunke, Ullrich und Endruweit hatte sich in der Zwischenzeit aber angeblich erheblich verschlechtert. Alle drei brachten ärztliche Gutachten bei, die ihnen Verhandlungsunfähigkeit bescheinigten, weshalb ihr Verfahren schließlich ausgesetzt wurde. Die von hilfreichen Kollegen attestierte und von Amtsärzten bestätigte angegriffene Gesundheit hinderte allerdings keinen daran, weiter zu praktizieren: Bunke blieb bis 1979 aktiv, Ullrich bis 1980, Endruweit bis 1985.

Der einzige verbliebene Angeklagte Borm machte vor Gericht alle inzwischen als erfolgversprechend bekannten Entlastungsmomente geltend und wurde 1972 freigesprochen. Im März 1974 bestätigte der Bundesgerichtshof das Urteil. Eine Reihe Prominenter (darunter Josef Beuys, Norbert Blüm, Heinrich Böll, Marion Gräfin Dönhoff, Günther Grass und Martin Walser) wandten sich in einem offenen Brief, der am 10. Juni

1974 in der *FAZ* erschien, an Bundespräsident Heinemann. Ein Arzt war nicht unter den Unterzeichnenden. In dem Brief hieß es: »Dr. Borm hat in maßgebender Funktion an der Ermordung von Tausenden von Kranken und Hilflosen mitgewirkt, die ihm anvertraut waren. Nach Auschwitzer Muster hat er sie ›zum Duschen‹, in Wahrheit ins Gas geschickt, brieflich dann die Angehörigen über die Todesursache belogen. Dr. Borm war zur Tatzeit 31, zu Beginn der nationalsozialistischen Herrschaft 24 Jahre alt. Er stand im 8. Semester seines Studiums, hat später den Hippokratischen Eid geleistet. Die Annahme eines unvermeidbaren Verbotsirrtums ist mit diesen Fakten nicht vereinbar. ›Dieses Urteil‹, schrieb die *Süddeutsche Zeitung* am 22. März d. Jrs., ›ist eine der ungeheuerlichsten Entscheidungen, die deutsche Richter jemals trafen. Der zweite Strafsenat in Karlsruhe muß von jedem Gerechtigkeitssinn verlassen gewesen sein, als er sich zu dieser verqueren Entschuldigung eines Mordgehilfen entschloß.‹«

Die Ärzteschaft und die Rückkehr der Erinnerung

Gegen Ende der siebziger Jahre holte die Erinnerung an den Nationalsozialismus schließlich auch die ärztlichen Standesorganisationen ein, die bis dahin der Vergangenheit der eigenen Zunft erfolgreich ausgewichen waren. 1985 fühlte sich sogar das *Deutsche Ärzteblatt* verpflichtet, an das Kriegsende zu erinnern, doch von den nun seit 40 Jahren geltenden Regeln der Erinnerung wich man nicht ab: Man rief Otmar Kohler ins Gedächtnis, einen jener Ärzte, die in der frühen Nachkriegszeit ihren Berufsstand in herzerweichenden Spielfilmen repräsentiert hatten. Kohler, der *Arzt von Stalingrad*, so informierte das Standesblatt seine Leser, stehe für jene namenlose Mehrheit von Ärzten, die im Nationalsozialismus ohne Fehl und Tadel geblieben waren. Dieser Mehrheit stünden 350 Medizinverbrecher gegenüber.

Doch die Anlässe, sich auch auf Funktionärsebene mit der NS-Vergangenheit auseinanderzusetzen, häuften sich nun: 1986 wurde in Köln die Straße, an der der Sitz der Bundesärztekammer und der Kassenärztlichen Vereinigung liegt, von Haedenkamp- in Herbert-Lewin-Straße umbenannt. Der im Dritten Reich verfolgte Lewin schien den Stadtvätern als Namenspatron aus begreiflichen Gründen geeigneter als Carl Haedenkamp – die Bundesärztekammer sprach sich gleichwohl gegen die Umbenennung aus.

Kritische Nachfragen Seit den frühen achtziger Jahren bemühten sich einzelne Mediziner, Medizinhistoriker und engagierte Journalisten auch öffentlich um eine Thematisierung der nationalsozialistischen Medizinverbrechen. Viele dieser Kritiker versammelten sich 1980 auf dem sogenannten »Gesundheitstag« in Berlin, der als Gegenveranstaltung zum gleichzeitig dort abgehaltenen 83. Deutschen Ärztetag die Diskussion forcieren sollte.

Auf dem »Gesundheitstag« 1980 in Berlin versammelten sich zum ersten Mal die Kritiker der etablierten Medizin.

Insbesondere das Thema »Medizin und Nationalsozialismus. Tabuisierte Vergangenheit – ungebrochene Tradition?« war geeignet, die etablierten Standesvertreter herauszufordern. Deren Reaktion war eindeutig. Im *Deutschen Ärzteblatt* stand über den »Gesundheitstag« zu lesen: »Jüdische Emigranten, die man anläßlich des Gesundheitstages 1980 nach Berlin eingeladen hatte, dienten dabei der politischen Verdächtigung des Ärztestandes«.

Quelle: *Deutsches Ärzteblatt* 77 (1980), S. 1615 f.

Am 2. August 1986 veröffentlichte der deutsche Arzt Helmut Hanauske-Abel in der britischen medizinischen Fachzeitschrift *Lancet* einen Artikel unter dem Titel »From Nazi-Holocaust to Nuclear Holocaust – A Lesson to Learn?«. Hanauske-Abel betonte darin die moralische Pflicht der Ärzteschaft, sich an ihre NS-Vergangenheit zu erinnern, und nannte einige Fakten aus der NS-Medizingeschichte in deutlicher Weise beim Namen, insbesondere die reibungslose Selbstgleichschaltung der Standesvertretungen 1933. Ärztekammerpräsident Karsten Vilmar reagierte erregt. In einer als Interview verkleideten Stellungnahme unter dem programmatischen Titel »Die Vergangenheit wird bewältigt«[38] behauptete Vilmar im *Deutschen Ärzteblatt*, Hanauske-Abel wolle »die Ärzteschaft der Bundesrepublik Deutschland außerhalb unserer Grenzen diskreditieren«, dabei sei diese doch bereits nach dem Kriege »mit rückhaltlosen Mitteilungen über verbrecherisches Verhalten von Ärzten an die Öffentlichkeit gegangen«. Als Zeugen für diese Behauptung führte Vilmar ausgerechnet Alexander Mitscherlich an. Hanauske-Abel wurde von der zuständigen Bezirksärztekammer Rheinhessen aus der Mitgliederliste gestrichen.

Verhinderter Weltärztepräsident Dem Bundesärztekammer-Präsidenten und Bundesverdienstkreuzträger Hans Joachim Sewering wurde 1978 im *Spiegel* vorgeworfen, am Tod einer seiner ehemaligen Patientinnen schuldig zu sein, da er sie als Anstaltsarzt des katholischen Sanatoriums Schönbrunn/Dachau 1943 in die Anstalt Eglfing-Haar überwiesen hatte. 15 Tage nach ihrer Einweisung war die Patientin ermordet worden. Sewering mußte schließlich 1978 zurücktreten. Die vom *Spiegel* aufgebrachten Geschehnisse spielten dabei aber offiziell ebensowenig eine Rolle wie Sewerings SS-Mitgliedschaft: Zurücktreten mußte er, weil Unstimmigkeiten in den Abrechnungen seiner privaten Praxis ans Licht gekommen waren. 1993 bemühte sich Sewering dann um die Präsidentschaft des Weltärztebundes – sie wurde aufgrund empörter Reaktionen aus dem Ausland gerade noch verhindert.

Gestoppt: Ärztefunktionär Hans-Joachim Sewering.

Ausgabe A

Das Organ der Ärzteschaft
Gegründet 1872

DEUTSCHES ÄRZTEBLATT 18

Ärztliche Mitteilungen

30. April 1987

AIDS-Erreger

Stabilität und Inaktivierung

Da das Hepatitis-B-Virus wie HIV übertragen wird, jedoch stabiler und infektiöser als HIV ist, sind alle Vorsichtsmaßnahmen gegen Hepatitis B auch präventiv gegen HIV

Aktuelle Medizin

Impotenz

Polarisierung Organogenese – Psychogenese ist überholt

Zur Fortbildung

Krankenhaus

Anpassung und Ausbau

Die Verschiebungen im Bevölkerungsaufbau führen zu Mehrnachfrage

Kurzberichte

Die Vergangenheit wird bewältigt

Interview mit Dr. Karsten Vilmar

THEMEN DER ZEIT

Erzwungene Auseinandersetzung: Die bundesdeutschen Ärztefunktionäre sahen sich in den achtziger Jahren zunehmend mit kritischen Fragen konfrontiert. Mehr als vier Jahrzehnte nach Kriegsende gab schließlich sogar das Zentralorgan der Bundesärztekammer, das *Deutsche Ärzteblatt*, der Kontroverse erstmals Raum – aber die Vergangenheit war damit nicht »bewältigt«.

Die Entschädigung der Opfer Erstmals in die Diskussion geriet in den achtziger Jahren auch die Kehrseite der Reintegration der Täter: die fortgesetzte Mißachtung der Opfer. Bis dahin galt das Bundesentschädigungsgesetz von 1956 in seiner 1965 als »Schlußgesetz« verabschiedeten novellierten Form. Es bedachte Opfer »typischen NS-Unrechts«, die aus rassistischen, religiösen und politischen Gründen oder wegen Gegnerschaft zum Nationalsozialismus verfolgt worden waren. Nicht berücksichtigt waren damit neben Homosexuellen, »Asozialen«, Kriminellen und Zwangsarbeitern auch Opfer der Zwangssterilisationen und der »Euthanasie« bzw. deren Nachkommen. Den Hinterbliebenen der »Euthanasie«-Opfer sprach man einen »Härteausgleich« zu, allerdings unter der absurden Bedingung, daß sie von dem Getöteten Unterhalt hätten beziehen können. Und in bezug auf die Zwangssterilisationen definierte man das Erbgesundheitsgesetz – wie von den Experten Nachtsheim und Villinger empfohlen – als rechtmäßig zustande gekommenes Gesetz. Somit erfüllten die Zwangssterilisierten ebenfalls nicht die Voraussetzungen für Entschädigungsleistungen. 1980 schließlich wurde ihnen eine Einmalzahlung von 5000 Mark zugestanden, wenn sie die Operation glaubhaft nachweisen konnten. Bis 1987 hatten, weil die Regelung weitgehend unter Ausschluß der Öffentlichkeit entstand, nur wenige Betroffene von dieser Möglichkeit erfahren und Gebrauch gemacht. Erst 1988 wurde das Erbgesundheitsgesetz als Unrecht deklariert; nun konnten die Betroffenen auch laufende Zahlungen beantragen.

Zu den Beratern der Bundesregierung in der Entschädigungsfrage gehörte Helmut Ehrhardt, der ehemalige Assistent Villingers. Und an dessen gutachterlichen Einlassungen erweist sich, wie sehr die Folgen der ideologischen und personellen Kontinuitäten des Dritten Reiches für die Opfer bis in die achtziger Jahre nachwirkten. Ehrhardt unterschied zwischen »asozialen Trinkern«, die sterilisiert worden seien, und »achtbaren Staatsbürgern«, die im KZ gesessen hätten – zwei Gruppen, zwischen denen in Sachen Entschädigung keine Gleichsetzung erfolgen dürfe. Ehrhardts Stellungnahme bildete insofern einen Abschluß der unrühmlichen Entschädigungspraxis, als im Ergebnis der Geltungsanspruch dieses Gesetzes nun doch auf die bislang ausgeschlossenen Opfergruppen ausgedehnt wurde – nicht zuletzt deshalb, weil neben Ehrhardt mit dem reformorientierten Psychiater Klaus Dörner und der Historikerin Gisela Bock zwei ausgewiesene Kritiker der bisherigen Regelung gehört wurden.

Auf dem 90. Deutschen Ärztetag in Karlsruhe diskutierte die Ärzteschaft im Mai 1987 erstmals über die NS-Medizin – 42 Jahre nach Kriegsende. In einem Schlußwort ging Vilmar einen Schritt auf die innerverbandlichen Kritiker zu, indem er zwar nicht von der Behauptung abrückte, es seien nur wenige verbrecherische Ärzte schuldig geworden, immerhin aber einräumte, daß die ärztlichen Organisationen sich 1933 unmittelbar nach der nationalsozialistischen Machtübernahme den neuen Machthabern angedient hatten. Anschließend erschien im *Deutschen Ärzteblatt* unter dem Titel »Vergangenheitsbewältigung darf nicht kollektiv ›die Ärzte‹ diffamieren«[39] eine »ausgewogene« Leserbriefdiskussion mit einer erneuten Stellungnahme Vilmars. Eine Stellungnahme von 16 namhaften Medizinhistorikern dagegen, unter ihnen Gerhard Baader und Richard Toellner, fand im *Ärzteblatt* zunächst keinen Platz; sie mußte in der *Zeit* erscheinen. 1988 jedoch durften die 16 Autoren ihre Artikel auch in der Verbandszeitschrift veröffentlichen.

Ausdruck des gesellschaftlichen Einstellungswandels war schließlich auch die Wiederaufnahme des Prozesses gegen Bunke, Ullrich und Endruweit. Daß das neuerliche Verfahren überhaupt zustande kam, ist vor allem dem Druck zuzuschreiben, den eine Gruppe von Angehöri-

Die Tötungsärzte Ullrich (links, mit Verteidiger) und Bunke (rechts) müssen 1987 schließlich doch noch vor Gericht erscheinen.

gen der Opfer der drei Ärzte über Jahre hinweg aufrechterhalten hatte. Der Prozeß begann am 29. Januar 1986 in Frankfurt. Der Angeklagte Endruweit erschien allerdings aufgrund seines angegriffenen Gesundheitszustandes nicht. Dies war insofern verwunderlich, als Endruweit noch bis 1985 praktiziert hatte – ohne allerdings eine Approbation vorweisen zu können, denn diese ruhte wegen des Strafverfahrens. Erst im Vorfeld des Prozesses war seine Praxis von der niedersächsischen Ärztekammer geschlossen worden.

Den Rechtsstaat kennen: Ärztekammerpräsident Karsten Vilmar.

Auch die Kollegen Ullrich und Bunke pochten auf ihre angegriffene Konstitution. Doch nun erreichten sie lediglich, daß man ihnen großzügige Ruhepausen gewährte – das Gericht tagte einmal wöchentlich drei Stunden lang. Kern der Verhandlung war wieder einmal die Frage, ob es sich bei den Opfern wirklich um »Endzustände« (so das Gericht im Freispruch Borms) ohne geistiges Leben gehandelt hatte, für die der Tod eine Erlösung bedeutet haben könnte. Kaum verwunderlich, daß Ullrich – unterstützt von Borm, der als Zeuge aussagte – in diesem Sinne argumentierte. Er charakterisierte seine damaligen Opfer als »erbärmliche, trostlose, abgemagerte Gestalten, die bewegungsarm und fratzenhaft entstellt nur noch vor sich hingebrabbelt«[40] hätten. Die Ärzte aber, so der Tenor von Ullrichs Lebensbeichte, seien lediglich von prominenten Wissenschaftlern getäuschte kleine Rädchen in den Mühlen der Diktatur gewesen.

Am 18. Mai 1987 wurde nach 58 Verhandlungstagen schließlich das Urteil verkündet. Mit Verweis auf die Beanspruchung durch die lange Verhandlungsdauer (der offenbar so etwas wie der Charakter einer vorweggenommenen Strafe zugebilligt wurde), erging das Urteil wegen Beihilfe zum Mord auf jeweils vier Jahre Haft. Strafmildernd hatte sich ausgewirkt, daß die Angeklagten vor allem »Opfer ihrer Autoritätsgläubigkeit« geworden seien und nach dem Krieg keine Straftaten mehr begangen, sondern ihren Arztberuf ernstgenommen hätten. Immerhin grenzte sich das Gericht von den vorangegangenen Urteilssprüchen insoweit ab, als nun ein Verbotsirrtum grundsätzlich bestritten wurde. Die Angeklagten hätten vielmehr genau gewußt, daß es keine gesetzliche Grundlage für die Tötung der Geisteskranken gegeben hatte.

Beide Angeklagte legten Revision ein. 1988 setzte der Bundesgerichtshof die Strafen um ein Jahr auf jeweils drei Jahre Haft herab. Ullrich und Bunke mußten ihre Haft antreten, wurden aber nach 20 bzw. 18 Monaten vorzeitig entlassen. Der ehemalige Mitangeklagte und spätere Zeuge Borm praktizierte weiterhin. In einem abgetrennten Verfahren gegen Endruweit unternahm das Landgericht Hildesheim 1990 einen letzten Versuch, den Arzt zur Rechenschaft zu ziehen – wiederum vergeblich: Endruweit war verhandlungsunfähig, das Verfahren wurde eingestellt.

Nach der Urteilsverkündung 1987 schrieb eine Medizinstudentin einen Brief an den Ärztekammerpräsidenten Karsten Vilmar. Sie fragte, »wie eine Ärzteschaft sich von der Schuld der NS-Zeit freisprechen zu können meint, wenn sie wissentlich 40 Jahre sogenannte Ärzte weiterpraktizieren läßt, die nachweislich zigtausende Mal die höchste ethische Grundnorm ärztlichen Handelns – den Eid des Hippokrates – in verabscheuungswürdiger Form gebrochen haben«. Der oberste Mediziner antwortete unmißverständlich: »Ihr Brief und die darin enthaltenen Fragen und Folgerungen lassen befürchten, daß Ihnen nicht nur historische Entwicklungen und Tatsachen, sondern auch wesentliche Prinzipien des Rechtsstaates unbekannt sind oder von Ihnen verdrängt werden. Die von Ihnen angeregte Verfahrensweise ließe nach meiner Auffassung keinen Unterschied zu den Willkürakten nationalsozialistischer Macht und deren Rechtsprechung erkennen, weil auch Sie ohne rechtskräftige Verurteilung durch ordentliche Gerichte Strafaktionen gegen die Beschuldigten fordern.« Und fast drohend fügte Vilmar hinzu, es sei für »die spätere Tätigkeit als Ärztin nützlich, wenn Sie unverzüglich versuchen würden, die aus Ihrem Briefe offenbar zu folgernden erheblichen Kenntnislücken über das Funktionieren unseres demokratischen freiheitlichen Rechtsstaates zu schließen«[41].

»Nürnberg« und die alliierten Prozesse

»Nürnberg« ist nach 1945 zum Symbol geworden für die politische Säuberung des besiegten Deutschland: In Nürnberg nämlich wurden in 13 Prozessen die Spitzen des Dritten Reiches zur Rechenschaft gezogen. Den Auftakt dieser Verfahren bildete der »Hauptkriegsverbrecherprozeß« gegen 24 noch greifbare Größen des Dritten Reiches, der zwischen dem 20. November 1945 und dem 1. Oktober 1946 stattfand. Für das International Military Tribunal (IMT), das auf der Grundlage des von 23 Staaten ratifizierten Londoner Abkommens vom 8. August 1945 eingerichtet worden war, waren bereits zu Kriegszeiten Beweisdokumente gesammelt worden.

Die Anklage lautete auf Verschwörung zur Planung und Durchführung eines Angriffskrieges, Verbrechen gegen den Frieden, Kriegsverbrechen und Verbrechen gegen die Menschlichkeit. Die Angeklagten konnten als Einzelpersonen verurteilt werden, aber auch als Angehörige einer Organisation, sofern diese als verbrecherisch eingestuft wurde, wie es letztlich mit SS, SD, Gestapo und dem Führerkorps der NSDAP auch geschah.

Doch in Nürnberg sollten nicht nur die Haupttäter zur Rechenschaft gezogen werden. Mindestens ebenso wichtig war es, den Deutschen den verbrecherischen Charakter des von vielen bis zuletzt loyal unterstützten Regimes vor Augen zu führen. Dazu diente eine Informationskampagne, die ihre Wirkung nicht verfehlte. Jedenfalls verzeichneten die Meinungsforscher während des Prozesses eine erstaunlich hohe Anzahl von Deutschen, die das Verfahren für »fair« hielten – vielleicht nicht zuletzt deshalb, weil die Verantwortung für die zutage tretenden Verbrechen nur allzu leicht auf diejenigen abgewälzt werden konnte, die jetzt auf der Anklagebank saßen.

Drei der Angeklagten, unter ihnen Hitlers Stellvertreter Rudolf Heß, wurden schließlich zu lebenslänglichen Freiheitsstrafen, vier zu Zeitstrafen zwischen zehn und zwanzig Jahren verurteilt. Drei weitere Angeklagte wurden freigesprochen. Alle übrigen wurden zum Tode verurteilt, darunter in Abwesenheit auch Martin Bormann, der Sekretär des Führers, sowie Hermann Göring, der sich vor der Hinrichtung das Leben nahm. Der Reichsorganisationsleiter der NSDAP Robert Ley hatte sich bereits der Hauptverhandlung durch Selbstmord entzogen, der Industrielle Gustav Krupp von Bohlen und Halbach war wegen Haftunfähigkeit ausgeschieden.

Nach den Vorstellungen der Alliierten sollte »Nürnberg« zum Präzedenzfall für den Umgang mit Kriegsverbrechen werden und der Fortentwicklung des Völkerrechts dienen. Doch gerade an diesem Punkt, nämlich an der Tatsache, daß in Nürnberg weder nach deutschem noch nach bereits fixiertem Völkerrecht verhandelt wurde, entzündete sich bald die Kritik. Diese Zweifel verbanden sich mit der Unzufriedenheit über die Entnazifizierungspraxis, mit der Millionen Deutsche konfrontiert waren. Beides, die Prozesse wie die individuelle Überprüfung der ehemaligen Volksgenossen, wurde schnell ausgesprochen unpopulär. Mit »Nürnberg« verband sich nun immer auch das Schlagwort der »Siegerjustiz« und die entschiedene Wendung gegen den vermeintlichen Vorwurf der »Kollektivschuld«.

In zwölf sogenannten Nachfolgeprozessen stellten die USA anschließend ausgewählte Vertreter gesellschaftlicher Eliten (Mediziner, Juristen, Militärs, Industrielle, hohe Verwaltungsbeamte) vor Gericht, die das NS-System getragen hatten. In diesen Prozessen wurden gegen 24 von insgesamt 177 Angeklagten Todesurteile verhängt, von denen zwölf vollstreckt wurden.

Aber auch außerhalb Nürnbergs fanden alliierte Prozesse statt: In den westlichen Besatzungszonen mußten sich insgesamt etwa 5 000 Angeklagte in Militärgerichtsverfahren verantworten. Etwa 800 von ihnen wurden zum Tode verurteilt; in einem Drittel der Fälle wurden die Urteile auch vollstreckt. In der amerikanischen Zone fanden die Militärgerichtsprozesse vor allem auf dem Gelände des ehemaligen KZ Dachau statt. Allein hier standen in 489 Prozessen 1 627 Angeklagte vor Gericht. Bei den zahlreichen Verfahren in der sowjetischen Besatzungszone gab es etwa 750 Todesurteile.

Die Siegermächte, insbesondere die Amerikaner, haben sich stets bemüht, dem Vorwurf der Siegerjustiz keine Nahrung zu geben. Am Präzedenzcharakter der Prozesse änderte das freilich nichts, und das Gefühl, daß ehemalige Kriegsgegner über die Besiegten urteilten, konnte man den Deutschen nicht nehmen. Im Laufe der Zeit wurde die Fairneß der Verfahren auch von ursprünglichen Kritikern eingeräumt. Angesichts der bis dahin unvorstellbaren Dimension der zu verhandelnden Verbrechen kann kein Zweifel daran bestehen, daß in Nürnberg Recht gesprochen wurde.

Unternehmer: Profiteure des Unrechts

Tim Schanetzky

Im feinen Essener Süden, hoch über der Ruhr, ist im April 1945 von Krieg und Zerstörung wenig zu spüren. Die Villa Hügel hat das letzte Flächenbombardement ohne größere Blessuren überstanden. Das pompöse Haus, so spottete einst der Schriftsteller Erik Reger, habe der legendäre Alfred Krupp »ungefähr nach den Vorstellungen« bauen lassen, »die ein Mensch, der nie betrunken war, von den Phantastereien eines Weinrausches hat«[1]. Im Laufe der Jahrzehnte haben sich hier Kaiser, Könige und Staatschefs jeglicher Couleur die Klinke in die Hand gegeben. An diesem Frühlingstag aber, dem 11. April 1945, ist auf dem Kruppschen Anwesen eigentlich kein großer Bahnhof vorgesehen. Und doch wird es einer der bewegteren Tage in der Familienresidenz des längst zum Mythos gewordenen Rüstungslieferanten. Schon um 10.40 Uhr treffen die ersten Panzer der US-Army ein. Essen wird besetzt. Die Schlacht um den »Ruhrkessel« ist verloren, der Krieg an der Ruhr fast einen Monat vor der deutschen Kapitulation beendet. Keine Viertelstunde nach der Vorhut marschieren Fußtruppen auf das Portal der Villa zu. Bei einem ersten Rundgang durch das mit 269 Zimmern nicht gerade übersichtliche Haus werden Jagdgewehre und Kameras beschlagnahmt. Am Nachmittag spitzt sich die Situation zu. Captain Benjamin T. Westervelt vom 313th Infantry Regiment fährt mit einem Jeep samt aufgepflanztem Maschinengewehr vor und verlangt, den Hausherrn Alfried Krupp von Bohlen und Halbach zu holen. Fast das gesamte Hauspersonal hat sich inzwischen besorgt vor der Villa versammelt.

Alfried Krupp nach seiner Verhaftung, mit Anzug, Krawatte und Hut im Heck eines Jeeps, umringt von grimmig dreinschauenden GIs, die Beine angewinkelt und der Blick besorgt, vielleicht auch etwas erleichtert – es ist eines der meistgedruckten Pressefotos, ein Symbol des Kriegsendes in Deutschland, das in diesem Augenblick vor den gravitätisch-strengen Säulen der Villa Hügel entsteht. Der Unternehmer wird in ein Lager gebracht. Für Krupp beginnt damit eine sechsjährige Haftzeit. In Nürnberg angeklagt und schließlich zu zwölf Jahren Gefängnis verurteilt, kommt er doch schon 1951 frei, als die Amerikaner auf Drängen der Deutschen zahlreiche in Landsberg einsitzende »Kriegsverurteilte« vorzeitig entlassen.

Die Vorgänge um Krupp haben exemplarischen Charakter für die Geschichte der deutschen Wirtschaftselite zwischen Nationalsozialismus, Kriegsende und Wiederaufbau. Nie zuvor war ein Krieg tatsächlich so »total« gewesen wie der Zweite Weltkrieg, als sich die Wirtschaft umfassend in den Dienst der Rüstungsproduktion stellte. Deutsche

Kriegsende in Deutschland: Verhaftung des Konzernerben Alfried Krupp von Bohlen und Halbach am 11. April 1945 in Essen.

Häftlinge aus dem Konzentrationslager Dachau im BMW-Werk Allach.

Unternehmen hatten dabei große Gewinne gemacht, hatten sich nicht nur in den »Dienst des Krieges« gestellt, sondern sich auch aktiv an der Plünderung besetzter Gebiete beteiligt, hatten in großem Umfang auf die Arbeitskraft von Zwangsarbeitern und Konzentrationslagerhäftlingen zurückgegriffen und dabei Hunderttausende von Menschenleben regelrecht verschlissen. Die Grenzen zwischen Unternehmen, Rüstungsbürokratie und NS-Staat waren dabei immer weiter verschwommen. Aber bereits in den dreißiger Jahren hatten sich Unternehmen teils freiwillig und in vorauseilendem Gehorsam, teils unter Zwang zügig ihrer jüdischen Mitarbeiter entledigt. In zahlreichen Fällen wurden sie aktive Profiteure des NS-Rassenwahns, indem sie die Gelegenheit der »Arisierung« nutzten, um sich konkurrierende »jüdische Unternehmen« beinahe zum Nulltarif anzueignen. Auch wenn der Umfang der unternehmerischen Handlungsspielräume und das Ausmaß der »Verstrickung« bis heute kontrovers diskutiert wird: Es ist unstrittig, daß Unternehmen und Unternehmensleitungen »nazifiziert« wurden und vor allem während des Krieges Teil jener schrittweisen Radikalisierung waren, die auch das Handeln von Bürokratie und Militär prägte.

Vor diesem Hintergrund machte die Verhaftung Krupps besonders anschaulich, daß die Siegermächte anfangs zu tiefen Einschnitten auch

Französische und dänische Arbeiterinnen in der Buchhaltung des Siemens-Konzerns.

im Bereich der Wirtschaftselite fest entschlossen waren. Die Festnahme zahlreicher Unternehmer und Manager, vor allem aber die drei Nürnberger Industriellenprozesse, lassen den klaren Willen der Alliierten erkennen, die politische Säuberung als Grundvoraussetzung für eine funktionsfähige Nachkriegsordnung nicht allein auf Politik, Militär, Verwaltung und Justiz zu beschränken. Die Prozesse gegen Flick, Krupp und die IG Farben brachten eine realistische Sicht auf die Funktionsweise des NS-Staates und die zentrale Bedeutung der Unternehmen für dessen Kriegführung zum Ausdruck: Erstmals standen nach einem verlorenen Krieg auch Unternehmer und Manager vor einem Militärtribunal. Daß diese Verfahren dabei zu einem guten Teil symbolischen Charakter hatten, läßt sich wiederum am Fall Krupp ablesen: Zwar wurde mit Krupp durchaus ein größerer Rüstungskonzern angeklagt, aber dessen jahrzehntelang mythisch überhöhter Nimbus als »Waffenschmiede«

überwog doch bei weitem seine tatsächliche Bedeutung für die montanindustrielle Seite der deutschen Kriegswirtschaft, von der die Ankläger offensichtlich ausgingen. Auch saß mit dem jungen Alfried ohnehin der »falsche Krupp« auf der Anklagebank, denn der hatte erst 1943 die Verantwortung für den Konzern übernommen. Sein Vater Gustav Krupp von Bohlen und Halbach hingegen war wegen seines schlechten Gesundheitszustands schließlich verschont geblieben.

Die exemplarische Bedeutung des Falles Krupp weist zudem weit über die Etappe der Säuberung in den unmittelbaren Nachkriegsjahren hinaus. Die vorzeitige Entlassung aus der Landsberger Haft, die Rücknahme aller in Nürnberg verkündeten Vermögensauflagen und der rasche Wiederaufstieg des Unternehmens in den fünfziger Jahren verdeutlichen den tiefgreifenden Stimmungswandel in der jungen Bundesrepublik: Personelle Kontinuität war, trotz der anfänglichen alliierten Einschnitte, die Regel.

IG Farben-Vorstand Georg von Schnitzler mußte schon in den ersten Tagen der Besatzung feststellen, daß die Alliierten sein herrisches Auftreten als »Industriekapitän« nicht duldeten (hier rechts auf der Anklagebank im Nürnberger Industriellenprozeß, ganz links Carl Krauch, in der Mitte Hermann Schmitz).

Wie aber kam es dazu, daß schon zu Beginn der fünfziger Jahre die Position der »alten« Wirtschaftselite wieder gefestigt war? Wie wirkten sich die Verhaftungen und Internierungen auf die persönliche Wahrnehmung einzelner Unternehmer und Manager aus? Entwickelten sie überhaupt ein Schuldbewußtsein? Welche Reaktionen folgten auf die alliier-

Georg von Schnitzler geruht zu erscheinen Robert T. Pell, Pressereferent einer Einheit der US-Army im Frankfurter Raum, berichtet über den ersten Kontakt Georg August Eduard von Schnitzlers mit der Besatzungsmacht am 30. März 1945. Von Schnitzler war Vorstandsmitglied der IG Farben und stellvertretender Vorsitzender der Wirtschaftsgruppe Chemie:

»Ein Butler öffnete die Tür, und wir wurden in einen Salon geleitet, in dem mehrere Renoirs, Cézannes und Utrillos hingen und in dem eine Bücherei mit schön gebundenen Büchern stand, davon viele in englischer und französischer Sprache. Wir saßen etwa zwanzig Minuten ziemlich steif herum, bis Herr von Schnitzler zu kommen geruhte. Schließlich schlenderte er in den Raum mit seinen frisch polierten Oxfordschuhen und in seinem sorgfältig gepflegten Golfanzug, ganz das Bild eines englischen Landedelmannes. Er war etwa 60 Jahre alt und bemühte sich offenbar, sich so entspannt zu geben, daß wir uns wie zu Hause fühlen konnten. Gleich zu Beginn bemerkte er, wie froh er doch sei, die alte Freundschaft mit Lord X und Y in England, den Duponts in Wilmington und auch ›Jack Morgan‹ wieder aufnehmen zu können. Er sagte, sie alle seien ja so gute Freunde, und in den letzten Jahren habe er die Trennung von ihnen als schmerzhaft empfunden. ... Ich möchte an dieser Stelle hinzufügen, daß der Chef am nächsten Morgen, als Herr von Schnitzler in der Stadt gebraucht wurde, einen Mannschaftsgrad in einem Jeep schickte und die Anweisung gab, Herrn von Schnitzler fünf Minuten Zeit zu lassen, in die Stadt zu kommen; falls er versuche, den Soldaten abzuwimmeln, solle dieser seine Waffe ziehen und ihn herbringen. Er kam ohne Widerrede, aber offensichtlich geknickt und wurde vom Chef in seinem [von Schnitzlers] Büro bei der IG Farben empfangen, der Chef an seinem Platz.«

Quelle: Borsdorf, Ulrich/Niethammer, Lutz (Hg.): *Zwischen Befreiung und Besatzung. Analysen des US-Geheimdienstes über Positionen und Strukturen deutscher Politik 1945*, Wuppertal 1976, S. 145 ff.

ten Eingriffe in die deutsche Wirtschaftsstruktur? Und auf welche Weise kam es in den fünfziger Jahren zum Konsens des Vergessens und Beschweigens, der schließlich bis weit in die achtziger Jahre hinein eine offene Auseinandersetzung vieler Unternehmen mit ihrer NS-Vergangenheit verhindert hat? Was also bedeutete die offenkundige Kontinuität der Wirtschaftseliten für die Gesellschaft der Bundesrepublik?

Verhaftungen, Sachzwänge und Zugeständnisse: Die Nachkriegsjahre

Die Inhaftierung von Unternehmern wie Krupp war in den ersten Wochen nach der deutschen Kapitulation keineswegs die Regel. Während Soldaten in Gefangenenlager und Beamte in vielen Fällen in »Automatischen Arrest« kamen, wurden in den ersten Tagen der Besatzung vereinzelt zwar auch Manager und Unternehmer verhaftet, nach kurzer Frist jedoch häufig wieder entlassen. Der US-amerikanische Pressereferent Robert T. Pell schilderte seine ersten Begegnungen mit Spitzenmanagern im Frankfurter Raum: Vorstände der IG Farben, der Reichswerke Hermann Göring, der Metallgesellschaft und der Lurgi-Chemiewerke begegneten den Besatzungsoffizieren stets mit Respekt. Zugleich kultivierten sie jedoch eine Attitüde ironischen, leicht überheblichen Selbstbewußtseins, die auf die Besatzer mitunter provozierend wirkte.

Dieses selbstbewußte Auftreten, das die deutschen Wirtschaftskapitäne gegenüber den Alliierten an den Tag legten, speiste sich aus der weitverbreiteten Ansicht, daß ihre technische und ökonomische Kompetenz auch den Besatzern willkommen sein müßte und daß man aufgrund der Erfordernisse des Wiederaufbaus gewiß »wieder gebraucht« werde. Die ersten Wochen und Monate der Besatzungszeit bestärkten die Unternehmensvorstände zunächst in dieser Auffassung, da größere Verhaftungsaktionen noch ausblieben. Sogar prominente Rüstungsindustrielle wie der Vorstandsvorsitzende der Vereinigten Stahlwerke, Walter Rohland, gerierten sich den Alliierten gegenüber als neue Krisenmanager. Der von Werner Höfer im Propagandablatt »Das Reich« zum »Panzer-Rohland« aufgebaute Manager aktivierte eifrig Kontakte zu alten Unternehmerkollegen, um diese auf die neuen Verhältnisse einzuschwören. Doch dann verkleinerten die britischen Behörden den Wirkungskreis des Parteibuchkarrieristen jäh: Rohland wurde verhaftet.

Unrechtsbewußtsein oder Schuldgefühle ließen in diesen Wochen die wenigsten Unternehmer erkennen. Hermann Josef Abs etwa, seit 1938 Vorstandsmitglied der Deutschen Bank, hatte sich aus dem umkämpften Berlin unter regelrecht konspirativen Umständen nach Hamburg abgesetzt. Als unauffälliges Vehikel seiner Flucht diente ein Karstadt-Lieferwagen. In der Hansestadt richtete Abs eine Art informelle Zentrale der Deutschen Bank ein. Obwohl der Spitzenbanker einige Verhöre über sich ergehen lassen mußte, wurde er von der britischen Besatzungsmacht nicht in seinen Aktivitäten behindert, sondern unterstützt. Unter den zuständigen britischen Offizieren traf Abs alte Bekannte aus der Vorkriegszeit, die sich nun für ihn einsetzten. Bereits im Spätsommer 1945 leitete er das German Bankers Advisory Board bei der britischen Bankenkontrollkommission. Zu den Unternehmen, bei denen er Aufsichtsratsmandate innehatte, blieb er in engem Kontakt. Erst als sich der amerikanische Druck auf die britischen Besatzungsbehörden erhöhte, wurde Abs schließlich am 17. Januar 1946 in Arrest genommen, kam jedoch bereits im April wieder frei.

Schon im Herbst 1945 erwies sich, daß die Besatzungsmächte keineswegs unumschränkt auf die Kooperationsangebote der deutschen Wirtschaftselite einzugehen gedachten. Dem hoffnungsvollen *business as usual* der ersten Nachkriegsmonate schoben die Alliierten nun planmäßig einen Riegel vor: In zwei Wellen internierte die britische Militärregierung im September und dann im November rund 120 führende Ruhrindustrielle. Über die Montanindustrie hinaus zielten vergleichbare Maßnahmen der französischen und amerikanischen Behörden auch auf die Vorstände und Aufsichtsräte von Banken, Versicherungen, der Chemie-, Elektro- und Automobilindustrie ab. Auch wenn es über das genaue Ausmaß und die individuelle Dauer dieser Internierungen nur wenige und überdies widersprüchliche Angaben gibt: Es war ein tiefgreifender Einschnitt, zumal keineswegs nur führende Mitarbeiter prominenter Großunternehmen betroffen waren. Auch in der Provinz und in mittelständischen Unternehmen kam es zu Verhaftungen.

Die Dauer der Internierung konnte sehr unterschiedlich ausfallen. Das Beispiel Abs mit einer Haftzeit von nur drei Monaten markiert dabei die untere Grenze; zahlreiche, teils prominente Unternehmer und Manager saßen hingegen mehrere Jahre in alliierter Haft. Hans-Günther Sohl etwa, bis 1945 Stellvertreter Walter Rohlands, hatte sich eineinhalb Jahre lang, von der Außenwelt völlig abgeschnitten, mit den alles andere als komfortablen Lebensumständen des Internierungslagers abzufinden. Seine Zelle teilte sich der Manager mit drei weiteren Internierten; Matratzen fehlten ebenso wie weiteres Inventar. Nicht nur, daß die Zelle im Winter ungeheizt war, hinzu kamen harte körperliche Arbeit und karges Essen. In sechs Monaten verlor Sohl rund 25 Kilogramm Gewicht. So vermittelte ihm die Haftzeit Erlebnisse, die in deutlichem Kontrast zu den Gewohnheiten eines Managers standen, der das Kriegsende noch im Düsseldorfer Parkhotel erlebt hatte.

Eine Überraschung nach hoffnungsvollem Start in die Besatzungsära: Festnahme von 13 Managern am 30. November 1945. Vorn rechts Adolf Klinkenberg von der Vereinigte Stahlwerke AG.

Über die Auswirkungen von Verhaftung und Internierung können nur Vermutungen angestellt werden: Gelang es den Alliierten damit tatsächlich, das »Weltbild« einzelner Unternehmer oder Manager zu erschüttern? Konnte auf diese Weise Unrechtsbewußtsein geschaffen werden? Zumindest gelang es, die gängige Erwartung eines reibungslosen Übergangs vom Nationalsozialismus zur Nachkriegsordnung nachdrücklich zu irritieren. Dazu trug auch die Entnazifizierung bei, die alle zu durchlaufen hatten. Denn häufig war eine offene, nicht durch Mittelsmänner oder Generalbevollmächtigte getarnte unternehmerische Aktivität erst nach Abschluß des Verfahrens möglich. Zwar entpuppte sich die politische Säuberung zunehmend als zahnloser Tiger, weil selbst Unternehmer, die sich im NS-Staat deutlich exponiert hatten, ohne größere Probleme zahlreiche Entlastungszeugen beibringen konnten. Dennoch hatte neben den Prozessen auch das Entnazifizierungsverfahren mit all seinen Mängeln und Persilscheinkartellen zur Folge, daß vor der Rückkehr in »die Normalität« ein gewisser formeller Rechtfertigungsdruck stand. Dieser Aspekt ist nicht zu unterschätzen: Trotz aller personellen Kontinuitäten zwischen Nationalsozialismus und Bundesrepublik ging das Kriegsende 1945 – anders als 1918 – mit einer deutlich spürbaren und vor allem individuell erfahrbaren Zäsur einher.

Fraglos war die Politik der Besatzungsmächte gegenüber der deutschen Wirtschaftselite von zahlreichen Zufällen und Ungereimtheiten begleitet, die dazu beitrugen, daß sich personelle Kontinuitäten in Unternehmen, Kammern und Verbänden sehr bald zum Normalfall entwickelten.

Frühe Ankunft in der Sozialen Marktwirtschaft Der Hamburger Unternehmer Otto Andreas Friedrich (Jahrgang 1902) gehörte zweifellos zu den prominenteren Wirtschaftsvertretern in der Bundesrepublik. Von 1939 bis 1965 hatte er eine Führungsposition beim Hamburger Gummiwaren- und Reifenhersteller Phoenix. Und von 1966 bis zu seinem Tod im Jahr 1975 stieg er zum persönlich haftenden Gesellschafter der Flick-Gruppe auf. Hinzu kam eine ausgedehnte Aktivität in den Präsidien der Wirtschafts- und Unternehmerverbände, deren krönender Abschluß schließlich 1969 die Präsidentschaft der Bundesvereinigung der deutschen Arbeitgeberverbände (BdA) war. Friedrich hatte sich als »philosophischer Kopf im Unternehmerlager« profiliert. Auf viele Kolle-

Lernprozesse zwischen Kriegswirtschaft und Wirtschaftswunder: Otto A. Friedrich, hier 1972 als Arbeitgeberpräsident mit Willy Brandt im Rahmen der »Konzertierten Aktion«.

gen wirkte seine Intellektualität allerdings befremdend – so etwa, wenn er seine Erfahrungen im Nationalsozialismus und in der Kriegswirtschaft zu einem Drama über Napoleon Bonaparte verarbeitete.

Friedrich, der schon früh internationale Kontakte geknüpft und jahrelang in den USA gearbeitet hatte, sah das nationalsozialistische Regime zunächst mit innerer Distanz. Dies änderte sich jedoch in den siegreichen ersten Kriegsjahren, so daß sich der Rohstoff-Manager 1941 vom erfolgreichen NS-System angezogen fühlte und der NSDAP beitrat. Wie tief ihn dann die Niederlage des Jahres 1945 traf, zeigen seine Tagebuchaufzeichnungen: Sie dokumentieren die vollständige Irritation eines Weltbildes. Die Erschütterung führte dazu, daß sich Friedrich intensiv mit seinen eigenen Standpunkten und Ansichten, auch mit seinem naiven Engagement im NS-Staat, auseinandersetzte. Der Hamburger Manager ist damit ein herausragendes Beispiel für unternehmerische Lernprozesse: Friedrich löste sich radikal von der deutschen Tradition eingeschränkten Wettbewerbs und starker Kartelle, obwohl er selbst jahrelang Erfahrungen in einer von Kartellen geprägten Branche sammeln konnte, und wurde überzeugter Anhänger der Marktregulierung Erhardscher Prägung. Auch in der Ausgestaltung und Neuordnung der industriellen Beziehungen nahm er eine liberalere Haltung ein als seine meist konservativen Präsidiumskollegen beim Bundesverband der deutschen Industrie (BDI). Und in seiner eigenen unternehmerischen Tätigkeit suchte Friedrich stets den Dialog mit den Gewerkschaften, was zu seiner Anerkennung als Mann des Ausgleichs beitrug. Dabei ließ er sich auch vom populären Human-Relations-Modell der US-Wirtschaft inspirieren. Mit dieser schnellen Ankunft in der Sozialen Marktwirtschaft blieb Friedrich im Unternehmerlager jedoch ein Außenseiter. Er gehörte, wie ihm BDI-Präsident Berg einmal gestand, »nicht ganz dazu«.

Quelle: Berghahn, Volker R./Friedrich, Paul J.: *Otto A. Friedrich. Ein politischer Unternehmer. Sein Leben und seine Zeit, 1902–1975*, Frankfurt/M./New York 1993

So wurden zwar zahlreiche Unternehmer und Manager interniert und verhaftet, aber andere hochrangige Führungskräfte blieben auf ihren Posten oder zumindest auf freiem Fuß. Hinzu kam, daß das ursprüngliche Kalkül der Unternehmer durchaus seine Berechtigung hatte: Trotz aller Bemühungen um Säuberung hatten die Siegermächte ein vitales Interesse an der Funktionsfähigkeit der deutschen Wirtschaft, zumal es in den Nachkriegsjahren in fast allen Wirtschaftsbereichen zu Versorgungsengpässen kam, die die Stimmung der Bevölkerung in unkalkulierbarer Weise zu untergraben drohten. Denn was Ausfälle und Produktionsbeschränkungen in der chemischen Industrie bedeuteten, war für jeden ganz alltäglich zu erfahren: Weder standen ausreichend Medikamente zur Verfügung, noch gab es Reinigungsmittel oder gar Stoffe aus Kunstfasern. Gerade die »Sachzwänge« der Mangelwirtschaft führten im Zusammenspiel mit dem dringend benötigten Know-how des alten Leitungspersonals zu gleitenderen Übergängen als ursprünglich beabsichtigt.

Spätestens 1947 zeichnete sich eine Entwicklung ab, die die bisherige alliierte Politik der Internierungen und Berufsverbote konterkarierte: Vorstandsvorsitzende wie Wilhelm Zangen (Mannesmann) kehrten auf ihre Posten zurück, Friedrich Flick und Hermann Josef Abs lenkten ihre Unternehmen über informelle Gremien und Generalbevollmächtigte aus dem Hintergrund, und auch bei den Nachfolgeinstituten der Dresdner Bank zog als Integrationsfigur wieder der alte Aufsichtsratsvorsitzende Carl Goetz die Fäden. In diesem Zusammenhang können die ab 1947 in Nürnberg geführten Prozesse gegen insgesamt 36 Eigentümer, Vorstände und Manager der Konzerne Flick, IG Farben und Krupp allenfalls als symbolische, stellvertretende Anklage der deutschen Wirtschaft interpretiert werden.

Die Widersprüchlichkeit, ja Unberechenbarkeit der Besatzungspolitik nahm deutlich zu: Während der Aufräumarbeiten und ersten Wiederaufbaumaßnahmen führten die Alliierten, trotz ihres Interesses an einer ausreichenden Versorgung der Bevölkerung, Demontagen durch. Gerade der Abtransport von Industrieanlagen stiftete dabei in der deutschen Politik, aber auch bei den Gewerkschaften und in der Presse, neue Solidarität mit der Wirtschaft. Die empörte deutsche Öffentlichkeit konnte nicht wissen, daß derartige Maßnahmen von den Unternehmen für den Fall der Niederlage bereits erwartet worden waren. Bei Siemens in Berlin beispielsweise hatten die Vorbereitungen für die Zeit nach der Niederlage bereits zwischen Sommer 1943 und Herbst 1944 begonnen.

Die Demontage von Industrieanlagen stiftete neue Solidarität mit der Wirtschaft: Propst Wenker 1949 bei einer Protestkundgebung in Gelsenkirchen.

Als die Unternehmensleitung von den alliierten Plänen zur Aufteilung Deutschlands in Besatzungszonen erfuhr, bemühte sich der Elektrokonzern, autonome Gruppenleitungen außerhalb Berlins zu etablieren. Außerdem wurden die qualifiziertesten Manager bereits rechtzeitig in den Westen versetzt – die Verlagerung der Unternehmenszentrale nach München, die 1949 umgesetzt wurde, war somit bereits vor der Kapitulation des Dritten Reiches präjudiziert worden.

Für die Unternehmen waren die Demontagen zwar belastend – auch wenn sie mittelfristig zur Modernisierung ihrer Anlagen beitrugen –, jedoch keineswegs die Hauptsorge: Viel ernster nahmen Unternehmer und Manager die grundlegenden Weichenstellungen für die Nachkriegsordnung. Wie sollte die Wirtschaft gestaltet werden? Würde es überhaupt noch eine privatwirtschaftlich-kapitalistisch organisierte Wirtschaftsordnung geben? Oder würden Sozialisierungen, die Politiker bis weit in die CDU hinein mit Vehemenz forderten, eine ganz neue Situation schaffen, die bisherige Eigentumsrechte vollständig in Frage stellte? Solche Ungewißheiten ließen – im Zusammenspiel mit dem immer deutlicher hervortretenden Ost-West-Gegensatz und einer entsprechend modifizierten

Besatzungspolitik der USA – die Frage des personellen Austausches in der Wirtschaft immer mehr in den Hintergrund treten.

Während sich dann aber recht bald herauskristallisierte, daß an den Prinzipien von Privateigentum und Marktwirtschaft nicht gerüttelt werden sollte, entwickelte sich die Umgestaltung der Wirtschaftsstruktur zum vorrangigen Handlungsfeld der unternehmerischen Interessenvertretung gegenüber den Besatzungsmächten. Die Basis dafür bildeten nicht allein die von hoher personeller Kontinuität geprägten regionalen Industrie- und Handelskammern, sondern auch informelle Netzwerke und Gremien, aus denen die ersten Ansätze der neu-alten Wirtschaftsverbände hervorgingen. Alle Aktivitäten richteten sich dabei in erster Linie gegen Bestrebungen, Banken und Schlüsselindustrien zu verstaatlichen. So gelang es, die von den Alliierten betriebenen Veränderungen der Wirtschaftsstruktur zumindest indirekt mit zu beeinflussen. Diese beabsichtigten, die großen, integrierten Konzerne im Montan- und Chemiesektor zu entflechten und in kleinere Einheiten zu zerschlagen.

Streitpunkt Mitbestimmung

Josef Neckermann: »Ich wende mich aber mit Entschiedenheit dagegen, wenn der Einfluß von Betriebsfremden auf das Unternehmen gestärkt werden soll. Aus eben diesem Grund bin ich kein Befürworter der paritätischen Mitbestimmung. Die Erfolge der Mitbestimmung in den Montangesellschaften haben mich keinesfalls überzeugt, und Arbeitsdirektoren haben Arbeitskämpfe nicht vermeiden können. Eine Steigerung der Produktivität durch eine Erweiterung der Mitbestimmung erscheint mir unwahrscheinlich. Ich befürchte eher das Gegenteil. Natürliche Interessengegensätze sollten nicht künstlich verschleiert werden.«

Berthold Beitz: »Ich bejahe die Mitbestimmung, das möchte ich betonen. Ich bejahe sie, weil sie doch sehr viel Ungewißheit, Vermutungen und gesellschaftspolitischen Zündstoff beseitigt. Die Arbeitnehmer und die Gewerkschaft haben nicht nur Einblick in die Bilanzen, sondern nehmen auch teil an der betrieblichen Diskussion, die nicht an die Öffentlichkeit dringt. Die Mitbestimmung trägt viel zur Verbesserung des Betriebsklimas bei.«

Quelle: Brawand, Leo: *Wohin steuert die deutsche Wirtschaft?* München 1971, S. 200, 238

Ähnlich sollte auch im Bereich der Großbanken verfahren werden. Im Hintergrund stand die bei allen Besatzungsmächten verbreitete Ansicht, daß erst die Tradition weniger großer Universalbanken, die über bedeutende Kapitalbeteiligungen wiederum eng mit den wichtigsten, jeweils branchenbeherrschenden Industriekonzernen verflochten waren, jenes Gefahrenpotential ausmachte, das in den Zweiten Weltkrieg geführt zu

Große Konfliktfelder in der Wirtschaftspolitik der jungen Bundesrepublik: Mitbestimmung und Betriebsverfassungsgesetz.

haben schien. Daher zielten alle Maßnahmen der Dekartellierung und Entflechtung darauf, die Zusammenballung großer wirtschaftlicher Macht und des damit verbundenen Rüstungspotentials in einigen wenigen Unternehmen möglichst auf Dauer zu verhindern.

In die praktische Umsetzung der Entflechtungsmaßnahmen schalteten sich die Unternehmer über ihre Interessenvertretung auf vielfältige Weise ein, und es gelangen ihnen beachtliche Erfolge. Letztlich schlossen die von den Alliierten getroffenen Regelungen künftige Rückverflech-

Ansichten eines Schwagers

»Wenn es in diesem Prozeß, wie der amerikanische Hauptankläger des IMT-Verfahrens Mr. Jackson sagte, um Krupp ging als ›Brennpunkt, Symbol und Nutznießer der unheilvollen Kräfte, die den Frieden Europas bedrohten‹, so hat Krupp den Prozeß gewonnen. Denn Krupp hat den Frieden Europas nicht bedroht. Wenn es sich, wie der britische Hauptankläger im IMT-Verfahren, Sir Hartley Shawcross, sich ausdrückte, darum handelte, vor dem Gerichtshof und der Welt die Rolle aufzudecken, welche die Großindustriellen bei der Vorbereitung und Führung des Krieges gespielt haben, so ist klargestellt, daß diese Rolle nicht verbrecherisch war. Wenn der französische Hauptankläger im IMT-Verfahren, M. Dubost, zu Beginn des Prozesses die Meinung vertrat, daß ›diese deutsche Industrie zu den Hauptschuldigen am Kriege gehört‹, und daß daher ›niemand würde begreifen können, wenn kein Vertreter hier vor Gericht gestellt würde‹, so hat das Gericht im Krupp-Prozeß festgestellt, daß der Vorwurf der Schuld am Kriege gegenüber den Industriellen nicht aufrecht erhalten werden kann. Jedermann wird das nun begreifen müssen. In dieser Hauptfrage hat der Krupp-Prozeß, bei allen kritischen Einwendungen, die gegen ihn zu erheben sind, doch sein Gutes gehabt. Selbst in diesem von der Anklage in jahrelanger Arbeit und mit allen nur erdenkbaren Hilfsmitteln vorbereiteten Verfahren, vor diesen Richtern, die nicht die Vorstellungskraft besaßen, um sich in die seelische Situation der Angeklagten oder in die äußeren Verhältnisse unter der totalitären Diktatur Hitlers hineinzudenken, ist der klare Beweis erbracht worden, daß weder der Chef der Firma Krupp noch einer der Angeklagten mit irgendwelcher Schuld am Kriege belastet werden kann.«

Quelle: Thilo Freiherr von Wilmowsky, ein Schwager Krupps, in seiner 1950 erschienenen Kampfschrift *Warum wurde Krupp verurteilt? Legende und Justizirrtum* tungen ja nicht aus. Und auch die von den Unternehmern als größte Gefahr empfundenen Sozialisierungen konnten schließlich verhindert werden – allerdings nur mit erheblichen Zugeständnissen an die Gewerkschaften. Dabei fühlten sich die von Verstaatlichungsforderungen am stärksten bedrohten konservativen Montankonzerne genötigt, den Gewerkschaften am weitesten entgegenzukommen. Der in dieser »Notlage« gefundene Konsens über die sozialen Beziehungen im Unternehmen, die sogenannte »Montanmitbestimmung«, sollte sich daher schon bald zu einem dauerhaften Konfliktfeld der bundesrepublikanischen Wirtschaftspolitik entwickeln. In der Not der Stunde sicherten die Unternehmen von Kohle und Stahl den Gewerkschaften jedoch nicht nur weitreichende Rechte für die Betriebsräte, sondern auch ein Modell paritätischer Mitbestimmung zu, in dem je die Hälfte der Aufsichtsratsmandate von der Eigentümer- und der Arbeitnehmerseite besetzt werden sollte. Bei Kampfabstimmungen gab ein »neutrales« Aufsichtsratsmitglied den Ausschlag. Die Arbeitnehmerseite nominierte in mitbestimmten Unternehmen außerdem ein Vorstandsmitglied, den sogenannten Arbeitsdirektor. Während Gewerkschaften und SPD diesen Kompromiß als ersten Erfolg auf dem langen Weg zu einer »humaneren« und »gerechteren« Ordnung der industriellen Beziehungen feierten, empfand ihn das Unternehmerlager als Niederlage, als Symbol seiner schwachen Position in den ersten Nachkriegsjahren: Öffentliche Kritik, Besatzungsmächte, Politik und die Gewerkschaften hatten die Unternehmer in die Defensive gedrängt.

Währungsreform, Koreakrieg und Wirtschaftswunder: Die Renaissance der »Macher«

Bereits während dieser Aushandlungsprozesse wurden Mitglieder der alten Wirtschaftselite Schritt für Schritt an den wichtigsten Weichenstellungen für die Nachkriegsordnung und die aus den drei Westzonen entstehende Bundesrepublik beteiligt. In allen Branchen erwiesen sich die Leitungsmilieus somit nicht nur als weitgehend immun gegen die anfänglichen alliierten Eingriffe. Die Unternehmer legten überdies umfassende Aktivitäten zur Verhinderung struktureller Veränderungen an den Tag oder wirkten maßgeblich an der Korrektur entsprechender Maßnahmen und Absichten mit. So hatte sich die Rolle der Wirtschaftsverbände schon 1949/50 wieder stabilisiert.

Bedeutendster Faktor dieser Entwicklung waren aber die sich rasant verändernden politischen Rahmenbedingungen: Spätestens als der Frankfurter Wirtschaftsrat die Leitlinien einer liberalen Wettbewerbs- und Marktwirtschaft festlegte und mit der Währungsreform von 1948 das Geld wieder in seine volkswirtschaftlichen Funktionen eingesetzt wurde, waren die Weichen für den Wiederaufbau gestellt, war die strukturelle Offenheit der ersten Nachkriegsjahre beendet. Die Prioritäten alliierter Besatzungspolitik hatten sich von Grund auf verschoben. Wirtschaftsliberale Leitbilder und die Kontinuität der kapitalistischen Wirtschaftsordnung hatten sich endgültig durchgesetzt, während die »Gefahren« der Entflechtung und Verstaatlichung abgewendet oder aber in »erträgliche Bahnen« gelenkt worden waren. An die Stelle der Kontrolle des militärischen und wirtschaftlichen Gefährdungspotentials traten vor dem Hintergrund des Kalten Krieges nun immer mehr die Unterstützung des Wiederaufbaus und die Stabilisierung des sich herausbildenden Staates. Signal dafür war der »Marshallplan«.

Schon in den ersten Jahren der Bundesrepublik mündeten diese veränderten Rahmenbedingungen in einen grundlegenden Stimmungsumschwung, der es den Unternehmern und ihren Verbänden erlaubte, aus der Defensivposition herauszutreten. Mit dieser Klimaveränderung ging auch in der Wirtschaft ein weitreichender Verzicht auf Verfolgung oder Bestrafung von NS-Verbrechern einher. Angesichts der notwendigen Stabilisierung der Bundesrepublik war nun in erster Linie Integration gefordert, zumal gerade im Wiederaufbau kaum auf die vorhandenen beruflichen Kompetenzen verzichtet werden konnte. Daß diese Gemengelage Kontinuität erleichterte, liegt auf der Hand. Nach der kurzzeitigen Irritation durch die Besatzungsmächte stand damit am Beginn des Wiederaufbaus auch eine Rückkehr zur Selbstbeschreibung des Unternehmers als »Macher« – als einem objektiven, allein an ökonomischen Rationalitäten und betrieblichen Erfordernissen orientierten Akteur.

Es verwundert daher nicht, daß schon Anfang der fünfziger Jahre eine außerordentlich hohe personelle Kontinuität das Bild der bundesrepublikanischen Wirtschaftselite prägte. So waren 1953 von 1020 Personen, die 1942 Vorstands- oder Aufsichtsratsposten bei den 50 größten Industrieunternehmen innehatten, insgesamt 39 Prozent erneut in Amt und Würden. Diese Angabe erfaßt jedoch lediglich die direkte Personengleichheit und berücksichtigt beispielsweise nicht, daß Vorstände und Aufsichtsräte im Rahmen der ausufernden Rüstungsbürokratie vor 1945 häufig aufgeblähte, überbesetzte Gremien waren, die danach in fast allen Fällen wieder drastisch verkleinert wurden. Außerdem kann so nur die Kontinuität zwischen Vorstands- und Aufsichtsratsämtern registriert werden. Personelle Wechsel, die nach 1945 aus Altersgründen oder angesichts der Internierungen vorgenommen wurden, führten jedoch dazu, daß neben den Alt-Unternehmern eine Gruppe neuer Führungskräfte in Spitzenpositionen eintrat. Diese neuen Vorstände waren häufig bereits im Dritten Reich in mittleren Leitungspositionen tätig gewesen, so daß die tatsächliche Kontinuität weitaus höher war.

Offenbar beschleunigten die alliierten Maßnahmen den Wechsel in vielen Unternehmensleitungen. Einerseits wurden Vorstandsmitglieder, die eine »Parteibuchkarriere« hinter sich hatten, entlassen – weniger aufgrund moralischer Erwägungen als vielmehr deshalb, weil es ihnen häufig genug an der nötigen fachlichen Kompetenz mangelte. Für überzeugte Nationalsozialisten wie Paul Pleiger (Reichswerke Hermann Göring) oder Walter Rohland bedeutete dies das Ende einer exponierten Karriere. Andererseits schieden zahlreiche Vorstände nach Erreichen der Altersgrenze aus.

Vorzeitige Entlassung der Landsberger Häftlinge am 31. Januar 1951. In der Karikatur des *Sunday Express* meint der türöffnende US-Soldat: »Nun werden sie wohl Klage gegen uns einreichen wegen Freiheitsberaubung.«

In den fünfziger Jahren wurde in der Bundesrepublik paradoxerweise also gerade der Aufstieg jener jüngeren Unternehmensvorstände aus der zweiten Reihe beschleunigt, die ausschließlich in der NS-Zeit ausgebildet und ausgewählt worden waren und die ihre ersten beruflichen Erfahrungen in leitender Stellung in einem autoritären Wirtschafts- und Gesellschaftssystem gemacht hatten. Ihrer Karriere war die Mitgliedschaft in der NSDAP oder ihren Nebenorganisationen ebensowenig abträglich wie den fachlich kompetenten älteren Unternehmern und Managern, die trotz des Umbruchs in ihren Ämtern verbleiben oder aber auf vergleichbare Positionen zurückkehren konnten.

Ungeachtet mancher personellen Veränderungen und Einschnitte erwies sich auch die soziale Homogenität der Wirtschaftselite als überaus stabil. An den traditionell vorherrschenden Sozialisationsmustern und dem dominierenden Modell der Hauskarriere änderte sich in den Anfangsjahren der Bundesrepublik nur wenig. Gerade die hochqualifizierte Spitzengruppe der »jungen« Neu-Vorstände der fünfziger Jahre wies zu fast 60 Prozent vergleichbare Karrierewege auf: Ihr langer, von Krieg und Nachkriegszeit geprägter Aufstieg begann nach dem Studium etwa Anfang bis Mitte der dreißiger Jahre mit dem Eintritt in das Unternehmen, in dem sie meist zu Beginn des Krieges in Abteilungsleiterpositionen aufrückten und Prokura erhielten. Die nächste Karrierestufe folgte Anfang der fünfziger Jahre, als sie Positionen als kaufmännische oder technische Direktoren im Range stellvertretender Vorstandsmitglieder übernahmen. Ab Mitte der fünfziger Jahre nahmen sie dann die nächste Sprosse der Karriereleiter und rückten in ordentliche Vorstandsämter auf. Von den anfangs strikten Entnazifizierungsmaßnahmen der Alliierten konnten diese Nachwuchskräfte besonders profitieren: Selbst von Internierungen und Berufsverboten nur in Ausnahmefällen betroffen, wurden für sie Positionen im mittleren Management frei.

Die Ambivalenz dieser Vorgänge ergibt sich aus den Auswirkungen der Kontinuität. Wenn die Alliierten und auch die deutsche Politik in Wiederaufbau und Wirtschaftswunder auf die Kompetenz der einstigen NS-Wirtschaftselite nicht verzichten wollten – welche Auswirkungen hatte die personelle Kontinuität dann auf die neue Demokratie? Inwiefern bedeutete die Kontinuität von Personen auch eine Kontinuität von Mentalitäten, Inhalten, Positionen und Verhaltensweisen?

Fest steht, daß der mit dem Kalten Krieg verbundene Stimmungsumschwung schon in der Anfangsphase der Bonner Republik dazu führte, daß etwa das alliierte Programm zur Verfolgung von Kriegsverbrechern dramatisch an Prestige verlor. US-Meinungsforscher hatten noch nie zuvor eine so starke Verschiebung innerhalb eines Meinungsbildes gemessen wie im Herbst 1950: 40 Prozent der befragten Deutschen empfanden die verhängten Strafen als »zu streng« – gegenüber nur zehn Pro-

Die allgemeine Bereitschaft zum Beschweigen der Vergangenheit macht's möglich: Josef Neckermann, sprichwörtlich billiger Versandhändler, wird mit seinem 1948 gegründeten Unternehmen zu einem der Symbole des »Wirtschaftswunders« – und steigert seine Popularität noch, als er für Deutschland in den Sattel steigt. 1964 und 1968 holt er olympisches Gold im Dressurreiten, 1966 wird er Weltmeister. Als Vorsitzender der Stiftung Deutsche Sporthilfe gilt er der deutschen Sportwelt als gütiger Gentleman und als Ikone des Fair play. Über seine »Arisierungs«-Geschäfte in den dreißiger Jahren spricht man nicht.

zent im Jahr 1946.[2] Vor diesem Hintergrund sind die nun offen ausgesprochenen Forderungen nach Amnestie und vorzeitiger Haftentlassung auch der in Landsberg einsitzenden »Wirtschaftsführer« zu sehen, für die sich etwa der Präsident des Bundesverbands der Deutschen Industrie (BDI), Fritz Berg, mit Vehemenz aussprach – und mit Erfolg, denn schon im Februar 1951 waren sämtliche Unternehmer frei.

Als Folge dieses Stimmungsumschwungs konnten unterbrochene Karrieren problemlos fortgesetzt werden. »Wiederaufbau« und »Wirtschaftswunder« boten genügend Ablenkung von der eigenen Vergangenheit. Als habe es Entnazifizierung, Inhaftierung oder Nürnberger Prozesse nie gegeben, fand sich in fast jeder Unternehmensgeschichte ein finsteres Kapitel, über das fortan nicht mehr geredet wurde. Und auch die Aus-

Die »Freunde« in Landsberg

Aus der Rede des BDI-Präsidenten Fritz Berg bei der Kundgebung »Der deutsche Unternehmer. Leistung und Verpflichtung« am 8. November 1950 in Köln:

»Es ist nicht nur der Begriff des Eigentums, der in den Demokratien unantastbar bleiben muß. Das Gleiche gilt auch von der persönlichen Freiheit und der persönlichen Ehre. Auch dies ist eine Lebensfrage der Demokratie. Zur Unantastbarkeit der Persönlichkeit gehört es auch, daß man sie nur einer Urteilsfindung unterwirft, die auf der genauen Kenntnis der Verhältnisse, unter denen ein Tatbestand sich entwickelt hat, beruht. Noch immer sind zahlreiche Industrielle im Landsberger Gefängnis. Auch heute wieder gebe ich der Besorgnis Ausdruck – und ich werde dies unablässig tun, solange ich mein Amt inne habe –, daß nach unserer Auffassung den Richtern, die diese Industriellen verurteilt haben, die genaue Kenntnis der Verhältnisse, unter denen wir vor 1945 lebten, gefehlt hat. Ich kann diese Urteile nicht anerkennen und erhebe erneut die Forderung, unsere Freunde zu entlassen. Es liegt mir fern, in diesem Augenblick eine Wiederaufrollung der Prozesse zu begehren. Wir haben in Europa Wichtigeres zu tun, als in der Vergangenheit zu wühlen. Aber der Gedanke, daß unsere Freunde immer noch ihrer Freiheit beraubt sind, ist für uns alle unerträglich. Ich bitte, sie schnellstens zu entlassen. Ihre Rehabilitierung überlasse man getrost uns.«

Quelle: Bundesarchiv Koblenz, B 102/40987

hängeschilder des international bewunderten wirtschaftlichen Aufschwungs der Bundesrepublik, anerkannte Unternehmerpersönlichkeiten, hatten häufig genug braune Flecken auf der weißen Weste, die sich über Wohlstandsbäuchen langsam zu spannen begann.

Augenfällig etwa die Schicksale der in den Nürnberger Industriellenprozessen Verurteilten: Friedrich Flick baute sich ein neues Beteiligungsimperium auf. Krupp gelang trotz alliierter Auflagen die Rückkehr in den Kreis der international agierenden Stahlkonzerne. Und die IG Farben? Zwar hatte die Entflechtung hier Bestand. Aber schon kurze Zeit später waren die vier wichtigsten Nachfolger BASF, Bayer, Hoechst und Hüls jeder für sich zu neuen Schwergewichten ihrer Branche herangewachsen. Fritz ter Meer, Chemiker und Vorstand der IG, in Nürnberg

Immer wieder Stein des Anstoßes: Die Festung Landsberg. Nachdem die bayerische Justiz dort den gescheiterten Putschisten Hitler beherbergt hatte, inhaftierten die Amerikaner in Landsberg am Lech die von ihnen verurteilten deutschen Kriegs- und NS-Verbrecher. Im Vordergrund der Gefängnisfriedhof, auf dem die Exekutierten bestattet wurden.

zu sieben Jahren Haft verurteilt, kam 1950 frei und wurde 1956 Vorstandsvorsitzender der Bayer AG.

Zur doppelten Symbolfigur wurde der Versandhausgründer Josef Neckermann: Mit seinem Unternehmen verbanden viele Bürger ihre ersten zaghaften Schritte in die Konsumgesellschaft, und abseits des diplomatischen Parketts ritt Neckermann im internationalen Dressurparcours für Deutschland. Die unappetitliche Vergangenheit des Goldreiters Neckermann blieb dabei ausgeblendet: Seine ersten unternehmerischen Gehversuche hatte der »Kaufmann aus tiefstem Herzen«[3] 1934 und 1938 ausgerechnet mit der »Arisierung« jüdischer Unternehmen gemacht. Und im Zweiten Weltkrieg organisierte er in den besetzten Gebieten nicht nur die Einkleidung der Rüstungs- und Zwangsarbeiter, sondern betreute als Geschäftsführer der Zentralarbeitsgemeinschaft für Bekleidung außerdem die Produktion von Uniformen für die Wehrmacht. Neckermann wies bis zu seinem Tod vehement alle Vermutungen zurück, daß die Altkleider, die als Rohstoff für die Uniformproduktion dienten, aus Konzentrations- oder Vernichtungslagern stammten. Zeitzeugen berichteten hingegen von Schmuck, den sie in den Altkleidern eingenäht gefunden hatten, was kaum noch Zweifel über die Herkunft dieses »Rohstoffs« zuläßt.

Allerdings beschränkte sich die Kontinuität in der Wirtschaft nicht allein auf solche Fälle belasteter Unternehmer. Hinzu kamen Karrieren, die klar auf das Funktionieren alter Bekanntschaften und mitunter bis auf die Studienzeit zurückreichender Netzwerke hindeuten. Waren überzeugten Nationalsozialisten politische Karrieren oder Verwaltungslaufbahnen trotz der großen vergangenheitspolitischen »Toleranz« der Ära Adenauer versperrt, blieben als Ausweg häufig noch gut dotierte Funktionen in Unternehmen.

Auch dafür einige Beispiele: Beim Mülheimer Stinnes-Konzern fand mit Werner Best ein hochrangiger NS-Funktionär nicht allein sein Auskommen, sondern auch die finanzielle Basis für den Aufbau eines Verteidigernetzwerks für NS-Straftäter. Die Deutschlandzentrale von Coca Cola (ein weiteres Symbol des Wiederaufbaus) verpflichtete als Generalsekretär einen Routinier auf diplomatischem Parkett: Rudolf Rahn war Botschafter des Dritten Reiches im faschistischen Italien gewesen. Und Bernhard Baatz, ehemaliger SS-Einsatzgruppenführer und Ausländerreferent im Reichssicherheitshauptamt, machte Karriere in der Direktion des Düsseldorfer Röhrenherstellers Mannesmann.

Der Kölner Bankier Robert Pferdmenges galt als engster wirtschaftspolitischer Berater und Freund von Bundeskanzler Adenauer. Sein Einfluß bot Anlaß zu Spekulationen und Verdächtigungen – hier in einer Karikatur aus dem Ost-Berliner *Neuen Deutschland*.

Dieses Klima der Anpassungsbereitschaft und der Gleichgültigkeit gegenüber der NS-Vergangenheit zahlreicher Akteure erstreckte sich hingegen nicht allein auf die Unternehmen des Wiederaufbaus. Pikant wurde es besonders dann, wenn Unternehmer und Politik in Kontakt miteinander traten. Aus der Perspektive der Verfolgten und Opfer des Dritten Reiches mußte es als bittere Ironie erscheinen, daß ausgerechnet ein Spitzenbankier mit bekannter NS-Vergangenheit wie Hermann Josef Abs zum engsten Beraterkreis des Bundeskanzlers zählte. In Wirtschaftsfragen hatte Abs bei Adenauer einen Einfluß wie sonst nur noch der Kölner Bankier Robert Pferdmenges, mit dem Adenauer schon seit Ende der zwanziger Jahre befreundet war. Daß dieses wirtschaftspolitische »Küchenkabinett« in der Öffentlichkeit auf Mißtrauen stieß, überrascht kaum. Der Wirtschaftsjournalist Kurt Pritzkoleit war der Meinung, daß »sowohl Robert Pferdmenges wie Hermann J. Abs ... ein wirtschaftliches Machtpotential [verkörpern], das sich jeder zahlen-

Hermann J. Abs bei der Unterzeichnung des Londoner Schuldenabkommens am 27. Februar 1952. Der Bankier hatte die Republik international kreditfähig gemacht – und nebenbei die Entschädigung von Zwangsarbeitern auf Jahrzehnte hinaus verhindert.

mäßigen Schätzung entzieht. Sie sind ein Stück der Macht, die Menschen und Dinge bewegt und die schließlich auch die Machthaber des Dritten Reiches respektierten: der Macht des Reichtums.«[4] Gerade Abs' Aktivität weise »nicht in eine eindeutig erkennbare Richtung, sondern entfaltet sich zu einer unübersehbaren und unfaßbaren Vielzahl von Beziehungen. Die Chance aller im Verborgenen geübten Macht ist hier als die Macht aller im Verborgenen gehüteten Chancen in einen Griff gebändigt.«[5] Beide Bankiers bemühten sich daher stets, ihre Art der Politikberatung mit fröhlichem Understatement darzustellen. Pferdmenges etwa spottete, er stünde nicht hinter dem Kanzler, sondern neben ihm.

Auf den tatsächlichen Einfluß von Hermann Josef Abs werfen die Verhandlungen über die deutschen Auslandsschulden ein besonderes Licht. 1951 hatte Adenauer Abs als Delegationschef nach London geschickt. Eine einvernehmliche Lösung mit den Auslandsgläubigern war dringend geboten, denn die junge Republik war wegen der großen

Schuldenlast aus der Vergangenheit international nicht kreditwürdig. Der Londoner Verhandlungsmarathon, zu dem 38 Gläubigerländer und die Bundesrepublik fast 300 Delegierte entsandten, dauerte schließlich zwei Jahre und drohte mehrfach zu scheitern. Am Ende hatte sich Abs mit seiner rigiden Haltung zugunsten der Bundesrepublik durchgesetzt: Die Gläubigeransprüche konnten auf rund 14 Milliarden Mark halbiert werden. Auch wenn ihm deutsche Kritiker vorhielten, selbst diese Regelung überfordere die wirtschaftliche Leistungsfähigkeit der Republik, sah Abs in diesem Ergebnis doch den größten Triumph seiner beruflichen Laufbahn. Er hatte die junge Republik kreditfähig gemacht und damit eine wesentliche Voraussetzung für das »Wirtschaftswunder« geschaffen. Lange Zeit blieb dabei ein Nebeneffekt des Londoner Schuldenabkommens ausgeblendet, der aus der Sicht der Opfer freilich am schwersten wog: Alle Reparationsforderungen wurden bis zu einem Friedensvertrag zurückgestellt. Damit hatte Abs auf Jahrzehnte hinaus zugleich auch die Rechtsgrundlage für die Nichtentschädigung ausländischer Zwangsarbeiter geschaffen, denn bis in die jüngste Vergangenheit wiesen deutsche Unternehmen – und mit ihnen die Gerichte – Lohnnachforderungen ehemaliger Zwangsarbeiter auf der Grundlage der Abs-Klausel zurück.

Im Grenzbereich zwischen Unternehmen und Politik agierten jedoch nicht nur mächtige Berater wie Abs oder Pferdmenges. Auch die Wirtschaftsverbände entwickelten sich zügig zum schlagkräftigen Instrument ökonomischer Interessenvertretung mit entsprechend exklusiven Zugangsmöglichkeiten zu Ministerialbürokratie, Parlament und Regierung. Gerade das Beispiel des BDI macht die mittelbaren Auswirkungen personeller Kontinuitäten besonders anschaulich, denn für Verbandsaktivitäten bot die Ära Adenauer zahlreiche Anlässe, da in zentralen wirtschaftspolitischen Aktionsfeldern eine Reihe von Weichenstellungen anstand. Wenn der Unternehmerverband in seinem Jahresbericht 1954 betonte, »daß die Wiederaufbauerfolge in erster Linie der Befreiung des schaffenden Individuums aus den Fesseln der Zwangswirtschaft und der zielbewußten Hinwendung zu den wertvollen Antrieben der Marktwirtschaft und der freien Konsumwahl zu danken« seien, war dies ein zufriedener Rückblick auf die ersten Etappen einer Politik, die durchaus restaurative Züge trug und bemüht war, Zugeständnisse aus der Besatzungsphase Schritt für Schritt zurückzunehmen. So sah man die »Sozialisierungstendenzen, die sich nach 1945 vordrängten, nun ... fast allenthalben in der Defensive«[6].

Demontage eines Denkmals Hermann Josef Abs war eine der zentralen Symbolfiguren der bundesrepublikanischen Wirtschaft: Seitdem er die 1948 durch die Besatzungsmächte dezentralisierten Nachfolgeinstitute der Deutschen Bank 1957 wieder zusammengeschlossen hatte, amtierte er als deren Vorstandssprecher. 1967 wechselte er in den Aufsichtsrat, dem er bis zu seiner Ablösung im Jahr 1976 vorsaß. Schon zu Lebzeiten war Abs ein Mythos, jemand, der zu Superlativen Anlaß gab. So nannte ihn David Rockefeller den »führenden Bankier der Welt«, und die *Welt* entdeckte in ihm immerhin noch »den Bankier des Jahrhunderts«. Nur oberflächliches Kennzeichen seiner »teilweise absolutistisch anmutenden Machtstellung« (*FAZ*) waren die zahlreichen Aufsichtsratsmandate, die Abs innehatte: Zeitweise kontrollierte er als Aufsichtsratsvorsitzender bis zu 30 Aktiengesellschaften gleichzeitig.

Der gebürtige Bonner, Jahrgang 1901, begann seine Laufbahn mit einer Banklehre und knüpfte anschließend bei langjährigen Auslandstätigkeiten in London, Amsterdam und Paris zahlreiche internationale Kontakte, die sich später für ihn auszahlen sollten. 1935 trat Abs als Teilhaber in das angesehene Berliner Bankhaus Delbrück, Schickler & Co. ein. 1938 wechselte er von der Privatbank in den Vorstand der Deutschen Bank, wo er Direktor der Auslandsabteilung wurde.

Erst nach seinem Tod 1994 kamen über die NS-Vergangenheit von Abs und Deutscher Bank neue Details ans Licht, durch die das Denkmal Kratzer bekam: Über die Beteiligung der Deutschen Bank an Arisierungsgeschäften, über das Ausmaß des Handels mit Zentralbankgold und die Geschäfte mit dem Gold ermordeter Juden wird seither gestritten. War die Übernahme der Privatbank Mendelssohn & Co. eher eine »treuhänderische Liquidierung« oder eine typische »Arisierung«? Auch auf die Frage, was Abs, der sein Institut seit 1940 im Aufsichtsrat der IG Farben vertrat, tatsächlich vom Vernichtungslager Auschwitz wußte, in dessen unmittelbarer Nachbarschaft der Chemie-

Prägt mit seiner Ausstrahlung als »führender Bankier der Welt« bis heute das Traditionsverständnis der Deutschen Bank: Hermann Josef Abs.

konzern ein Werk mit eigenen KZ-Häftlingen betrieb, finden sich bislang keine eindeutigen Antworten. Der Bankier verstand es geschickt, Handlungsspielräume im chaotischen Kompetenzdschungel des Dritten Reiches für sich und die Deutsche Bank zu nutzen. Gleichzeitig agierte er mit äußerstem diplomatischen Geschick, hielt sich stets Rückzugsmöglichkeiten offen und vermied eindeutige politische Festlegungen. Abs wurde niemals NSDAP-Mitglied – wie er auch später nie einer Partei beitrat. Und er schuf ein dichtes Netzwerk persönlicher Kontakte. Ob in der NS-Bürokratie, in befreundeten oder konkurrierenden Unternehmen, in Widerstandskreisen – Abs verfügte über entsprechende Verbindungen. Auch wenn viele schriftliche Belege fehlen, ist seit den Forschungen des englischen Historikers Harold James klar, »daß Abs mit vielen verzweigten Ketten in das System der Verfolgung und Vernichtung eingebunden war«.

Die erfolgreiche Arbeit der Interessenvertreter baute auf einem feingesponnenen Netz von Kontakten auf: So pflegte der erzkonservative BDI-Präsident Fritz Berg persönliche Kontakte mit Adenauer, während sein Verhältnis zum liberalen Ludwig Erhard recht angespannt war. Berg scharte eine Führungsmannschaft um sich, die der *Spiegel* als »gewerkschaftsfeindlich und streng antisozialistisch« bezeichnete. Fritz Hellwig ragte dabei »als eine Art Speerspitze der Interessen in den Bundestag« hinein. Der CDU-Abgeordnete Hellwig machte eine rasante Karriere und saß schließlich dem Wirtschaftspolitischen Ausschuß vor.[7] Als BDI-Geschäftsführer fungierten Gustav Stein und Wilhelm Beutler, wobei letzterer als der »fähigste unter den heutigen Geschäftsführern der großen Industrieverbände, aber auch als der machtwilligste und zynischste«[8] galt. Gustav Stein übernahm wichtige Funktionen als »Verbindungsoffizier« zur CDU und zum Kanzleramt. Nicht nur, daß der Jurist eng mit Adenauers Staatssekretär Hans Globke befreundet war. Der BDI-Mann war auch Vorsitzender der 1953 gegründeten Staatsbürgerlichen Vereinigung e. V., die bis zur Flick-Affäre in den achtziger Jahren dazu diente, Spenden der Wirtschaft diskret und steuerbegünstigt an solche Parteien weiterzuleiten, die laut Stein »in einer bestimmten Kongruenz zu unserer Wirtschaftsauffassung stehen«. Auf diese Weise flossen in den fünfziger Jahren steuerlich absetzbare Parteispenden vor allem an

Ging als machtbewußter Präsident des Bundesverbandes der Deutschen Industrie auf Konfrontationskurs zum marktliberalen Wirtschaftsminister: Fritz Berg mit Ludwig Erhard (rechts).

die CDU, aber auch an die damals mehrheitlich rechtsnational orientierte FDP sowie an den in Teilen rechtsextremen Bund der Heimatvertriebenen und Entrechteten (BHE).

Die großen Konfliktfelder der Ära Adenauer zeigen offenkundig, daß sich konservatives Personal und schlagkräftige Strukturen in einer entsprechenden Verbandspolitik niederschlugen. Schon 1950 sekundierte der BDI den Montankonzernen, indem er die Ausgestaltung der »industriellen Beziehungen« und damit den historischen Kompromiß der Mitbestimmung in Frage stellte. Bundestag und Bundesregierung betrachteten die bisherigen Regelungen als »alliiertes Recht« und arbeiteten an neuen Gesetzen. Die Strategie des Wirtschaftsverbandes zielte dabei nicht nur gegen die Ausweitung entsprechender Regelungen über den bisherigen Kern der entflochtenen Montanunternehmen hinaus, sondern richtete sich auch gegen die Montanmitbestimmung selbst.

Besonders schrille Töne schlug der Vizepräsident des BDI, Otto Vogel, bei einer Kundgebung im November 1950 an: »Die Gewerkschaften

Urabstimmung im Bergbau am 18. Januar 1951: Im Konflikt um die Montanmitbestimmung konnte ein Streik in letzter Sekunde gerade noch abgewendet werden. Die Chefs der Ruhrkonzerne und der Bundesverband der deutschen Industrie akzeptierten den Kompromißvorschlag des Bundeskanzlers erst, als Adenauer ihnen klarmachte, daß ein politisch motivierter Arbeitskampf seiner Innen- und Außenpolitik den Boden entziehen würde.

haben kein Recht mehr, sich uns gegenüber als Sozialpartner aufzuspielen. Sie haben es nicht fertiggebracht, wirkliche Treuhänder der Arbeit und damit auch unsere Treuhänder zu werden. Sie streben nach einer totalen Macht, die das ganze Volk – Arbeitgeber und Arbeitnehmer – unterdrückt.«[9] Vogels Rede war nicht nur inhaltlich eine einzige Provokation. Vor allem seine Formulierungen weckten in der liberalen Presse und im Gewerkschaftslager böse Erinnerungen, denn in der nationalsozialistischen Betriebsverfassung hatten die »Treuhänder der Arbeit« gemeinsam mit den »Vertrauensräten« dafür Sorge getragen, daß das »Führerprinzip« in den Unternehmen ohne gewerkschaftliche »Reibungsverluste« funktionierte – sehr zum Gefallen der Unternehmensleitungen.

Der scharfe Ton Vogels markierte insofern eine weitere Eskalationsstufe in der Auseinandersetzung um die Mitbestimmung, die noch im Dezember 1950 und im Januar 1951 in Urabstimmungen mündete: Eine überwältigende Mehrheit sprach sich für einen Streik aus, sollte das bisherige Mitbestimmungsrecht tatsächlich abgeschafft oder seine Ausdehnung auf die gesamte Montanindustrie verhindert werden. In letzter Sekunde gelang es Adenauer im Frühjahr 1951 dann doch noch, den Konflikt beizulegen. Das Montanmitbestimmungsgesetz schrieb den Status quo nunmehr für die gesamte Branche verbindlich fest. Die Zugeständnisse von Bundesregierung und Wirtschaftsverbänden waren dabei in erster Linie der Kräftekonstellation des Jahres 1951 geschuldet, denn die Montanunternehmen arbeiteten intensiv an Konzepten zur Rückverflechtung der zerschlagenen Konzerne, die ohne Zustimmung der Gewerkschaften und der Arbeitnehmerbank in den Aufsichtsräten kaum Aussicht auf alliierte Genehmigung hatten. Der Kanzler machte seinen Gästen aus der Wirtschaft in einer letzten Besprechung die Dramatik der Lage klar: Er habe »soeben Herrn Böckler und seinen Kollegen erklärt, daß der von ihm angekündigte Streik illegal und verfassungswidrig ist, aber Ihnen muß ich sagen, daß meine ganze Innen- und Außenpolitik zusammenbricht, wenn es zu diesem Streik kommt«[10].

Es verwundert daher nicht, daß die Montankonzerne das Thema Mitbestimmung schon Ende 1954 angesichts veränderter Kräfteverhältnisse erneut auf die politische Bühne hievten. Die Altkonzerne waren mit ihrer Politik der Rückverflechtung inzwischen weit fortgeschritten und hatten zu diesem Zweck Holdinggesellschaften gegründet. In Bonn waren die entsprechenden Gesetzentwürfe beratungsreif: Sollte das Mitbestimmungsgesetz nun auch für die neuen Holdinggesellschaften gelten? Hermann Reusch, Vorstandsvorsitzender der Gutehoffnungshütte AG in Oberhausen, machte seinen Standpunkt vor der Hauptversammlung seiner Aktionäre am 11. Januar 1955 unmißverständlich klar: »Das Mitbestimmungsgesetz für Eisen und Kohle ist das Ergebnis einer brutalen Erpressung durch die Gewerkschaften. Es ist in einer Zeit durchgesetzt worden, in der die Staatsgewalt noch nicht gefestigt war.« Zwar hatte BDI-Präsident Berg schon früher verkündet, daß »die Interessen

Ein »Herr aus dem Westen«: Hans-Günther Sohl Wie erklärt sich die Anziehungskraft des Nationalsozialismus gerade auf die jüngere Managergeneration? Beispielhaft ist dafür die Karriere von Hans-Günther Sohl. Der 1906 in Danzig geborene Manager beendete seine Ausbildung wie viele seiner Generationsgenossen auf dem Höhepunkt der Weltwirtschaftskrise. Sein Examen als Bergassessor hätte ihm unter anderen Umständen eine steile Karriere garantiert – nicht ohne Grund sprachen Berliner Regierungskreise seit dem Kaiserreich von den mächtigen rheinisch-westfälischen Bergwerksdirektoren als den »Herren aus dem Westen«. Im Krisenjahr 1932 jedoch wurde Sohl zunächst in die Arbeitslosigkeit entlassen und fand erst 1933 eine vielversprechende Anstellung beim Krupp-Konzern, wo er schon 1935 zum Rohstoffmanager für das gesamte Unternehmen aufstieg. 1940 bot ihm Albert Vögler ein Vorstandsamt bei den Vereinigten Stahlwerken an, das er im Jahr darauf, noch nicht einmal 35jährig, antrat. Seine Tätigkeit brachte Sohl, der längst in die NSDAP eingetreten war, in engen Kontakt zur Rüstungsbürokratie.

Nach einer mustergültigen Karriere bei den Vereinigten Stahlwerken Lenker des Thyssen-Konzerns: Hans-Günther Sohl.

Schon im November 1943 stieg er dann zum stellvertretenden Vorstandsvorsitzenden der Vereinigten Stahlwerke auf.

Sohls Karriereweg wurde durch Internierung und Entnazifizierung nur kurz unterbrochen: Nachdem er maßgeblichen Einfluß auf die Entflechtung der Vereinigten Stahlwerke genommen hatte, widmete er sich ganz dem Wiederaufbau der Duisburger Thyssen-Hütte, deren Fortbestand erst 1949 mit dem Petersberger Abkommen gesichert werden konnte. Als die August-Thyssen-Hütte AG dann 1953 als eines der zahlreichen Nachfolgeunternehmen der Vereinigten Stahlwerke gegründet wurde, stand Sohl einem von Kriegsschäden und Demontagen besonders geschwächten Unternehmen vor. Dennoch kam Sohl, wie die *Zeit* schrieb, »als Jockey auf einem lahmen Gaul als erster ins Ziel«: Als er 1973 in den Aufsichtsrat wechselte und dort den Vorsitz übernahm, konnte er seinem Nachfolger Spethmann einen Stahlkonzern übergeben, der nach zahlreichen Fusionen zum größten und ertragsstärksten Unternehmen seiner Branche aufgestiegen war.

Vor allem Sohls Tätigkeit im BDI, wo er sich zunächst als Vizepräsident unter Berg, dann von 1972 bis 1977 als Präsident engagierte, deutet auf die langfristige Prägung seiner politischen Standpunkte hin: Sohl behielt seinen strikt antigewerkschaftlichen Kurs lange bei. So wandte er sich noch auf der BDI-Jahrestagung von 1974 vehement gegen eine Ausweitung der Montanmitbestimmung. Als Unternehmer wie als Verbandsfunktionär blieb »funktionale Effizienz« sein oberstes Ziel – ein Leitbild, das mittelbar auf die Rüstungswirtschaft zurückgeführt werden kann. Helmut Schmidt hatte den Eindruck, daß Sohl »es vermutlich zumindest sehr unangemessen fand, daß nacheinander zwei Sozialdemokraten an der Spitze der Bundesregierung standen; jedenfalls war der BDI unter seiner Führung ein klarer Gegner der Sozialliberalen Koalition. ... Im persönlichen Habitus stellte Sohl den Typus des autoritären Generaldirektors dar.« Doch auch Sohl zeigte sich lernfähig: In den achtziger Jahren gab er der Sozialpartnerschaft im Betrieb und der Montanmitbestimmung im großen und ganzen gute Noten – zumindest, »soweit sie den Gedanken der Partnerschaft verkörpert und zum Zuge bringt«.

Quelle: Toni Pierenkemper: »Hans-Günther Sohl. Funktionale Effizienz und autoritäre Harmonie in der Eisen- und Stahlindustrie«, in: Paul Erker/ders. (Hg.): *Deutsche Unternehmer zwischen Kriegswirtschaft und Wiederaufbau. Studien zur Erfahrungsbildung von Industrie-Eliten*, München 1999

Heizte die Auseinandersetzung um die Montanmitbestimmung durch scharfe Äußerungen an: Hermann Reusch, Chef der Gutehoffnungshütte in Oberhausen.

der Produktionswirtschaft« eigener Natur seien und »selten mit Glacéhandschuhen zu erscheinen« pflegten[11]. Dennoch war Reusch mit dieser rhetorischen Breitseite zu weit gegangen. Ein Arbeitnehmervertreter im Aufsichtsrat des Oberhausener Unternehmens entgegnete: »Es gibt nur eine Antwort auf Herrn Reusch: Jetzt ruhen mal die Räder!«[12] Am 14. Januar erschien die Frühschicht nicht zur Arbeit. Und eine Woche später traten rund 820000 Arbeiter der gesamten Branche in einen auf 24 Stunden befristeten Streik. Auch dieses Scharmützel endete in einem Kompromiß, der es allen Beteiligten erlaubte, ihr Gesicht zu wahren: Mit geringen Abstrichen blieb die Mitbestimmung erhalten und galt fortan auch für die Holdinggesellschaften.

Nicht nur die Auseinandersetzungen um die Ausgestaltung der industriellen Beziehungen machen deutlich, daß mit personellen Kontinuitäten auch Mentalitäten und politische Positionen Bestand hatten. So hatte es noch in den ersten Nachkriegsjahren ganz danach ausgesehen, als hätten alliierte Eingriffe das traditionelle deutsche System starker, machtbewußt auftretender Wirtschaftsverbände in Verbindung mit einer Wettbewerbsordnung, die eher auf Kartellabsprachen und Schutzzölle als auf offenen Wettbewerb setzte, dauerhaft erschüttern können. Dieser deutsche »Korporatismus« ging als prägende Wirtschaftsmentalität bis auf das 19. Jahrhundert zurück und hatte sich im Nationalsozialismus in den Dienst einer effizienten Rüstungsproduktion gestellt. Mit Billigung der Alliierten setzte sich im Frankfurter Wirtschaftsrat daher ein krasses Gegenmodell der künftigen (westdeutschen) Wirtschaftsordnung durch: Ludwig Erhards Konstruktion einer »Sozialen Marktwirtschaft« verstand sich als liberale Alternative zur deutschen Kartelltradition.

Mit Beginn des Koreakrieges zeigten sich jedoch erstmals die ausgeprägten Beharrungskräfte der traditionellen, korporatistischen Wirtschaftsordnung. Als die USA angesichts einer erneuten Umstellung ihrer Wirtschaft auf Rüstungsproduktion an die Bundesregierung herantraten und einen entsprechenden »Beitrag« der westdeutschen Montanindustrie forderten, spitzten sich die wirtschaftlichen Engpässe sofort wieder zu. Unter diesem Druck erlitt Erhards Konzept der Marktwirtschaft einen schweren Schlag: In reinster korporatistischer Tradition erließ die Bundesregierung im Januar 1952 das »Investitionshilfegesetz«, in dem erstmals nach 1945 ein wirtschaftliches Problem nicht der staatlichen Koordination, sondern den Wirtschaftsverbänden überlassen wurde. Das Gesetz verfestigte den Einfluß der wirtschaftlichen Spitzenverbände, aber auch den der Gewerkschaften, die nun ebenfalls voll eingebunden wurden.

Hinzu kam, daß es den Marktliberalen um Erhard bisher nicht gelungen war, einen zentralen Baustein der Sozialen Marktwirtschaft gesetzlich in ihrem Sinne zu regeln: Von einer liberalen Wettbewerbsordnung war die Bundesrepublik zu Anfang der fünfziger Jahre noch meilenweit entfernt, denn eine freie Preisbildung gab es auch nach Abschaffung der Lebensmittelkarten längst nicht in allen Bereichen; der Wohnungs- und Energiemarkt blieb in Teilen ebenso geregelt wie die Verkehrstarife. Nach zähen Verhandlungen gelang erst 1957 eine zaghafte rechtliche Normierung der Wettbewerbsordnung im »Gesetz gegen Wettbewerbsbeschränkungen«. Die wiedererstarkten Wirtschaftsverbände hatten damit erreicht, daß ganze Wirtschaftsbereiche nach wie vor vom Wettbewerb verschont blieben.

Steile Karrieren und verdrängte Vergangenheiten: Ankunft in der Republik

Angesichts der umfassenden Kontinuität der Wirtschaftseliten stellt sich die Frage, warum die Unternehmer ihren Frieden mit der Republik machten. Warum agierten Unternehmen und Verbände, die einst erheblich zur Schwächung der Weimarer Republik beigetragen hatten, nun mit vergleichbaren Methoden und ähnlichem Elan nur noch gegen einzelne Gesetze, nicht jedoch gegen »den Staat« oder »das System« an sich? Auch die Wirtschaftselite muß irgendwann in der Republik »angekommen« sein, muß diesen Staat irgendwann, ob bewußt oder unbewußt, als »ihren Staat« akzeptiert haben. Was machte die Anziehungskraft des Bonner Systems aus? War es nur die ausgereiftere Verfassung? Der patriarchalisch-autoritäre Führungsstil Adenauers? Das stabile Wirtschaftswachstum? Gewiß spielte dabei auch der vergangenheitspolitische »Gründungskonsens« der Republik eine wichtige Rolle: Das »kommunikative Beschweigen« der belasteten Biographien bereitete vielen Unternehmern den Boden für die eigene »Ankunft in der Republik«. Aber es kamen auch individuelle Lerneffekte hinzu.

Ein Paradebeispiel für die Ambivalenzen derartiger Lernprozesse ist der Rüstungsmanager Hans Kehrl. Vom unbedeutenden Textilunternehmer in der Niederlausitz stieg er im Nationalsozialismus zu einer Art »Generalstabschef« in Albert Speers Reichsministerium für Rüstung und

»Wir müssen aus diesen Dingen für jetzt lernen«.
Hans Constantin Paulssen, Präsident der Bundesvereinigung der deutschen Arbeitgeberverbände, 1956 in einer Rede über »wichtige Fragen der Sozialpolitik«:

»Erinnern wir uns vielleicht in diesem Zusammenhang eines anderen, in seinem Ergebnis nicht sehr erfreulichen Vorgangs. Es war in der Zeit der Weimarer Republik, als die Wirtschaft in ihrer großen Masse stark die damals sich bildende Harzburger Front unterstützte. Auch damals haben wir in der Wirtschaft außerordentlich viel kritisiert, und wir sind dann in der Kritik so weit gegangen, daß schließlich die maßvollen Regierungsverhältnisse der Weimarer Republik, die sicher zur Kritik Anlaß gaben, dann aber durch Verhältnisse abgelöst wurden, mit denen wir auf die Dauer alle nicht einverstanden sein konnten. Wir müssen also aus diesen Dingen doch auch für jetzt lernen und uns immer wieder sagen: Es wäre gut, wenn wir uns einige Bescheidenheit dadurch angewöhnen, daß wir daran dächten, was wir denn vor zehn Jahren gedacht haben; daß wir daran dächten, was wir uns vor zehn Jahren gewünscht hätten, wenn uns eine gütige Fee gefragt hätte: ›Was wünscht Du Dir denn, wie Dein Leben und Dein Dasein und Deine wirtschaftlichen Erfolge und Deine Fabrik in zehn Jahren aussehen sollen?‹ Wir hätten im Jahre 1945 auf diesem Wunschzettel an jene Fee nicht die Hälfte von dem geschrieben, was wir heute tatsächlich haben. Das sind also Dinge, an die wir als Einleitung zu unserer Sozialpolitik immer denken müssen.«

Quelle: Bundesarchiv Koblenz, B 102/40989

Kriegsproduktion auf und wurde einer der zentralen Organisatoren des deutschen »Rüstungswunders«. Im »Wilhelmstraßenprozeß«, dem letzten der Nürnberger Prozesse, zu einer Strafe von 15 Jahren verurteilt, wurde er bereits 1951 aus der Landsberger Haft entlassen. Die Wirtschaftswunder-

Schlugen ganz unterschiedliche Wege in die Bundesrepublik ein: Speers Rüstungsorganisator Hans Kehrl (hinten rechts) und Paul Pleiger, Chef der Reichswerke »Hermann Göring« (hinten links).

Republik eröffnete dem ehemaligen Rüstungsorganisator neue Tätigkeitsfelder. In der Haft hatte er Friedrich Flick näher kennengelernt – eine Verbindung, die sich nun auszahlte: Jahrelang suchte Flick bei seinen industriellen Investitionsvorhaben den Rat Kehrls. Darüber hinaus machte sich Kehrl in den fünfziger und sechziger Jahren einen Namen als Feuerwehrmann, wenn es in großen Familiengesellschaften Streit zu schlichten galt. Er führte solche Friedensverhandlungen nicht nur mit wirtschaftlichem Sachverstand, sondern auch mit Geduld und Souveränität. Er agierte als Einzelschiedsmann bei Vertragsstreitigkeiten und wurde 1961 vom Bundeswirtschaftsministerium sogar in die Enquetekommission zur Untersuchung der Konzentrationsprozesse in der Wirtschaft berufen.

Wie so viele richtete sich auch Hans Kehrl in der Bundesrepublik ein. Schrittweise fand er Gefallen an der Demokratie und trat Ende der sechziger Jahre in die SPD ein. Die Ambivalenz dieses politischen Einstellungswechsels sah Kehrl wohl durchaus selbst. Jedenfalls beobachtete er seinen Freund Paul Pleiger mit äußerster Skepsis, der nach dem Ende der gemeinsamen Landsberger Haft »quasi über Nacht« vom rauhbeinigen Nationalsozialisten zum »pechschwarzen Christdemokraten konvertierte«[13]. Kehrl selbst wurde durch seine Begeisterung für die neue Ostpolitik zum Verehrer Willy Brandts. Hinzu kam, daß er die Wirtschaftspolitik nach dem »Irrweg« des Neoliberalismus nun mit der keynesianisch inspirierten Globalsteuerung Karl Schillers wieder auf dem richtigen Weg der »geplanten Wirtschaft« sah. Dies ist bezeichnend für Kehrls »Wandlung«: Wenn er sich in seinen politischen Einstellungen auch als überaus anpassungsfähig, vielleicht sogar als lernfähig erwies, hielt er doch bis zu seinem Tod an den wirtschaftspolitischen Leitlinien des Speer-Ministeriums fest – insofern blieb er ein Anhänger der Planwirtschaft. Eindrucksvoll zeigte sich diese geistige Kontinuität, als er angesichts der ersten Ölkrise unaufgefordert eine detaillierte Expertise an Helmut Schmidt schickte: Die Regierung müsse nun dringend einen Krisenstab bilden, der die Ölversorgung zu planen und zu kontingentieren habe, und auch der Ölverbrauch sollte direkter gesteuert werden – ein deutlicher Rückgriff auf die Methoden der zweiten Kriegshälfte.

Im gleichen Maße, wie das Beschweigen der NS-Vergangenheit in den fünfziger Jahren es den Beteiligten erleichterte, »sich einzurichten«, lieferte es den Nachgeborenen die Anschauung der moralischen Anrüchigkeit zweiter Karrieren und ungesühnter oder verdrängter Schuld. Benno Müller-Hill, emeritierter Professor für Genetik an der Universität zu

Köln, erlebte eine solche Situation während seines Studiums in Freiburg: »Ich saß versteinert im großen Hörsaal der Chemie, als der Direktor den Seminargast Dr. Ambros, der das Auschwitz-Werk der IG Farben organisiert hatte und in Nürnberg dafür verurteilt worden war, mit den Worten begrüßte: ›Ach, wie freuen wir uns alle, Sie wieder unter uns zu

Der Chemiker und das Projekt Auschwitz-Monowitz: Das ehemalige Vorstandsmitglied Otto Ambros im Nürnberger IG Farben-Prozeß.

sehen.‹ Ambros redete über Cyan-Chemie; Zyklon B erwähnte er nicht.«[14] Die Nürnberger Richter hatten Otto Ambros im IG Farben-Prozeß zu acht Jahren Gefängnis verurteilt; wie seine Kollegen kam auch er 1950 frei. Und auch dem promovierten Chemiker gelang ein diskretes Comeback, zunächst als Aufsichtsratsmitglied der Süddeutschen Kalk-

Umschreibungen: Die NS-Zeit in Konzernfestschriften Bis in die 80er Jahre hinein blieb es beim Konsens des Verschweigens und Umschreibens. In den opulenten Jubiläumsfestschriften großer Unternehmen wurde die NS-Vergangenheit nicht thematisiert. Euphemismen prägten die Darstellungen. Ein Beispiel: die Festschrift zum hundertjährigen Jubiläum der Commerzbank von 1970. Von insgesamt 190 Druckseiten widmen sich dem Nationalsozialismus ganze zwei Doppelseiten:

»Seit Anfang 1933 gerät die geschäftliche Entwicklung der Bank mehr und mehr unter den Einfluß der staatlichen Bevormundung, die der politische Umsturz in der gesamten Wirtschaft einleitet. Die nationalsozialistische Ideologie läßt eine besondere Voreingenommenheit gegenüber den Kreditinstituten erkennen. Die Bankleitung muß versuchen, sich dem politischen Druck soweit wie möglich zu entziehen.« Zur geschäftlichen Aktivität während des Krieges heißt es: »Andererseits wird den deutschen Großbanken auferlegt, sich auch in die Wirtschaft der besetzten Ost- und Westgebiete einzuschalten. Im Zusammenhang damit baut die Commerzbank die bisherige Vertretung in Holland zu einer Bank unter dem Namen Rijnsche Handelsbank N. V. aus. In Brüssel errichtet sie die Hansabank N. V. Im Osten wird die Hansabank AG in Riga und Reval gegründet.« Schließlich wird auf die Nöte des Luftkrieges hingewiesen: »An vielen Orten müssen den Angestellten die härtesten Belastungen zugemutet werden, bis schließlich das Vorrücken der Front die einzelnen Geschäftsstellen dazu zwingt, die Schalter zu schließen. Wiederum hat ein Weltkrieg unter den Mitarbeitern der Commerzbank einen schweren Blutzoll gefordert.«

Die Darstellung erweckt den Eindruck, als sei das Unternehmen durch die NS-Diktatur jeglicher Handlungsspielräume beraubt worden. Über profitable »Arisierungsgeschäfte« erfährt der Leser 1970 ebensowenig wie über die Entlassung der jüdischen Mitarbeiter, über Goldgeschäfte oder Akquisitionen im Windschatten der militärischen Expansion.

stickstoffwerke in Trostberg und als Berater Friedrich Flicks, dem er wie Kehrl bei der Sondierung von Unternehmensbeteiligungen zur Seite stand. Seit Ende der fünfziger Jahre war Ambros als Aufsichtsrat bei Scholven-Chemie, Feldmühle, Telefunken und der bundeseigenen Industrieholding VIAG wieder fest etabliert. Müller-Hill stellt seine Begegnung mit Ambros rückblickend in eine ganze Reihe von Ereignissen, die ihn schließlich im Sozialistischen Deutschen Studentenbund (SDS) politisch aktiv werden ließen. Insofern waren seine Erlebnisse an der Freiburger Universität wohl nicht untypisch für eine Generation, die ihre Eltern kritisch nach deren Vergangenheit zu fragen begann und damit den Konsens des Beschweigens durchbrach – ein wesentliches Konfliktpotential in der langen Vorgeschichte von »Achtundsechzig«.

Den Wissensdurst der jungen Generation versuchte die DDR-Propaganda für ihre Zwecke zu instrumentalisieren: In Broschüren und »Braunbüchern« mit enormen Auflagen prangerte der Nationalrat der Nationalen Front der DDR empört die NS-Vergangenheit aller westdeutschen Funktionseliten an – mit der erkennbaren Absicht, die Bundesrepublik pauschal in die Tradition des Dritten Reiches zu stellen. Zwar waren diese Publikationen damit in den Augen der Mehrheit der westdeutschen Öffentlichkeit von vornherein diskreditiert. Die Informationen, die sie vor allem in ihren Kurzbiographien vermittelten, entsprachen hingegen der Realität und waren durchaus in der Lage, Antworten auf kritische Fragen nicht nur der Jugendlichen zu geben.

Ungeachtet mancher Skandale waren die Beharrungskräfte in einer Gesellschaft vertuschter Biographien auch in den sechziger Jahren noch stark. Hermann Josef Abs etwa reagierte auf Vorwürfe aus der DDR geradezu vorhersehbar: Während er die Demagogie der »Braunbücher« Anfang der sechziger Jahre noch ignorieren konnte, sah er sich 1970 vom Ost-Berliner Autor Eberhard Czichon ernstlich angegriffen. Czichon stellte Abs in seinem Buch *Der Bankier und die Macht* als skrupellosen Arisierungsgewinnler dar und warf dem Banker die Beteiligung an nationalsozialistischen Verbrechen vor. Die Vorwürfe kamen nun wissenschaftlich daher: Czichon zitierte Quellen und Literatur, nannte Zahlen, Daten und Namen. Die Deutsche Bank und Abs verklagten ihren Kritiker, dessen Arbeit sie als »unwissenschaftlich«, »diffamierend« und »tendenziös« bezeichneten – mit Erfolg: Die Gerichte untersagten dem Autor und seinem Verleger schließlich die weitere Verbreitung der umstrittenen Behauptungen, und Abs bekam 20000 Mark Schadensersatz zugesprochen. Abs' scheinbarer Sieg gegen die »brachial-marxistische Schmähschrift« (*Die Zeit*) war leicht errungen, entsprach der üblichen Reaktion auf derartige Vorwürfe – und hat eine ehrliche Auseinandersetzung mit der Vergangenheit bei der Deutschen Bank auf Jahre hinaus behindert. Das Unternehmensarchiv blieb verschlossen, und Abs gelang es, seine eigene Rolle im Dritten Reich bis zu seinem Tod 1994 weiter zu mystifizieren. Daß er nur wenig von sich und der eigenen Vergangenheit preisgab, entsprach dem Verhaltensmuster seiner Generation, das Abs überdies als »Diskretion des Bankiers verbrämen«[15] konnte.

Trotz dieser Niederlage der Kritiker begann in den siebziger Jahren die Mauer des Schweigens langsam zu bröckeln. Marxistische Wissenschaftler, engagierte Studenten und investigative Journalisten förderten immer neue Details über die NS-Vergangenheit von Unternehmern und Unternehmen zutage. Es formierten sich Gegenkräfte, die – häufig vor dem Hintergrund einer prinzipiell systemkritischen Haltung – die Elitenkontinuität nun auch verstärkt nach ihren Auswirkungen auf die Republik der siebziger Jahre befragten.

In diesem Zusammenhang rückte ein Vierteljahrhundert nach Kriegsende auch Reinhard Höhn wieder in das öffentliche Interesse. Bis 1945 hatte der Staatsrechtler eine mustergültige NS-Karriere verfolgt. 1935 übernahm er die Leitung des Berliner Instituts für Staatsforschung und war in das SD-Hauptamt, also in den SS-internen Geheimdienst, berufen worden. In der Perspektive der siebziger Jahre machte diese Vergangenheit Höhn, der zuletzt 1944 zum SS-Oberführer ernannt worden war, jedoch nicht übermäßig interessant. Brisant wurde sein Fall erst dadurch, daß Höhn seit 1956 die Bad Harzburger Akademie für Führungskräfte der Wirtschaft leitete. Dort hatte er ein Managementkonzept entwickelt, das als »Führung im Mitarbeiterverhältnis« und »Harzburger Modell« schnell populär wurde. Es basierte auf dem Prinzip, Entscheidungen von der Spitze des Unternehmens auf jene Ebenen zu delegieren, zu denen diese Entscheidungen ihrem Wesen nach gehören. Die Mitarbeiterführung verzichtet dabei in Routinefällen auf Einzelaufträge. In einem fest begrenzten Rahmen können die Mitarbeiter selbständig arbeiten. Daß bürokratische Regeln an die Stelle autoritärer Vorgesetzter treten sollten, wurde von den Mitarbeitern in der Regel als Fortschritt empfunden, obwohl ihre Möglichkeiten zur Mitwirkung an wichtigen Entscheidungen nicht erweitert wurden. Letztlich ging Höhns Managementkonzept auf preußische Militärtraditionen zurück und nahm Führungselemente der SS auf (so zum Beispiel die der »Führerversammlungen«). Gleichwohl erwies sich das Harzburger Modell in den fünfziger und sechziger Jahren noch als effizient genug, die Überlastung der oberen Führungsebenen in den Unternehmen abzubauen, die mit dem Wachstum im »Wirtschaftswunder« akut geworden war.

Ein Lehrer für 600 000 Manager

Im Nachruf von Dagmar Deckstein in der *Süddeutschen Zeitung* vom 22. Mai 2000 finden weder die NS-Vergangenheit von Reinhard Höhn, noch der in den siebziger Jahren vehement kritisierte autoritäre Charakter des Harzburger Modells Erwähnung:

Eine bemerkenswerte Karriere vom SS-Oberführer zum Doyen der Managerausbildung in der Bundesrepublik: Reinhard Höhn.

»Es ist noch gar nicht so lange her – am 26. Juli 1999 – da feierte Reinhard Höhn seinen 95. Geburtstag und namhafte Vertreter der deutschen Wirtschaft feierten ihn, den Professor, Management-Wissenschaftler und sozusagen Erfinder des ›Harzburger Modells‹. Und es war der Präsident des Bundesverbands deutscher Arbeitgeberverbände, Dieter Hundt, der die weise Voraussicht des Jubilars in Sachen unternehmerisch denkender Mitarbeiter würdigte, eine Philosophie, die eigentlich erst in den 90er Jahren des letzten Jahrhunderts zum managementtheoretischen und praktischen ›Mainstream‹ avancierte. ... So hat Höhn zum Beispiel schon früh und als erster humanistische und betriebswirtschaftliche Erkenntnisse miteinander verbunden und zu einer nicht-autoritären Managementlehre vereinigt. ... Die von ihm schon in den 60er Jahren geprägten Begriffe ›Delegation und Verantwortung‹ oder ›Führung durch Zielvereinbarung‹ und ›Innere Kündigung‹ sind weltweit ins Management-Vokabular eingegangen.«

Vor allem linke Autoren waren alarmiert, als sie feststellten, wie erfolgreich die Harzburger Akademie ihr Modell in der Wirtschaft plazierte: Bis 1972 wurde die Konzeption rund 250000 Lehrgangsteilnehmern vermittelt. Davon stammten allerdings nur 25 Prozent aus der oberen Führungsebene der Unternehmen. Und weil »Harzburg« mit schnell wechselnden Management-Moden zu konkurrieren hatte, richtete sich Höhns Akademie auch gezielt an ratsuchende Verwaltungen, an die Bundeswehr und sogar an Betriebsräte. Kritiker des tendenziell bürokratisch-autoritären Harzburger Modells stellten dieses nun in den Zusammenhang der in den fünfziger Jahren erschienenen militärwissenschaftlichen Studien Höhns (*Scharnhorsts Vermächtnis* oder *Sozialismus und Heer*): Ihm sei es gelungen, die Prinzipien des SS-Führertums auf die Unternehmensführung zu übertragen. Daß marxistische Autoren solche Chancen nutzten, um mahnend auf die mittelbaren Auswirkungen im betrieblichen Alltag hinzuweisen, war begreiflich. Kapitalismuskritik wurde damit Faschismuskritik – auch wenn sich »Harzburg« in vielen Unternehmen spätestens in den siebziger Jahren als zu bürokratisch und unflexibel erwiesen hatte.

Diese Sichtweise schloß jedoch Lern- und Anpassungsprozesse von vornherein aus und neigte dazu, »belastete« Personen rein statisch zu sehen. Dafür steht beispielhaft der Daimler-Benz-Vorstand Hanns-Martin Schleyer. Schon während seiner Arbeit als Stuttgarter Arbeitgeberpräsident wurde seine SS-Vergangenheit bei Tarifverhandlungen von Gewerkschaftsvertretern gelegentlich ins Feld geführt. Willi Bleicher, der Bezirksleiter der IG-Metall, verwahrte sich jedoch noch dagegen, die Vergangenheit Schleyers für die eigenen Ziele zu instrumentalisieren: »Die jungen Kollegen … müssen Schleyer nach dem beurteilen, was er heute macht. Das trägt zur Entwicklung ihres Bewußtseins viel mehr bei als seine Vergangenheit.«[16] Schleyer, Jahrgang 1915, war schon als Student der Rechts- und Staatswissenschaften SS-Mitglied geworden. Seine unternehmerische Karriere begann in den letzten Kriegsjahren als Leiter des Präsidialbüros beim Zentralverband der Industrie für Böhmen und Mähren.

In den siebziger Jahren, als Schleyer längst BdA-Vorsitzender (1973) und später in Personalunion auch noch BDI-Präsident (1977) geworden war, änderte sich der Umgang mit seiner NS-Vergangenheit dramatisch: Der Publizist Bernt Engelmann beschuldigte ihn, noch zwei Tage vor der deutschen Kapitulation als SS-Kampfkommandant in Prag an einem Massaker an 41 Zivilisten beteiligt gewesen zu sein. Schleyer bot sich als

Als Präsident von BDI und BdA in den siebziger Jahren Symbolfigur des »Kapitalisten« mit NS-Vergangenheit: Hanns-Martin-Schleyer, hier mit Herbert van Hüllen (Gesamtmetall) und Willi Bleicher (IG Metall; von links nach rechts).

perfektes Feindbild an: »Vierschrötig, mit diesen wulstigen Lippen und den Schmissen im Gesicht« verkörperte er den »Erzkapitalisten aus dem linken Bilderbuch« (*Badische Zeitung*). Daß er sich dann noch als scharfer Kritiker der Mitbestimmung profiliert hatte, als einer, der im Arbeitskampf auch vor Aussperrungen nicht zurückschreckte, tat ein übriges. Der andere Schleyer, der viel über gesellschaftliche Verantwortung von Unternehmern reflektiert hatte und damit Symbol einer Diskussionskultur geworden war, die sich sehr deutlich vom cholerischen Stil eines Fritz Berg abhob, trat in den Hintergrund. Vor allem seiner Ämter wegen wurde Schleyer Opfer der RAF-Terroristen. Daß für die Entführer hingegen auch seine NS-Vergangenheit eine bedeutende Rolle spielte, ja daß sie ihn in ihren Augen zum mustergültigen Vertreter der »Tätergeneration« und so erst recht zum Exponenten eines verhaßten Systems stempelte, wird aus Gründen der Pietät gern verschwiegen. Schleyer wurde von den Terroristen nach 43 Tagen Geiselhaft am 18. Oktober 1977 mit drei Kopfschüssen »hingerichtet«.

Kein später Sieg der Moral: Raubgold, Zwangsarbeit und Entschädigung

Spätestens seit Beginn der achtziger Jahre brach der Nachkriegskonsens der Schweigekartelle dann endgültig auf: Kritische Wissenschaft, Geschichtsinitiativen, Journalisten, linke Aktivisten – mit einer neuen Generation, die Öffentlichkeit herstellte, ging auch ein tiefgreifender Umschwung der öffentlichen Meinung einher. Den entscheidenden Wendepunkt markierten 1986 zwei Ereignisse: Zunächst scheiterte das als großes PR-Spektakel geplante hundertjährige Jubiläum der Daimler-Benz AG. Die mit enormem Aufwand vorbereiteten Jubiläumsfeierlichkeiten des Stuttgarter Vorzeigekonzerns wurden durch kritische Medienberichte empfindlich gestört: Welche Rolle hatte Daimler-Benz als Rüstungskonzern gespielt? Wie stand es mit der Beschäftigung – oder vielmehr: Ausbeutung – von Zwangsarbeitern? Die Öffentlichkeitsarbeiter des Unternehmens versuchten, dem Protest auf herkömmlichem Wege den Wind aus den Segeln zu nehmen. Sie betrauten die wirtschaftsnahe Gesellschaft für Unternehmensgeschichte damit, eine wissenschaft-

Ein Jubiläum gerät außer Kontrolle: Kritisches »Daimler-Benz-Buch«, das dem Konzern 1986 Geschichtsklitterung in Sachen Zwangsarbeit vorwirft.

liche Studie zur Zwangsarbeit bei Daimler-Benz erarbeiten zu lassen. Als das Buch endlich vorlag, war das Ergebnis jedoch unbefriedigend. Die Daimler-Kritiker wiesen den Historikern zahlreiche handwerkliche Schnitzer nach, und die Studie war schnell als »Auftragsforschung« diffamiert. Entgegen der ursprünglichen Absicht provozierte sie nun Darstellungen von unabhängigen Historikern. Daimler-Benz stand plötzlich am Pranger und hatte die Kontrolle über die Diskussion verloren.

Zur gleichen Zeit kam Bernhard Sinkels Fernsehfilm *Väter und Söhne* ins Programm der ARD – das TV-Ereignis des Jahres 1986. Die epische Familiensaga in Starbesetzung machte die Geschichte der IG Farben einer breiten Öffentlichkeit bekannt. Frei von allen oberflächlichen

Kein reibungsloses Jubiläum: 100 Jahre Daimler-Benz

»Als die ersten Ergebnisse über die Zwangsarbeitspolitik des Daimler-Benz-Konzerns bis in die Medien vordrangen und die Debatte um eine Entschädigung der Zwangsarbeiterinnen und Zwangsarbeiter neu einsetzte, entschloß sich die Konzernleitung zur Flucht nach vorne. Denn ihre Public-Relations-Abteilung hatte auf die nun aufkommenden Fragen keine Antworten mehr zu bieten. Richtige Experten mußten her. Professionelle Historiker, die unternehmensloyal und zudem bekannt genug waren, um die beginnende Debatte möglichst im Griff zu behalten: ›Der Konzern läßt seine Rolle während des Dritten Reichs untersuchen‹, ›Vergangenheitsbewältigung aus eigenen Stücken‹ ..., so lauteten die Schlagzeilen zum Auftakt des Jubiläumsjahrs. Das Resümee dieser Studie ist eine Weißwäscherei ohnegleichen, es ist ein zeitgeschichtlicher Skandal. Diese Auftragsforschung, eine kleine Zusatzinvestition im riesigen Pool der Ausgaben für das hundertjährige Jubiläum, entwickelt sich jedoch allmählich zum Bumerang für die Daimler-Benz AG. ... In der von der Daimler-Benz AG in Auftrag gegebenen Studie ist das Kapitel über ›Zwangsarbeiter und angeworbene Fremdarbeiter‹ besonders beschämend. Die Autoren referieren fast nur aus einer einzigen Quelle. ... Ob man ein solches Vorgehen als Dummheit oder Dreistigkeit qualifiziert, erscheint angesichts der Tatsache, einen Täter als Hauptzeugen zu benennen, ziemlich nebensächlich.«

Quelle: Angelika Ebbinghaus: Vorwort, in: Hamburger Stiftung für Sozialgeschichte des 20. Jahrhunderts (Hg.): *Das Daimler-Benz-Buch. Ein Rüstungskonzern im »Tausendjährigen Reich«*, Nördlingen 1987

Skandaleffekten bemühte sich Sinkel, die langsame Eskalation bis hin zur IG Auschwitz darzustellen. Das Filmprojekt war von vornherein auch für den nordamerikanischen Markt konzipiert worden und stellte mithin eine um Differenzierung bemühte Antwort auf die US-Serie *Holocaust* dar. Und nebenbei war es die ganz persönliche Vergangenheitsbewältigung Bernhard Sinkels – eines Großneffens jenes Fritz ter Meer, der als IG Farben-Vorstand in Nürnberg verurteilt worden war.

Seither sahen sich die Unternehmen einem völlig unbekannten Rechtfertigungsdruck ausgesetzt. Die alljährlich in Frankfurt stattfindenden Hauptversammlungen der nach wie vor bestehenden IG Farben AG in Liquidation hatten darauf schon in den siebziger Jahren einen ersten Vorgeschmack gegeben: Sie waren mehr und mehr zum Forum für öffentliche Proteste ehemaliger Zwangsarbeiter des abgewickelten Chemiekonzerns geworden. Nun sahen sich die Konzerne jedoch dem geballten Interesse einer kritischen Öffentlichkeit und ihrer Massenmedien ausgesetzt. Daimler-Benz reagierte schnell, ließ einer neuen Historikerkommission alle inhaltlichen Freiheiten und öffnete die Archive. Volkswagen folgte diesem Beispiel. Und bei der Deutschen

In Sinkels Spielfilm nur als Modell präsent: Das ehemalige IG Farben-Haus im Frankfurter Grüneburgpark, von 1945 bis 1996 Sitz der amerikanischen Streitkräfte, seit 2001 Teil der Universität.

Rudolf Augstein: Väter und Söhne

»Einen deutschen Film oder eine deutsche Fernsehserie über die Kriegsverbrechen der deutschen Wehrmacht oder der deutschen Groß- und Schwerindustrie gab es bisher nicht. Daß eine öffentliche Fernsehanstalt in dieser Woche zur besten Sendezeit vier Teile über die I. G. Farbenindustrie AG beginnt, deren Kriegsverbrechen im letzten Teil nicht verharmlost, sondern aufgezeigt werden, ist schon ein Ereignis. Nun liegt Sinkel das Fernsehen mehr als der Film, das Epos mehr als die Dramatik, die Ausstattungspracht samt großen Schauspielern mehr als der Dreh- und Angelpunkt. Er will auch nicht anklagen, sondern zeigen, wie es war. ... Sinkels Großonkel, Dr. Fritz ter Meer, bekam von Otto Ambros, dem I. G.-Farben-Projektleiter vor Ort, einen Brief, in dem es hieß: ›Unsere Freundschaft mit der SS erweist sich als gewinnbringend.‹ 300 000 Häftlinge gingen durch die Zwischenstation I. G. Auschwitz ins Gas, 25 000 starben auf der Arbeitsstätte. ... So größenwahnsinnig hielt die I. G. Farben Schritt mit ihrem Machthaber Hitler, daß sie in dies größte ihrer Entwicklungsprojekte über 900 Millionen Reichsmark steckten. Subventionen des Staates forderten sie diesmal nicht. Die I. G. Auschwitz war also ein Privatbetrieb. ... Sinkels Serie endet in Nürnberg. Offenkundig findet er, die I. G.-Farben-Verantwortlichen seien von den Amerikanern nicht hart genug bestraft worden. Ich kann dem nicht zustimmen. Entweder mußte man alle irgendwie für Auschwitz Verantwortlichen à la Stalin erschießen oder einen anständigen Prozeß führen. Die Beweislage war schwierig, Legalität und Legitimität des Prozesses zweifelhaft. Sinkels Großonkel ter Meer organisierte die Verteidigung. Jeder Angeklagte gab nur zu, was er besten Willens nicht mehr bestreiten konnte. Ist das ein Wunder? Sinkels epische Erzählweise unterstreicht ja, daß die meisten ›hineingeschlittert‹ seien, was für manche zutrifft, für manche aber auch nicht. Das Gericht befaßte sich gründlich und fair mit dem Befehlsnotstand. Als das Urteil Ende Juli 1948 verkündet und begründet wurde, saßen die Angeklagten schon drei Jahre in Haft. Als der am meisten belastete und am höchsten bestrafte Otto Ambros 1951 freikam [richtig: 1950], hatte er statt seiner acht Jahre fast sechs abgesessen, Fritz ter Meer, schon 1950 frei, nur fünf statt der ihm zudiktierten sieben Jahre. Die politische Großwetterlage hatte sich geändert. ... Großonkel Dr. Fritz ter Meer wird noch 1956 Vorstandsvorsitzender der Bayer AG.«

Quelle: *Der Spiegel*, Nr. 46/1986, S. 232–240

Bank leitete Vorstandssprecher Alfred Herrhausen – zwölf Jahre, nachdem Hermann Josef Abs aus dem Aufsichtsrat ausgeschieden war – eine nicht minder radikale Wende ein: Die Archive wurden 1988 erstmals für die wissenschaftliche Nutzung geöffnet, eine fundierte Unternehmensgeschichte in Auftrag gegeben.

Öffentlicher Druck allein kann diesen veränderten Umgang mit der NS-Vergangenheit in den Unternehmen kaum erklären: Hinzu kam, daß im Laufe der achtziger Jahre eine neue Führungsgeneration in die Leitungspositionen aufgerückt war – eine Managergeneration, die sich der von Kanzler Kohl so apostrophierten »Gnade der späten Geburt« erfreute und sich selbst vor allem nicht mehr als »Ziehsöhne« (Frauen waren noch immer seltene Ausnahmefälle) der Nachkriegspatriarchen à la Abs begriff.

Daimler-Benz, Deutsche Bank und Volkswagen nahmen damit freilich nur die Entwicklung der neunziger Jahre vorweg, als die Mehrzahl der Großunternehmen zu einem offenen Umgang mit der eigenen NS-Vergangenheit überging. Die Kenntnisse über Zwangsarbeit und »Raubgold«, über »Arisierungsgeschäfte«, Rohstoffplünderungen und Fusionen im Windschatten der Wehrmacht haben sich auf diese Weise innerhalb kürzester Zeit vervielfacht.

Gerade hinsichtlich der längst überfälligen Entschädigung ehemaliger Zwangsarbeiter muß jedoch auch danach gefragt werden, ob es wirklich moralische Erwägungen sind, die bei diesem veränderten Umgang mit der Vergangenheit eine ausschlaggebende Rolle spielen. Die neue Offenheit der Unternehmen mag durchaus mit der moralischen Anteilnahme nachgeborener Manager zu tun haben, die tatsächlich die letzte Gelegenheit für eine humane Geste nutzen wollen. Der Blick auf die zähen Verhandlungen über die Zwangsarbeiterentschädigung sowie auf die Probleme der Stiftungsinitiative der deutschen Wirtschaft, die ihren Fondsanteil nur mit Mühe aufgebracht hat, legt jedoch für das Gros der Unternehmen – vor allem für die mittelständischen und kleinen – ein anderes Urteil nahe: Historikerkommissionen wurden fast ausschließlich von solchen Unternehmen eingesetzt, die auf internationalen Märkten und insbesondere in den USA präsent sind. Erst die Entwicklung des US-amerikanischen Schadensersatzrechts in Verbindung mit dem Instrument der Sammelklage hat eine Situation geschaffen, in der globalisierte Unternehmen Umsatzeinbußen vor allem auf dem nordamerikanischen Markt befürchten mußten, wenn ihre Beteiligung an NS-Verbre-

Stimmungsumschwung: Die jährliche Hauptversammlung der IG Farben AG in Liquidation wird Anlaß für Proteste ehemaliger Zwangsarbeiter (1997).

chen publik wurde. Durch die Sammelklagen ging nun auch von den berechtigten, aber jahrzehntelang mißachteten Forderungen ehemaliger Zwangsarbeiter ein Gefährdungspotential aus, das angesichts der Höhe amerikanischer Schadensersatzurteile ganze Konzerne bedrohen konnte. Erst in diesem Kontext entstand die Bereitschaft, Verhandlungen über die Entschädigung von Zwangsarbeitern zu führen. Mit Moral und mit Schuldgefühlen hatte dies nur wenig zu tun.

Bei aller Offenheit im Umgang mit der NS-Vergangenheit: Das Bild des von politischen Systemen unabhängigen, nach eigener, rein ökonomischer und damit unpolitischer Logik agierenden Unternehmers hat gerade durch die Erkenntnisse der letzten Jahre schwere Kratzer bekommen. Am Ende wird deutlich, daß die Frage nach der personellen Kontinuität zwischen Nationalsozialismus und Bundesrepublik zu kurz greift. Einerseits zeigen zahlreiche Biographien, daß nach prägenden Erfahrungen gefragt werden muß, die Einstellungen und Mentalitäten von Unternehmern über viel längere Zeiträume als die zwölf Jahre des National-

Vorbehalte im konservativen Milieu der Ruhrindustriellen: Alfried Krupps Generalbevollmächtigter Berthold Beitz (rechts) hatte während des Zweiten Weltkriegs in Ostgalizien zahlreiche jüdische Familien vor der Deportation bewahrt.

sozialismus bestimmt haben. Andererseits tendiert auch eine derartige Rekonstruktion langfristiger mentaler Prägungen dazu, »Schuld« oder »Verstrickung« in Diktatur und Kriegswirtschaft auf nüchterne ökonomische Gewinnchancen oder auf Handlungszwänge zu reduzieren und Lerneffekte auszublenden, die die Unternehmer des Wirtschaftswunders aus dem System der Kriegswirtschaft möglicherweise mitgenommen haben. Daß der kühl kalkulierende Unternehmer auch im Nationalsozialismus über die Möglichkeit der moralischen Reflexion und über ganz individuelle Handlungsspielräume verfügte, wird so nicht deutlich.

Ausnahmen bestätigen hier lediglich die Regel. Steven Spielberg hat das Beispiel des unternehmerisch recht erfolglosen Oskar Schindler weltbekannt gemacht. Weniger öffentlichkeitswirksam, jedoch ebenso mit großem persönlichen Risiko, setzte Berthold Beitz sein Unternehmen in Ostgalizien zur Rettung zahlreicher jüdischer Familien ein. Der Fall Beitz wirft noch einmal ein bezeichnendes Licht auf das vergangenheitspolitische Klima der frühen Bundesrepublik: Als Alfried Krupp nach der Landsberger Haft den jungen, smarten Versicherungsmanager aus dem revierfernen Hamburg als Generalbevollmächtigten engagierte, stieß der Neue bei seinen Branchenkollegen auf einige Vorbehalte. Dabei war es nicht allein der Stallgeruch, der Beitz fehlte, war doch im konservativen Industriellenmilieu jener Jahre die Hauskarriere noch die Regel. Beitz tat auch gut daran, aus seinem humanen Engagement während des Zweiten Weltkriegs keine große Sache zu machen, denn sein Verhalten mußte der Mehrheit seiner Kollegen als Spiegel eigenen Versagens erscheinen: Widerstand war möglich, das zeigte Beitz. Das Schweigekartell der Nachkriegsjahre erwies sich auf diese Weise also selbst in umgekehrter Richtung als höchst wirksam. Dies zählt zweifellos zu den zynischeren Wendungen der Geschichte.

Die Entnazifizierung der »Volksgemeinschaft«

»Verstehen Sie mich richtig«, beendete Anfang November 1946 ein ebenso besorgter wie verärgerter General Clay seine Ansprache an die frisch gewählten Ministerpräsidenten der US-Zone: »Entnazifizierung ist eine ›Muß‹-Vorschrift.«[1] Anlaß des drohenden Untertons war die verheerende Bilanz, mit der sich der Chef der amerikanischen Militärverwaltung in Deutschland hinsichtlich des genau acht Monate zuvor erlassenen »Gesetzes zur Befreiung von Nationalsozialismus und Militarismus« konfrontiert sah. Damals war die Verantwortung für die Entnazifizierung weitgehend in deutsche Hände gelegt worden, um der Unzufriedenheit in der Bevölkerung mit der vorherigen alliierten Praxis gegenzusteuern – aber auch, wie Clay betonte, um zu erproben, »ob das deutsche Volk von dem wirklichen Wunsch nach einer Demokratie beseelt« sei.

Das Befreiungsgesetz schrieb zum einen das große ursprüngliche Ziel der alliierten Besatzungspolitik fest, alle diejenigen, die die nationalsozialistische Gewaltherrschaft aktiv unterstützt, schwere Verbrechen begangen oder aber die dadurch geschaffenen Zustände für sich ausgenutzt hatten, von der Einflußnahme auf das künftige öffentliche, wirtschaftliche und kulturelle Leben in Deutschland auszuschließen. Gleichzeitig handelte es sich allerdings um einen Kompromiß, der die deutsche Beteiligung durch die Überführung der ursprünglich politischen Konzeption in eine juristische erkaufte. An die Stelle der Idee vom Austausch des belasteten Personals innerhalb der Funktionseliten trat nun die am Einzelfall vorzunehmende Einschätzung von etwas, was man die »tatsächliche Gesamthaltung« der Person während des Nationalsozialismus nannte. Das entsprach stärker den komplizierten Erfahrungen von Teilnahme, Opportunismus, Anpassung und Schuld, wie sie die meisten »Volksgenossen« im Dritten Reich gemacht hatten – und es kam der weitverbreiteten Ansicht entgegen, daß man die »anständigen« von »richtigen Nazis« deutlich unterscheiden könne und müsse.

Die im Gesetz fixierten Verfahren beruhten einerseits auf dem berühmten Fragebogen und andererseits auf den sogenannten Spruchkammern, die, Laiengerichten vergleichbar, die Urteile fällten. Die Kammern, meist mit Vertretern der wiedergegründeten deutschen Parteien besetzt, hatten außerdem die Möglichkeit, all diejenigen Fälle erneut zu verhandeln, in denen bereits in einem früheren Verfahren auf schuldig oder mitschuldig befunden worden war. Letzteres erwies sich angesichts der familiären, beruflichen und örtlichen Rücksichtnahmen, die in Form der bereitwillig ausgestellten »Persilscheine« zu Buche schlugen, als Grundlage für einen Vorgang, den die historische Forschung pointiert als die »Produktion von Mitläufern« bezeichnet hat. General Clay führte enttäuscht die Fälle von 575 als »Hauptschuldige« eingestuften Personen an, von denen die Spruchkammern 355 zu »Mitläufern« heruntergestuft und 49 völlig entlastet hatten. Die Zahlen waren durchaus repräsentativ für den Gesamtvorgang.

Wenn Clay 1946 noch die Auffassung vertrat, daß dem deutschen Volk die Selbstregierung nicht eingeräumt werden könne, »solange es nicht bewiesen hat, daß es gewillt ist, sein öffentliches Leben zu entnazifizieren«, so sollte er sich bald korrigieren müssen. Neben der allgemeinen Unwilligkeit der Deutschen, sich an der Entnazifizierung aktiv zu beteiligen, produzierten erste Amnestien weitere Vorbehalte gegen dieses Verfahren. Noch vor Gründung der Bundesrepublik wurde die Entnazifizierung praktisch eingestellt. Ihre Bilanz in den Westzonen war eine großzügige Rehabilitierung, die zwar in einigen Fällen ungerechtfertigte Entlassungen durch die Alliierten zurücknahm, sehr viel häufiger aber als Weißwäsche für schuldige Nazis fungierte.

Am Ende waren nicht nur die Betroffenen und die Initiatoren unzufrieden mit der Entnazifizierung, sondern auch die Historiker, die später von einem »gescheiterten Experiment« sprachen. War die Entnazifizierung aber wirklich pauschal gescheitert?

Die Schwierigkeiten lagen in den Details der Durchführung ebenso wie in der unrealistischen Ausweitung des betroffenen Personenkreises, im Wandel der öffentlichen Stimmung in den Siegerländern, in der neuen weltpolitischen Situation des Kalten Krieges, auch im steigenden Personalbedarf des wiederauflebenden deutschen Wirtschaftslebens. Vor allem aber stieß der Versuch, einen politischen Systemwechsel von außen durchzuführen, auf eine Gesellschaft, die sich mehrheitlich noch am 20. Juli 1944 unwillig gezeigt hatte, selbst einen solchen Systemwechsel herbeizuführen und sich aus der als »schicksalhaft« empfundenen Bindung an die verbrecherische Führung des Dritten Reiches zu lösen. Erst angesichts dieser – später oft übersehenen oder geleugneten – hohen Bindekraft nationalsozialistischer Propaganda und Politik offenbart sich das eigentliche »Wunder« der Nachkriegszeit: Die zeitweilige Ausschließung der nationalsozialistischen Funktionsträger aus dem öffentlichen Leben hatte dazu beigetragen, nazistische Ideen so weitgehend zu ächten, daß selbst die spätere Rückkehr der »Ehemaligen« die äußere Stabilität der bundesdeutschen Demokratie nicht mehr gefährdete.

Offiziere: Im Geiste unbesiegt

Jens Scholten

»Feldherrnhalle« nannten die Männer sarkastisch den zur Garage umfunktionierten Stall der Bonner Ermekeilkaserne. Unter einem riesigen Eisernen Kreuz nahmen sie hier Aufstellung. Hans Speidel, Adolf Heusinger und die anderen ehemaligen, meist hohen Offiziere der Deutschen Wehrmacht warteten auf den Auftritt eines Zivilisten, Theodor Blank. Der frischgebackene Verteidigungsminister, oberster Befehlshaber der Bundeswehr in Friedenszeiten, sollte den ersten 101 Freiwilligen die Ernennungsurkunden überreichen. Der Festakt war – zehn Jahre nach der totalen Kapitulation – auch das Ergebnis der Bemühungen der alten Weltkriegsoffiziere. Es war der 12. November 1955, der Tag, an dem 200 Jahre zuvor der preußische Militärreformer Scharnhorst geboren worden war.

Unter dem Eisernen Kreuz: Verteidigungsminister Blank spricht zu den ersten 101 Freiwilligen der neuen Bundeswehr.

Theodor Blank, ein früherer Gewerkschaftsfunktionär, hatte dieses Datum mit Bedacht gewählt: Beim Aufbau der Bundeswehr wollte er Deutschlands militärische Vergangenheit nicht in Bausch und Bogen verdammen, aber er wollte sie auch nicht verherrlichen.

Anders als nach dem Ersten Weltkrieg war es 1955 jedoch fraglich, ob alte Traditionen und alte Eliten überhaupt Eingang finden sollten in die neu aufgestellte Armee eines neuen Staates, der im Zeitalter atomarer Kriegführung fest in ein internationales Bündnis eingebunden war. Noch im Juni hatte Blank in einer Bundestagsrede prophezeit: »Der Charakter der neuen Streitkräfte wird nicht nur durch Gesetze bestimmt werden, sondern ebenso durch die Persönlichkeiten, die in die führenden Stellungen zu berufen sein werden. Von ihnen wird es abhängen, ob ein fortschrittlicher Geist die neuen Verbände beherrscht.«[1]

Nach der Niederlage: überflüssig

Lange war es sogar fraglich gewesen, ob Deutschland nach der Katastrophe des Zweiten Weltkrieges überhaupt wieder eine Armee erhalten sollte. Erklärtes Ziel der Alliierten war es zunächst, die Wehrmacht zu besiegen, zu zerschlagen und für ihre Verbrechen zu verurteilen. Laut dem Potsdamer Abkommen vom August 1945 wollten sie die »völlige Abrüstung und Entmilitarisierung« Deutschlands. Alle Formen militärischer Organisation sollten »völlig und endgültig« aufgelöst, eine »Wiedergeburt und Wiederaufrichtung des deutschen Militarismus und Nazismus« sollte verhindert werden. Der Beruf des Soldaten hatte deshalb 1945 in Deutschland keine Zukunft mehr, Zehntausende von Offizieren standen vor dem Nichts.

In der Bevölkerung machte sich nach dem Trauma der totalen Niederlage, der Kriegsverluste, Zerstörungen und der Besetzung eine tiefe Ablehnung alles Militärischen breit, ja aller preußisch-deutschen Tradition. Groß war die Zahl derer, die »nie wieder ein Gewehr in die Hand nehmen« wollten. Das Bielefelder Emnid-Institut stellte bei Umfragen 1949 fest, daß 74,6 Prozent der westdeutschen Männer es ablehnten, je wieder Soldat zu werden. In seinen Memoiren bemerkte Adenauer später lakonisch, die Idee einer Wiederbewaffnung sei »im deutschen Volk sehr unpopulär« gewesen.

Während Millionen deutscher Soldaten bereits in Kriegsgefangenenlagern saßen und das Gros der verbliebenen Truppe kapitulierte, hoffte ein Rest der militärischen und politischen Führung in Flensburg noch bis Ende Mai 1945, nun komme die Stunde der Zusammenarbeit mit den westlichen Alliierten. Statt dessen wurde die »Regierung Dönitz« verhaftet, und in den Lagern begann die Suche nach deutschen Kriegsverbrechern: zunächst besonders nach jenen, die alliierte Kriegsgefangene ermordet hatten.

Allein die US-Armee führte zwischen 1945 und 1948 gegen meist untere Dienstgrade 489 Prozesse. Beim Prozeß gegen die Hauptkriegsverbrecher in Nürnberg klagten die Alliierten neben 24 Größen des Regimes auch sechs Gruppen und Organisationen an, darunter die SS, den Generalstab und das Oberkommando der Wehrmacht (OKW). Ein Problem des späteren Umgangs mit den Verbrechen der Wehrmacht stellte die Tatsache dar, daß Generalstab und OKW aus formaljuristischen Gründen nicht als Organisation oder Gruppe im Sinne des Statuts angesehen und deshalb, anders als die SS, nicht als verbrecherische Organisation verurteilt wurden. Das trug erheblich zu der alsbald verbreiteten

»Ja« zur Wiederbewaffnung?

»Die Evangelische Kirche in Deutschland hat keinen Zweifel gelassen, daß sie einer Remilitarisierung nicht das Wort reden könne – weder im Osten noch im Westen. Darüber hinaus werden sich evangelische Christen jeder Remilitarisierung praktisch widersetzen und sich darauf berufen, daß ihnen die Bundesverfassung dieses Recht gibt.«

Offener Brief von Pfarrer Martin Niemöller, Kirchenpräsident der evangelischen Landeskirche in Hessen und Nassau, an Bundeskanzler Adenauer, abgedruckt in: *Wetzlarer Neue Zeitung*, 6. Oktober 1950

»Ist der Mensch so billig geworden, daß man die Übriggebliebenen des Zweiten Weltkrieges skrupellos einem dritten in den Rachen wirft?«

Leserbrief an die *Freie Presse*, Bielefeld, 23. August 1950

»Mein Mann sowie mein ältester Sohn sind noch vermißt. Ich habe noch zwei Söhne im Alter von 19 und 13 Jahren, die ich nicht mehr opfern möchte.«

Leserbrief an den *Weser-Kurier*, Bremen, 1. September 1950

»Ich bin 1939 mit zwanzig Jahren Soldat geworden und bin 1948 aus Kriegsgefangenschaft zurückgekehrt. Wer gibt mir diese Jahre wieder?«

Leserbrief an den *Mannheimer Morgen*, 29. August 1950

»Sie sprechen von Sicherheit und meinen Kriegsvorbereitung. Man möchte heulen vor Wut, weil man ohnmächtig ist.«

Leserbrief an die *Nürnberger Nachrichten*, 9. September 1950

Überzeugung bei, die Wehrmacht sei mißbraucht worden, aber »anständig« geblieben, obwohl die weiteren Ausführungen des Gerichts ein anderes Licht auf die Rolle des Militärs warfen. Die Nürnberger Richter bezeichneten den Generalstab als »rücksichtslose militärische Kaste« und waren in Bezug auf seine Mitglieder der Auffassung, daß »Einzelprozesse gegen sie den hier verfolgten Zweck besser erreichen würden«.

Von den Militärs unter den Hauptangeklagten wurden Wilhelm Keitel und Alfred Jodl exekutiert, Hermann Göring brachte sich vor Vollstreckung der Todesstrafe um, Erich Raeder und Karl Dönitz erhielten Haftstrafen. Das Gericht forderte außerdem Individualstrafen für diejenigen obersten Befehlshaber der Wehrmacht und ihrer Waffenteile sowie für die Chefs ihrer Stäbe und alle Oberbefehlshaber der Waffenteile im Felde, die sich Verbrechen schuldig gemacht hatten. Ausdrücklich sahen die Richter einzelne Offiziere, wie den vor dem amerikanischen Militärtribunal angeklagten Oberbefehlshaber Ost im Polenfeldzug, Generaloberst Johann Albrecht Blaskowitz, als positive Beispiele an, wie sich Wehrmachtoffiziere auch hätten verhalten können. Blaskowitz war 1940 nach Protesten gegen die Massaker des SD in Polen nach Frankreich versetzt worden, wo er Maßnahmen gegen die Zivilbevölkerung zu dämpfen versuchte. Daß sich der Generaloberst dennoch schuldig fühlte und im Februar 1948 durch einen Sprung in die Rotunde des Nürnberger Justizpalastes Selbstmord beging, wurde von der Öffentlichkeit damals kaum registriert.

Saubere Krieger vor Gericht

Nach dem Internationalen Militärtribunal führten die Alliierten weitere Verfahren durch, in denen sie deutsche Soldaten anklagten – so von Mai 1947 bis Februar 1948 den sogenannten Geiselmordprozeß und von Februar bis Oktober 1948 den OKW-Prozeß; hier standen jeweils zwölf Generale vor Gericht. Angehörige der Waffen-SS mußten sich im Malmedy-Prozeß verantworten. Zu den Taten, die den Militärs zur Last gelegt wurden, gehörten die Ausführung verbrecherischer Befehle, die Tötung von Zivilpersonen sowie die massenhafte Vernachlässigung, Mißhandlung und Tötung von Kriegsgefangenen. Weitere Anklagepunkte gegen Wehrmachtangehörige betrafen die Duldung von Mordaktionen der SS-Einsatzgruppen oder die Zusammenarbeit mit ihnen im Kampf gegen Juden, »Bolschewisten« und »Minderwertige«.

Bruchlose Weiterverwendung Reinhard Gehlen (1902–1979), seit 1920 in der Reichswehr, erhielt ab 1933 eine Generalstabsausbildung und wurde im April 1942 im Generalstab des Heeres als Chef der Abteilung »Fremde Heere Ost« zuständig für die nachrichtendienstliche Gegneraufklärung im Osten. Dabei arrangierte er sich in besonderem Maße mit der SS. Nach der Ankündigung des sowjetischen Angriffs auf Berlin wurde Gehlen entlassen und stellte sich den Amerikanern. Bei seiner Befragung im Juni 1945 gab der Spezialist gezielt seine Informationen preis. Die Mitschrift des Interrogation Centers der 7. US-Armee liest sich wie das Bewerbungsschreiben für den amerikanischen Geheimdienst. Dabei mußte Gehlen weder Überzeugung noch Jargon wechseln. Gerade indem er sich nicht verstellte, sagte er den Amerikanern, was sie hören wollten. Der vernehmende Offizier bemerkte: Gehlen »ist Anti-Kommunist und erwartet einen russisch-alliierten Konflikt«.

Bereits ab März 1945 hatte Gehlen sich auf die Niederlage vorbereitet, indem er seine Mitarbeiter und Archive außer Reichweite der Roten Armee schaffte. Im Juli 1946 entstand die »Organisation Gehlen«: Gehlen arbeitete in den USA für die amerikanische Ostaufklärung und prägte dort das Bild des sowjetischen Gegners mit. Ab 1949 wurde die Organisation durch die CIA betreut und unterhielt enge Kontakte zur Regierung Adenauer. Bei der Auswahl der Mitarbeiter war deren Verwendbarkeit, nicht aber ihre Vergangenheit ausschlaggebend. Gehlen brachte dies selbst unmißverständlich zum Ausdruck: »Es wird eine deutsche nachrichtendienstliche Organisation unter Nutzung des vorhandenen Potentials geschaffen, die nach Osten aufklärt, bzw. die alte Arbeit im gleichen Sinne fortsetzt. Die Grundlage ist das gemeinsame Interesse an der Verteidigung gegen den Kommunismus.« 1956 entstand aus der Organisation Gehlen der Bundesnachrichtendienst (BND), dessen Chef Gehlen bis 1968 war. Der BND unterstand direkt dem Bundeskanzler. 1968 erhielt Gehlen das Große Bundesverdienstkreuz mit Stern und Schulterband. Seine beinahe bruchlose Karriere ermöglichte es ihm in seiner autobiographischen Schrift (*Der Dienst*, 1971), das deutsche Vorgehen im Rußlandfeldzug durch krassen Antikommunismus zu legitimieren und die Kompetenz der Wehrmacht im Umgang mit dem Gegner herauszukehren. Er wies sogar den Amerikanern die »Schuld« an der Frontstellung im Kalten Krieg zu, da diese nicht rechtzeitig das wahre Gesicht ihrer östlichen Alliierten erkannt hätten.

Weitere Prozesse der Siegermächte fanden in ihren Besatzungszonen und in den ehemals von Deutschland besetzten Staaten statt. In der Sowjetunion gab es bereits während des Krieges und danach eine große Zahl von Prozessen gegen Soldaten aller Dienstgrade, besonders gegen höhere Offiziere. Dabei wurde noch in den frühen fünfziger Jahren zeitweilig die Todesstrafe verhängt und vollstreckt. In Schau- und Massenprozessen auch gegen einfache Dienstgrade genügten, anders als bei den Westalliierten, schon Verdachtsmomente wie die Mitgliedschaft in SA, SS, SD oder Gestapo für eine Verurteilung.

Der damalige Kenntnisstand der Siegermächte war bei weitem nicht umfassend. Viele Sachverhalte sollten Historiker und Journalisten erst im Laufe der nächsten Jahrzehnte aufdecken: etwa, daß die »Versorgung

ALS SIEGHAFTER BOLSCHEWISTENSCHRECK

ersteht der zukünftige deutsche Landser in diesen Karikaturen aus der Zeitung „Star-Ledger", die in der amerikanischen Stadt Newark im Staate New Jersey erscheint. Diese Produkte des Zeichners Jerry Costello, die auch in mehreren Blättern des Staates Pennsylvanien gedruckt wurden, zeigen, wie sich manche Leute in der amerikanischen Provinz die Waffenbrüderschaft mit einem „souveränen und wiederaufgerüsteten Westdeutschland" tatsächlich vorstellen.

Vom Nürnberger Gericht zum Pragmatismus des Kalten Krieges: amerikanische Deutschlandpolitik in der heimischen Presse, aufgelesen vom *Spiegel*, 1954.

Verbrecherische Befehle von schuldlosen Offizieren? Von den Verbrechen der Wehrmacht im Osten wollten die Generale nach 1945 nie etwas gehört haben, obwohl beinahe 250 Generale und hohe Offiziere anwesend waren, als Hitler Ende März 1941 in seiner »Barbarossa-Ansprache« klare Ausführungen zum Vorgehen gegen die Sowjetunion und deren Bevölkerung machte. Das Oberkommando des Heeres (OKH) und das Oberkommando der Wehrmacht (OKW) setzten diese Forderungen des Weltanschauungs- und Vernichtungskrieges in Befehle für die Truppe um, die eindeutig als verbrecherisch zu werten sind. So regelte das OKH am 28. April 1941 die Zusammenarbeit des Heeres mit den Einsatzgruppen bei Mordaktionen. Diese funktionierte laut den Berichten der Einsatzgruppen hervorragend. Der Barbarossa-Gerichtsbarkeitsbefehl vom 13. Mai 1941 sah die Tötung von Partisanen – in der Praxis ein sehr dehnbarer Begriff – ohne Gerichtsverfahren vor, erforderlich war nur die Einwilligung des befehlshabenden Kommandeurs. Außerdem sollten Straftaten, die Wehrmachtangehörige an Zivilisten begingen, straffrei bleiben – eine *carte blanche* für die Truppe. Der Kommissarbefehl vom 6. Juni 1941 verlangte die sofortige Selektion und Exekution gefangener Politoffiziere der Roten Armee.

Die Frontoffiziere folgten den Vorstellungen der Oberkommandos, was zum Beispiel der Befehl des Generalfeldmarschalls Walter von Reichenau (»Verhalten der Truppe im Ostraum«) vom 10. Oktober 1941 belegt: Es gehe, so Reichenau, um die Ausrottung »des jüdischen Untermenschentums« und um »die völlige Vernichtung der bolschewistischen Irrlehre, des Sowjetstaates und seiner Wehrmacht«. Ein Begleitschreiben des OKH merkte an, der »Führer« habe den Befehl ausgezeichnet gefunden, und forderte dazu auf, Anordnungen im gleichen Sinne zu erlassen. General Erich von Manstein ließ sich nicht lange bitten. In seinem Befehl vom 20. November 1941 hieß es: »Für die Notwendigkeit der harten Sühne am Judentum, dem geistigen Träger des bolschewistischen Terrors, muß der Soldat Verständnis aufbringen. Sie ist auch notwendig, um alle Erhebungen, die meist von Juden angezettelt werden, im Keim zu ersticken ... Das jüdisch-bolschewistische System muß ein für allemal ausgerottet werden.«

Die Generale der Wehrmacht hatten diese Befehle selbständig erarbeitet, aus- und weitergegeben – und in der Regel befolgt, zumindest aber ihre Befolgung geduldet.

der Wehrmacht aus dem Land« nach Art des Dreißigjährigen Krieges oder die Partisanenbekämpfung den deutschen Truppen als ein Vernichtungs- und Terrorwerkzeug gegen die Zivilbevölkerung gedient hatten. Auch an Deportationen und Zwangsaushebungen hatten sich Dienststellen und Einheiten der Armee beteiligt. Die logistische Unterstützung, die die Wehrmacht der SS bei der »Judenvernichtung« geleistet hatte, aber auch ihre aktive Beteiligung daran, können heute nicht mehr bestritten werden. Und klar ist auch: Es waren nicht nur Randgruppen und hohe Offiziere der insgesamt rund 19 Millionen Wehrmachtangehörigen, die von den Verbrechen wußten oder daran beteiligt waren.

Die prinzipielle Schuld der Wehrmacht, vor deren Hintergrund die konkreten Kriegsverbrechen zu sehen sind, bestand in der Planung und gehorsamen Durchführung der völkerrechtswidrigen Angriffskriege. Die gewaltsame Ausdehnung des deutschen Einflußgebietes war es auch, die den Zugriff auf die Menschen in den besetzten Gebieten und die Verbrechen erst ermöglicht hatten. Die Wehrmacht schuf die Voraussetzungen für die Verwirklichung der nationalsozialistischen Bevölkerungs-, Ausbeutungs- und Vernichtungspolitik. Militärs und Einheiten der Wehrmacht waren keineswegs nur der »stählerne Garant« des Dritten Reiches, sondern oft direkte Zeugen, Täter und Verantwortliche der Verbrechen.

Ihrer Erfahrung von Gefangenschaft und Strafverfolgung zum Trotz versuchten einige Offiziere weiterhin, sich den Siegern anzudienen. Graf von Kielmansegg verfaßte eine Denkschrift, in der er auf die Gefahr eines Ost-West-Konfliktes hinwies. Andere schrieben – nicht zuletzt zum Broterwerb – an ihren Memoiren, so der im Juli 1942 zum Generalfeldmarschall beförderte Manstein im Gefängnis von Werl. Manstein stellte sich in seinen Erinnerungen – wie die meisten seiner Berufskollegen – als unpolitisches und loyal sein Handwerk ausführendes Feldherrngenie dar. Im Krieg aber waren mit seinem Wissen und in seinem Befehlsgebiet Verbrechen gegen Kriegs- und Völkerrecht geschehen, wie etwa Vergeltungsmaßnahmen gegen die Zivilbevölkerung, die Ermordung von Kriegsgefangenen oder die »Judenaktion in Simferopol«[2]. Militär-, Polizei- und SS-Einheiten sowie die Einsatzgruppe D unter Otto Ohlendorf waren an der Ausführung der Verbrechen beteiligt. Manstein gab Befehle heraus, die diese Taten legitimierten, und tat nicht das Geringste, um die Umsetzung entsprechender Befehle des OKH oder OKW zu verhindern.

Mythos der Pflicht: Der Generalfeldmarschall Erich von Manstein (1887–1973) entstammte einer Offiziersfamilie. Er trat im Kaiserreich in die Armee ein, diente im Ersten Weltkrieg als Generalstabsoffizier und setzte seine Karriere ungebrochen über die Weimarer Republik bis in die Wehrmacht fort. In der strategischen Planung der Westoffensive war Manstein an der Idee des erfolgreichen »Sichelschnittplanes« maßgeblich beteiligt. Im Krieg gegen die Sowjetunion hatte er den Oberbefehl über die 11. Armee. In deren Gebiet führten Einsatzgruppen des SD mit Hilfe der Wehrmacht Massenerschießungen durch, die Manstein gegenüber der Truppe rechtfertigte. Er verweigerte sich dem militärischen Widerstand (»preußische Feldmarschälle meutern nicht«), denunzierte allerdings auch keinen der Verschwörer, die um seine Hilfe gebeten hatten. Im Juli 1942 wurde er zum Generalfeldmarschall ernannt und hatte somit direkten Zugang zu Hitler, der ihn im März 1944 nach Auseinandersetzungen jedoch aller Kommandoposten enthob und ihn in die »Führerreserve« versetzte. Manstein war die Ikone des Generalstabs, auch wenn seine strategischen Leistungen nach heutigem Kenntnisstand überbewertet wurden.

Der General ist gefallen: Manstein beim Abtransport nach seiner Verurteilung durch ein britisches Militärgericht.

Nach seiner Gefangennahme durch die Briten im August 1945 befand er sich in Untersuchungshaft und verfaßte Verteidigungsschriften für angeklagte Offiziere. Er trat im Nürnberger Hauptkriegsverbrecherprozeß als Zeuge auf, wo er erklärte, der Krieg im Osten habe eine militärische und eine weltanschauliche Komponente gehabt. Dies entsprach der Legende, die Wehrmacht habe fair gekämpft, während die Weltanschauungskrieger der SS und des SD für die Verbrechen zuständig gewesen seien. Manstein selbst wurde 1949 in einem Einzelprozeß zu 18 Jahren Haft verurteilt. Das Urteil löste Proteste in Deutschland und Großbritannien aus. Noch während des Krieges, im Januar 1944, hatte das amerikanische Magazin *Time* Manstein ob seiner militärischen Erfolge gewürdigt.

Nach seiner vorzeitigen Entlassung 1953 übernahm Manstein 1956 den Vorsitz im Gutachtergremium zu Wiederbewaffnung und Wehrpflicht des gemeinsamen Verteidigungsausschusses von Bundestag und Bundesrat. Manstein galt als Berater Adenauers und publizierte autobiographische Schriften (*Verlorene Siege*, 1955), die eine Apologie der Wehrmacht als Ganzer gegenüber dem militärisch inkompetenten (Ver-)Führer Hitler darstellten. Der Mythos fiel auf fruchtbaren Boden – zum 80. Geburtstag schrieb Bundeswehrgeneral Ulrich de Maizière über den Feldmarschall: »Von Hitler – der sich von ihm durchschaut fühlte – des Kommandos enthoben, mußte er ohnmächtig dem Zusammenbruch des Reiches und der Wehrmacht entgegensehen. Ungeachtet dessen und trotz seiner anerkannten Integrität wurde er in den Nachkriegswirren von einem Militärtribunal der Sieger verurteilt und inhaftiert.«[4] Als Manstein 1973 beerdigt wurde, erwies die Bundeswehr ihm militärische Ehrenbezeugungen.

Auch andere Offiziere redeten in ihren Schriften einer Entschuldung und Heroisierung der Wehrmacht das Wort, beschuldigten Hitler des Mißbrauchs der Armee, womit sie die populäre Auffassung von der »sauberen Wehrmacht« nachhaltig beeinflußten. Ab Ende der fünfziger Jahre sollte sich dies in der Massenkultur niederschlagen: Landserhefte und Kinofilme wie *Rommel, der Wüstenfuchs* (USA 1951) erfreuten sich großer Beliebtheit. Gleiches galt für Heimkehrerromane, die über die Gefangenschaft und die Zustände in der Sowjetunion berichteten: populär und ideologisch eindeutig.

Die Vorzeichen ändern sich

Der späte Prozeß, den die Briten von August bis Dezember 1949 in Hamburg gegen den Generalfeldmarschall Erich von Manstein führten, zeigte, wie sich mit Gründung der Bundesrepublik im Windschatten des Kalten Krieges die öffentliche Meinung bei den Alliierten und in Deutschland wandelte. Die Berichterstattung der deutschen Presse war von vornherein tendenziös. Im Umfeld des Verfahrens, das als politischer Schauprozeß gedeutet wurde, gelangte die Debatte um einen »Schlußstrich« unter die deutsche Vergangenheit und die alliierten Anklagen auf einen Höhepunkt. Praktisch jede deutsche Familie hatte ihre eigenen Erfahrungen mit Krieg, Verlust und oft auch Verbrechen gemacht. Heimkehrende Kriegsgefangene und verurteilte Kriegsverbrecher verband die unkritische Selbstsicht, Opfer der Weltläufe und des NS-Systems geworden zu sein. In der öffentlichen Auseinandersetzung gelang es mit der Zeit, die noch in sowjetischer Haft befindlichen Kriegsgefangenen mit den inhaftierten Kriegsverbrechern unterschiedslos zu den »Kriegsverurteilten« zu verschmelzen, wodurch die juristischen Revisionsbestrebungen breite Unterstützung gewannen.

Die strafrechtlichen Sühneambitionen der Briten waren inzwischen weitgehend erlahmt, so daß das Verfahren gegen Manstein vor allem auf amerikanischen Druck hin zustande kam. Als bedeutender Heerführer im Krieg gegen die UdSSR genoß Manstein angesichts des sich verschärfenden Ost-West-Gegensatzes in der britischen Öffentlichkeit sogar eine gewisse Sympathie. Dennoch war es überraschend, daß selbst Winston Churchill sich an einer Spendenaktion beteiligte, mit der Mansteins britische Verteidiger bezahlt wurden: Reginald Thomas Paget, der den Ruf eines Pazifisten genoß, und Sam Silkin, der als Jude besondere Wirkung auf die Öffentlichkeit hatte. Beide nutzten den Medienrummel um den Prozeß, um Bücher über das Verfahren auf den Markt zu werfen, die den »Helden von Sewastopol« für unschuldig erklärten und das Verfahren als Ausdruck von »Siegerjustiz« darstellten.

Im Manstein-Prozeß verbanden sich die Verteidigung der Ehre des Generalfeldmarschalls und die der Wehrmacht zu einer unauflöslichen Einheit – Verteidiger Paget: »Er ging in den Zeugenstand, nicht um seine eigene Person, sondern um die deutsche Armee zu verteidigen.«[3] Paget stützte sich in seinem Plädoyer zudem auf aktuelle politische Argumente: »Wenn Westeuropa überhaupt zu verteidigen sein soll, so müssen wir Kameraden sein.« Der Angriffskrieg gegen die Sowjetunion wurde zum Verteidigungskrieg umgedichtet. Am Ende wurde Manstein von dem britischen Gericht zu 18 Jahren Haft verurteilt. Unter dem Druck der öffentlichen Meinung verkürzte eine Revisionsinstanz im Februar 1950 die Haftdauer auf zwölf Jahre, und aufgrund der Anrechnung seiner Kriegsgefangenschaft, »guter Führung« sowie eines ärztlichen Gut-

Die Ikone der Wehrmacht ist wieder daheim: In Allmendingen gratuliert man dem ehemaligen Generalfeldmarschall Erich von Manstein (rechts) im Frühjahr 1953 zur Entlassung aus der britischen Haftanstalt Werl, die er aufgrund eines ärztlichen Gutachtens nach dreieinhalb Jahren verlassen durfte; die Anfangsstrafe war von 18 auf zwölf Jahre Gefängnis reduziert worden. Mit dabei seine Gattin und Freiherr von Freyberg, der dem »Helden von Sewastopol« Obdach gewährt.

achtens wurde Manstein schließlich schon 1953 entlassen. Derartige Rechenkünste kamen der Mehrzahl der inhaftierten Kriegsverbrecher zugute.

Bei seinen Treffen mit den alliierten Hohen Kommissaren hatte Adenauer das Thema der »Kriegsverurteilten« immer wieder ins Spiel gebracht. Seit dem Manstein-Prozeß zeigten die Kampagnen zur Freilassung von Kriegsverbrechern zunehmend Wirkung. Anfang 1952 saßen rund 700 in alliierter Haft, 1955 waren es noch 94. Briten und Franzosen entließen die letzten deutschen Kriegsverbrecher im Sommer 1957, die Amerikaner ein Jahr später. Unter diesen Freigelassenen befanden sich allerdings längst keine Wehrmachtangehörigen mehr. Jetzt saßen nur noch ein paar der im Nürnberger Hauptprozeß Verurteilten im Spandauer Gefängnis.

Vom Grundgesetz zur Wiederbewaffnung

Das Grundgesetz enthielt – abgesehen vom Verbot des Angriffskrieges und dem Recht auf Kriegsdienstverweigerung – keine direkten Bestimmungen zur Sicherheitspolitik, denn diese lag laut Besatzungsstatut in den Händen der Alliierten. Nach einem Gesetz der Alliierten Hohen Kommission vom 19. Dezember 1949 war den Deutschen jegliche militärische Planung verboten, und einen Monat zuvor hatte sich die Bundesregierung im Petersberger Abkommen verpflichtet, die Entmilitarisierung Westdeutschlands weiterhin zu gewährleisten sowie mit allen ihr zur Verfügung stehenden Mitteln die Neubildung irgendwelcher Streitkräfte zu verhindern.

Wie sich die Dinge zu Beginn des Kalten Krieges tatsächlich darstellten, geht dagegen aus zwei geheimen Memoranden Adenauers vom August 1950 hervor. Darin schlug der Kanzler der amerikanischen Regierung unter dem Eindruck des Angriffs kommunistischer Truppen auf Südkorea und angesichts des Aufbaus der Kasernierten Volkspolizei in der DDR vor, die Bundesrepublik in ein westliches Verteidigungsbündnis einzubinden. Sein Vorschlag beinhaltete die Aufstellung eines deutschen Kontingents. Adenauer stützte sich in seiner Argumentation nicht zuletzt auf ein Gutachten seines Sicherheitsberaters Hans Speidel, der, zusammen mit Adolf Heusinger, dem Kanzler bereits seit Sommer 1948 mit mehreren Denkschriften zu soufflieren suchte.

Ganz im Sinne Adenauers hatte sich im März 1950 Churchill vor dem britischen Unterhaus geäußert – und damit nur wiederholt, was er schon im Oktober 1948 bemerkt hatte: »Europa kann nicht widerstehen ohne die aktive und loyale Mitarbeit der deutschen Stämme.«[5] Nach Churchills Vorstoß sahen sich mehrere Bundestagsabgeordnete zu einer feierlichen Absage an die Aufrüstung veranlaßt – besonders Mitglieder der SPD, aber auch der Vorsitzende der CDU/CSU-Fraktion Heinrich von Brentano. Die Außenminister der Besatzungsmächte hingegen gaben im September 1950 offiziell eine Sicherheitsgarantie für Westdeutschland ab und plädierten für eine deutsche Beteiligung.

Im Herbst 1950 spitzen sich die Konflikte zu. Am 13. Oktober 1950 verfaßte Bundesinnenminister Gustav Heinemann ein Memorandum: »Nachdem es eines der vornehmsten Kriegsziele der Alliierten gewesen ist, uns zu entwaffnen und auch für die Zukunft waffenlos zu halten ..., das deutsche Militär verächtlich zu machen ... und das deutsche Volk zu einer jedem Militärwesen abholden Geisteshaltung zu erziehen, haben wir allen Anlaß, auf gegenteilige Aufforderungen so zurückhaltend wie

In seinen Erinnerungen stellte Konrad Adenauer 1965 fest, die Idee einer Wiederbewaffnung sei zu Anfang seiner Kanzlerschaft »im deutschen Volke sehr unpopulär« gewesen: Protestkundgebung in Bonn, Februar 1952.

nur möglich zu reagieren.«[6] Als der Kanzler sich weigerte, seinen Kurs in der Frage der Wiederbewaffnung zu ändern, trat Heinemann aus Protest zurück.

Die Mitarbeit der Wehrmachtoffiziere beim Aufbau der Bundeswehr hatte ihren Preis und war eng mit den Problemen der ehr- und stellungslos gewordenen Militärs und der Massen ehemaliger Kriegsteilnehmer verbunden. Vor der Bereitschaft der ehemaligen NS-Generale, einem neuen deutschen Staat zu Diensten zu sein, stand die Forderung nach Rehabilitation, nach Ehrenrettung und Schuldentlastung. Diese Bemühungen waren Teil eines informellen, aber einflußreichen Bündnisses alter und neuer Eliten – von Bischöfen über Politiker bis hin zu Juristen –, die publizistischen und politischen Druck ausübten, um die NS-Vergangenheit auszublenden und die Öffentlichkeit in ihrem Sinne zu aktivieren. Und tatsächlich befürworteten im Jahre 1956 laut einer Emnid-Umfrage 63 Prozent aller Westdeutschen einen eigenen Wehrbeitrag.

Der Wunsch nach Ehrenrettung der Militärs traf sich mit zwei wichtigen Entwicklungen: zum einen mit Adenauers andauerndem Streben nach möglichst vollständiger Souveränität der Bundesrepublik, zu der ganz wesentlich die Rückgewinnung der außen- und sicherheitspolitischen Autonomie gehörte. Eine eigene Armee stellte für ihn das passende Werkzeug hierzu dar. Zum anderen war den Alliierten unter Führung der USA daran gelegen, im Kalten Krieg gegen die hochgerüstete Sowjetunion über wehrhafte Verbündete zu verfügen, besonders an der Schnittstelle der Blöcke. Triebfeder waren dabei nicht zuletzt alte antibolschewistische Ressentiments. Für die Deutschen bot der bis zur Hysterie um sich greifende Antikommunismus im westlichen Lager die Chance, die eigenen Kriegsverbrechen im Osten herunterzuspielen.

Selbst NATO-Oberbefehlshaber Dwight D. Eisenhower geriet in den Sog dieser Politik. Der amerikanische General hatte aufgrund seiner Erfahrungen im Zweiten Weltkrieg – insbesondere des Grauens der Konzentrationslager, das sich ihm offenbarte – eine tiefe Abscheu gegen das deutsche Militär entwickelt und dies in seinen Memoiren *Crusade in Europe* (1948) auch deutlich zum Ausdruck gebracht. Da jedoch die deutschen Militärs und mit ihnen die Regierung Adenauer auf der Wiederherstellung der »Ehre des deutschen Soldaten« als Vorbedingung eines deutschen Wehrbeitrages beharrten, gerieten die Alliierten in der Wiederbewaffnungsfrage in eine Zwangslage. Am 22. Januar 1951, nach

Vom Dolchstoß zur bedingungslosen Kapitulation Als die deutsche Niederlage im Ersten Weltkrieg unabwendbar geworden war, veranlaßte die deutsche Generalität zivile Vertreter des Staates, den Waffenstillstand mit den Alliierten zu schließen: Am 11. November 1918 unterzeichnete eine Delegation unter Leitung Matthias Erzbergers das Dokument. In Verbindung mit dem »Friedensdiktat von Versailles« entstand die Legende der »im Geiste unbesiegten« und »im Felde ungeschlagenen« Armee. Die Niederlage sei die Schuld der Zivilisten in der Heimat gewesen. Diese »Dolchstoßlegende« wurde zur schweren Hypothek der ersten deutschen Demokratie.

In der Weimarer Republik schottete sich die Reichswehr durch ihre exklusive Rekrutierungspolitik, die auf eine hochgradige soziale Homogenität abzielte, gegenüber der Gesellschaft ab. Sie verfolgte ihre eigenen, revisionistischen Ziele und entwickelte sich zu einem weitgehend unkontrollierbaren Machtfaktor – zu einem »Staat im Staate«. An Hitlers »Machtergreifung« wirkte die Reichswehr durch eine Mischung aus wohlwollender Passivität und zunehmend bereitwilliger Zusammenarbeit mit, versprach er doch, das Reich und damit die Armee wieder zur Weltgeltung zu führen. Indem sie sich 1934 beim »Röhmputsch« an der Ausschaltung der SA beteiligte, korrumpierte sie sich unwiderruflich.

Am 8. Mai 1945 standen die Dinge anders: Die deutschen Truppen waren vernichtend geschlagen, die Alliierten hatten weite Teile Deutschlands und die Reichshauptstadt eingenommen. So waren es diesmal Militärs wie der Generaloberst Alfred Jodl, General Wilhelm Oxenius und Admiral Hans-Georg von Friedeburg, die die bedingungslose Kapitulation unterzeichneten. Das Deutsche Reich, der Generalstab und der Berufsstand des deutschen Soldaten existierten nicht mehr. Zu Befehlsverweigerungen, gar zu einer Verschwörung hatten sich die militärischen Strategen vor dem späten Attentat des 20. Juli 1944 nicht durchringen können – aus falschverstandener Loyalität heraus war dergleichen für viele sogar undenkbar. Außer den seltenen Protesten einzelner gab es bis zum Kriegsende unter den deutschen Offizieren keine Anzeichen für Selbstkritik und politisches Verantwortungsgefühl – ein Bild, das sich nach 1945 kaum anders darstellte.

einem Dinner anläßlich des Deutschlandbesuchs von Eisenhower in der Villa des amerikanischen Hohen Kommissars John McCloy, wurde der General dazu gedrängt, eine Ehrenerklärung für die deutschen Soldaten abzugeben – aus Gründen der Staatsräson. Adenauers ebenfalls geladene Planer Speidel und Heusinger hatten einen entsprechenden Text zur Hand, den Eisenhower unterzeichnete und der in den nächsten Wochen unter wichtigen ehemaligen Offizieren zirkulierte. Vor seiner Rückreise sagte der Oberbefehlshaber den auf dem Frankfurter Flughafen versammelten Journalisten: »Ich für meinen Teil glaube nicht, daß der deutsche Soldat als solcher seine Ehre verloren hat. ... Wie ich dem Kanzler und anderen deutschen Herren, mit denen ich gestern abend gesprochen habe, gesagt habe, bin ich zu der Überzeugung gekommen, daß ein wirklicher Unterschied zwischen deutschen Soldaten und Offizieren als solchen und Hitler und seinen kriminellen Gruppen besteht.«[7] Damit war der öffentlichen Verdrängung der Vernichtungsziele und der Verbrechen der Wehrmacht der Weg geebnet. Die Landser wurden mitsamt den deutschen Flüchtlingen zu den Opfern des Krieges stilisiert, den Deutschland mit dem Angriff auf die Sowjetunion selbst begonnen hatte.

Wenig später, am 5. April 1951, gab auch Adenauer im Bundestag eine Ehrenerklärung ab: Die Zahl derjenigen Soldaten, die sich durch Kriegsverbrechen schuldig gemacht hätten, so der Kanzler, sei »außerordentlich gering und außerordentlich klein«. Damit war der Topos vom Kriegsverbrechen als bloßer Randerscheinung im Massenheer gleichsam amtlich bestätigt.[8] Im Dezember 1952, als die Frage der »Kriegsverurteilten« aus Anlaß der parlamentarischen Beratungen über die Westverträge wieder einmal heftig diskutiert wurde, äußerte sich Adenauer erneut: »Ich möchte heute vor diesem Hohen Hause im Namen der Bundesregierung erklären, daß wir alle Waffenträger unseres Volkes, die im Rahmen der hohen soldatische Überlieferung ehrenhaft zu Lande, auf dem Wasser und in der Luft gekämpft haben, anerkennen. Wir sind überzeugt, daß der gute Ruf und die große Leistung des deutschen Soldaten trotz aller Schmähungen während der vergangenen Jahre in unserem Volke noch lebendig sind und auch noch bleiben werden. Es muß unsere gemeinsame Aufgabe sein, die sittlichen Werte des deutschen Soldatentums mit der Demokratie zu verschmelzen.« Das Protokoll verzeichnete Applaus.[9]

Verbal war der Kanzler damit fast wieder da angekommen, wo Hitlers Nachfolger Großadmiral Karl Dönitz die deutschen Soldaten am 9. Mai

1945 in die Nachkriegszeit entlassen hatte: »Wir haben uns nicht zu schämen. Was die deutsche Wehrmacht im Kampf und das deutsche Volk im Erdulden in diesen sechs Jahren geleistet hat, ist einmalig in der Geschichte und in der Welt. Es ist ein nie dagewesenes Heldentum. Ohne Flecken an unserer Ehre stehen wir Soldaten da.«[10]

Mit ihrem Werben um die alten Kameraden verfolgte die Bundesregierung das Ziel, die Millionen ehemaliger Soldaten, die sich seit Anfang der fünfziger Jahre in zahlreichen Veteranenverbänden organisierten, an den neuen Staat zu binden. Durch Integration sollte ein Abdriften nach rechtsaußen vermieden werden. Im Juli 1953 traten bei einem Treffen des Verbands deutscher Soldaten in Hannover, an dem 15 000 ehemalige

Ehrenbezeugungen: Bundeskanzler Adenauer, US-Präsident Eisenhower und General Heusinger (von links) auf dem Flughafen Köln-Wahn am 27. August 1959. Bei einem früheren Besuch in der Bundesrepublik hatte der ehemalige amerikanische General und NATO-Oberbefehlshaber eine Ehrenerklärung für den deutschen Soldaten abgegeben und somit den Weg freigemacht, um die alten Kameraden aus der Wehrmacht als Waffenbrüder an die Seite der Westalliierten zu bringen.

Angehörige von Wehrmacht, Waffen-SS und Reichsarbeitsdienst teilnahmen, mehrere Mitglieder des Bundeskabinetts, aber auch der niedersächsische Sozialminister Heinrich Albertz (SPD) auf. Die Veranstaltung stand unter dem Motto »Soldaten helfen Soldaten«; die *Welt* kommentierte das Ereignis jedoch als »Tag des offiziellen Friedensschlusses der Soldaten mit unserem Staat«. Vizekanzler Franz Blücher (FDP), Bundestagspräsident Hermann Ehlers (CDU), Theodor Blank (CDU) und andere lobten die Tapferkeit, Opferbereitschaft und Ehrenhaftigkeit der deutschen Soldaten, und Heinrich Hellwege (DP) meinte gar, die »deutsche Jugend« habe im Osten nicht nur die Freiheit, sondern auch »Europa und seine Kultur vor dem Bolschewismus« verteidigt.

Klösterliche Leitlinien für den Aufbau der neuen Armee

Der Aufbau von Bundeswehr und Verteidigungsministerium begann im Oktober 1950 mit der Ernennung Theodor Blanks zum »Beauftragten des Bundeskanzlers für die mit der Vermehrung der alliierten Truppen zusammenhängenden Fragen«.

Ebenfalls im Oktober 1950 fand sich – mit Zustimmung der Hohen Kommissare – im Kloster von Himmerod in der Eifel eine Kommission deutscher Fachleute zu geheimen Beratungen über die Frage zusammen, wie eine zukünftige deutsche Armee aussehen könnte. Das in einer Denkschrift festgehaltene Ergebnis wurde zur Diskussionsgrundlage für die Ausgestaltung des Wehrbeitrages. Die deutschen Spezialisten waren – fünf Jahre nach Kriegsende – zwangsläufig ehemalige Generalstabsoffiziere Hitlers. Die Mitarbeiter an der Himmeroder Denkschrift blieben auch an den anschließenden Planungen beteiligt, weitere ihrer Kameraden kamen hinzu. Im September 1952 arbeiteten bereits 174 ehemalige Berufsoffiziere für Blank, 98 davon hatten im Generalstab der Wehrmacht oder in nachgeordneten Stäben ihre Ausbildung erhalten und gedient.

Der erste Sicherheitsberater Adenauers, noch vor Blank, war Gerhard Graf von Schwerin. Seine »Zentrale für Heimatdienst« bildete ab 1950 den Vorläufer der Dienststelle Blank und damit die Keimzelle des späteren Verteidigungsministeriums. Schwerin galt als ein dem 20. Juli 1944 nahestehender Offizier. In seiner Stellungnahme zu der Himmeroder Denkschrift gab der Graf zu bedenken: »Man wird auch gezwungen sein, auf zahlreiche für den raschen Aufbau unentbehrliche Fachkräfte zurückzugreifen, die den Aufbau in Form einer Restauration durchzuführen versuchen werden. Hier eine glückliche Synthese zu finden, ist eine schwierige Aufgabe.«[11] Die Warnung verhallte unbeachtet.

Seit Mai 1951 war auch Wolf Graf von Baudissin Mitarbeiter im Amt Blank. Er war als Major im Generalstab des Afrikakorps in australische Gefangenschaft geraten. Schon deshalb hatte er mit den konservativ orientierten Traditionalisten unter seinen Kollegen zu kämpfen: Man hielt ihm vor, ihm fehle die höhere Weihe der Erfahrung des Rußlandfeldzuges gegen den neuen alten Feind im Osten.

Dennoch gelang es Baudissin, seine kritischen und reformorientierten Ansichten in die Beratungen einfließen zu lassen. Besonders beschäftigten ihn Fragen der sogenannten »Inneren Führung«, bei denen es um das Selbstverständnis der Armee und die reformerische Umsetzung des Prinzips Demokratie im soldatischen Alltag ging. Der Bürger war in der Vergangenheit während der militärischen Ausbildung *de facto* entrechtet, dem Kommißgeist und Drill unterworfen worden. Dies wurde seit den Zeiten der Restauration und Wilhelms II. sowie mit dem Wirken Hans von Seeckts in der Weimarer Republik gestützt durch eine entspre-

Primat der Politik: Verteidigungsminister Theodor Blank mit seinen Beratern Hans Speidel (rechts) und Adolf Heusinger (links).

chende Traditionspflege. Baudissins Kollegen erkannten in dessen Konzept bestenfalls eine Methode guter Menschenführung – »gut zu seinen Leuten zu sein« war schließlich Bestandteil preußischer Tradition –, nicht aber ein demokratisches Programm zugunsten der »Staatsbürger in Uniform« und der innenpolitischen Integration der Armee in die Gesellschaft. Der Integrationsgedanke ging bis auf die gescheiterten Ideen der preußischen Militärreformer zurück.

Zahlreiche Gutachtergremien, sozialwissenschaftliche und pädagogische Berater sowie Vertreter gesellschaftlicher Gruppen, Kirchen und Gewerkschaften feilten an Baudissins Konzept. Auf diese Diskussionen gehen auch die Gründung der Schule (später des Zentrums) und des Beirates für Innere Führung zurück. In beiden Institutionen waren wiederum meist zivile Fachleute tätig. 1957 kam ein *Handbuch für Innere Führung* heraus, das – wenn es überhaupt gelesen wurde – den meisten Offizieren zu wenig Praxisbezug hatte, so daß sie sich inoffiziell lieber an ihre Richtlinien aus den dreißiger Jahren hielten.

Baudissins schärfster Gegner wurde sein ursprünglicher Mitarbeiter General Heinz Karst. Aber auch General a.D. Hermann Foertsch, in Himmerod der Vorsitzende des Allgemeinen Ausschusses, hatte andere Vorstellungen von den ethischen Grundsätzen des neuen deutschen Soldaten. Foertsch hatte maßgeblich bei der Anpassung der Reichswehr an den »Führerstaat« mitgewirkt: durch sein frühes Bekennerbuch *Wehrmacht im nationalsozialistischen Staat*, durch die Ausarbeitung der neuen Eidesformel (»Ich schwöre bei Gott diesen heiligen Eid, daß ich dem Führer ... unbedingten Gehorsam leisten ... will.«) und durch seine Zuständigkeit im Reichswehrministerium für »Inneres Gefüge«. Sein Ideal entsprach dem »wertfreien Kampf«, dem »Soldatentum *sui generis*«. Ebenso ging Adolf

Normalerweise Staatsbürger in Uniform: Wolf Graf von Baudissin.

Eine Chance und ihre Gegner: Wolf Graf von Baudissin Der erste Anlauf war nur kurz: Baudissin, Jahrgang 1907, trat 1926 in die Reichswehr ein, verließ sie 1927 und kehrte nach einer landwirtschaftlichen Ausbildung 1930 zurück. Als Generalstabsoffizier diente er ab 1939, erhielt das Eiserne Kreuz und geriet 1943 als Major unter Rommel in Afrika in australische Gefangenschaft.

Nach dem Krieg arbeitete Baudissin als Kunsttöpfer. 1951 trat er in die Dienststelle Blank ein und wurde Leiter der Unterabteilung »Innere Führung«. Nachdem er seine Vorstellungen von einer modernen demokratischen Armee von 1958 bis 1961 als Brigadekommandeur in Göttingen in die Praxis umzusetzen versucht hatte, beförderte man ihn aufs Abstellgleis zu Stabsabteilungen der NATO.

Auch als Kommandeur des NATO Defense College hatte er keinen Einfluß mehr auf die innere Entwicklung der Bundeswehr und ihre Verankerung in der pluralistischen Gesellschaft. Ebenso schienen Kollegen, die seinem Konzept gegenüber wohlwollend eingestellt waren, wie Generalinspekteur Ulrich de Maizière und Johann Adolf Graf von Kielmansegg, ohne ihren Vorkämpfer führungslos geworden zu sein.

Die Gegner des neuen Denk- und Handlungsmusters Innere Führung dagegen blieben aktiv. Heinz Karst gab noch 1987 in einem Interview ein Paradebeispiel für die Beharrungskraft reaktionärer Ideen in der Bundeswehr. Nachdem er auf die Frage nach konzeptionellen Defiziten der »Inneren Führung« weltfremden Idealismus, die Mißachtung genuin soldatischer Tugenden sowie die mangelnde Wehrbereitschaft der Wertewandelgesellschaft anführte, resümierte er: »Daß die Bundeswehr trotz aller Hindernisse eine beachtliche und respektierte Streitmacht geworden ist, verdankt sie vor allem der Gründergeneration der Offiziere und Unteroffiziere ... und, wenn auch als ›ungeliebtes Kind‹, der natürlichen soldatischen Tüchtigkeit der Deutschen, die restlos zu zerstören weder Hitler noch den Alliierten gelungen war. Stalin ahnte das, als er in Teheran vorschlug, den gesamten deutschen Generalstab und 50 000 ausgewählte Offiziere zu erschießen.«[20]

Von 1971 bis 1984 war Baudissin Direktor des »Instituts für Friedensforschung und Sicherheitspolitik« an der Universität Hamburg. Der General a. D. starb 1993.

Heusinger wegen der Traditionsfrage auf Distanz zu Baudissin, woraufhin die Karriere des »Vaters der Inneren Führung« ins Stocken geriet.

Die militärischen Fachleute in Himmerod waren in ihren strategischen Überlegungen von einer breitangelegten sowjetischen Invasion ausgegangen. Ihr operatives Denken für einen Gegenschlag entsprach der klassischen Taktik des Generalstabs der Wehrmacht: Bewegungskrieg und starke konventionelle Panzerverbände spielten die Hauptrolle. Baudissins Kriegsbild dagegen nahm einen hochtechnisierten Krieg mit dem möglichen Einsatz von Atomwaffen an, für den, bis auf die unteren Ränge hinab, hauptsächlich Spezialisten gebraucht würden. Deshalb sei eine moderne Armee nur nach modernen, der zivilen Gesellschaft nahen Grundsätzen zu führen. Außerdem sah Baudissin die wichtigste Aufgabe der Berufssoldaten darin, durch ihre Wehrbereitschaft den Frieden zu sichern, schlimmstenfalls eine Strategie der Deeskalation zu verfolgen – der Friede war für ihn der Ernstfall.

Auch die Ausbildungskonzepte der alten Kameraden stimmten nicht mit den Ideen der Inneren Führung überein. Im Dritten Reich hatten die »Schleifer« der Wehrmacht weitestgehend mit dem Ziel der Partei übereingestimmt, die Rekruten zu »fanatischen Kämpfern« zu erziehen. Auch nach dem Krieg ging es den meisten Offizieren immer noch um Gesinnungserziehung, um die Herausbildung eines elitären Gruppenbewußtseins nach dem Motto »Charakter geht über Leistung«. Baudissin

Innere Führung Das Konzept der »Inneren Führung«, wie es von Baudissin und seinen Parteigängern seit Anfang der fünfziger Jahre propagiert wurde, forderte von einer neuen deutschen Armee und für ihre Soldaten:

- Offenheit, Pluralität, Partizipation – »Staatsbürger in Uniform«,
- Primat der Politik gegenüber dem Militär,
- parlamentarische Kontrolle, öffentliche Transparenz,
- zivil orientiertes Bildungs- und Ausbildungssystem, kooperative Führung,
- rechtsstaatlich organisierte und gesicherte Hierarchien,
- sozial breite Rekrutierung, entwickelter Austausch zwischen Militär und Gesellschaft.

verlangte etwas anderes: Seinem Kriegsbild entsprechend sollte die Ausbildung der Rekruten rational, funktional und wissenschaftlich sein. Der Soldat sollte mit seiner Berufswahl die bewußte Entscheidung treffen, für die Demokratie einzutreten, was, Baudissin zufolge, in der Bundeswehr einen politischen und sozialen Pluralismus herbeiführen würde. Kurz gesagt: Die neuen politischen Vorgaben verlangten von den Weltkriegsoffizieren, künftige Rekruten in einer Weise heranzubilden, die ihrer eigenen Ausbildung, Grundhaltung und Zielvorstellung widersprach.

Der Grundkonsens zwischen der Bundesrepublik und den Alliierten sah vor, daß das deutsche Wehrpotential durch die Einbindung in ein europäisches System der Verteidigung kontrolliert werden sollte: Souveränität für Westdeutschland gegen die Abgabe von Kompetenzen an eine supranationale Organisation. An den Verhandlungen zur Europäischen Verteidigungsgemeinschaft (EVG) 1951/52 in Paris waren maßgeblich hohe Offiziere der Wehrmacht beteiligt, die jetzt in Blanks Diensten standen. Die Verhandlungen scheiterten jedoch: Das französische Parlament war nicht gewillt, die Verfügungsgewalt über die nationalen Streitkräfte abzugeben.

Nach dem Scheitern der EVG retteten die Pariser Verträge, in denen die Westintegration der Bundesrepublik festgeschrieben wurde, den deutschen Wehrbeitrag: Das deutsche Kontingent wurde noch 1954 in die NATO eingebunden, die offizielle Aufnahme erfolgte am 9. Mai 1955. Es sollte 500000 Mann umfassen, die innerhalb von nur drei Jahren aufzustellen waren. Die komplett der NATO-Struktur unterstellten deutschen Verbände wurden nicht von einem Generalstab geführt; die Schlüsselstellen der gemeinsamen Kommandostruktur besetzten zunächst nur Alliierte.

»Fünf Jahre und schon militärdienstfähig«: Ernst-Maria Lang, der Karikaturist der *Süddeutschen Zeitung*, präsentiert Adenauer im Herbst 1954 als Eisenhowers Muster-Knaben.

Mit den Pariser Verträgen, genauer gesagt: mit dem Deutschlandvertrag, wurde die Bundesrepublik weitgehend aus dem Besatzungsstatut entlassen. Zu den fortbestehenden alliierten Vorbehaltsrechten zählte vor allem die besatzungsrechtlich begründete Stationierung der Armeen der Bündnispartner auf dem Gebiet der Bundesrepublik. Schon im Februar 1952 hatte die Bundesregierung offiziell jeden Anspruch auf Rüstung mit ABC-Waffen aufgegeben und sich zudem am 3. Oktober 1954 auf der Londoner Neun-Mächte-Konferenz dazu verpflichtet, gemäß der UN-Charta alle zwischenstaatlichen Probleme mit friedlichen Mitteln zu lösen.

Hans Speidel – von der Wehrmacht in die NATO Im Ersten Weltkrieg kämpfte Hans Speidel als junger Rekrut an der Westfront und wurde nach Kriegsende in die Reichswehr übernommen. Bis 1937 stieg er zum Generalstabsoffizier auf. Nach der Teilnahme am Frankreich- und Rußlandfeldzug kam er im April 1944 als Stabschef von Erwin Rommels Heeresgruppe B erneut an die Westfront. Zur Wiederverwendung in der Bundeswehr empfahl ihn seine Verbindung zu den Attentätern des 20. Juli und seine anschließende Verhaftung durch die Gestapo. Bei Kriegsende rettete die Hilfe eines Mönchs und die Befreiung Süddeutschlands durch französische Truppen sein Leben.

Der ehemalige Generalmajor der Wehrmacht war an allen Schritten zum Aufbau der Bundeswehr beteiligt. Als Vertrauter Adenauers war er schon früh als Fachmann für Sicherheitsfragen tätig: im Kloster zu Himmerod und ab 1951 im Amt Blank. 1955 fand man ihn in den Reihen der ersten Freiwilligen der Bundeswehr, wo er zusammen mit Adolf Heusinger als Generalleutnant die höchsten Positionen besetzte. Nur zwölf Jahre nach der deutschen Niederlage wurde er Oberbefehlshaber der NATO-Landstreitkräfte in Europa. 1964 trat er in den Ruhestand.

Zuvor hatte es gegen Speidel sowohl DDR-Kampagnen als auch konkrete Vorwürfe aus dem Westen aufgrund seiner Vergangenheit gegeben. Diese betrafen vor allem Geiselerschießungen in Frankreich, die Speidel wohl nicht befohlen hatte, aber gegen die er auch nicht eingeschritten war. Ebenso wie Heusinger, der ab 1961 Generalinspekteur und Chairman des Militärkomitees der NATO war, veröffentlichte Speidel eine Reihe militärhistorischer und autobiographischer Schriften.

Traditionalisten auf dem Vormarsch

Die Alliierten waren zwar daran interessiert, Westdeutschland in ein Verteidigungssystem zu integrieren, jedoch lehnten sie – wie auch viele Bundesbürger – eine reine Neuauflage der Wehrmacht ab. Nicht noch einmal sollte eine deutsche Armee zu einem Gefahrenpotential für den Westen werden.

Während Baudissin und seine Mitarbeiter damit beschäftigt waren, im In- und Ausland für das Konzept der Inneren Führung zu werben, konnten die Traditionalisten beim inneren Aufbau von Bundeswehr und Ministerium unter dem Vorwand des hohen Zeitdrucks ihre herkömmlichen Vorstellungen umsetzen. Nicht Baudissins Leute, sondern Offiziere alten Typs in der Abteilung Ausbildung konzipierten Laufbahnmodelle, Schulen und Lehrgänge – im alten Stil. So fanden die ersten Lehrgänge für Rekruten 1956 in der NS-Ordensburg Sonthofen statt – nun allerdings benannt nach Ludwig Beck, der 1938 aus Protest gegen den geplanten Einmarsch in die Tschechoslowakei als Chef des Generalstabes zurückgetreten war und als eine zentrale Figur des Widerstandes nach dem 20. Juli 1944 ermordet wurde.

Anstatt Reformkonzepte als die Chance zu begreifen, aus den Fehlern der Vergangenheit zu lernen, taten die reaktivierten Wehrmachtoffiziere das, wozu sie sich berufen fühlten: als militärische Fachleute, als bürokratische und technische Experten den organisatorischen Wiederaufbau der Streitkräfte zu sichern. Aus dem »Primat der Politik« wurde der Primat der Taktik. Das »Innere Gewürge« – ein Spottausdruck für den zunächst statt »Innere Führung« benutzten Wehrmachtsbegriff »Inneres Gefüge« – schien ihnen dabei nur hinderlich. Das Festhalten am Formalismus dagegen half, die dunkle Vergangenheit der eigenen Karriere zu vergessen: Die »geistige Rüstung« im Sinne der Rettung des Abendlandes vor dem Bolschewismus war der Apologie viel dienlicher.

Besonders der zivile Oberbefehl, die Verpflichtung des Soldaten zum Widerstand gegen verbrecherische Befehle oder das demokratisch gesicherte Beschwerderecht waren Aspekte der Reform, die direkt mit den Ansichten und Praktiken der ehemaligen Wehrmachtoffiziere kollidierten. Sie beherrschten die Stäbe der Inspektoren der Teilstreitkräfte und deren Kaderausbildungsakademien und machten daraus einen Hort der Reaktion. Als später dann der Stab des Generalinspekteurs eingerichtet wurde, der in besonderem Maße für die demokratische Verankerung der Bundeswehr zuständig sein sollte, hatte er einen schweren Stand.

Eine rückwärtsgewandte Entwicklung der Bundeswehr durch den Einsatz alter Wehrmacht- und SS-Offiziere befürchtete nicht nur die Opposition in Deutschland. Auch das Ausland und die einflußreichen Opferverbände mahnten Alliierte und Bundesregierung zur Vorsicht. Ein Personalgutachterausschuß, der per Gesetz am 15. Juli 1955 geschaffen wurde, sollte aus dem reichen Angebot der alten Kämpen die untragbaren Fälle aussortieren.

Die 38 Mitglieder des Ausschusses – respektable Personen des öffentlichen Lebens – wurden von der Bundesregierung vorgeschlagen und nach Bestätigung durch das Parlament vom Bundespräsidenten berufen. Die Kriterien, nach denen der Ausschuß die eingereichten Anträge prüfte, umfaßten die greifbaren militärischen Zeugnisse der Wehrmacht, das Verhalten im Krieg und in der Gefangenschaft sowie die Bewährung im Zivilleben nach 1945. Bis 1957 wurden vom Oberst aufwärts alle Dienstränge geprüft: Von 600 Bewerbern empfahl der Ausschuß 500 aufzunehmen, 51 wurden abgelehnt. Daß die Existenz des Ausschusses bereits abschreckend auf viele fragwürdige Anwärter wirkte, zeigte sich daran, daß 49 Bewerbungen wieder zurückgezogen wurden. Zu den Ausgesiebten zählten auch vier Offiziere, die in Himmerod auf die Planung der Bundeswehr Einfluß genommen hatten, darunter Hermann Foertsch. Dessen Bruder Friedrich jedoch, im Zweiten Weltkrieg ebenfalls Generalstabsoffizier an der Ostfront, konnte 1956 – ein Jahr nach seiner Entlassung aus sowjetischer Kriegsgefangenschaft – in die Bundeswehr eintreten. Für untere Dienstgrade wurden abgeschwächte Richtlinien zur Einstellung erlassen.

»Keine Angst, Franzosen, das Kommando habe ich!«: Die DDR-Propaganda warnte Frankreich vor der Wiederkehr des deutschen Weltanschauungskriegers.

Zu den Mitgliedern des Personalgutachterausschusses gehörte Philipp von Boeselager, der als Stabsoffizier in Henning von Tresckows Heeresgruppe Mitte

Kontakt zum Widerstand gehabt hatte. Er erinnerte sich noch Jahrzehnte später daran, wie nötig die Arbeit des Gremiums war. So bat ein abgelehnter Bewerber um die Namen der Kommissionsmitglieder mit der Begründung: »Tut mir leid, daß ich sie vorher noch nicht gesehen habe, dann hätten wir sie schon vergast.«[12]

Die erste Gruppe von Offizieren, die im Amt Blank und beim Himmeroder Geheimtreffen tätig war, hatte sich vor Einrichtung des Personalgutachterausschusses ohne festgeschriebene Kontrolle selbst ergänzt. Die neuen Mitarbeiter wählten die ersten Offiziere Gerhard Graf von

Auch in der Politik feilten alte Kameraden am Mythos des sauberen Waffenrocks: Erich Mende (FDP) schmückte sich demonstrativ mit dem Eisernen Kreuz. Die Ehrenzeichen durften getragen werden, jedoch mußte das Hakenkreuz entfernt sein.

Schwerin und Johann Adolf Graf von Kielmansegg nach persönlicher Kenntnis, Einschätzung ihrer fachlichen Kompetenz und dem subjektiven Befund über deren politische Vergangenheit aus.

Als im Januar 1956, also sechs Wochen nach der Ernennung der ersten 101 freiwilligen Offiziere, auch die ersten freiwilligen Rekruten in Andernach vereidigt wurden, sprach Adenauer zu den Männern: »Soldaten! Sie stehen vor einer Aufgabe, die durch manche Schatten der Vergangenheit und Probleme der Gegenwart besonders schwierig ist.« Auf seine blumige Weise überspielte der Bundeskanzler damit das Dilemma des schnellen Aufbaus der Bundeswehr. Die Soldaten sollten von Offizieren geführt werden, die aufgrund ihrer Sozialisation und Herkunft eine starke Belastungsprobe für das neue demokratische System darstellten. Aber, so ein viel zitierter Ausspruch Adenauers hierzu, 18jährige Generale würden ihm die Alliierten schließlich nicht abnehmen.

Die bis 1957 ernannten 44 Generale und Admirale stammten sämtlich aus der Wehrmacht, überwiegend aus dem Generalstab des Heeres. Die meisten dieser Offiziere waren im Krieg an den Planungen und der Durchführung des Ostfeldzugs beteiligt gewesen. Im Offizierskorps fanden sich 1959 unter 14900 Berufssoldaten 12360, die in der NS-Zeit zu Offizieren ernannt worden waren, sowie weitere 300 aus dem Führerkorps der SS. Beim Aufbau der Kasernierten Volkspolizei als Keimzelle der Armee der DDR wurde nur auf sechs ehemalige Wehrmachtgenerale zurückgegriffen. Daß auch die Wiederverwendung von ausgesuchtem Wehrmachtpersonal in der Bundesrepublik Gefahren barg, demonstrierten schon 1955 die diensthöchsten Offiziere der Armee, Speidel und Heusinger. In einem Brief an Adenauer warnten sie vor dem die praktischen Dinge komplizierenden »Primat des Zivilen«.

Besonders heikel war die Frage der Einstellung von ehemaligen Mitgliedern der SS, die in Nürnberg immerhin als verbrecherische Organisation eingestuft worden war. In der Regel wies der Personalgutachterausschuß alle ehemaligen SS-Angehörigen ab dem Rang eines Obersten zurück. Es wurde keine Unterscheidung zwischen Zugehörigkeiten zum SD, zur Allgemeinen SS oder zur Waffen-SS getroffen. Für die unteren Dienstränge der SS galten besondere Kriterien: Die gewandelte demokratische Grundhaltung der Bewerber sollte durch drei Referenzen von Bürgern bestätigt werden, die der SS nicht angehört hatten. Weitere Auswahlaspekte waren erzwungener oder freiwilliger Beitritt zur SS und das

Alter bei Kriegsende. SS-Männer aus Einheiten, die KZ-Wachmannschaften gestellt hatten oder die bekanntermaßen an Verbrechen beteiligt waren, sollten ebenfalls nicht übernommen werden.

Diese Grundsätze billigte der Verteidigungsausschuß am 13. September 1956 – über ein Jahr nach der Einstellung der ersten Soldaten. Bis dahin hatten sich 3 117 ehemalige SS-Angehörige für die Bundeswehr beworben, 508 waren eingestellt worden, darunter 33 als Offiziere. Zwar gab es grundsätzliche Proteste im In- und Ausland gegen die Einstellung von SS-Leuten, so etwa vom American Jewish Congress, aber ein Bericht der amerikanischen Botschaft in Bonn richtete sein Hauptaugenmerk bereits 1959 nicht mehr auf die Gefahr eines Rechtsrucks in der neuen deutschen Armee. Vielmehr stellte man fest, daß die Bundeswehr »keine Neigung hat, mit den Kommunisten auf der anderen Seite der Bahngleise zu spielen«. Sie stehe diesen »sogar bemerkenswert feindlich gegenüber«[13].

Die Bundeswehrreformer wollten nicht nur belastete Wehrmachtangehörige aus der neuen Armee fernhalten, sondern künftig die soziale

Es war ein Ziel der Reformen, die soziale Rekrutierung der Bundeswehrführung auf eine breitere Basis zu stellen: Hans Speidel (links), erster deutscher NATO-Oberbefehlshaber, und Hans Speidel jr., Panzergrenadierleutnant bei einem Divisionsstab, beim freudigen Händedruck mit Wolfgang Wagner in Bayreuth.

Basis der Führungsebenen verbreitern. Im Kaiserreich und in der Weimarer Republik war es dem Offizierskorps gelungen, sich aus einem engen gesellschaftlichen Spektrum, den »erwünschten Kreisen«, zu rekrutieren: dem Offizierskorps selber, der Beamtenschaft, dem Adel und dem Großgrundbesitz. Mit der Zugehörigkeit zu einer gehobenen Gesellschaftsschicht wurde eine einheitliche apolitisch-konservative und antidemokratische Grundhaltung sichergestellt. Dies beinhaltete auch den Glauben an genuin soldatische Charakterzüge, die vorgeblich den »wahren« Offizier ausmachten.

Eine deutliche soziale Öffnung in den Kommandoebenen der Bundeswehr bis hin zu Arbeitern und Angestellten fand jedoch erst Anfang der sechziger Jahre statt. Allerdings erkannten Soziologen zu dieser Zeit auch, daß bei einem überproportionalen Anteil der Soldaten immer noch konservative und nationalistische Denkweisen vorherrschten, unabhängig von der sozialen Herkunft. Über gesellschaftliche Schranken hinweg führte das Wirken der alten Eliten dazu, daß der alte Geist und ein »vorpolitischer Professionalismus« in die neue Armee eingepflanzt wurden. Auch dieser Entwicklung sollte der Traditionserlaß von 1965 entgegenwirken.

Zunächst jedoch verloren die Bundeswehrreformer weiter an Boden. Baudissin wurde 1958, nachdem seine Abteilung bei der Gründung des Ministeriums schon in der Hierarchie herabgestuft worden war, auf einen Kommandoposten bei einer Brigade in Göttingen versetzt und 1963 dann endgültig zu hohen NATO-Stabsdiensten aus dem Weg befördert. Der Gewerkschafter und erste Verteidigungsminister Theodor Blank hatte schon 1956 resigniert die Waffen vor seinem konservativen Herausforderer Franz-Josef Strauß gestreckt. Der CSU-Politiker hatte seinen ersten Wahlkampf mit dem Slogan geführt, der Arm jedes Deutschen solle verdorren, der jemals wieder eine Waffe trüge. Der neue Verteidigungs- und ehemalige Atomminister aus Bayern, für die Atomgegner und später für die Friedensbewegung der achtziger Jahre der personifizierte Rüstungswahn, blieb bis 1962 im Amt. Dann stürzte er über die *Spiegel*-Affäre im Zusammenhang mit einem Bericht über die NATO-Übung »Fallex 62«. Dieses wichtige Manöver hatte gezeigt, daß es um die Verteidigungsfähigkeit Westdeutschlands und seiner Bündnispartner schlecht bestellt war: Der schnelle Aufbau der Bundeswehr hatte nicht nur viele inhaltlichen Reformansätze hinweggefegt; die Armee, die nach sieben Jahren bereitstand, hatte weder die anfangs angestrebte Größe noch die notwendige Einsatzbereitschaft erreicht. »Bedingt abwehrbereit«, titelte der *Spiegel*: entsprechend der schlechtesten Note, die die NATO in solchen Fällen zu vergeben hatte. Strauß ließ daraufhin den *Spiegel*-Herausgeber Rudolf Augstein und in Spanien dessen Redakteur Conrad Ahlers unter Verratsvorwurf verhaften und löste eine schwere innenpolitische Krise aus.

Die Bundeswehr hatte schlecht abgeschnitten, obwohl Strauß zu seinem Amtsantritt die Sollstärke herabgesetzt und den Zeitrahmen des Aufbaus von drei auf fünf Jahre gestreckt hatte. Zusätzliche Aufbau- und Ausbildungskader holte er aus dem Bundesgrenzschutz heran. Auch diese stammten aus der Wehrmacht, waren aber wegen ihres Ausbildungsdrills und ihrer reaktionären Mentalität von Blank nicht aktiviert worden. Strauß schwebte vor, aus dem konventionellen Massenheer der Bundeswehr eine rüstungstechnologische Qualitätsarmee zu machen. Damit traf er nicht nur den Geschmack der technikbegeisterten jüngeren Offiziere, sondern griff auf die Beschaffungshaltung der Wehrmacht zurück, die auf der These der technologischen Überlegenheit deutscher Rüstungsprodukte beruhte. Unter anderem liebäugelte Strauß mit atomaren Kleinwaffen und schaffte den *Starfighter* an. Der technisch nicht ausgereifte Jet, der wegen zahlreicher Abstürze als »Witwenmacher der Luftwaffe« bekannt wurde, sollte als Trägersystem für Atombomben bis zur Ausrüstung der Bundeswehr mit entsprechenden Raketensystemen dienen.

Kann, soll, darf: Die Suche nach Tradition

Zu einem der größten Probleme der Bundeswehr und zum Gradmesser ihrer Gesinnung wurde die Traditionsfrage. Von Anfang an war heftig umstritten, auf welche Traditionen sich das Selbstverständnis und der Auftrag der Soldaten berufen sollte – und welche durch die jüngste Vergangenheit zu sehr diskreditiert waren. Bei dieser Frage brachten die alten Wehrmachteliten ihre Vorstellungen mit besonderer Verve ein, denn hier entschied sich die Wirkungsmacht ihrer Legenden.

Der mißglückte Anschlag des 20. Juli 1944, von dem Manstein in seinen Memoiren sagte, er sei »mit der Würde des Offiziers nicht vereinbar« gewesen, war ein besonders wunder Punkt. Selbst für jene ehemaligen Wehrmachtsoldaten, die den 20. Juli nicht als Verrat betrachteten, lag darin ein Problem. Viele fürchteten unter demokratischen Bedingungen die Frage, warum sie selbst nichts gegen Hitler unternommen oder ihm blind in den Krieg und in die Verbrechen gefolgt waren. Der Personalgutachterausschuß verlangte deshalb auf die Testfrage nach der Einstellung zur »Gewissensentscheidung der Männer des 20. Juli« auch kein positives Bekenntnis zum Widerstand. Der Prüfling mußte nur erkennen lassen, daß er die Motive der Attentäter nachvollziehen konnte. Erst im

Deutsche Soldaten-Zeitung

Für Ehre und Freiheit, europäische Sicherheit und Kameradschaft

IM DIENST AM DEUTSCHEN VOLK

Über 6 Jahre sind vergangen, seit das Deutsche Soldatentum nur noch ein Begriff der Vergangenheit zu sein schien. Jeder einzelne Soldat war der wirtschaftlichen Grundlagen beraubt, viele ihrer Heimat, alle in ihrer Ehre schwer getroffen. Aus kleinen Anfängen haben sich nun die Soldaten wieder zusammengefunden, wissend aus vielen Einsätzen in den beiden Kriegen, daß der Einzelne nichts, die Gemeinschaft aber vieles vermag.

Die Zeit und ihre geschichtliche Entwicklung geht unaufhaltsam weiter, und nur ein Tor ist unfähig, aus ihr zu lernen. So ergibt sich auch für jeden einzelnen alten Soldaten die klare Notwendigkeit zeitweilig den Blick über die Bereiche der eigenen persönlichen Sorgen und Nöte weiter gehen zu lassen zu den Fragen, die unser ganzes Deutsches Volk, ja unsere bedrohte westliche Kultur überhaupt berühren.

Wenn aus dem Osten eine tödliche Gefahr im Anzuge ist, dann kann der deutsche Soldat ihr nicht gleichgültig und verbittert gegenüberstehen. Unser Volk und auch die gesamte Welt soll und muß wissen, daß wir nicht resignieren, sondern, wie stets, dort zu finden sind, wo wir unserm Deutschen Volk dienen können.

In diesem Sinne möge die DEUTSCHE SOLDATEN-ZEITUNG und mit ihr der Schutzbund Deutscher Soldaten Richtung weisen und Ziele setzen. Das Wollen und Streben des gesamten Deutschen Soldatentums zusammenfassen, dienend den hohen Zielen, die wir uns gesteckt haben:

Für Ehre und Freiheit, europäische Sicherheit und Kameradschaft

Generalleutnant a.D.
I. Vorsitzender des Schutzbundes
Deutscher Soldaten

Schwarz-weiß gemalte Legenden als »Dienst am Deutschen Volk«: Die Erstausgabe der neuen *Soldaten-Zeitung* im Sommer 1951.

Juli 1954 hatte Bundespräsident Heuss in einer Feierstunde an der Freien Universität Berlin zum zehnten Jahrestag des Attentats den militärischen Verschwörern gedankt und ihrem gescheiterten Anschlag das geschichtliche Recht zugesprochen. Bereits mit der Ermordung zweier Generale während des sogenannten »Röhmputschs« hätte das Militär den Verfall der Rechtsordnung erkennen können, aber »die Wehrmacht, die damals noch Macht war, schwieg«. Heuss ließ keinen Zweifel daran, daß es sich bei den Offizieren des 20. Juli nicht um »Landesverräter«, sondern um

Die Bundeswehr als Institution der Demokratie In all ihren Belangen sollte die Bundeswehr der Staatsform der Bundesrepublik und der angestrebten demokratisch-pluralistischen Gesellschaft entsprechen. Diese Ziele wurden 1956 ins Grundgesetz aufgenommen, nachdem der Aufbau der Truppe aufgrund des außenpolitischen Zeitdrucks schon längst begonnen hatte. Die ursprüngliche Verfassung von 1949 hatte lediglich das Verbot eines Angriffskrieges und das Recht zur Kriegsdienstverweigerung enthalten. Die neuen Ergänzungen betrafen nun allgemeine Regelungen der Wehr- und Dienstpflicht sowie den »Primat der Politik« und die parlamentarische Kontrolle des Militärs durch den zivilen Wehrbeauftragten des Bundestages. Die Befehls- und Kommandogewalt wurde im Frieden dem Bundesminister für Verteidigung, im Verteidigungsfall dem Bundeskanzler zugeordnet.[14] Der höchste Offizier der Bundeswehr, der Generalinspekteur, steht hierarchisch noch unter dem Parlamentarischen Staatssekretär, dem politischen Vertreter des Ministers; eine eigene Militärgerichtsbarkeit, wie sie die früheren deutschen Armeen besaßen, ist nicht zugelassen.

Im »Gesetz über die Rechtsstellung des Soldaten« vom 19. März 1956, dem sogenannten Soldatengesetz, wurde die Idee des »Staatsbürgers in Uniform« verankert; zusammen mit dem Wehrpflichtgesetz garantierte es den Soldaten erstmals alle staatsbürgerlichen Rechte. Das Soldatengesetz enthielt zudem sittliche und rechtliche Einschränkungen der Gehorsamspflicht, das ausdrückliche Verbot der Befolgung verbrecherischer Befehle und das ebenso ausdrückliche Gebot, für die freiheitlich-demokratische Grundordnung im Sinne des Grundgesetzes einzutreten. All dies bedeutete ein Ausmaß an ziviler Kontrolle des Militärs und rechtlicher Absicherung der Rekruten, das den alten Kameraden im schlechtesten Sinne revolutionär vorkam.

risikobereite, rational denkende und verantwortungsvolle Persönlichkeiten gehandelt hatte.

Als Theodor Heuss 1959 in der Führungsakademie der Bundeswehr ausrief: »Bleibt mir mit dem bloß Dekorativen vom Leib«[15], wurde bereits daran gedacht, der Bundeswehr einen dezidierten Leitfaden in Fragen der militärischen Tradition an die Hand zu geben. Denn mit den Grundideen der Inneren Führung – so hatte es der Alltag des schnellen Truppenaufbaus gezeigt – war es auch fünf Jahre nach Gründung nicht weit her. Statt dessen verteidigte Kapitän zur See Karl Adolf Zenker, Chef der Marineplanungsabteilung im Amt Blank, 1956 vor einer Ausbildungskompanie den soldatischen Ruf der Admirale Erich Raeder und Karl Dönitz, die beide in Nürnberg verurteilt worden waren. Und der Führungsstab des Heeres schlug 1958 vor, den geplanten 36 Divisionen der Wehrmacht die Tradition von 36 Wehrmachtdivisionen überzustülpen – so, wie es von Seeckt mit der Reichswehr und den Traditionsregimentern des Kaiserreichs gemacht hatte.

Angesichts solcher Mängel im Umgang mit Vorbildern wurden unter der Ägide des Verteidigungsministers Franz-Josef Strauß externe Experten berufen, um über einen Leitfaden zur Traditionsfrage zu beraten. Baudissin gehörte nicht zu den Auserkorenen – ganz anders als etwa der früher im SD-Hauptamt tätige Reinhard Höhn, in dessen Management-Akademie in Bad Harzburg Mitarbeiterführung in Anlehnung an die Organisation von SS-Einheiten gelehrt wurde.

Der Beirat für Innere Führung sah sich 1959 in seinem Gutachten veranlaßt, explizit die Männer des 20. Juli als für die Traditionsbildung geeignet herauszustellen. Dennoch wurden erst ab 1961 vermehrt Kasernen nach militärischen Widerständlern benannt; die verordneten jährlichen Gedenkfeiern fanden nur langsam und bei jüngeren Rekruten Zuspruch. Der Beirat wies in seinem Gutachten auch darauf hin, daß der Stolz auf militärische Erfolge im Zweiten Weltkrieg nicht zur Verklärung der dahinterstehenden Politik dienen dürfe. »Überlieferung des gültigen Erbes der Vergangenheit« – so wollte er »Tradition« verstanden wissen, ohne näher zu erläutern, wie diese Definition praktisch umgesetzt werden könnte.

Gerade solche Formulierungen waren es aber, die im Durchlauf durch die Abteilungen des Verteidigungsministeriums immer wieder abgeschwächt wurden. Sowohl Strauß als auch alte Kämpfer wie Oberst Heinz Karst empfanden die Entwürfe einerseits als zu unkonkret, andererseits als bürokratische Überreglementierung und in ihrem kritischen Ton für die Entwicklung eines positiven Traditionsbildes als ungeeignet. Besser gefielen ihnen die Anregungen anderer Gutachten, in denen etwa die absolute »Treue zum Dienstherrn« positiv besetzt wurde. Der Chef des Führungsstabes, Generalmajor Albert Schnez, schlug besonders deutliche Töne an. Es sei schwer, eine »klare, harte und ungebrochen sol-

Ernüchternde Skandale: Iller-Katastrophe und Nagold-Affäre

Schon in der Wehrmacht galten die Fallschirmjäger als besonders professionelle und ideologische Elitetruppe. Dieses Selbstverständnis prägte auch die reaktivierten Ausbilder der Luftlandejäger und einige ihrer nachrückenden Kollegen in der Kaserne von Nagold bei Stuttgart. Mitte 1963 brach dort jedoch das Kartell des Schweigens zusammen. Aus dem Stützpunkt drangen Berichte über Mißhandlungen von Rekruten und von Kommißdrill, »kampfnahe Ausbildung« genannt, nachdem ein junger Soldat bei einem Gewaltmarsch in brütender Hitze gestorben war. Und behauptet wurde auch, daß die Luftlandejäger mit einer inoffiziellen Feier des Jahrestages der Invasion auf Kreta 1941 gedacht hätten.

Während die Nagold-Affäre zu heftigen Diskussionen führte, waren es noch einige Jahre zuvor nur kleine Gruppen bekennender Kriegsdienstverweigerer gewesen, die aus Protest gegen einen noch größeren Skandal auf die Straße gegangen waren. Sie konnten an einem konkreten Fall beweisen, daß in der Bundeswehr nicht freie Bürger in der Kunst der Landesverteidigung ausgebildet wurden, sondern daß ihnen Kadavergehorsam gepredigt wurde. Der Ausbilder eines Luftlandejäger-Bataillons aus Kempten im Allgäu hatte im Juni 1957 Rekruten nach einem Geländemarsch mit vollem Marschgepäck durch die reißende Iller geschickt – so etwas müsse der Soldat im Krieg schließlich auch leisten. 15 der jungen Männer waren ertrunken.

Allerdings wurde in den nachfolgenden Untersuchungen ein besonderes Problem der Luftlandejäger deutlich: Die Ausbilder waren ihrerseits von französischen und amerikanischen Ausbildern gedrillt worden. Und bei den neuen NATO-Verbündeten gab es keine solch tiefgreifenden Bemühungen um eine demokratische Neuausrichtung, wie es bei der Gründung der Bundeswehr der Fall gewesen war.

datische Linie« zu verfolgen, wenn die »Bürgersoldaten« Gefahr liefen, dem »Aufweichungsprozeß unserer Zeit und unseres Kontinents« zum Opfer zu fallen.

Nicht nur waren die beratenden Experten uneins über ihre endlosen Reihen neuer Erlaßvorschläge, auch viele der alten Kommandierenden und im Ministerium beschäftigten Offiziere waren noch lange nicht dort angekommen, wo Baudissin hatte beginnen wollen. Die Arbeit am Traditionserlaß stagnierte, bis mehrere Affären der Öffentlichkeit die Folgen der unterlassenen Umorientierung vor Augen führten. Besonders der Skandal des Jahres 1963 um die Bürgerrechtsverletzungen bei der Fallschirmjägerausbildung in der Kaserne von Nagold wirkte aufrüttelnd.

Der Wehrbeauftragte Hellmuth Heye bemängelte im Juni 1964 den inneren Zustand der Streitkräfte in der Illustrierten *Quick*: Die Innere Führung werde in der Bundeswehr als bloßes Lippenbekenntnis verstanden. Diese öffentlichen Aussagen erregten den Unmut des Parlamentes und führten zu Heyes Rücktritt. Dennoch nahm der Druck zu, die Erarbeitung des Traditionserlasses endlich zum Abschluß zu bringen. Mit der Aufgabe betraut wurde der Stalingrad-Kämpfer Oberst Eberhard Wagemann, der neue Chef des Erziehungs- und Bildungswesens. In seinem Entwurf tauchten brisante Formulierungen auf, wie etwa die, daß es eine »Vergewaltigung« der Wehrmacht durch ein fachfremdes Regime gegeben habe, »die uns Millionen Soldaten und den Krieg gekostet hat«. Bis zur Unterzeichnung des Traditionserlasses am 1. Juli 1965 durch Verteidigungsminister Kai-Uwe von Hassel mußte der Beirat für Innere Führung deshalb noch einmal massive Veränderungen vornehmen.

Der Erlaß betonte schließlich die friedenserhaltende Aufgabenstellung der Bundeswehr sowie den Vorrang des Gewissens und verlangte politisches Mitdenken. Zwar sollten Bundeswehreinheiten keine Traditionen früherer Truppenteile übernehmen, der Erfahrungsaustausch mit ehemaligen Soldaten aber war erlaubt. Militärische Einrichtungen konnten »nach Persönlichkeiten benannt werden, die in Haltung und Leistung beispielhaft waren«. Derart vage Formulierungen öffneten einer freien Auslegung Tür und Tor und entsprachen Heusingers Vorstellung, die Tradition einfach aus der Truppe heraus wachsen zu lassen. Die offenkundigen Fehler und Lücken des Erlasses sollten mit einem Bündel von Anwendungsleitfäden ausgeglichen werden – so wurden zum Beispiel Trinksprüche auf den Bundespräsidenten empfohlen.

Von Hassel versuchte, die gesellschaftliche Integration und demokratische Orientierung der Soldaten zu fördern. Deshalb räumte er 1966 neben dem Deutschen Bundeswehrverband auch der ÖTV das Recht ein, in den Kasernen aktiv zu werden, was indes zu massiven Protesten der Offiziere und zu einer Generalskrise führte. Einige hohe Offiziere schieden aus – Baudissin hingegen trat demonstrativ der ÖTV bei. Trotz aller Widerstände setzte sich die auf Öffnung der Armee gerichtete Politik des 1963 ins Amt gekommenen Ministers durch. Christdemokrat von Hassel wurde jedoch schon 1966, mit Beginn der Großen Koalition, von seinem eher an Fragen der Außenpolitik interessierten Parteifreund Gerhard Schröder abgelöst.

Auch nach dem Traditionserlaß war das Thema Tradition und Innere Führung keine Herzensangelegenheit der Truppe geworden, und als sich die in der Reichswehr ausgebildeten alten Offiziere dem Pensionsalter näherten, gingen sie im Frühjahr 1969 noch einmal in die Offensive: Auf Betreiben des stellvertretenden Heeresinspekteurs Hellmuth Grashey, Wolfgang Schalls vom Führungsstab und Heinz Karsts, des Inspizienten für das Erziehungs- und Bildungswesen des Heeres, entstand eine 68seitige Denkschrift unter dem Titel *Gedanken zur Verbesserung der inneren Ordnung des Heeres*. Heeresinspekteur Albert Schnez forderte darin nicht zuletzt die Abwandlung der Inneren Führung zu einem Instrument autoritärer Bevormundung. Was die Republik brauche, sei »die Umformung der zivilen Gesellschaft an Haupt und Gliedern« nach militärischem Vorbild. Das höhere Offizierskorps applaudierte. General Grashey hatte zuvor sogar verkündet, die Innere Führung sei nur eine Maske gewesen, hinter der man sich habe verstecken müssen, um die Zustimmung der SPD zum Wehrbeitrag zu erhalten.

»Andernach – Aberdanach? ›Und das mir keiner zu zackig ist – solange hier die Wochenschau und Presse rumkriecht.‹« Karikatur aus der *Deutschen Zeitung* vom Januar 1956. General Grashey hielt noch 13 Jahre später die Innere Führung für reine Maskerade.

Um so erstaunlicher war, wie wenig zunächst geschah, als ein halbes Jahr später, mit Beginn der sozialliberalen Koalition, der erste sozialdemokratische Minister auf der Hardthöhe einzog: Helmut Schmidt nannte das Unterwanderungspapier »diskussionsbedürftig, aber auch diskussionswürdig« – und beließ Schnez überraschenderweise bis zu seiner Pensionierung 1971 im Amt; Grashey immerhin wurde 1970 in den Ruhestand geschickt, Karst ging im selben Jahr freiwillig.

In krassem Gegensatz dazu kanzelte Schmidt die von 150 Leutnants unterzeichneten Thesen, die nach mehreren Diskussionsrunden mit Baudissin in der Hamburger Heeresoffiziersschule entstanden waren, als provokant und indiskutabel ab. NDR-Redakteur Bernd Hesslein konnte das nicht fassen, für ihn bekräftigten die Thesen genau das, »was die im Leitbild Staatsbürger in Uniform institutionalisierte Innere Führung beinhaltet«. So lautete eine These: »Ich will ein Offizier der Bundeswehr sein, der jeden Verstoß gegen ein Wehrkonzept im Rahmen der Gesamtverfassung bestraft sehen will.«[16] Baudissin äußerte sich Anfang Februar 1970 im *Spiegel*: »Zum ersten Mal haben mich aktive Offiziere links überholt.«

Dennoch geriet unter Kanzler Brandt und Verteidigungsminister Schmidt einiges in Bewegung. Die offizielle NATO-Strategie wandelte sich von der massiven Vergeltung zur flexiblen Reaktion, was bedeutete, daß die Streitkräfte explizit der Kriegsverhinderung dienen sollten. Mit diesem Perspektivenwandel ging eine weitreichende, rein auf Effizienzsteigerung ausgerichtete Reorganisation von Militär und Verwaltung einher. Nun sollte das Leistungsprinzip in den Vordergrund der Ausbildung treten, um die Effektivität der Bundeswehr zu steigern. So kam man einigen älteren Reformforderungen, wenn auch aus ganz anderen Gründen, näher. Die Kommission zur Neuordnung der Ausbildung und Bildung in der Bundeswehr legte in ihren Leitlinien vom 11. Juli 1970 fest: »Die Bundeswehr muß mit der gesellschaftlichen Entwicklung Schritt halten. Sie muß ihre Berufsbilder, ihre Bildungs- und Ausbildungslehrgänge so gestalten, daß die Soldaten daraus für ihren beruflichen Werdegang innerhalb der Bundeswehr und ebenso später im zivilen Leben den größtmöglichen Nutzen ziehen.«

Der Bildungsexpansion Rechnung tragend, wurden zwei Hochschulen der Bundeswehr in Hamburg und München und mehrere Fachhochschulen gegründet. Das 1970 veröffentlichte *Weißbuch* zur Selbsterforschung der Bundeswehr war Teil der Reform und legte unmißverständlich fest, daß die deutschen Streitkräfte durch das Grundgesetz demokratisch fundiert seien. Hinter den Initiativen stand auch das schlechte Image der Bundeswehr nach *Starfighter*-Abstürzen, Notstandsgesetzgebung und Studentenrevolte. Die jungen Männer zeigten sich immer weniger am Wehrdienst und am Soldatenberuf interessiert, die Anzahl der Kriegsdienstverweigerer stieg. Jahrelang wurde versucht, den ersten Traditionserlaß in handhabbare Bestimmungen zu fassen und die pädagogische Ausbildung besonders der unteren Offiziersränge zu verbessern, um die Klagen über Rechtsverstöße und autoritäres Gehabe zu bekämpfen. Im Frühjahr 1969 hatte der Wehrbeauftragte Matthias Hoogen (CDU) die mangelnde Integration der Bundeswehr in die Gesellschaft und die selbstauferlegte Isolation des Soldaten scharf kritisiert. Der mit den Stimmen von SPD und FDP gewählte Bundespräsident Gustav Heinemann forderte ebenfalls eine Neuorientierung der Armee. Im Zuge dieser Entwicklung wurden 61 Generale in den Ruhestand versetzt.

Die von der sozial-liberalen Koalition angestrebten Reformen wurden bei ihrer Umsetzung von den konservativen Kräften auf der Hardthöhe nach Möglichkeit ausgebremst. Rückendeckung erhielten die ministerialbürokratischen Traditionalisten dabei von einem Teil der Medien, der CDU-Opposition und der Mehrheit des Offizierskorps. Außerdem tat sich ab Juli 1972 Schmidts Nachfolger, der Gewerkschafter Georg Leber, gerade mit der praktischen Durchführung der Bildungsreform schwer. Statt dessen startete er das größte Rüstungsprogramm der Bundeswehr als eine rein materielle Runderneuerung. Dabei stockte er entsprechend den NATO-Vorgaben die Armee auf 495 000 Mann auf, wiederholte die Fehler des schnellen Aufbaus von 1955 – und erreichte als erster die damals vorgegebene Planzahl eines 500 000-Mann-Heeres.

Lebers Nachfolger Hans Apel mußte daher ab 1978 zunächst einen radikalen Sparkurs fahren, was ihm im Militär wenig Freunde machte. Außerdem reagierte die Bundeswehr und besonders ihr Ausbildungswesen auf die Terrorismuswelle mit einer traditionalistischen Rückwendung. 1980 erhöhten die medienwirksamen Straßenschlachten in der Auseinandersetzung um die öffentlichen Gelöbnisse zum 25. Jahrestag des deutschen NATO-Beitritts den öffentlichen Druck auf Apel. Um das Heft des Handelns wiederzuerlangen, thematisierte er Fragen der Inneren Führung und der Tradition mit größerem Nachdruck.

In Apels Amtszeit fiel ein neuer Traditionserlaß, der die Schwächen des alten ein für allemal ausbügeln sollte. Die zentrale Aussage dieser »Richtlinien zum Traditionsverständnis und zur Traditionspflege der

»Beim Führer brauchten wir nicht so'n Theater zu machen«: Viel Freude und nicht ganz Unrecht hatte die DDR-Propaganda, die die »Wiederverwendung« von ehemaligen Angehörigen der Wehrmacht und der Waffen-SS in der Bundeswehr anprangerte. Solches gab es allerdings nicht nur im Westen, sondern auch bei der Nationalen Volksarmee.

Bundeswehr« vom 20. September 1982 lautete: »Ein Unrechtsregime wie das Dritte Reich kann Tradition nicht begründen.« Jedoch zeigte schon der vorhergehende Satz weiterhin den Zwiespalt im Umgang mit der Vergangenheit. Einschränkend hieß es dort: »In den Nationalsozialismus waren die Streitkräfte teils schuldhaft verstrickt, teils wurden sie schuldlos mißbraucht.« Zwar müsse das Brauchtum der Bundeswehr nicht zwingend demokratisch legitimiert sein, es dürfe aber nicht von Normen und Werten des Grundgesetzes abweichen. »Kasernen und andere Einrichtungen der Bundeswehr können nach Persönlichkeiten benannt werden, die sich durch ihr gesamtes Wirken oder eine herausragende Tat um Freiheit und Recht verdient gemacht haben.«

Ernsthaft umgesetzt wurden diese Bestimmungen nicht. Besonders nicht, als elf Tage nach dem Erlaß der Regierungswechsel von 1982 den Startschuß zu einer das Jahrzehnt überdauernden konservativen Wende auch in der Bundeswehr gab. Der neue Verteidigungsminister Manfred Wörner kündigte auf einer Kommandeurstagung umgehend an, den Traditionserlaß seines Vorgängers zu kippen. Dies geschah zwar nicht, dennoch war das Papier Makulatur, wie die Namensgebung für Kasernen zeigte. Von den Kasernen, die die Bundeswehr bei ihrer Gründung von der Wehrmacht übernommen hatte, waren 70 seit 1937 nach Schlachten und Soldaten des Ersten Weltkrieges benannt, woran sich zunächst einmal nichts änderte. Neue Standorte erhielten später oftmals Namen von Offizieren der Wehrmacht, die – so heißt es in den Standortbroschüren – besonders große militärische Erfolge zu verbuchen hatten. Dazu zählten etwa eine hohe Abschußquote von gegnerischen Panzern oder Flugzeugen, ein heldenhafter Einsatz mit Todesfolge oder eine maßgebliche Rolle beim Aufbau der Waffenteile. Der historische Kontext, die Gesinnung oder gar die Verbrechen der Namenspatrone spielten dabei keine Rolle.

Selbst nach dem Erlaß von 1982 änderte sich so gut wie nichts an dieser Praxis. Die General-von-Einem-Kaserne in Münster trug den Namen eines Offiziers des Ersten Weltkrieges, der Lüttich im völkerrechtswidrig angegriffenen Belgien erobert hatte und unter dessen Besatzungsherrschaft Zivilisten hingerichtet und Dörfer niedergebrannt worden waren. 1964 war die Kaserne in Füssen in Dietl-Kaserne umgetauft worden: Der General der Gebirgsjäger wurde deshalb auserkoren, weil er im Zweiten Weltkrieg Narvik gegen eine Übermacht britischer Truppen verteidigt hatte. Der »Held von Narvik« war jedoch auch am Kapp-Putsch von 1920 beteiligt gewesen, hatte zu den Gründungsmitgliedern der NSDAP gehört, war erklärter Antisemit, Anhänger der Rassenideologie und berüchtigt dafür gewesen, daß er Soldaten »verheizt« und Menschenrechtsverletzungen an deutschen Soldaten in Militärstraflagern begangen hatte. Hitler hatte in seiner Trauerrede auf Dietl erklärt, nachdem dieser im Juni 1944 Opfer eines Flugzeugabsturzes geworden war: »Dietl hat eigentlich den Typ des nationalsozialistischen Offiziers geschaffen.« All dies war in den achtziger Jahren bekannt. Trotz massiver Proteste von Friedensbewegung und Militärhistorikern wurde der Standort erst 1995 in Allgäu-Kaserne umbenannt.

Viele weitere solcher Benennungen – etwa in Rotenburg (Wümme) nach dem hochdekorierten Fliegeridol Helmut Lent, der seine ersten Abschüsse bereits beim Überfall auf Polen erzielt hatte – blieben auch danach lange Zeit unangetastet. Jedesmal bedurfte es öffentlichen Drucks, um eine Änderung zu erreichen. Die Bundeswehr hielt im Andenken an die Weltkrieger an ihrer Trennung zwischen einzelnen Verbrechern und den Helden mit dem »sauberen Waffenrock« fest, die für sie die zeitlosen soldatischen Tugenden verkörperten. In den Werbe- und Selbstdarstellungsschriften der Standorte wurden belastete Namenspatrone und Verbindungen zu Traditionseinheiten der Wehrmacht nur im Hinblick auf die rein militärische Leistung dargestellt: In dieser Tradition sollten sich die Rekruten sehen und sollte die Bevölkerung sie wahrnehmen. Die Kasernenpatrone sind ein Beispiel dessen, was im Nachklang der Bundeswehrgründer bis in die neunziger Jahre hinein jungen Rekruten als bewahrenswert nahegelegt wurde. Und das im Verstoß gegen die eigenen Erlasse.

Noch 1989 bemängelte der Pädagoge und Oberstleutnant Klaus-Jürgen Preuschoff auf der Jahrestagung des »Arbeitskreises Militär und Sozialwissenschaften«: »Das Ausbildungssystem der Bundeswehr und in ihm sehr viele Offiziere begreifen im Bereich der Führungspraxis Demokratie mehr als ein verfassungsrechtlich gebotenes Staatsprinzip, denn als eine auch den militärischen Alltag bestimmende Lebensweise.«[17]

Spurensuche: Das Ende des Beschweigens

»Wir hatten geglaubt, wir könnten anständige Soldaten bleiben in einem Krieg, der verbrecherische Ziele hatte.« Mit diesen Worten charakterisierte Klaus von Bismarck, der langjährige liberale Intendant des WDR,

1995 in einer von der *Zeit* zusammengerufenen Diskussionsrunde die Problematik seiner Generation.[18] Neben derartigen Einsichten und selbstkritischen Urteilen löste die Ausstellung »Vernichtungskrieg. Verbrechen der Wehrmacht 1941 bis 1945«, die den Anlaß für das Gespräch bildete, auch ganz andere Reaktionen aus. Fünfzig Jahre nach Kriegsende und fünf Jahre nach dem Ende des Kalten Krieges waren Zeitzeugen wie Nachgeborene gleichermaßen mit dem nachdrücklichsten Einspruch konfrontiert, der bis dahin gegen den zwar wissenschaftlich längst wiederlegten, aber noch immer wirkungsmächtigen Mythos einer »sauber gebliebenen« Wehrmacht vorgebracht worden war. Der mittlerweile vollzogene Generationswechsel – in der Bundeswehr genauso wie in der gesamten Gesellschaft – begünstigte den Versuch eines offeneren Umgangs mit der Vergangenheit, jenseits anklagender Fragen an die Väter.

Die bald nur noch »Wehrmachtsausstellung« genannte Bilderschau erlebte einen Ansturm, den die Initiatoren – Hannes Heer und Jan Philipp Reemtsma vom Hamburger Institut für Sozialforschung – selbst nicht für möglich gehalten hätten: 850 000 Besucher in 34 deutschen und

Die Wehrmachtsausstellung brach das Schweigen – auch in umgekehrter Richtung: Protest ihrer Gegner 1997 in München.

Im Kreuzfeuer: Manfred Messerschmidt Er gilt als Nestor der kritischen Militärgeschichtsschreibung. Als Manfred Messerschmidt 1988 mit 62 Jahren die Leitung des Militärgeschichtlichen Forschungsamtes in Freiburg abgab und in den Ruhestand trat, hatte er sich viele Gegner gemacht. Aber er hatte auch die selbstkritische wissenschaftliche Auseinandersetzung mit der deutschen militärischen Vergangenheit von exponierter Stelle aus voran gebracht.

Bundesverteidigungsminister Helmut Schmidt war es, der Messerschmidt 1970 mit der Leitung des Instituts betraut hatte. Dieser führte es zu internationaler wissenschaftlicher Anerkennung. Zu den Standardwerken der Vergangenheitsbewältigung gehört sein Buch *Die Wehrmacht im NS-Staat*, in dem er sich schon 1969 gegen den Mythos der »sauberen Wehrmacht« wandte. 1987 war er Mitglied der Kommission, die die Kriegsvergangenheit des österreichischen Bundespräsidenten Kurt Waldheim durchleuchten sollte. Eigene Erfahrung lehrte ihn dabei jedoch, nicht zu vergessen, wie schwer es für den einzelnen sein konnte, sich dem Zugriff des Systems zu entziehen.

1943 war Messerschmidt Flakhelfer geworden und im letzten Kriegsjahr Pionier an der Westfront, bis zur Gefangennahme durch die Amerikaner. Diese hatten in dem desillusionierten jungen Mann mit ihren Filmberichten aus den KZ das drängende Bedürfnis geweckt, nach den Ursachen zu fragen. Der Historiker und Jurist untersuchte außerdem die Wehrmachtsjustiz, die mit ihren 50 000 Todesurteilen – 21 000 davon vollstreckt (zum Vergleich: im Ersten Weltkrieg waren es 48) – versucht hatte, die Soldaten in den Dienst einer verbrecherischen und dann auch verlorenen Sache zu pressen. Messerschmidt setzte sich ferner im Beirat der Bundesvereinigung der Opfer der NS-Militärjustiz für die Rehabilitierung der »Wehrkraftzersetzer« ein.

Daß der Forscher bis heute mit den Anfeindungen der Mythenbewahrer konfrontiert ist, zeigt, wie langlebig das Selbstbildnis ist, das die alten Eliten in die demokratische Gesellschaft und ihre Armee einbrachten. So wundert es nicht, daß gerade die Ansicht des »Nestbeschmutzers«, die Wehrmacht sei nicht zur Traditionsbildung für die Bundeswehr geeignet, zu starkem Widerspruch alter Krieger und Veteranenverbände führte.

österreichischen Städten. Der stupende Erfolg hing zweifellos auch damit zusammen, daß sich die Ausstellung auf die Dokumentation jener *einen* Wahrheit beschränkte, die der Chef der Parteikanzlei der NSDAP, Martin Bormann, im Juli 1941 ausgesprochen hatte: »Dieser Partisanenkrieg hat auch wieder seinen Vorteil: Er gibt uns die Möglichkeit auszurotten, was sich uns entgegenstellt.«[19]

Viele Ausstellungsbesucher nutzten die Chance, sich mit Lupe und Familienphotos auf Spurensuche zu begeben – nach der eigenen Vergangenheit, derjenigen der Väter, der Republikgründer. Die Photographien, Befehle, Feldpostbriefe (»die Juden liegen wie die Schweine auf der Straße herum«) und Kriegstagebücher in der Ausstellung zeigten Verbrechen der Wehrmacht während des Ostfeldzuges in Weißrußland und auf dem Balkan: Offiziere und einfache Landser, die Dörfer niederbrannten, Zivilisten folterten und hinrichteten. Sie zeigten eine Wehrmacht, die aktiv an Judenvernichtung und Gewaltherrschaft mitwirkte.

Auch wenn sich später herausstellte, daß ein Teil der in der Ausstellung gezeigten Photos unzutreffend beschriftet war und sich das Hamburger Institut unter dem Druck der Kritiker zu einer grundlegenden Überarbeitung entschloß, bedeutete die Wehrmachts-Debatte für die Auseinandersetzung mit der Vergangenheit einen großen Fortschritt: Fünf Jahre lang wurde, in einer gesellschaftlichen Breite wie nie zuvor, über ein zähes Tabu der NS-Geschichte gestritten. Während die Schmähungen, mit denen die Veteranenverbände die Ausstellung von Anfang an belegten, in der Bundeswehr erstaunlicherweise zunächst keinen Rückhalt fanden, kam mit der wachsenden Öffentlichkeitswirksamkeit dann doch die konservative Wende: Das Verteidigungsministerium untersagte Stellungnahmen und Kontakte zu den Ausstellungsmachern, und in München und Frankfurt nahmen Bundeswehrsoldaten in Uniform an den Kundgebungen gegen die Ausstellung teil.

Die heftigen Diskussionen – auch im Bundestag – brachten immerhin ein Bewußtsein für die Problematik der Wehrmachtslegende hervor. Dies blieb schließlich auch für die Bundeswehr und ihr Traditionsverständnis nicht folgenlos: Der gesellschaftliche Konsens des Schweigens und des Desinteresses zerbrach endgültig.

Wenn auch die Erben im Geiste der alten Kameraden nach Jahrzehnten der Bewahrung reaktionärer Ideen nicht auf einen Schlag aus der Truppe verschwanden, so hatte sich die politische Großwetterlage doch deutlich geändert. Daß Bundeswehr, Parlament und Öffentlichkeit für rechtsradikale Umtriebe in der Armee in der zweiten Hälfte der neunziger Jahre sensibler wurden, dafür spricht der Aufschrei, der durch die Medien ging, als selbstgedrehte Gewaltvideos aus der Kaserne Schneeberg (Sachsen) auftauchten. In einem Video spielten Soldaten Hinrichtungs- und Vergewaltigungsszenen nach: Männer, die auf dem Balkan den Frieden und das Zusammenleben ethnischer Gruppen sichern sollten. Ein anderer Film zeigte Bundeswehrangehörige, die ein »Interview zur Judenvernichtung« führten. Während Soldaten in Detmold Türken jagten, animierten Unteroffiziere die Elite-Fallschirmjäger in der Franz-Josef-Strauß-Kaserne in Altenstadt, »Führers Geburtstag« und den Tag der Invasion auf Kreta feierlich zu begehen. In anderen Kasernen fanden sich rechtsradikales Schriftgut, Tonträger und öffentlich ausgestellte Devotionalien der Wehrmacht. Die Übeltäter wurden meist entlassen, der Bundestag setzte einen Untersuchungsausschuß ein. So wurden Zeichen gegen extremistische Vorgänge und deren Vertuschung in der Bundeswehr gesetzt.

Dennoch handelte es sich um einen langsamen Prozeß der Einsicht, denn zur selben Zeit wurden Rekruten immer noch in Kasernen einberufen, die nach NS-Kriegshelden benannt waren und in deren Traditionsräumen Wehrmachtsymbole prangten. Noch 1998 lauschten Offiziere dem »versehentlich« an die Führungsakademie Hamburg eingeladenen Rechtsradikalen Manfred Roeder zum Thema »Die Übersiedlung von Rußlanddeutschen in den Raum Königsberg«. Wenig später berichtete die *taz* über Naziparolen bei einer Feier im Unteroffiziersheim der Baudissin-Kaserne an der Führungsakademie.

Auch wenn sich die alten Kameraden in ihrer Verdrängung verschanzten und ein prekäres Beharrungsvermögen an den Tag legten – einige von ihnen zeichneten sich auch durch Einsicht aus. Zu nennen ist hier etwa der liberal-reformerische Johann Adolf Graf von Kielmansegg, ehemaliger Wehrmachtoffizier im Umkreis des 20. Juli. Von Himmerod bis in die achtziger Jahre hinein war er in Bundeswehr und NATO tätig. In seinem Nachwort zu Donald Abenheims Buch *Bundeswehr und Tradition* (1989) erkannte er das Kriegsende 1945 als tiefen Traditionsbruch an und bemerkte zur Auseinandersetzung mit der Vergangenheit: »Es sieht so aus, als wäre sie nicht zu Ende zu bringen, solange die Generation, die beiderseits dieses Traditionsbruches steht – zu der ich auch gehöre – noch lebt. Das ist nun für die Bundeswehr ziemlich bald soweit, und das ist gut so.«[21]

Amnestie und Integration in der Bundesrepublik

»Wie erklärt sich also, daß ... das deutsche Verhältnis zum Nationalsozialismus in temporaler Nähe zu ihm stiller war als in späteren Jahren unserer Nachkriegszeit? Die Antwort scheint mir zu lauten: Diese gewisse Stille war das sozialpsychologisch und politisch nötige Medium der Verwandlung unserer Nachkriegsbevölkerung in die Bürgerschaft der Bundesrepublik Deutschland.«[1] Mit dieser zugespitzten These schlug der Sozialphilosoph Hermann Lübbe 1983 eine neue Sicht auf den Umgang der jungen Bundesrepublik mit ihrer NS-Vergangenheit vor und löste damit eine bis heute nachwirkende, heftige Diskussion aus. Traf Lübbe mit seiner Einschätzung, daß der neue Staat zwar gegen die Ideologie des Nationalsozialismus, nicht aber gegen die Mehrheit des Volkes eingerichtet werden konnte, den Gründungskonsens der Bundesrepublik? Oder verharmloste er eine Amnestiepolitik, die weit über das »kommunikative Beschweigen« der NS-Vergangenheit hinausgegangen war und letztlich dazu beitrug, daß zahllose Verbrechen ungesühnt blieben, ja daß in der jungen Demokratie der Pensionsanspruch der Täter zum Regelfall, die Entschädigung der Opfer jedoch bürokratisch erschwert oder gar verhindert wurde?

Die Grundgedanken einer bundesrepublikanischen Vergangenheitspolitik[2] hatte Eugen Kogon schon 1947 in den *Frankfurter Heften* formuliert. Angesichts der Internierungen, Entnazifizierungsverfahren und Berufsverbote forderte er die »positive Befreiung des deutschen Volkes von Nationalsozialismus und Militarismus! Wie stellt man sich eine ›Lösung‹ denn auf Dauer vor, die so aussieht: Millionen ausschalten und sich selber überlassen? Sind sie nicht mehr da, weil man sie ausgeschaltet hat, ›ausgeklammert‹, in die Konspirationswinkel gedrängt ...? Man kann sie nur töten oder gewinnen, anders sollen nach den Erfahrungen der Weltgeschichte Feinde nie behandelt werden. ... Töten kommt hierzulande, auf den Breitengraden der Demokratie, der verkündeten Humanität und des da und dort immerhin noch nachwirkenden, noch wirkenden Christentums nicht in Frage.

Also muß man sie gewinnen. Nicht, indem man sie umwirbt ... sondern indem man sich ihrer annimmt. Man muß beweisen, daß Demokratie besser ist.«[3] Für Kogon war klar, daß es ein »Recht auf den politischen Irrtum« gab, daß »gewandelte Überzeugungen« die Integration in das neue demokratische Gemeinwesen rechtfertigten – natürlich bei gleichzeitiger Strafverfolgung der »wirklichen Verbrecher«.

So prägte denn auch das Bemühen, nicht die NS-Vergangenheit, wohl aber ihre Subjekte in den neuen demokratischen Staat zu integrieren, die »Vergangenheitspolitik« der Ära Adenauer: Die noch schwebenden Entnazifizierungsverfahren wurden beendet, die »Säuberung« damit so schnell wie möglich abgeschlossen und ihre »Opfer« kaum langsamer in die Gesellschaft reintegriert. Auf die Freilassung von Kriegsverbrechern arbeitete die junge Republik angesichts des Kalten Krieges ebenso erfolgreich hin, wie sie zahlreiche NS-Straftäter in den Straffreiheitsgesetzen von 1949 und 1954 amnestierte und sich der Loyalität ihrer Beamtenschaft versicherte – durch die Rehabilitierung und »Wiedereingliederung« der während der Entnazifizierung entlassenen Staatsdiener im Wege des »131er-Gesetzes«. Die einzelnen Schritte von Amnestie und Integration erfolgten auf der Basis eines breiten politischen und gesellschaftlichen Einvernehmens.

Nicht zuletzt aufgrund alliierten Drucks bildete sich so ein ganz eigener anti-nationalsozialistischer Gründungskonsens aus: Die bundesrepublikanische Gesellschaft entwickelte binnen kurzem eine Integrationsbereitschaft, die es ihr leicht machte, »gewandelte Überzeugungen« zu akzeptieren, also über die NS-Vergangenheit und individuelle »Verstrickungen« einzelner hinwegzusehen. Zu diesem Konsens zählte allerdings auch, daß ein offenes Bekenntnis zum Nationalsozialismus oder gar Aktivitäten gegen die jetzt proklamierte »Westbindung« nicht hingenommen wurden. Dies zeigte sich etwa im Oktober 1952 im verfassungsgerichtlichen Verbot der Sozialistischen Reichspartei – einer Sammlungsbewegung der »Unbelehrbaren« – oder im Juni 1953 beim strikten Vorgehen der britischen Besatzungsmacht gegen den sogenannten Gauleiter-Kreis um den letzten Goebbels-Staatssekretär Werner Naumann. Damit wurde der Versuch unterbunden, sich der FDP als Vehikel der »Sammlung« alter und neuer rechter Gruppierungen zu bedienen.

Tatsächlich war eine Politik, die auf Amnestie und Integration statt auf Verfolgung und Aufklärung setzte, ein wesentlicher Baustein der raschen politischen Stabilisierung der jungen Bundesrepublik. Daß Fritz René

Allemann schon 1956 den prägnanten Slogan »Bonn ist nicht Weimar«[4] prägen konnte, ist sicherlich auch der Integrationskraft dieser Vergangenheitspolitik geschuldet – zum anderen aber den im Vergleich zur Weimarer Republik ungleich günstigeren Rahmenbedingungen, die der Kalte Krieg mit sich brachte: eine »integrative« Besatzungspolitik, ein stabiles Wirtschaftswachstum. Deshalb greift der bloße Blick auf die Integrationsleistung der Amnestiepolitik und die in ihr enthaltene normative Abgrenzung vom Nationalsozialismus zu kurz. Denn ihr Ergebnis war auch eine hohe personelle Kontinuität in allen gesellschaftlichen Bereichen: eine Justiz, die kaum Initiative ergriff, NS-Verbrechen überhaupt noch anzuklagen; eine Gesellschaft, die ihre jüngste Vergangenheit nicht nur kommunikativ beschwieg, sondern zugleich auch der Mythenbildung unterzog. Am Ende war klar, daß es nur eine Handvoll »wirklicher« NS-Verbrecher gegeben haben konnte, und Unrecht wurde eher mit dem Besatzungsregime der Alliierten als mit dem Dritten Reich assoziiert.

Es sollte bis in die sechziger Jahre dauern, ehe dieser Nachkriegskonsens langsam aufbrach und das kritische Hinterfragen der »Vätergeneration« einsetzte.

Juristen: Richter in eigener Sache

Marc von Miquel

Ost-Berlin, im Mai 1957: Albert Norden, der begnadetste Demagoge der SED, präsentierte auf einer Pressekonferenz eine Broschüre, die einem dem Atem verschlagen konnte. In alphabetischer Reihenfolge waren die Namen westdeutscher Richter und Staatsanwälte aufgeführt, unter denen Einträge zu finden waren wie: »Früher: Richter am Sondergericht Danzig, heute: Landgerichtsrat in Mannheim. Im Mai 1942 verurteilte Bussejahn den Polen Wladislaus Karczewski wegen patriotischer Betätigung zum Tode. Karczewski wurde am 5. Mai 1942 hingerichtet.« Oder:

Pressekonferenz der »Blutrichter«-Kampagne. Am Rednerpult Albert Norden.

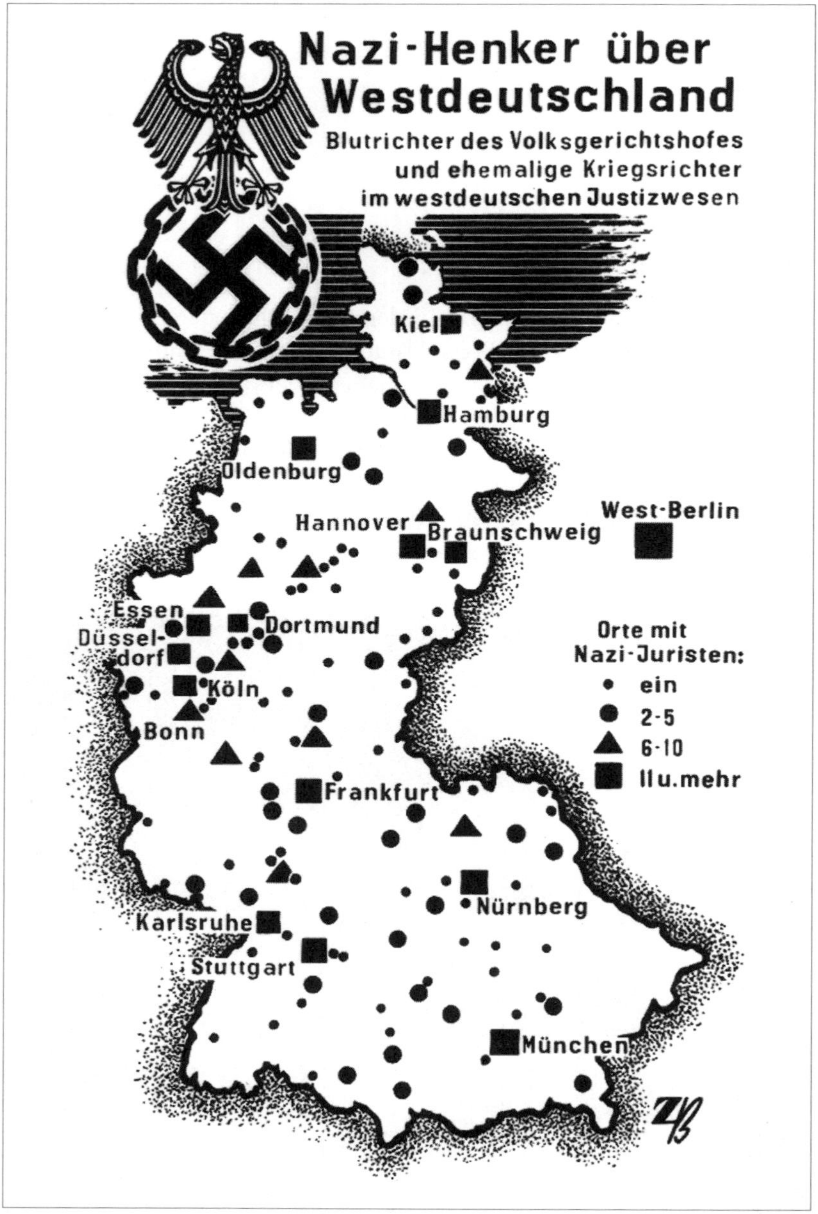

Suggestion mit graphischen Mitteln: Aus einer Broschüre des Ausschusses für Deutsche Einheit.

»Früher: Ankläger am Volksgerichtshof, heute: Staatsanwalt in West-Berlin. Im November 1944 klagte Domann u. a. die Deutschen Rolf Utzschneider, Kamillus Thro, Maria Dahlem und Bertha Mosser wegen antifaschistischer Betätigung vor dem Volksgerichtshof an. Sie wurden am 21. November 1944 zum Tode verurteilt.« Bei dem Wuppertaler Landgerichtsdirektor Dr. Hucklenbroich, »früher: Richter am Sondergericht Posen«, folgten gar 33 vollstreckte Todesurteile. Insgesamt 118 Juristen versammelte diese Publikation, deren reißerischer Titel den Vorwurf auf den Punkt brachte: *Gestern Hitlers Blutrichter – heute Bonner Justiz-Elite*.

Im Grunde genommen war die Propagandaformel, die Bundesrepublik habe das Erbe des Faschismus angetreten, ein alter Hut. Seit Jahren schon trat Albert Norden auf solchen Agitationsveranstaltungen auf, die – als internationale Pressekonferenzen angekündigt – nichts anderes als Pflichttermine für ostdeutsche Journalisten waren. Diesmal aber hatte Norden mehr zu bieten: Seine These, der westdeutsche Richterstand sei von schwer belasteten NS-Juristen durchsetzt, war schlichtweg nicht zu bestreiten – falls die konkreten Vorwürfe zutrafen.

Und dies war erst der Auftakt für die »Blutrichter«-Kampagne: Nur drei Wochen später veröffentlichte der Ausschuß für Deutsche Einheit, die Zentrale der DDR-Westpropaganda, unter dem Titel *Das Terrorgesicht des Bonner Unrechtsstaates* weitere 44, im Oktober 1957 sogar 200 Namen. Bis 1960 folgten fünf weitere Schriften, die in einer Auflage von insgesamt 100 000 Exemplaren erschienen und über 1 000 Richter und Staatsanwälte der nationalsozialistischen Sonder- und Standgerichte, des Volksgerichtshofs und der Wehrmachtsjustiz »enttarnten«. Diese Flut von Enthüllungen und Beweisen erreichte schließlich auch die Bundesrepublik und sollte dort zu einem langen, zähen Ringen um den Rücktritt der belasteten Richter und Staatsanwälte führen.

Wie waren diese Anschuldigungen aus der DDR zu bewerten? Konnten solche Todesurteile als extreme Ausnahmen gelten oder waren sie in der Justiz des Dritten Reiches die Regel gewesen?

Je besser das Handeln der nationalsozialistischen Juristen erforscht wird, desto klarer tritt zutage, daß der gesamte Justizapparat – von den Verwaltungsgerichten bis zu den neu geschaffenen Erbgesundheitsgerichten – dem Regime zu Diensten stand. Den größten Terror übte freilich die Strafjustiz aus. Bezeichnend für die generelle Verschärfung der Strafmaße ist die Tatsache, daß die nationalsozialistische Staatsführung nach 1933 die

Tatbestände, bei denen die Todesstrafe drohte, von drei auf schließlich 46 gegen Ende des Krieges ausweitete. Etwa 17000 Todesurteile gingen dabei auf das Konto der zivilen Strafgerichte, in erster Linie der Sondergerichte (verantwortlich für 11000 Todesurteile) und des Volksgerichtshofs, der unter dem Vorsitz von Roland Freisler zum Inbegriff pervertierter Justiz wurde.

Ziel dieser Rechtsprechung war nicht mehr die Gleichheit aller Staatsbürger und der Schutz des einzelnen, sondern Ausgrenzung und »rassische Auslese«. Nach dem Motto »Recht ist, was dem Volke nützt« wurde der Justizmord an politischen Gegnern und »Fremdvölkischen« als zulässiges, ja ständiges Instrument eingesetzt, mit dem die nationalsozialistische Herrschaft im besetzten Europa gesichert werden sollte. Besonders drakonisch waren die »Volksschädlingsverordnung« und die »Polenstrafrechtsverordnung«, nach denen selbst bei Bagatelldelikten die Todesstrafe drohte.

Todesstrafe für Bagatellsachen: Die Polenstrafrechtsverordnung

»Der Angeklagte wird wegen Diebstahls eines Pullovers und eines Schals bei Instandsetzungsarbeiten in einem bombenbeschädigten Haus nach Nr. II und III der Polenstrafrechtsverordnung zum Tode verurteilt.«

Urteil des Sondergerichts Essen vom 24. April 1943

»Der Angeklagte wird wegen unerlaubten Munitionsbesitzes nach § 1 Ziff. 5 der Polenstrafrechtsverordnung zum Tode verurteilt. Die Kosten des Verfahrens fallen dem Angeklagten zur Last.«

Urteil des Sondergerichts Zichenau vom 26. August 1942

»Die Angeklagte hat den Kriminalsekretär H. geohrfeigt. Sie wird daher wegen einer Gewalttat gegen einen deutschen Polizeibeamten aufgrund der Polenstrafrechtsverordnung zum Tode verurteilt.«

Urteil des Sondergerichts Zichenau vom 29. Juni 1944

Quelle: Im Namen des deutschen Volkes. Justiz und Nationalsozialismus, Katalog zur Ausstellung, Köln 1989, S. 227

Paragraph am Galgen: Der preußische Justizminister Hanns Kerrl 1933 mit Rechtsreferendaren im Ausbildungslager Jüterbog. Links neben ihm der Lagerleiter Oberstaatsanwalt Spieler.

Noch höher als in der zivilen Strafgerichtsbarkeit war die Anzahl der Todesurteile, die während des Zweiten Weltkrieges von Wehrmachtsgerichten verhängt wurden. Nach heutigen Schätzungen verurteilten die Richter 50000 Wehrmachtssoldaten zum Tode, vor allem wegen Desertion und sogenannter Wehrkraftzersetzung. Zwei Drittel der Abgeurteilten wurden hingerichtet.

Politische Säuberung und personelle Kontinuität: Der Aufbau der Justiz unter alliierter Aufsicht

Im Herbst 1944, als die alliierten Streitkräfte die Grenzen des Deutschen Reiches überschritten, lautete eine ihrer ersten Resolutionen: Alle deutschen Gerichte werden bis auf weiteres geschlossen. Die Rechtspflege in Deutschland stand still. Wie weit die Ablehnung der Alliierten gegen das Personal des nationalsozialistischen Staates reichte, zeigte sich im Sommer 1945, als beim Wiederaufbau der deutschen Verwaltung keine Mitglieder der NSDAP oder ihrer Untergliederungen zugelassen wurden. Auch an den Gerichten galten diese Richtlinien der Entnazifizierung – und fielen dort besonders ins Gewicht: In Westfalen waren nur sieben Prozent aller Richter nicht in der Partei gewesen. Noch extremer war die Lage in Bremen; mit Ausnahme zweier Richter durfte sich dort keiner mehr die Robe wieder umhängen.

Parallel zu der Entlassungswelle nahmen die Alliierten die höheren Funktionsträger der Justiz in Haft und wiesen sie in Internierungslager ein, deren Haftbedingungen ganz unterschiedlich ausfallen konnten. Katastrophal waren die Verhältnisse in den Lagern der Sowjets, in denen beispielsweise jeder dritte Richter des Leipziger Reichsgerichts an Hunger und Krankheit starb. Im Westen indes konnten die Lebensbedingungen der Lagerinsassen mitunter besser sein als jene der übrigen Bevölkerung.

Daß sich internierte Juristen aus den Westzonen allerdings noch später als unschuldige Opfer der alliierten Säuberung gerierten, illustriert besonders anschaulich, wie wenig dieser Berufsstand bereit war, eine kritische Distanz zur eigenen Vergangenheit zu entwickeln. Zum Beispiel Ludwig Scriba: Früh in die NSDAP eingetreten, hatte der Richter nach 1933 eine steile Karriere bis zum Oberlandesgerichtspräsidenten machen können. In einem Prozeß, den er 1955 gegen das Land Hessen um den

Entnazifizierung der Justiz: Das Beispiel Paul Reimers »Der Betroffene glaubt, durch sein Eingreifen in den aufgeführten Fällen noch Schlimmeres verhütet zu haben.« Dieser Argumentation des Kammergerichtsrats Paul Reimers stimmte der Hildesheimer Ausschuß für Entnazifizierung ohne Vorbehalte zu und stufte ihn 1949 in die Kategorie der »Minderbelasteten« ein. Dabei war Reimers nicht an irgendeinem Gericht tätig gewesen, sondern von 1941 bis 1943 am Sondergericht Berlin und von 1943 bis 1945 am Volksgerichtshof. Nach dem Krieg wurde Reimers zunächst für zwei Jahre im Internierungslager Hildesheim inhaftiert.

Im darauffolgenden Entnazifizierungsverfahren beurteilte ihn ein speziell für NS-Juristen eingerichteter Sonderausschuß zum »Minderbelasteten«. Mit dem Beschluß waren folgende Sanktionsmaßnahmen verbunden: kein passives Wahlrecht, Wiederzulassung nur für ein Amt mit niedrigem Einkommen (Amts- oder Landrichter) und fünfjährige Beförderungssperre. Reimers erhob dagegen Klage und erreichte 1949 vor dem Berufungsausschuß schließlich die Herunterstufung zum »Mitläufer« 1955 wurde er Landgerichtsrat in Hechingen, eine Dekade später ließ er sich nach einem eingestellten Ermittlungsverfahren vorzeitig pensionieren. 1984 klagte ihn die Berliner Staatsanwaltschaft als einzigen Richter des Volksgerichtshofs an, weil er nachweislich an 97 Todesurteilen mitgewirkt hatte. Doch vor Prozeßbeginn beging Reimers Selbstmord.

Aus der eidesstattlichen Versicherung von Kurt Schramm, Chef der CDU-Fraktion in Schmölln/Thüringen, 1946: »Daß Herr Dr. Reimers die Praxis des Volksgerichtshofs ablehnte, mag seiner tief-religiösen Anschauung entspringen. Sie brachte ihn in Widerspruch mit seinem aufgezwungenen Richteramte, ja sie mag ihn direkt veranlaßt haben, dem Gericht seine Opfer zu entziehen, für die es meistens nur erbarmungslos auf die Todesstrafe erkannte. Es war nicht zu vermeiden, daß wir uns bei unseren Gesprächen auch über die Politik der NSDAP unterhielten. Dabei entwickelte Herr Dr. Reimers seine Auffassung, die ich von einem Richter beim Volksgerichtshof nicht erwartet hatte, nämlich die völlige Verneinung der Person Hitlers und seiner Politik. Ich erkannte bald den Gewissenszwang, in welchem sich Herr Dr. Reimers befand und bedauerte aufrichtig, daß ein Mensch von so grundanständiger Gesinnung beruflich gezwungen war, ein Amt auszuüben, das ihn mit Abscheu erfüllte.«

Quelle: Justizministerium Baden-Württemberg, 2200b, Anlage des Briefs Reimers an den Präsidenten des Landgerichts Hechingen, 5.11.1957

Anspruch auf sein volles Ruhegehalt führte, erklärte er voller Zorn zu seiner Zeit im Darmstädter Internierungslager, wie die *Frankfurter Rundschau* berichtete: »Dafür, daß er neun Jahre das Amt des Oberlandesgerichtspräsidenten ›ohne Vorwurf führte‹, habe er noch ›zweieinhalb Jahre ins KZ gemußt‹.«[1]

Die zunächst rigorose Entnazifizierungspolitik brachte die Alliierten in große Bedrängnis. In der Zeit der Flüchtlingsströme und Schwarzmärkte drohte die Kriminalität auszuufern, während die benötigten Richter schlichtweg fehlten. Die Besatzungsoffiziere der westlichen Zonen griffen zunächst auf unbelastete Rechtsanwälte zurück, außerdem beriefen sie Richter, die vor 1933 bereits pensioniert worden waren. Doch auch mit solchen improvisierenden Maßnahmen ließ sich der Personalmangel an den Gerichten nicht wirklich ausgleichen. Ohne auf den Widerstand der amerikanischen und britischen Offiziere zu stoßen, konnten die neu aufgebauten deutschen Justizverwaltungen deshalb das sogenannte Huckepack-Verfahren durchsetzen: Für jeden nicht belasteten Richter durfte fortan ein belasteter eingestellt werden.

Im Juni 1946 entfiel aber selbst diese Einschränkung. Die westlichen Siegermächte revidierten ihre Richtlinien soweit, daß alle früheren Juristen, die das Entnazifizierungsverfahren durchlaufen hatten, in den Dienst zurückkehren konnten. Nach Ansicht einiger Kritiker in den Reihen der Alliierten bedeutete diese Entscheidung nicht weniger als die Renazifizierung der Justiz in den Westzonen. Selbst wenn dieses Urteil im nachhinein überzogen erscheint, weil gerade die Rechtsprechung der deutschen Gerichte unter Aufsicht der alliierten Besatzer stand – in personeller Hinsicht traf es durchaus zu: Nach diesem Dammbruch setzte der Rückfluß von insgesamt etwa 80 Prozent des ehemaligen Justizpersonals ein. Und dies um so schneller, je großzügiger die Spruchkammern bald selbst vormalige Richter am Volksgerichtshof als Mitläufer entnazifizierten.

Die Sowjetische Besatzungszone bot ein ganz anderes Bild. Im Unterschied zu den westlichen Alliierten wechselte die sowjetische Militäradministration die alte Justizelite weitgehend gegen die sogenannten Volksrichter aus. Das waren junge Frauen und Männer mit Volksschulbildung, die eine »antifaschistische Gesinnung« vorweisen konnten und ihr juristisches Grundwissen im Schnellverfahren erlernten. Weitaus entschiedener als die Mehrheit der westdeutschen Richter waren die neuen

Kräfte bemüht, die Verbrechen der NS-Justiz in rechtsstaatlich angemessener Weise zu ahnden. Dazu gehörte auch, daß die Strafen nicht überzogen waren und in begründeten Fällen Freisprüche erfolgten. Nach Gründung der DDR machte allerdings die Staatsführung dieser maßvollen Rechtsprechung, von ihr als bürgerlicher Verstoß gegen die Parteilinie verstanden, schnell ein Ende.

Wie rasant und brutal die Stalinisierung des ostdeutschen Justizwesens dann voranschritt, war im Sommer 1950 unübersehbar: Ein Teil jener Deutschen, die zu diesem Zeitpunkt noch in sowjetischen Internierungslagern saßen, wurden nun in bloßen Scheinverfahren, den Waldheimer Prozessen, abgeurteilt.

Justizterror unter dem Deckmantel des Antifaschismus Am 17. Januar 1950 verkündete das *Neue Deutschland* die Auflösung der sowjetischen Internierungslager. Von den etwa 25 000 Gefangenen wurden 3 400 Personen, die ohne Urteil inhaftiert waren, in das sächsische Zuchthaus Waldheim überführt, um ihnen vor deutschen Gerichten den Prozeß zu machen. Die Führungsspitze der DDR wollte die Verfahren als Machtdemonstration nutzen – gegenüber der Sowjetunion und gegenüber den oppositionellen Kräften im eigenen Land. Nach den Worten Walter Ulbrichts waren die Waldheimer Gefangenen »unbedingte Feinde des Aufbaus« und »unter allen Umständen hoch zu verurteilen«.

Auf diese Direktive erfolgte von April bis Juni 1950 eine Justizfarce, die in der Geschichte der DDR ihresgleichen suchte: Ohne Zeugen und Verteidiger wurden die Gefangenen linientreuen, speziell für diese Aufgabe ausgewählten Richtern vorgeführt. Das Ergebnis der Geheimverhandlungen waren fast ausschließlich hohe Zuchthausstrafen sowie 33 Todesurteile. In zehn Fällen fanden indessen öffentliche Schauprozesse statt. Die darin angeklagten ehemaligen Kommandanten von Konzentrationslagern und hohen Nazifunktionäre sollten das Bild vermitteln, daß die Verurteilten allesamt schwer belastet waren. Der überwiegende Teil der Waldheimer Angeklagten war hingegen lediglich wegen Mitgliedschaft in der NSDAP oder SS in die Internierungslager geraten und wurde nun zum zufälligen Opfer des politischen Kalküls der SED.

Strafverfolgung oder Straffreiheit? Der Nürnberger Juristenprozeß und die Selbstamnestierung der westdeutschen Justiz

Im Anschluß an den Nürnberger Hauptkriegsverbrecherprozeß entschieden die Amerikaner, auch die Justizverbrecher des Dritten Reiches zur Rechenschaft zu ziehen. Im Mittelpunkt des 1947 eröffneten Nürnberger Juristenprozesses standen die zentralen Institutionen der nationalsozialistischen Justiz: das Reichsjustizministerium, die Sondergerichte und der Volksgerichtshof. Da Hitlers erster Justizminister Franz Gürtner bereits 1941 gestorben war, dessen Nachfolger Otto Thierack nach seiner Verhaftung Selbstmord begangen hatte und Roland Freisler 1945 bei einem Bombenangriff auf Berlin ums Leben gekommen war, waren die ehemaligen Staatssekretäre im Reichsjustizministerium die ranghöchsten der insgesamt 16 Angeklagten: Neben Franz Schlegelberger (1931–1942), Curt Rothenberger (1942/43) und Herbert Klemm (1944/45) sowie sechs weiteren hohen Reichsministerialbeamten standen vier Richter und Staatsanwälte des Volksgerichtshofs vor Gericht, darunter der Chef der Anklagevertretung, Oberreichsanwalt Ernst Lautz (1939–1945).

Bei insgesamt 577 Personen, die am Volksgerichtshof als Ankläger oder Richter fungiert hatten, konnte der Nürnberger Juristenprozeß lediglich den Anspruch erheben, eine erste, exemplarische Untersuchung des dort begangenen Unrechts zu leisten. In noch größerem Maße galt diese Einschränkung für die Sondergerichte. Stellvertretend für deren Rechtsprechung standen die Vorsitzenden Richter Hermann Cuhorst aus Stuttgart sowie Rudolf Oeschey und Oswald Rothaug unter Anklage, letztere vormals am Sondergericht Nürnberg tätig, das als brutalstes seiner Art galt.

Stritt alle Anschuldigungen ab: Franz Schlegelberger beim Schlußwort im Nürnberger Juristenprozeß.

Als Verbrecher verurteilt, als Staatssekretär a. D. pensioniert Auch der Hauptangeklagte des Nürnberger Juristenprozesses, Franz Schlegelberger, profitierte von der deutschen Kampagne zur Freilassung der Kriegsverbrecher: Er erhielt wegen angeblich schlechter Gesundheit im Januar 1951 Haftverschonung, das Urteil wurde aber ausdrücklich nicht aufgehoben.

Aus dem Landsberger Gefängnis entlassen, zog Schlegelberger nach Flensburg zu seinem Sohn Hartwig, der einst als Marinerichter an mehreren Todesurteilen beteiligt gewesen war und inzwischen als Landrat wieder Tritt gefaßt hatte. Für Schlegelberger war der Zeitpunkt für die Entnazifizierung, die kurz vor ihrer Abwicklung stand, denkbar günstig. Umstandslos wurde der frühere Staatssekretär in die Kategorie V eingestuft – und galt fortan als »unbelastet«.

Dieses Verfahren, angesichts der einst beabsichtigten politischen Säuberung nur noch eine Farce, diente nicht nur der offiziellen Rehabilitierung eines der höchsten Justizbeamten des NS-Staates, sondern auch dessen monetären Interessen: Während das Durchschnittseinkommen in Westdeutschland 1951 bei 535 Mark monatlich lag, sprach das schleswig-holsteinische Finanzministerium Schlegelberger die volle Pension eines »Staatssekretärs a. D.« in Höhe von 2 894 Mark zu.

In den folgenden Jahren arbeitete der über 75jährige Pensionär geradezu verbissen an der Wiederherstellung seiner wissenschaftlichen Reputation: Er gab mehrere Kommentare und ein Überblickswerk heraus. 1959 ging er schließlich so weit, eine überarbeitete Abhandlung aus dem Jahr 1928 zu veröffentlichen, in der er unbeirrt die parlamentarische Kontrolle der Verwaltung attackierte.

Diese Publikation rief jedoch die SPD-Bundestagsfraktion auf den Plan. Sie setzte die Justizverwaltung so lange unter Druck, bis das Land Schleswig-Holstein nicht mehr umhin konnte, Schlegelberger der Verurteilung im Juristenprozeß wegen das Ruhegehalt zu streichen. Mit Unterstützung des Rechtsanwalts, der ihn schon in Nürnberg verteidigt hatte, legte Schlegelberger gegen diese Entscheidung Klage ein und begann einen Rechtsstreit, der erst 1966 vor dem Bundesverwaltungsgericht mit einem »geräuschlosen« Vergleich sein Ende fand. Schlegelberger bekam nun monatlich 600 Mark Pension.

Die amerikanischen Staatsanwälte werteten die in Nürnberg gesammelten deutschen Justizakten mit Sorgfalt aus. Die Beweislast ihrer Anklageschrift war erdrückend: Mit über 600 Dokumenten wies die Mannschaft unter Leitung des stellvertretenden Hauptanklägers Charles M. LaFollette nach, daß die Justiz eine tragende Säule der nationalsozialistischen Verfolgungspolitik gebildet hatte. Der Materialschlacht der Verteidigung zum Trotz – sie legte 1452 Beweisstücke und Hunderte von eidesstattlichen Erklärungen vor – zeigte sich im Laufe der Verhandlung, daß die Ausflüchte der Angeklagten aus der Luft gegriffen waren.

Staatssekretär Franz Schlegelberger, ob seiner Position als geschäftsführender Justizminister 1941/42 der Hauptangeklagte des Prozesses, berief sich auf das Leitbild des unpolitischen preußischen Beamten: Er

Die Anklagebank im Nürnberger Juristenprozeß. In der mittleren Reihe (von links): Josef Altstötter, Wilhelm von Ammon, Paul Barnickel, Hermann Cuhorst, Karl Engert, Günther Joel, Herbert Klemm, Ernst Lautz. Dahinter (von links): Wolfgang Mettgenberg, Günther Nebelung, Rudolf Oeschey, Hans Petersen, Oswald Rothaug, Curt Rothenberger und Franz Schlegelberger.

sei integer geblieben, habe stets versucht, die Gewaltexzesse der SS und Gestapo per Gesetz und Verordnungen einzuschränken sowie zum justizfeindlichen Regime Distanz zu halten. Damit gab Schlegelberger die Begründungsfigur vor, auf der fortan die gesamte Apologie der NS-Justiz aufbauen sollte. Die Akten indes legten offen, wie es sich in Wahrheit verhielt: Nicht zuletzt, um sich bei Hitler als künftiger Justizminister anzudienen, hatte Schlegelberger dafür gesorgt, daß die Anzahl der Todesurteile erheblich anstieg und sich die Justiz den Morden an Behinderten nicht widersetzte. Gemeinsam mit Freisler, seit 1941 ebenfalls Staatssekretär im Justizministerium, war Schlegelberger zudem der Verfasser der berüchtigten »Polenstrafrechtsverordnung« gewesen.

Das Urteil vom 4. Dezember 1947 trug den Taten Schlegelbergers Rechnung: Die Richter von Nürnberg sahen es als erwiesen an, daß der Staatssekretär und die anderen Angeklagten »die schmutzige Arbeit übernahmen, die die Staatsführer forderten«. Gegen Schlegelberger und Klemm sowie gegen die Sonderrichter Rothaug und Oeschey verhängte das Gericht lebenslange Haft, gegen sechs weitere Angeklagte Freiheitsstrafen von fünf bis zehn Jahren.

Aus dem Urteil im Nürnberger Juristenprozeß

»Keiner der Angeklagten ist irgendeiner Ermordung oder der Mißhandlung irgendeiner bestimmten Person beschuldigt. Wäre dies der Fall, dann würde die Anklageschrift ohne Zweifel das angebliche Opfer nennen. Einfacher Mord und Einzelfälle von Greueltaten bilden nicht den Anklagepunkt für die Beschuldigung. Die Angeklagten sind solch unermeßlicher Verbrechen beschuldigt, daß bloße Einzelfälle von Verbrechenstatbeständen im Vergleich dazu unbedeutend erscheinen. Die Beschuldigung, kurz gesagt, ist die der bewußten Teilnahme an einem über das ganze Land verbreiteten und von der Regierung organisierten System der Grausamkeit und Ungerechtigkeit unter Verletzung der Kriegsgesetze und der Gesetze der Menschlichkeit, begangen im Namen des Rechts unter der Autorität des Justizministeriums und mit Hilfe der Gerichte. Der Dolch des Mörders war unter der Robe des Juristen verborgen.«

Quelle: Im Namen des deutschen Volkes. Justiz und Nationalsozialismus,
Katalog zur Ausstellung, Köln 1989, S. 340 f.

Die große Bedeutung, die der Militärgerichtshof dem rechtsstaatlichen Charakter des Verfahrens zumaß, war nicht zuletzt dem Umstand zu entnehmen, daß auch Freisprüche erfolgten. So bescheinigten die Richter zwar dem ehemaligen Vorsitzenden des Sondergerichts Stuttgart, »fanatischer Nazi und rücksichtsloser Richter« gewesen zu sein, erkannten jedoch auf Freispruch, weil sämtliche Gerichtsakten bei einem Luftangriff in Flammen aufgegangen waren.

Beim Juristenprozeß trat vielleicht am deutlichsten vor Augen, welche zivilisatorische Leistung und rechtsgeschichtliche Neuerung die Nürnberger Prozesse darstellten: Hier wurden die Taten von Richtern, Staatsanwälten und Justizbeamten verhandelt, die in leitender Position dazu beigetragen hatten, daß in Deutschland die zentrale Idee des Rechts – nämlich der Schutz vor Willkür und Gewalt – restlos aufgegeben und in sein Gegenteil verkehrt worden war. Die Alliierten hatten sich indessen gerade nicht für den sprichwörtlichen kurzen Prozeß entschieden, sondern dafür, die Massenverbrechen aufzuklären und das Recht wiedereinzusetzen. Für die angeklagten Juristen bedeutete dies: freie Wahl der Verteidiger, öffentliche Verhandlung und schließlich ein abwägendes Urteil, das, gemessen an der Schwere der Verbrechen, maßvolle Strafen auferlegte.

Sollten die amerikanischen Richter gehofft haben, ihre Sorgfalt und Fairneß würde zu einem erkennbaren Nachdenken bei ihren deutschen Kollegen führen, so sahen sie sich rasch enttäuscht. Nicht nur fand der Juristenprozeß in den neuen rechtswissenschaftlichen Zeitschriften kaum Beachtung; symptomatisch für seine Ablehnung war, daß es nicht einmal zu einer Veröffentlichung der vollständigen Urteilsschrift kam – ein Manko, das übrigens erst 1996 behoben wurde. Auf dem Konstanzer Juristentag im Juni 1947, noch während des Nürnberger Juristenprozesses, trat die Abwehrhaltung des Berufsstandes offen zutage: Der Sprecher der Versammlung, der Lindauer Landgerichtspräsident Müllereisert, tönte, die in den Nürnberger Prozessen angewandten Rechtssätze seien nichts anderes als »ein Ausnahmerecht nur für Deutsche«, das allein dazu diene, »Rache am politischen Gegner zu nehmen«. Nicht weniger kühn waren die Worte des nordrhein-westfälischen Justizministers Artur Sträter, der versicherte: »In den Sondergerichten haben oft Männer gesessen, die unvorstellbares Leid verhindert haben.« Auf Beifall stieß auch Sträters Apologie auf die Unabhängigkeit der NS-Justiz: »Der deutsche Richter in seiner Gesamtheit ist im Dritten Reich intakt geblieben, er hat nicht vor Hitler kapituliert.«[2]

Derlei markige Sprüche fügten sich nahtlos in die allgemeine Stimmungslage in Westdeutschland ein. Die anfänglich hohe Akzeptanz des Hauptprozesses war inzwischen einer generellen Aversion gegen die alliierten Ahndungsbemühungen, insbesondere gegen die Nachfolgeprozesse, gewichen. Diese rasante Entwicklung beruhte in erster Linie auf der Kampagne für die Freilassung der Kriegsverbrecher in alliierter Haft, betrieben von deren Verteidigern sowie von Vertretern der Kirchen und der Presse. Geschickt appellierten sie an den gekränkten Nationalstolz der besiegten Deutschen, um zu erreichen, daß sich die Bevölkerung mit den verurteilten Angehörigen der nationalsozialistischen Elite solidarisierte.

Wortmeldungen, die der alliierten Rechtsprechung zustimmten, blieben auch unter deutschen Juristen die Ausnahme. Am meisten Gewicht hatte dabei noch die Stimme des ehemaligen sozialdemokratischen Reichsjustizministers Gustav Radbruch, der 1933 seinen Lehrstuhl hatte aufgeben müssen. In der Nachkriegszeit genoß er, zumindest bei demokratisch gesinnten Juristen, hohes Ansehen. Radbruch rechtfertigte 1947 die Nürnberger Urteile und sprach den NS-Gesetzen jede übergeordnete Rechtsgültigkeit ab: »Sollte wirklich das deutsche Volk einschließlich der Täter so von allen guten Geistern verlassen gewesen sein, daß ihm etwa bei den Anstaltsmorden gar nie der Gedanke gekommen wäre, daß es sich hier trotz des gesetzesgleichen Führerbefehls um gesetzliches Unrecht handelte? Sollten Denunzianten sich wirklich keinerlei Unrechts bewußt gewesen sein, wenn sie ihre Opfer einer entarteten Justizmaschine auslieferten, die eine Inschrift an der Abort-Wand oder das Abhören eines feindlichen Senders mit dem Tode ahndete, sei es auch auf Grund bestehender Unrechtsgesetze?«[3]

So deutlich sich Radbruch in diesen Sätzen für die Bestrafung von »Euthanasie«-Ärzten und Denunzianten aussprach, so schwer tat er sich, diese Maßstäbe auch an die Richter anzulegen, obschon sie an exakt den selben Mordtaten mitgewirkt hatten. Aber auch Radbruch war nicht frei vom ausgeprägten Korpsgeist seines Berufsstandes: Der Bestrafung der Justiztäter begegnete er äußerst reserviert. Entsprechend übernahm der sozialdemokratische Jurist die in konservativen Kreisen propagierte These vom Rechtspositivismus, der schuld daran gewesen sein sollte, daß die allzu gesetzestreuen NS-Juristen die Vorgaben des Staates umgesetzt hatten.

Trotz ihrer weiten Verbreitung war diese These nichts als eine frei erfundene Schutzbehauptung: Die Richterschaft im Dritten Reich hatte

Amnestie für die Kasseler Sonderrichter Großes Aufsehen erregte im Juni 1950 der Fall der zwei Kasseler Sonderrichter, Fritz Hassencamp und Edmund Keßler, die in ihrer Heimatstadt vor Gericht standen. Die Anklage legte beiden zur Last, 1943 ein Todesurteil wegen »Rassenschande« gegen den 29jährigen ungarischen Diplomingenieur Werner Holländer verhängt zu haben, der ein Jahr später hingerichtet worden war. Obschon das NS-»Blutschutzgesetz« für dieses »Vergehen« äußerstenfalls eine Zuchthausstrafe vorsah, hatten die Richter Holländer als »gefährlichen Gewohnheitsverbrecher« eingestuft, eine besondere juristische Konstruktion, die es ihnen ermöglicht hatte, zum »Schutz der Volksgemeinschaft« auf Todesstrafe zu erkennen.

Dieses extreme Strafmaß hinderte sieben Jahre später das Kasseler Landgericht nicht daran, dem Urteilsverfasser Keßler zu attestieren, er sei »der wohl befähigtste Jurist in Kassel« gewesen, der möglicherweise gewünscht habe, »eine besondere juristische Leistung zu vollbringen«. Das Landgericht befand zwar, daß die früheren Sonderrichter ein »Fehlurteil« gefällt hatten, sprach sie aber frei, da ihnen die vorsätzliche Rechtsbeugung nicht nachzuweisen sei. Nach Verkündung des Urteils herrschte im Gerichtssaal so große Unruhe, daß der Vorsitzende Richter mit der Räumung des Saales drohen mußte. Zwei Jahre später wurden Hassencamp und Keßler in letzter Instanz erneut freigesprochen.

»Es ist nach deutschem Rechtsempfinden ein Gebot gerechter Sühne, daß der Angeklagte, der während eines Krieges Deutschlands mit den Anhängern des Weltjudentums die deutsche Rassenehre in den Schmutz zu treten wagte, vernichtet wird.«

Aus dem Urteil des Sondergerichts Kassel vom 20. April 1943

»Die Gesetze, die damals galten, waren verbindlich für die Gerichte, ihre Anwendung kann für sich noch keine Rechtsbeugung darstellen. Holländer ist einmal der Rassenschande in vier Fällen für schuldig befunden worden. Die Anwendung des Blutschutzgesetzes ist damals ohne Zweifel zu Recht erfolgt.«

Aus dem Urteil des Kasseler Landgerichts vom 28. Juni 1950

sich gerade nicht an den Gesetzen orientiert, sondern sie in vorauseilendem Gehorsam extensiv und willkürlich ausgelegt. Dies ausblendend, ging Radbruch noch einen Schritt weiter: Schon 1946 vertrat er die Auffassung, daß belastete Richter nur dann wegen Rechtsbeugung zu bestrafen seien, wenn sie sich des begangenen Unrechts bewußt gewesen waren. An Stelle des bedingten Vorsatzes, der bei allen anderen NS-Tätern zur Verurteilung ausreichte, müsse den Richtern der direkte Vorsatz zum Verbrechen nachgewiesen werden – ein unmögliches Unterfangen.

Der Selbstamnestierung der Justiz war damit der Weg geebnet. Beglückt über das Geschenk, den politisch unverdächtigen Radbruch als Kronzeugen benennen zu können, gingen die Gerichte daran, die wenigen angeklagten NS-Richter freizusprechen. Obwohl niemand besser als die Richter selbst hätte wissen müssen, daß auch in der NS-Zeit Mord und Totschlag gegen geltendes Recht verstießen, hielten die Urteile ausgerechnet ihnen »mangelndes Unrechtsbewußtsein« zugute. Bis zum Bundesgerichtshof fand sich in den richterlichen Entscheidungen eine spürbare Nähe, zuweilen sogar offene Kollegialität zu den Angeklagten. Die Gerichte brachten für deren frühere Rechtsprechung Verständnis auf, rechtfertigten dies als notwendigen Vollzug der NS-Gesetzgebung – und bestätigten damit die Argumentation der Unrechtsurteile erneut.

Unter all den Defiziten der Ahndung von NS-Verbrechen waren die Freisprüche für NS-Juristen der größte Skandal. Denn hier begünstigten Richter und Staatsanwälte die Täter aus ihrem eigenen Berufsstand. Sie traten als Richter in eigener Sache auf – und waren kollektiv befangen. Diese Freisprüche zeigen am anschaulichsten, wie tief die Justizverbrechen den gesamten Berufsstand in Mitleidenschaft gezogen und korrumpiert hatten.

Der Neuanfang der westdeutschen Justiz – mit neuem Personal und auf Grundlage einer demokratischen Rechtskultur – war auch deshalb so schwierig, weil es kaum unbelastete Richter und Staatsanwälte gab. Die Sozialisten sowie die zahlreichen Juden unter den Juristen waren nach 1933 vertrieben und verfolgt worden. Sofern sie überlebt hatten, kehrten nur wenige nach Kriegsende aus dem Exil zurück. Aber es gab auch Ausnahmen: Am prominentesten waren der spätere hessische Generalstaatsanwalt Fritz Bauer und der nordrhein-westfälische Justizminister Josef Neuberger.

»Jupp, wir brauchen dich!« Der erste sozialdemokratische Justizminister in Nordrhein-Westfalen, Josef Neuberger, trat 1966 sein Amt mit dem Versprechen zügiger Reformen an. Daß er der Justiz zu einer Liberalisierung und Neuorientierung verhelfen wollte, erklärt sich auch aus seiner außergewöhnlichen Biographie: 1902 in Antwerpen als Sohn eines deutsch-jüdischen Kaufmanns geboren, wuchs er in Düsseldorf auf. Dort wurde er mit 20 Jahren Mitglied der SPD, nach dem Studium trat er als Rechtsanwalt in eine Kanzlei ein. Nach dem Machtantritt der Nationalsozialisten mit Berufsverbot belegt, leitete er ein Auswanderungsbüro, das vielen den Weg in die Emigration ermöglichte, zugleich schmuggelte er Flugblätter für die SPD. 1938 floh er mit Frau und Kindern über die Niederlande nach Palästina. Obwohl Neuberger sich dort eine berufliche Existenz als Rechtsanwalt aufbauen konnte, erwog er nach Kriegsende, in seine Heimatstadt zurückzukehren.

Josef Neuberger verteidigt die Strafvollzugsreform, Oktober 1967.

Den entscheidenden Anstoß gaben schließlich frühere Genossen, die zum Teil selbst emigriert oder im Konzentrationslager gewesen waren. Sie appellierten an ihn: »Wir bauen ein demokratisches Deutschland auf. Jupp, wir brauchen dich!«

1952 zog Neuberger wieder nach Düsseldorf, engagierte sich in der jüdischen Gemeinde und übernahm für die SPD ab 1956 politische Mandate zunächst im Stadtrat, später im Landtag. Als Rechtsanwalt setzte er sich in den sechziger Jahren besonders für die Bestrafung von NS-Tätern ein und trat als Nebenkläger im Düsseldorfer Treblinka- und im Hagener Sobibór-Prozeß auf. Während seiner Zeit als Justizminister von 1966 bis 1972 engagierte sich Neuberger für einen humaneren Strafvollzug, konnte aber wenig daran ändern, daß die Justiz auch in seinem Bundesland die konsequente Ahndung der NS-Verbrechen verhinderte.

Zit. n.: EL-DE-Haus (Hg.): *Unter Vorbehalt. Rückkehr aus der Emigration nach 1945*, Köln 1997.

Der Skandal: Die »Blutrichter«-Kampagne der DDR und die Ausstellung »Ungesühnte Nazijustiz«

Der Propaganda-Apparat der DDR wurde Mitte der fünfziger Jahre erheblich ausgebaut, um gegen die Bundesrepublik einen »Krieg der Worte« zu führen. 1956 erschien ein Pamphlet über den westdeutschen Antisemitismus und bereits ein kleines *Braunbuch* über NS-Belastete in Politik, Wirtschaft und Bundeswehr. Doch erst die »Blutrichter«-Kampagne erwies sich als schlagkräftig. Für die angebliche Kontinuität von »Hitler zu Adenauer« sollten nun Beweise erbracht werden: möglichst einschlägiges Aktenmaterial aus den Archiven der DDR. Auf Albert Nordens Anweisung recherchierten seine Mitarbeiter in den Unterlagen des Reichsjustizministeriums, des Leipziger Reichsgerichtes, in den Beständen des Volksgerichtshofes und einiger Sondergerichte.

Schon die ersten Resultate dieser Suchaktion waren so ergiebig, daß Norden im Mai 1957 entschied, mit einer ersten Broschüre in die Offensive zu gehen. Auf der Auftaktveranstaltung der »Blutrichter«-Kampagne verkündete er in warnendem Ton: »Was wir Ihnen heute vortragen, sind ungeheuerliche Tatsachen, die jedem anständigen Menschen das Blut in den Adern erstarren lassen. Mit Namen und Adressen beweisen wir, daß Mörder ohne Erbarmen, daß die schlimmsten Freislers der Hitler-Ära, daß Verbrecher, die sich selbst tausendmal entehrt haben, die Justiz Westdeutschlands beherrschen und von der Adenauer-Regierung bezahlt werden.«[4] Ein solches Bedrohungsszenario entsprang einer Sichtweise, die – dem Gegenstand der Enthüllungen entsprechend – selbst aus der NS-Zeit stammte, und zwar aus der Verfolgungserfahrung des kommunistischen Antifaschismus. Mental blieben die Propagandisten der DDR, allen voran Albert Norden, dem alten Kriegszustand verhaftet und konnten den westdeutschen Staat nur als Wiederauflage des Hitler-Regimes begreifen.

Die Agitation der DDR gegen die NS-Richter verfolgte zum einen das Ziel, den durch Massenflucht und ökonomische Rückständigkeit geschwächten Staat innenpolitisch zu stabilisieren. Zum anderen sollten die propagandistischen Enthüllungen dem Ansehen der Bundesrepublik bei ihren Bündnispartnern schaden und die DDR international als antifaschistischen Staat aufwerten. Zu diesem Zweck publizierte der Ausschuß für Deutsche Einheit auch »Blutrichter«-Broschüren in englischer und französischer Sprache. Ihre Verteilung erfolgte sowohl innerhalb

Albert Norden: Ulbrichts Chefagitator Immer, wenn die Führung der DDR eine Attacke gegen die Bundesrepublik startete, stand Albert Norden an vorderster Front. Er war das Sprachrohr der SED und schlug auf seinen berüchtigten Pressekonferenzen einen besonders rüden Ton an. Westdeutschland attackierte er als »braunes Rattennest«, den Grenzsoldaten brachte er nach dem Bau der Mauer den Schießbefehl nahe: »Ihr schießt nicht auf Bruder und Schwester, wenn ihr mit der Waffe den Grenzverletzer zum Halten bringt.« Nicht zuletzt seine Ausstrahlung und demagogische Begabung machten Norden zur dominierenden Figur des DDR-Propaganda-Apparates: Er war zunächst Leiter des Ausschusses für Deutsche Einheit, ab 1955 Sekretär des Zentralkomitees und wurde drei Jahre später zum Mitglied des Politbüros ernannt. In seinem Amt stand ihm ein ganzes Heer von Mitarbeitern zur Verfügung, die die nötigen Dokumente beschafften, zahlreiche Broschüren verfaßten und deren Botschaft bis in die lokalen Parteisitzungen trugen.

In der frühen Nachkriegszeit hatte Norden zunächst jedoch große Mühe, in das Machtzentrum der ostdeutschen Kommunisten vorzudringen. Zu groß war das Mißtrauen der aus dem Moskauer Exil zurückgekehrten Gruppe Ulbricht gegen den »Westemigranten« Norden, der vor den Nazis in die USA geflüchtet war und dort als kommunistischer Journalist gearbeitet hatte. Vorbehalte nährte auch der Umstand, daß Norden Sohn eines Rabbiners war. Anfang der fünfziger Jahre, im Rahmen der antisemitischen Kampagne Stalins, drohte ihm sogar der Ausschluß aus der Partei. Dieser riskanten Situation zum Trotz bewies er Ulbricht absolute Treue und konnte als dessen enger Vertrauter schließlich bis in die Spitze der Staatsführung aufsteigen. Mit Ulbrichts Ablösung durch Honecker 1971 sank auch Nordens Stern, zumal er sich als überzeugter »Kalter Krieger« weigerte, die deutsch-deutsche Entspannungspolitik zu unterstützen.

Antifaschismus in Aktion: Chefpropagandist Albert Norden klärt auf.

der DDR, wo sie in Hotels für internationale Gäste ausgelegt wurden, als auch per Post in das westliche Ausland, in erster Linie an kommunistische Verbände und Vorfeldorganisationen. Während die Broschüren in der französischen und amerikanischen Öffentlichkeit jedoch kaum Resonanz auslösten, stießen sie in Großbritannien auf lebhaftes Interesse, vor allem bei jenen Parlamentariern der Labour-Party, die Sympathien für die DDR und deren Anerkennung hegten. Im Juni 1957 erreichte der Unterhausabgeordnete Sidney Silverman, daß die britische Regierung beim deutschen Justizminister um eine rasche Untersuchung der Vorwürfe bat.

Mehrere Monate später erklärte schließlich Bundesjustizminister Fritz Schäffer dem britischen Außenminister, die Justizverwaltungen hätten die Anschuldigungen aus der DDR zur Kenntnis genommen und Überprüfungen eingeleitet – was nicht den Tatsachen entsprach: In Wirklichkeit forderte man die belasteten Juristen nur dazu auf, schriftlich über ihre berufliche Vergangenheit und Mitwirkung an Todesurteilen Auskunft zu geben. Ohne weitere Nachfragen wurden diese Stellungnahmen dann in die Personalakten geheftet. Doch Schäffer sollte sich in der Annahme täuschen, daß die Sache damit ihr Bewenden hatte. Das Gegenteil war der Fall: In Großbritannien, das dem demokratischen Erneuerungswillen des neuen westdeutschen Staates ohnehin mit großer Skepsis begegnete, entstand mehr und mehr der Eindruck, man werde von Bonn hingehalten. Bis März 1958 stapelten sich bei der britischen Regierung insgesamt zwanzig Eingaben, nicht nur von Abgeordneten der Labour-Party, sondern inzwischen auch von Konservativen; darüber hinaus gingen zahlreiche private Beschwerden ein.

Inzwischen wurde auch das Auswärtige Amt nervös. In Großbritannien sei eine »politisch unerfreuliche Kampagne« mit Unterstützung von Presse, Rundfunk und Fernsehen im Gange, der es von westdeutscher Seite »ein für allemal die Spitze abzubrechen« gelte. Als Gegenmaßnahme legte man dem Justizminister nahe, aus den DDR-Publikationen Einzelfälle herauszugreifen und damit »die Unhaltbarkeit der sowjetzonalen Behauptungen«[5] zu beweisen. Dieser Vorschlag unterschätzte jedoch nicht nur Schäffers Ignoranz gegenüber der Auslandswirkung, sondern auch und vor allem die Triftigkeit der Vorwürfe, gerade gegen Schäffers eigenes Personal.

Den ersten spektakulären Konflikt um einen belasteten Richter provozierte der Ost-Berliner Rechtsanwalt Friedrich Karl Kaul. Angegriffen wurde Ernst Kanter, dessen langjährige Tätigkeit als Abteilungsleiter im Bundesjustizministerium, wo er auch die Straffreiheitsgesetze für NS-Gewalttaten vorangebracht hatte, mit einem hohen Posten am Bundesgerichtshof gekrönt werden sollte. Anfang 1958 wurde Kanter in sein Amt eingeführt, und zwar ausgerechnet als Präsident des Dritten Strafsenats, der für die Ahndung von Hoch- und Landesverrat und somit für die Strafverfolgung von Kommunisten zuständig war. Für die politisch so exponierte Position war er eigentlich schon wegen seines unsicheren Auftretens als Richter ungeeignet – erst recht aber war Kanter aufgrund seiner NS-Vergangenheit angreifbar: Bis 1942 war er Senatsrat am Reichskriegsgericht gewesen, anschließend Chefrichter der Wehrmacht im besetzten Dänemark.

Als nun im September 1958 vor dem Dritten Strafsenat ein Verfahren gegen drei Funktionäre der DDR eröffnet wurde, stellte Kaul kurz nach

Die britische Presse greift das Thema »NS-Juristen« auf Ausführlich berichtete die Presse in England über die Vorwürfe aus der DDR und bediente dabei besonders die antideutschen Ressentiments der Leser. In dem Massenblatt *Daily Express* etwa brachte der populäre Journalist Sefton Delmer einen so reißerischen Artikel, daß nach der Lektüre selbst den Unbefangensten blankes Entsetzen über die westdeutsche Justiz befallen mußte. Geschildert wurde ein Gespräch Delmers mit dem Stuttgarter Richter Herbert Keyser, dem als einstiger Beisitzer am Sondergericht Leipzig mehrere Todesurteile nachgewiesen worden waren.

Es war zweifellos schockierend genug, daß Keyser angab, sich an einen besonders schwerwiegenden Fall nicht mehr erinnern zu können und erklärte, die anderen Todesurteile seien zu Recht ergangen. Diese Ausführungen genügten Delmer jedoch nicht: Er legte dem Richter die Bemerkung in den Mund, der politische Neubeginn in den Westzonen sei von »Verrätern und Deserteuren« betrieben worden, und behauptete fälschlicherweise – zum Beweis, daß man es hier mit einem echten Hitler-Getreuen zu tun habe –, Keyser trage einen »kümmerlichen Schnurrbart auf der Oberlippe«.

Quelle: *Daily Express*, 16.9.1957; die Stellungnahme Keysers dazu in: Justizministerium Baden-Württemberg, 2200b, 9.11.1957

Beginn der Sitzung einen Befangenheitsantrag gegen Kanter. Anschließend erging sich Kaul vor den anwesenden Journalisten in Vorhaltungen gegen die »Blutrichter« und speziell gegen den Senatspräsidenten. Ihm warf der Anwalt fälschlicherweise vor, für über hundert Hinrichtungen vor allem dänischer Widerstandskämpfer Verantwortung zu tragen. Zum Beweis überreichte er dem Senat Dokumente, mit denen er in neun Fällen Kanters zustimmende Begutachtung zu Todesurteilen, allerdings gegen Wehrmachtssoldaten, nachweisen konnte. Am Bundesgerichtshof hatte man durchaus mit Kauls Aktion gerechnet, schließlich ritt die DDR-Propaganda schon seit einem Vierteljahr heftige Attacken gegen Kanter. Selbst der Präsident des Bundesgerichtshofs, Hermann Weinkauff, sprang für Kanter in die Bresche und hielt die erste Pressekonferenz seiner bis dato achtjährigen Amtszeit. Gemeinsam mit Vertretern der Bundesanwaltschaft und des Senats betonte er, Kanter sei »weder Nationalsozialist noch Militarist, sondern vielmehr ein Gegner des Nationalsozialismus gewesen«[6]. Um dem Senatspräsidenten die Aura eines Regimegegners zu verleihen, wurden dessen Kontakte zum militärischen Widerstand hervorgehoben.

Weinkauffs moralische Sorglosigkeit gegenüber Kanters Vergangenheit begünstigte der Umstand, daß hier ein Vertreter der DDR die Mitwirkung an den Todesurteilen publik gemacht hatte. Seinem antikommunistischen Ressentiment ließ der Präsident des Bundesgerichtshofs freien Lauf: Anstatt auf die Brisanz der vorgelegten Dokumente einzugehen, betonte er, die DDR wolle mit unlauteren Mitteln die Strafverfolgung der Kommunisten anprangern. Auch die Proteste, die in Dänemark gegen Kanter laut wurden, glaubte Weinkauff mit dem Hinweis abtun zu können, sie kämen von Kommunisten. Nicht anders reagierte das Bundesjustizministerium: Staatssekretär Walter Strauß beschaffte Kanter einen Persilschein aus den Reihen der dänischen Regierung. Als der Senatspräsident einige Monate später, sichtlich angeschlagen, in den Ruhestand trat, vermerkte der Personalreferent des Bundesjustizministeriums in bitterem Ton, Kanter sei Opfer der »brutalen Verleumdungen«[7] geworden.

Anfang der sechziger Jahre beschuldigte die DDR insgesamt 100 Angehörige der Bundesjustizverwaltung – darunter 15 Mitarbeiter des Bundesjustizministeriums, elf Angehörige der Bundesanwaltschaft und 74 Bundesrichter. Die höchste Belastung wies das Bundesverwaltungsgericht auf: Exakt die Hälfte der dortigen Richterschaft hatte – nach Angaben der DDR – eine einschlägige Vergangenheit. Aber auch 32 der Richter am Bundesgerichtshof standen auf den Listen der DDR-Broschüren, wobei 21 an Sondergerichten und in der Wehrmachtsjustiz mitgewirkt hatten. Summa summarum waren 1961 21 Prozent der Bundesjustizangehörigen belastet worden, während der Durchschnitt für das gesamte westdeutsche Justizpersonal etwas über zehn Prozent lag. Trotz der häufig eindeutigen Dokumente legten die Verantwortlichen in Bonn und Karlsruhe niemandem den Rücktritt nahe und ignorierten beharrlich das kriminelle Ausmaß der NS-Justiz. Unwidersprochen konnten sich sämtliche in Frage stehenden Bundesrichter darauf berufen, daß sie lediglich geltendes Gesetz angewandt hätten, das zwar hart, aber durch die Ausnahmesituation des Krieges gerechtfertigt gewesen sei.

Die personelle Kontinuität im Bundesjustizministerium war besonders bemerkenswert. Die Besetzung einiger Abteilungen mutete wie ein getreues Abbild des Reichsjustizministeriums an und sparte auch schwer belastete Referenten nicht aus: Josef Schafheutle etwa, der Leiter der

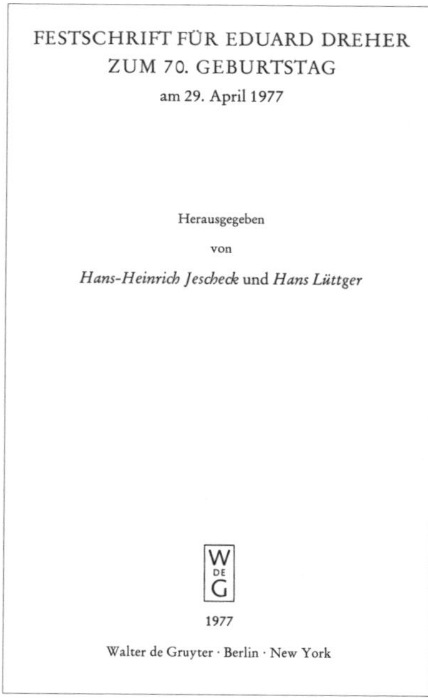
FESTSCHRIFT FÜR EDUARD DREHER
ZUM 70. GEBURTSTAG
am 29. April 1977

Herausgegeben
von
Hans-Heinrich Jescheck und *Hans Lüttger*

1977
Walter de Gruyter · Berlin · New York

Ruhm und Ehre, aber kein Wort zur Vergangenheit: Festschrift für Eduard Dreher, einen der einflußreichsten Strafrechtler der Republik.

Im Visier der »Blutrichter«-Kampagne: Eduard Dreher Der erste Beamte des Bonner Justizministeriums, gegen den die DDR einen konkreten Vorwurf erhob, war Ministerialrat Eduard Dreher, der Generalreferent für die Strafrechtsreform. Bereits im Mai 1957 legte ihm der Ausschuß für Deutsche Einheit seine Tätigkeit als Erster Staatsanwalt am Sondergericht Innsbruck zur Last. In dieser Funktion hatte Dreher 1944 den 62jährigen Kaffeebrenner Anton Rathgeber angeklagt, der nach einem Luftangriff auf Innsbruck einige herumliegende Kleidungsstücke und Gebrauchsgegenstände entwendet hatte. Dem Strafantrag des Staatsanwalts Dreher folgend, verurteilte das Sondergericht Rathgeber wegen Plünderung zum Tode, wenig später wurde er hingerichtet.

Bald nach der Veröffentlichung der DDR-Broschüre verfaßte Dreher eine eidesstattliche Versicherung für seine Vorgesetzten, in der er zwar seinen damaligen Antrag auf Todesstrafe einräumte, darin aber keine Verfehlung sah. Vielmehr qualifizierte er den Verurteilten – ganz im Sinne des NS-Tätertyps »Volksschädling« – als »15mal vorbestraft, darunter 6mal wegen Diebstahls«. Als Plünderer sei er daher »zu der gesetzlich allein vorgesehenen Todesstrafe verurteilt« worden. Zwei Jahre später konnte die DDR Dreher einen zweiten Antrag auf Todesstrafe nachweisen. Darin hatte der Staatsanwalt gefordert, den 57 Jahre alten Hilfsarbeiter Josef Knoflach hinzurichten, der ein Fahrrad und etwas Speck gestohlen hatte.

Daß diese Vorwürfe nur einen kleinen Teil der Todesurteile darstellen, an denen Dreher am Sondergericht Innsbruck tatsächlich mitgewirkt hatte, räumte er in einer vertraulichen Erklärung ein, die er im Anschluß an die Veröffentlichung des Falles Knoflach aufsetzte: Weitere Todesurteile habe er beantragt, in »drei Fällen ohne politischen Zusammenhang«, »ein Urteil gegen einen gefährlichen Gewohnheitsverbrecher« und »etwa zwei bis drei Fälle von Plünderung nach Fliegerangriff«. »Auch hier«, so die Rechtfertigung Drehers, »war nach der damaligen Rechtslage der Antrag auf Todesstrafe nicht zu umgehen und widersprach meines Erachtens auch nicht rechtsstaatlichen Grundsätzen.« Mit diesem Schreiben war die Angelegenheit erledigt. Dreher reüssierte mit seinem bekannten Kommentar zum Strafgesetzbuch und stieg in den sechziger Jahren zu einem der einflußreichsten westdeutschen Strafrechtler auf.

Quelle: Bundesarchiv, B 141/50449, eidesstattliche Versicherung Drehers, undatiert; Bundesarchiv, N 1087/3, Erklärung Drehers, 21. 4. 1959

Das Reichsjustizministerium in der Wilhelmstraße, Berlin: Das Ministerium zog um ...

Strafrechtsabteilung, hatte als Regierungsrat im Reichsjustizministerium das politische Sonderstrafrecht und Strafprozeßrecht der NS-Zeit mitkonzipiert; Karl Dallinger, zuständig für Strafverfahren, war bereits vor 1945 Schafheutles Kollege in der Strafrechtsabteilung; Franz Maßfeller, Ministerialrat für Familienrecht, qualifizierte offenbar sein Amt als »Rassereferent« im Reichsjustizministerium, und Heinrich Ebersberg, verantwortlich für Kartellrecht, war einst der persönliche Referent des Reichsjustizministers Otto Thierack gewesen. All diese illustren Mitarbeiter standen für ein Netzwerk der Ehemaligen, das auf Grundlage des gemeinsamen Erfahrungshorizontes aus der NS-Zeit Stillschweigen, gegenseitige Protektion und die Abwehr der aus der DDR erhobenen Beschuldigungen sicherte.

Die westdeutsche Presse schenkte der »Blutrichter«-Kampagne 1957/58 noch kaum Aufmerksamkeit. Nicht die Todesurteile amtierender Juristen, sondern andere nationalsozialistische Verbrechen zogen im Sommer 1958 das Interesse der Öffentlichkeit auf sich. Auf große Resonanz stieß zunächst das Bayreuther Strafverfahren gegen den ehemaligen

... die Referenten blieben: Die Bonner Rosenburg, Sitz des Bundesjustizministeriums.

SS-Mann Martin Sommer, den Arrestverwalter des Konzentrationslagers Buchenwald. Die Zeugenaussagen gegen Sommer, die einen beklemmenden Eindruck von der exzessiven Gewalt im Lager vermittelten, lösten tiefe Erschütterung aus. Sensibilisiert durch dieses Verfahren, wandten sich die Journalisten nun auch dem bereits laufenden Ulmer Einsatzgruppen-Prozeß zu, in dem Angehörige des Einsatzkommandos Tilsit, einer Untergliederung der Einsatzgruppe A, angeklagt waren. Zum ersten Mal sah sich eine interessierte, überregionale Öffentlichkeit mit detaillierten Informationen über die Judenvernichtung konfrontiert. Daß Hunderte am Mordgeschehen Beteiligter bislang nicht vor Gericht gestellt worden waren, trat dabei offen zutage und wurde nun der Justiz als massives Versäumnis vorgeworfen. Die Kritik der Presse setzte die Justizminister der Länder so unter Druck, daß sie auf ihrer nächsten Konferenz in Bad Harzburg den Beschluß faßten, eine Zentrale Stelle zur Ahndung von NS-Verbrechen einzurichten.

Zwei Ereignisse im Herbst 1959, der Kinofilm *Rosen für den Staatsanwalt* und die Ausstellung »Ungesühnte Nazijustiz«, gaben den Anlaß, daß die NS-Justiz doch noch in das Blickfeld der westdeutschen Öffentlichkeit geriet. Aus dem Unbehagen über die DDR-Kampagne wurde nun ein handfester, in der politischen Öffentlichkeit diskutierter Skandal. *Rosen für den Staatsanwalt*, gedreht von dem renommierten Regisseur Wolfgang Staudte, bot eine spannende Dramatisierung der Frage, was die Wiedereinsetzung der NS-Juristen für deren frühere Opfer bedeutete.

Der Film war ein großer Erfolg, nicht zuletzt durch die schauspielerische Leistung der Hauptdarsteller Martin Held und Walter Giller. Die Film-

Die Zentrale Stelle zur Aufklärung von NS-Verbrechen Den entscheidenden Anstoß für die Gründung der Zentralen Stelle in Ludwigsburg gab der Stuttgarter Generalstaatsanwalt Erich Nellmann, der bereits den Ulmer Einsatzgruppen-Prozeß auf den Weg gebracht hatte. Kurz nach der Urteilsverkündung publizierte er in der *Stuttgarter Zeitung* den Artikel »Zentrale Ermittlungsbehörde muß Klarheit über NS-Verbrechen schaffen«, in dem er eine konkrete Konzeption entwarf. Nellmanns Vorschlag ging von uneingeschränkten staatsanwaltschaft-

Ein Blick in die Sammelkartei der Zentralen Stelle Ludwigsburg.

lichen Befugnissen der neuen Behörde aus, die neben der Ermittlungsarbeit auch die Anklagevertretung vor Gericht übernehmen sollte.

Als die Justizminister am 3. Oktober 1958 den Beschluß faßten, die Zentrale Stelle zu errichten, beschnitten sie deren Kompetenzen jedoch in mehrfacher Hinsicht: Die Behörde war lediglich für Vorermittlungen zuständig, die an die Staatsanwaltschaften zur Anklageerhebung abgegeben werden mußten. Zudem mußte sie sich auf die Untersuchung jener Verbrechenskomplexe beschränken, die außerhalb des Bundesgebietes verübt worden waren. In erster Linie sollten die Ludwigsburger Staatsanwälte die Vernichtung der europäischen Juden und die Verbrechen in Konzentrationslagern aufklären. Wehrmachtsverbrechen hingegen wurden explizit von dem Ermittlungsauftrag ausgeschlossen. Und auf keinen Fall wollten die Justizminister, daß die neue Behörde gegen NS-Richter ermittelte. Gleichwohl teilte der zuständige Referent des Auswärtigen Amtes dem britischen Außenminister mit, die Zentrale Stelle diene der strafrechtlichen Aufarbeitung des NS-Justizunrechts – und hoffte so, den schlechten Ruf der westdeutschen Justiz im Ausland aufzubessern.

Ursprünglich hieß es, die Arbeit der Ludwigsburger Ermittlungsstelle sollte – um nicht »auszuufern« – von nur elf Staatsanwälten verrichtet werden und spätestens mit der Verjährung der NS-Mordverbrechen 1965 abgeschlossen sein. Als im Mai 1965 die Verjährungsfrist jedoch verlängert wurde, wurden auch die Kompetenzen der Zentralen Stelle erweitert und der Personalbestand von 20 auf 117 Mitarbeiter erhöht.

Die Gründung der Ludwigsburger Ermittlungsbehörde 1958 gilt als Zäsur bei der Ahndung von NS-Verbrechen in der Bundesrepublik. Sie konnte ihre Arbeit zwar erst aufnehmen, als viele Taten – wie die Totschlagsverbrechen – kurz vor der Verjährung standen, hatte aber dennoch wesentlichen Anteil an den in den sechziger Jahren zunehmend angestrengten NS-Prozessen und beförderte die Einrichtung von Sonderstaatsanwaltschaften. Bis 1998 hat die westdeutsche Justiz in NS-Strafsachen Ermittlungs- und Vorermittlungsverfahren gegen über 106 000 Personen eingeleitet, von denen knapp 6500 rechtskräftig verurteilt wurden. Insgesamt gab es 150 lebenslängliche Freiheitsstrafen und – vor Inkrafttreten des Grundgesetzes – 14 Todesurteile. Das Gros der Verurteilten erhielt Haftstrafen unter fünf Jahren.

kritik lobte die Glaubwürdigkeit der Handlung – mit der Einschränkung, daß am Ende des Films die Gerechtigkeit siegte. Der Realität näher gekommen wäre es, so der Kritiker Enno Patalas, wenn der NS-Jurist seine Stellung behalten, das Opfer hingegen die Stadt verlassen hätte. Es ist allerdings unwahrscheinlich, daß die Mehrheit der damaligen Zuschauer diese bittere Einsicht in den tatsächlichen Umgang mit den NS-Juristen teilte. Indem der vielgezeigte Spielfilm jedoch eindeutig Partei für das Justizopfer ergriff, trug er zu einer öffentlichen Sensibilisierung für die Problematik bei.

Eine andere Form der öffentlichen Auseinandersetzung suchte die Ausstellung »Ungesühnte Nazijustiz«. Auf Initiative des Linguistik-Studenten Reinhard Strecker fand sich in West-Berlin eine kleine Gruppe Gleichgesinnter, deren Ziel es war, eine Dokumentation über die Verbrechen amtierender NS-Juristen zu erstellen. Nach erfolglosen Anfragen bei westdeutschen Gerichten wurden sie schließlich in der DDR fündig. Der Ausschuß für Deutsche Einheit gestattete den Studenten die gewünschte Akteneinsicht und versorgte sie darüber hinaus mit Kopien. In Kooperation mit dem damals noch SPD-nahen Sozialistischen Deutschen Studentenbund (SDS) konnte am 27. November 1959 die Ausstellung in Karlsruhe, dem Sitz der wichtigsten Bundesgerichte, eröffnet werden. Die Veranstalter ergänzten die Präsentation von 140 Aktenmappen mit einer »Aktion Ungesühnte Nazijustiz«, bei der sie auf einer Pressekonferenz Strafanzeige gegen über 40 Richter und Staats-

Ein Spielfilm alarmiert die Öffentlichkeit *Rosen für den Staatsanwalt* handelt von dem Kriegsgerichtsrat Schramm, der gegen Ende des Krieges den Gefreiten Kleinschmidt zum Tode verurteilt, weil dieser eine Dose Fliegerschokolade gestohlen hat. Nach 1945 setzt Schramm seine Justizlaufbahn fort und avanciert zum Oberstaatsanwalt, der es in einer biederen Kleinstadt zu Wohlstand und Ansehen bringt. Dort trifft ihn Ende der fünfziger Jahre der ehemalige Gefreite, der durch Zufall der Hinrichtung entkam und nun als schlechtbezahlter Handlungsreisender arbeitet. Mit einem zweiten Schokoladendiebstahl erreicht er, daß der Oberstaatsanwalt in der darauffolgenden Gerichtsverhandlung plötzlich die Fassung verliert: Er fordert erneut die Todesstrafe und gibt damit seine wahre Identität als Justizmörder preis.

Der Subtext des Filmplakats von 1959 lautete: Dornen für den Nazi-Richter.

anwälte stellten. Wie kaum anders zu erwarten, lehnten die Rechtspolitiker aller Parteien den Tabubruch der Studenten, die Belastung amtierender Juristen in die Öffentlichkeit zu bringen, mit spürbarer Erregung ab. Besonders scharf fiel die Distanzierung der Sozialdemokraten aus, die sich mit dem gerade verabschiedeten Godesberger Programm für bürgerliche Wählergruppen zu öffnen suchten. Da die SPD den Vorwurf, in ihrem Umfeld werde die Propaganda »Pankows« betrieben, gar nicht erst aufkommen lassen wollte, schloß sie die beteiligten SDS-Studenten aus der Partei aus.

Um so überraschender war, daß Generalbundesanwalt Max Güde den Studenten Strecker in seinem Karlsruher Amtssitz empfing. Nach dem Gespräch erklärte Güde, die Justizpolitiker gezielt provozierend, er zweifle nicht an der Echtheit der Ausstellungsdokumente und sei erschrocken über den Inhalt mancher der vorgelegten Urteile. Endgültig verstieß er gegen Korpsgeist seines Berufsstandes, als er der Behauptung widersprach, im Falle von zu milden Urteilssprüchen seien Richter im Dritten Reich mit Repressalien belegt worden: Ihm, so Güde, sei keine Person bekannt, die deshalb mehr als eine Versetzung oder Entlassung hinzunehmen hatte. Und schließlich betonte der oberste Anklagevertreter den Ermessensspielraum der Juristen: »Viele der Todesurteile von damals hätten nicht zu ergehen brauchen. Sie hätten nicht ergehen dürfen; selbst auf der Grundlage der Gesetze, nach denen sie gefällt wurden.«[8]

Güdes Verdikt über die NS-Justiz verhalf der studentischen Initiative zu einer unerwarteten Aufwertung: Das Fernsehen strahlte ein

Interview mit Reinhard Strecker aus, und der *Spiegel* druckte seitenweise Auszüge aus den Aktenkopien sowie aus den Strafanzeigen der Studenten. Bis 1961 wurden die Dokumente in neun weiteren westdeutschen Universitätsstädten gezeigt; fast immer kam es zu Auseinandersetzungen zwischen den studentischen Organisationskomitees und der Universitätsleitung. Zumeist ging es um die Frage, ob Räume der Hochschule zur Verfügung gestellt werden durften. Das Aufsehen um die Konflikte, begleitet von zahlreichen Zeitungsberichten, war zugleich die beste Besucherwerbung. Trotz der geringen finanziellen Mittel und des eng begrenzten organisatorischen Apparates war es den Studenten gelungen, zumindest Teile der Öffentlichkeit zu mobilisieren. Ihre Exponate und Strafanzeigen stellten die Ausflüchte der politisch Verantwortlichen als klare Parteinahme für die belasteten Juristen bloß. »Private sind also am Werk, wo die Offiziellen schweigen«, kommen-

Eine Ausstellung mit einfachsten Mitteln – die Besucher sollen lesen: Fotokopierte Sondergerichtsurteile 1959 in Karlsruhe.

»Ungesühnte Nazijustiz«: Nach dem Erfolg in Karlsruhe wurde die Ausstellung auch in West-Berlin gezeigt.

tierte Ernst Müller-Meiningen jr. in der *Süddeutschen Zeitung* und verlangte: »Nach dem Rechten zu sehen, kann unmöglich allein Sache von Privaten sein.«[9]

Korrektur oder Kontinuität? Der politische Konflikt um die belasteten Juristen

Der Skandal wurde zusätzlich angeheizt, als die Staatsanwälte der DDR 1960 dazu übergingen, den westdeutschen Justizbehörden die Kopien von Todesurteilen persönlich zu überreichen. Während die Bundesregierung keinen Bedarf an Aufklärung sah, waren die Aktivitäten der Landesjustizministerien um einiges entschiedener. Gemeinsame verbindliche Absprachen wurden indes nicht getroffen. Jede Landesjustizverwaltung führte die Säuberungsmaßnahmen in Eigenregie und in unterschiedlicher Weise durch. Am weitesten gingen Hamburg, Hessen und Nordrhein-Westfalen, aber auch dort wurde die Sache zunächst vertraulich behandelt. Lediglich die krassesten Todesurteile wurden dort zum Anlaß, die betroffenen Juristen zum Ausscheiden aus dem Amt zu drängen – bei vollen Pensionsbezügen. Da den Beschuldigten aufgrund der Rechtsprechung keine Verurteilung, ja nicht einmal die Peinlichkeit einer Gerichtsverhandlung drohte, überrascht es nicht, daß sich in fast allen Bundesländern Belastete weigerten, in den Ruhestand zu treten.

Trotz aller Überredungs- und Einschüchterungsversuche seitens der Ministerialbeamten waren noch Anfang 1961 insgesamt 70 Juristen, die als untragbar galten, nicht zum Rücktritt bereit. Pensioniert oder beurlaubt waren bis zu diesem Zeitpunkt lediglich 16 ehemalige NS-Richter und -Staatsanwälte.

Die einzige Lösung, sich der renitenten Juristen zu entledigen, bot ein Gesetz zur Zwangspensionierung. Fast einstimmig entschieden die Justizminister der Länder im Februar 1961, ein solches Gesetz dem Bundestag vorzulegen, um die Justiz vor weiterem Ansehensverlust zu bewahren. Das Ziel blieb aber begrenzt: Die Säuberungen sollten im bisher vorgesehenen Rahmen durchgesetzt, auf keinen Fall jedoch über den kleinen Kreis der Schwerstbelasteten hinaus erweitert werden. Das Kernproblem des Vorhabens bildete die Richterschaft: Sie protestierte, die erzwungene Absetzung der Betroffenen verletze die verfassungsrechtlich garantierte richterliche Unabhängigkeit. Aus Sicht der Län-

Karl-Heinz Ottersbach – ein Staatsanwalt will nicht gehen Am 18. Februar 1961 hatte Karl-Heinz Ottersbach, Staatsanwalt am Lüneburger Landgericht, die 500 Seiten starke Anklageschrift fertig. Darin wurde die 53jährige Hausfrau Elfriede Kautz angeklagt, als Rädelsführerin einer verfassungsfeindlichen Organisation und als Agentin tätig gewesen zu sein. Sie hatte sich nach Ansicht von Ottersbach strafbar gemacht, weil sie sieben Jahre lang für westdeutsche Kinder Erholungsreisen in die DDR organisierte. Nach dem Verbot der KPD im Jahr 1956 wurde diese Tätigkeit rückwirkend als verfassungsfeindlich angeklagt – obwohl die Reisen jahrelang geduldet worden und nur möglich waren durch die Beförderung der Bundesbahn. Elfriede Kautz mußte für ein Jahr ins Gefängnis.

Bei der Urteilsverkündung am 4. November 1961 ist der Staatsanwalt Ottersbach jedoch nicht mehr anwesend. Der politische Ankläger, der sich durch besonders hohe Strafanträge gegenüber Kommunisten hervorgetan hat, ist von der Staatsschutzstrafkammer in eine normale Strafkammer versetzt worden: Er soll aus der Schußlinie genommen werden. Denn inzwischen hat die DDR mehrere Todesurteile veröffentlicht, an denen er als Staatsanwalt am NS-Sondergericht Kattowitz beteiligt war. Besonders inkriminierend ist der Fall des Polen Vincent Fuhrmann, für den Ottersbach wegen unerlaubten Waffenbesitzes die Todesstrafe beantragt hatte. Da aber auch die Sonderrichter bemerkten, daß Fuhrmanns Geständnis durch Prügel erpreßt worden war, sprachen sie ihn frei. Ottersbach lenkte jedoch nicht ein, sondern forderte, Fuhrmann an die Gestapo zu übergeben – was dessen sicheren Tod bedeutete.

Trotz des Belastungsmaterials stellte sich der niedersächsische Justizminister Arvid von Nottbeck 1961 vor seinen Staatsanwalt. Angesichts dieser ministeriellen Schützenhilfe sah der beschuldigte Jurist keinen Anlaß, von dem Angebot, nach Paragraph 116 des Richtergesetzes in Pension zu gehen, Gebrauch zu machen. Erst im Frühjahr 1965 kam der Fall erneut in die Öffentlichkeit, als der Journalist Lutz Lehmann im Fernsehmagazin *Panorama* Ottersbachs Todesurteile aufgriff. Weil die seit langem bekannten Dokumente nun nicht allein im *Braunbuch* der DDR, sondern im westdeutschen Fernsehen auftauchten, sah sich der niedersächsische Justizminister zum Handeln gezwungen. Ottersbach wurde in den Ruhestand versetzt.

derminister war es daher notwendig, das Vorhaben mit einer entsprechenden Änderung des Grundgesetzes zu koppeln. Der Widerstand innerhalb der Justiz sollte außerdem mit dem Zugeständnis überwunden werden, dem Bundesgerichtshof die Entscheidung über die Zwangspensionierung zu übertragen.

Zunächst mußte die Gesetzesinitiative mit den Bundestagsfraktionen abgestimmt werden, um zu klären, ob eine Zweidrittelmehrheit für die Grundgesetzänderung zu erreichen war. Obwohl der Vorschlag des Bundesrats für die Parlamentarier überraschend kam, war auch im Rechtsausschuß des Bundestags die Stimmung umgeschlagen. Zumindest die Sozialdemokraten, unter ihnen federführend Adolf Arndt, gingen nun mit der zuvor betriebenen Bagatellisierung des Problems ins Gericht. Dabei sparte Arndt auch nicht mit Kritik an der Rolle der SPD: Seiner Ansicht nach habe die »übermenschliche Zurückhaltung« gegenüber der Öffentlichkeit keinen Sinn mehr. Schließlich könne nach zwei Jahren nicht mehr geleugnet werden, daß der auch von ihm mitgetragene »stille Weg« nicht zum Ziel geführt habe. Fast schon zerknirscht gestand Arndt ein, im nachhinein müsse die SPD einsehen, sich gegenüber den Organisatoren der Karlsruher Ausstellung falsch verhalten zu haben. Statt die Studenten aus der Partei auszuschließen, hätte man sie durchaus gewähren lassen sollen. Mit dieser Selbstkritik verknüpfte Arndt die Ankündigung, keine Nachsicht mehr mit den beschuldigten Richtern üben zu wollen: »Sie könnten Gott auf Knien danken, daß sie 1945 nicht an den nächsten Baum gehängt worden seien. Wenn diese Leute sich heute auf den Rechtsstaat und die richterliche Unabhängigkeit beriefen, dann sei das eine Schande«.[10]

Während die Ausschußmitglieder von CDU und FDP auf Arndts Ausbruch zurückhaltend reagierten, wurde in den Partei- und Fraktionssitzungen Klartext geredet: Eine politische Offensive gegen die NS-Richter war mit den Fraktionsführungen der Christ- und Freidemokraten nicht zu machen. In ihrer Argumentation trat vor allem die Befürchtung zutage, es könnten auf diese Weise immer mehr Verbrechen aus der NS-Zeit öffentlich aufgedeckt werden. Hinzu kam, daß die Konservativen unterstellten, ein Zwangspensionierungsgesetz werde dem Ansehen der Bundesrepublik im Ausland schaden. Dabei war bei genauerer Betrachtung unschwer zu erkennen, daß gerade Wegsehen, Stillschweigen und der Schulterschluß mit den Beschuldigten die erbitterte Kritik hervorrief.

Gleichwohl: Das Vorhaben der Länder wurde in einer gemeinsamen Sitzung der Rechtspolitiker des Bundestags und der Funktionäre des Richterbundes gekippt. An vorderster Front attackierte Hans Meuschel, der Präsident des Richterbundes, die geplante Grundgesetzänderung: Hier solle ein »zweites Gesetz zur Wiederherstellung des Berufsbeamtentums« erlassen werden. Den belasteten Richtern galt hingegen seine ungebrochene Solidarität. Sie seien, so Meuschel, »honorige, anständige Menschen, sie sind durch ein dummes Schicksal, weil sie jung waren, weil sie tüchtig waren, an so irgendein ominöses Gericht gekommen, diese Kollegen genießen absolut kollegiales vollstes Vertrauen«[11].

Als Ergebnis dieses Konfrontationskurses einigten sich die Rechtspolitiker auf eine Minimallösung, den Paragraphen 116 des neuen Richtergesetzes. Demnach konnten Richter und Staatsanwälte, die während des Krieges an Strafurteilen mitgewirkt hatten, innerhalb der Frist von einem Jahr einen Antrag auf Pensionierung stellen. So großzügig die Regelung auch ausfiel – die überwiegende Mehrheit der NS-Juristen fühlte sich nicht angesprochen oder betrachtete den frühzeitigen Ruhestand gar als unangemessenes Schuldeingeständnis. Im Ergebnis, so berichtete der Justizminister 1962, waren nach dem Paragraphen 116 genau 149 Richter und Staatsanwälte in Pension gegangen. Zwölf der besonders Belasteten hatten sich den Rücktrittsforderungen zunächst widersetzt; bis auf eine Handvoll Unnachgiebiger waren sie dann doch – demonstrativ erst nach Ablauf der Gesetzesfrist – in den Ruhestand getreten. Nach Ansicht der Rechtspolitiker war damit das Problem gelöst. Auch neue Enthüllungen schienen unwahrscheinlich, da inzwischen die meisten der NS-Juristen die Altersgrenze für die Pensionierung erreicht hatten. Erneut aber hatten die Justizpolitiker die Rechnung ohne den Propaganda-Apparat der DDR gemacht: Zeitlich genau abgepaßt, kurz vor Ablauf der Antragsfrist für die Pensionierung nach dem Richtergesetz, enthüllte Ost-Berlin die Vergangenheit des neu eingesetzten Generalbundesanwalts Wolfgang Fränkel.

Im März 1962 wurde Fränkel in das Amt des obersten Anklagevertreters eingeführt. Auch wenn er gegenüber seinem Vorgänger Max Güde ein wenig blaß wirkte, so zeichneten ihn gute Abschlüsse und hervorragende Beurteilungen aus – gerade auch aus der Zeit zwischen 1938 und 1943, als Fränkel als Sachbearbeiter bei der Reichsanwaltschaft am Leipziger Reichsgericht gearbeitet hatte. Eine seiner Aufgaben bei der Reichsanwaltschaft hatte darin bestanden, Nichtigkeitsbeschwerden einzulegen, also jene Rechtsbehelfe, mit denen die oberste Anklagebehörde Urteile

Simplicissimus

„Wärst du wenigstens an ein paar Todesurteilen schuld. Dann bekämen wir Pension, und dazu könntest du als Jurist zur Industrie gehen."

Im Gang der Argumentation vielleicht doch etwas zu zynisch und zu kompliziert für eine praktisch denkende Hausfrau: Das traditionsreiche Münchner Satireblatt *Simplicissimus* kommentiert das Deutsche Richtergesetz vom 8. September 1961.

der Sondergerichte bewertete. Als Mittel der Kontrolle gedacht, konnten auf diesem Wege Urteile aufgehoben und die Verfahren zur erneuten Verhandlung an das zuständige Gericht zurückverwiesen werden. Angesichts der drakonischen Rechtsprechung der Sondergerichte ging es in den von Fränkel geprüften Fällen oft um Leben und Tod. Obwohl Bundesjustizminister Wolfgang Stammberger und sein Staatssekretär Walter Strauß vor der Berufung Fränkels genauere Hinweise über seine Tätigkeit in Leipzig erhalten hatten, obwohl inzwischen auch bekannt war, daß die DDR über die Akten der Leipziger Reichsanwaltschaft verfügte, zogen sie ihren Kandidaten nicht zurück. So war der Skandal unschwer vorhersehbar.

Im Juni 1962 legte schließlich der Ausschuß für Deutsche Einheit das Resultat seiner Nachforschungen in einer 130 Seiten langen Broschüre vor, die mit ihrer Materialfülle zu dem Fundiertesten gehörte, was der Propaganda-Apparat der DDR während der gesamten »Blutrichter«-Kampagne hervorbrachte. Anhand des Archivmaterials konnte die DDR insgesamt 34 Fälle nachweisen, bei denen Fränkel die Todesstrafe entweder beantragt oder bestätigt hatte, und zwar wegen Vergehen wie Diebstahl von Kleidungsstücken, Fahrrädern und Lebensmitteln, wegen Schwarzschlachtungen und des Tatbestands der »Rassenschande«. Als Sachbearbeiter der Reichsanwaltschaft hatte Fränkel, so belegten mehrere Aktenvermerke, selbst in jenen Verfahren eine Strafverschärfung durchgesetzt, in denen seine Vorgesetzten gegen die Todesstrafe plädiert hatten.

Wie unerbittlich der neue Generalbundesanwalt agiert hatte, zeigte vor allem sein Vorgehen gegen einen Handtaschendieb, der 1942 in Kiel in erster Instanz zum Tode verurteilt worden war. Da der Delinquent wenig Schaden verursacht hatte, nicht vorbestraft und außerdem, wie ein Gutachten feststellte, geistig behindert war, sprach sich in dem Fall sogar der nicht eben als milde bekannte Roland Freisler für die Aufhebung des Urteils aus. Den Sachbearbeiter Fränkel beeindruckte das Votum des Staatssekretärs nicht: Ohne die Prozeßakten überhaupt eingesehen zu haben, entschied Fränkel, er sei »nicht geneigt, gegen das Urteil die Nichtigkeitsbeschwerde zu erheben«. Der Angeklagte sei schließlich, »seiner Persönlichkeit nach, mag er auch noch nicht bestraft sein, ein wenig wertvoller Volksgenosse«[12]. Der Handtaschendieb wurde gehängt.

Nach Bekanntwerden der Broschüre bemühte sich der Bundesjustizminister, die Krise schnell in den Griff zu bekommen. Er schickte Fränkel in den vorläufigen Ruhestand und vereinbarte mit den Bundestagsfraktionen die Bildung einer Untersuchungskommission. Schon nach vier Tagen stand ihr Urteil fest: Fränkel habe während seiner Zeit bei der Reichsanwaltschaft seine Dienstpflichten nicht verletzt; aus justizpolitischen Gründen solle er jedoch in den Wartestand versetzt werden.

Trotz des schnellen Rücktritts konnte die Affäre jedoch für längere Zeit noch nicht zu den Akten gelegt werden: Mit dem Tag der Amtsenthebung des Generalbundesanwalts setzten in der Presse zahlreiche kritische Wortmeldungen ein, die der gesamten Bundesjustiz einen massiven Verlust an Glaubwürdigkeit attestierten. Schließlich war Fränkel keine Ausnahme, sondern nur einer unter vielen Juristen, die von der Leipziger Reichsjustiz nach Karlsruhe gewechselt waren. Angeprangert wurde, daß der Bundesgerichtshof schon zu seiner Eröffnung im Oktober 1950 als institutionelle Neugründung des Reichsgerichtshof gefeiert worden war. Solch unkritische Anknüpfung an die nationalsozialistische Recht-

Eine Ernennung, die nicht lange hält: Der scheidende Generalbundesanwalt Güde, Bundesjustizminister Stammberger, der neue Generalbundesanwalt Fränkel, der Präsident des Bundesgerichtshofs Heusinger (von links).

sprechung könne der demokratische Rechtsstaat nicht hinnehmen. Und auf noch etwas wiesen die Journalisten hin: Der Fall Fränkel beweise, daß an den Gerichten weiterhin zahlreiche Juristen mit unbekannter NS-Vergangenheit tätig seien. »Die Richter sind unter uns«, warnte Gerhard Ziegler in der *Frankfurter Rundschau* vor den bekannten und den noch unbekannten Tätern in Roben.

Doch die Weigerung der westdeutschen Justiz, weitere belastete Personen zum Rücktritt zu bewegen, sollte sich auszahlen. Nachdem sich die Aufregung um den Fall Fränkel wieder gelegt hatte, zeigte sich die Öffentlichkeit an diesem Thema immer weniger interessiert. Selbst neue Funde von Sondergerichtsakten, die die Ludwigsburger Ermittler 1965 in Polen machten, stießen keine Debatte mehr an. Nicht die Selbstreinigung wurde erzielt, sondern die Privilegierung des eigenen Berufsstandes: Das Bestrafungsmonopol der Juristen wurde dazu mißbraucht, die belasteten Kollegen vor einem Schuldspruch zu schützen.

Im Kreuzfeuer der Kritik: Die Presse zum Fall Fränkel

»Gewiß, es ist eine Schande, daß wir die Ostzone brauchen, damit eine solche skandalöse Berufung offenbar wird. Es war aber eine vermeidbare Schande. Es erscheint nämlich völlig unmöglich, daß eingeweihte hohe Juristen so völlig ahnungslos, die Vergangenheit Fränkels und anderer anlangend, gewesen sein können. ... Wie läßt es sich denn überhaupt erklären, daß man beim Aufbau eines höchsten Gerichts frisch-fröhlich die ehemaligen Reichsanwälte zu Richtern und die ehemaligen Sachbearbeiter der Reichsanwaltschaft zu Bundesanwälten machen konnte? Antwort: Das ist nur dadurch zu erklären, daß der Bundesgerichtshof, in dessen Gestalt ein neues, moralisch und geistig unbelastetes höchstes Gericht gegründet hätte werden müssen und sollen, unter der Hand eine Art Traditionskompanie des alten Reichsgerichts wurde, dergestalt, daß sich dort, beim Bundesgerichtshof, viele, zu viele, von der alten Garde – Würdige wie minder Würdige – wieder zusammenfanden. ... Welcher Schaden diesem hohen Gericht und der großen Mehrheit seiner unanfechtbaren Richterpersönlichkeiten durch die geschilderten Umstände erwachsen sein dürfte, ist nur schwer zu ermessen.«

Ernst Müller-Meiningen jr. in der *Süddeutschen Zeitung* vom 11.7.1962.

NS-Prozesse und Verjährungsdebatten in den sechziger Jahren

Im Frankfurter Auschwitz-Prozeß standen seit Dezember 1963 nicht weniger als 24 SS-Männer vor Gericht, die im größten nationalsozialistischen Konzentrations- und Vernichtungslager »Dienst« getan hatten; alle waren überzeugt, Verbrechen könnten ihnen nicht zur Last gelegt werden. Der Hauptangeklagte, Robert Mulka, einst Adjutant des Lagerkommandanten Rudolf Höß, erklärte dem Vorsitzenden Richter Hanns Hofmeyer kurz nach der Prozeßeröffnung: »Es mag unglaubwürdig erscheinen, Herr Vorsitzender, ich habe dieses Schutzhaftlager nie betreten.« »Wußten Sie nicht, daß dort Gaskammern waren?« Mulka, nach längerem Schweigen: »Ja, aber ich hatte keine Veranlassung, danach zu fragen.«[13]

Nichts getan, kaum etwas gewußt: Keiner der Angeklagten war bereit, sich der Verantwortung seines Tuns zu stellen – weder Wilhelm Boger, der berüchtigte Folterer der »Politischen Abteilung«, noch der ehemalige Rapportführer Oswald Kaduk, in Auschwitz als einer der schlimmsten Totschläger bekannt. Doch die Staatsanwaltschaft hatte sich gründlich vorbereitet: In diesem bis dahin größten Mordverfahren der deutschen Justizgeschichte wurden 359 Zeugen gehört, davon 248 ehemalige Häftlinge, und die Protokolle weiterer 50 Zeugen verlesen. Das Verfahren vor dem Frankfurter Schwurgericht, das der hessische Generalstaatsanwalt Fritz Bauer auf Initiative eines Überlebenden, Hermann Langbeins, in Gang gebracht hatte, setzte neue Maßstäbe für die juristische und historische Aufarbeitung der NS-Verbrechen. Umstritten waren hingegen die

»Das war ein Abgrund, in den man blickte.«
»Es war eigentlich ein Zufall, daß ich mich in den sechziger Jahren als junger Richter mit dem Justizunrecht der NS-Zeit beschäftigt hatte. Mein erster größerer Fall war ein Antrag auf Wiedergutmachung. Dabei mußte ich ein Todesurteil des Sondergerichts Braunschweig gegen die 19jährige Erna Wazinski überprüfen, die hingerichtet worden war. Nach einem Bombenangriff hatte sie einen Koffer aus ihrer Wohnung geholt, weil sie glaubte, er gehöre ihrer Mutter. Bei der Lektüre des Urteils sind mir die Augen übergegangen. Das war ein Abgrund, in den man blickte.

Für mich waren Juristen, die längere Berufserfahrung hatten, ein Ideal. Mir war beigebracht worden, daß Juristen über ein sehr genau arbeitendes Instrumentarium verfügen, daß sie auf diese Weise gar nicht irren können. Und nun dieses Todesurteil sowie eine Reihe von anderen aus Braunschweig. Und die Richter amtierten immer noch. Darunter waren viele hervorragende Juristen mit guten Umgangsformen. Ich stellte mir oft die Frage, wie ist es möglich, daß Juristen mit einer gediegenen Ausbildung sozusagen über Nacht zu Mördern in der Robe werden können? War das Karrierestreben? War es die ideologische Verblendung durch den Nationalsozialismus? Will man nur nicht auffallen in der beruflichen Umgebung?

In meiner Stellungnahme zu dem Todesurteil habe ich es als Unrecht bezeichnet und seine Aufhebung gefordert. Von meinen Richterkollegen, die das Urteil gegen Wazinski 1965 ein zweites Mal bestätigten, bin ich offen angegriffen worden. Mein Erschrecken wurde noch größer, als ich während einer Verwandtenreise in der DDR das *Braunbuch* zu Gesicht bekam. Die Informationen, die ja auch mit Dokumenten belegt waren, schienen mir glaubwürdig. Bei meinen späteren Forschungen habe ich allerdings bemerkt, daß die Dinge in Wirklichkeit noch viel schlimmer waren. Bei einzelnen Richtern existieren weitaus mehr Todesurteile. Und im *Braunbuch* fehlen viele Namen. Das liegt einfach daran, daß die Justizakten in der DDR unvollständig waren. Viele Dokumente sind auch in der Bundesrepublik archiviert – und wurden nicht ausgewertet.

Natürlich setzte ich mich mit meinen Publikationen manchen Anfeindungen aus. Aber was soll's, bis zur Pensionierung war ich ein unabhängiger Richter, unabsetzbar. Ein Privileg, das die wenigsten Bürger in unserem Staat und bei dieser Wirtschaftslage haben. Und ich würde mir wünschen, daß viele meiner Kollegen sich bewußt sind, daß die richterliche Unabhängigkeit nicht nur ein Privileg ist, sondern eine Verpflichtung. Und daß einem Richter gar nichts zustoßen kann, wenn er eine höheren Orts mißliebige Entscheidung trifft und nur seinem Gewissen folgt. Vielleicht wird er nicht so weit befördert wie andere. Aber ist das ein Nachteil? Ein Nachteil, der einen Richter beirren muß? Ich meine nein.«

Helmut Kramer, Richter a. D. am Landgericht Braunschweig,
im Interview mit Sabine Mieder, 30. 1. 2001

am 19. August 1965 verkündeten Urteile: Von den nunmehr 20 Angeklagten (ein Teil der Verfahren war abgetrennt worden) erhielten sieben eine Verurteilung wegen Mordes, drei einen Freispruch und die übrigen – unter ihnen auch Mulka – wegen Beihilfe zum Mord Freiheitsstrafen zwischen dreieinhalb und 14 Jahren.

Das wichtigste Ergebnis des Auschwitz-Prozesses bestand sicherlich darin, nach dem Jerusalemer Eichmann-Prozeß von 1961 erneut die Vernichtung der europäischen Juden öffentlich thematisiert und als das zentrale Verbrechen des Nationalsozialismus verdeutlicht zu haben. Die großen überregionalen Tageszeitungen brachten Berichte über fast jeden der 183 Verhandlungstage. Am eindrucksvollsten waren die nüchternen Reportagen von Bernd Naumann in der *Frankfurter Allgemeinen Zeitung*, die dem Schriftsteller Peter Weiss als Grundlage für sein vieldiskutiertes Dokumentarstück *Die Ermittlung* dienten. Darüber hinaus informierten Radio, Fernsehen und Illustrierte regelmäßig über die Beweisaufnahme und Zeugenaussagen. In der Folge füllten sich schließlich auch die zunächst leeren Zuschauertribünen; insgesamt rund 20 000 Besucher woll-

Eröffnung des Auschwitz-Prozesses in Frankfurt am Main, 20. Dezember 1963. In der Mitte der Angeklagte Wilhelm Boger.

ten im Gerichtssaal einen unmittelbaren Eindruck vom Verlauf der Verhandlungen gewinnen. An diesen Zahlen und der hohen Medienpräsenz wird die Ausnahmestellung des Frankfurter Gerichtsverfahrens gegenüber allen anderen westdeutschen NS-Prozessen kenntlich. So fand der zur gleichen Zeit durchgeführte Düsseldorfer Prozeß gegen ehemalige SS-Männer des Vernichtungslagers Treblinka kaum Beachtung in der Öffentlichkeit; der Sobibór-Prozeß vor dem Landgericht Hagen ein Jahr später blieb fast unbemerkt. Das Thema der nationalsozialistischen Mas-

PROZESSE

TREBLINKA

Fagott geblasen

Boger und Kaduk wurden Begriffe. Kurt Hubert Franz, Lalka (Puppe) genannt, August Miete, Spitzname Malchamowes (Todesengel) oder Krimme Kepl (Schiefkopf), blieben in der Bundesrepublik fast unbekannt. Der Prozeß in Frankfurt stahl dem Prozeß in Düsseldorf die Aufmerksamkeit. Auschwitz siegte über Treblinka.

In den Arbeits- und Todeslagern von Auschwitz kamen von 1941 bis 1944 über 2,5 Millionen Menschen zu Tode. In dem 400 mal 600 Meter großen Geviert von Treblinka, östlich von Warschau, wurden 1942/1943 in 14 Monaten mehr als 700 000 jüdische Menschen durch Gas und Schußwaffen ermordet.

»Auschwitz siegte über Treblinka«: Ausschnitt aus der Prozeßberichterstattung des *Spiegel* vom September 1965.

senverbrechen, so schien es, hatte sich nach dem Medienereignis des Auschwitz-Prozesses gewissermaßen erledigt. Ein grundlegender Einstellungswandel in der Bevölkerungsmehrheit war indessen ausgeblieben.

Die Tatsache, daß laut Meinungsumfragen 1964 ein Großteil der Westdeutschen für das Ende der Strafverfolgung votierte, bestärkte die Bundesregierung in ihrer Entscheidung, die Verjährungsfrist für Mordverbrechen am 8. Mai 1965 auslaufen zu lassen. Da viele in Osteuropa archivierte Belastungsdokumente nicht ausgewertet, zahlreiche NS-Täter noch nicht ermittelt waren, hätte die geplante Verjährung einschneidende Konsequenzen gehabt. Bald nach dem Kabinettsbeschluß für die Verjährung sammelte sich in der CDU/CSU-Bundestagsfraktion deshalb eine Gruppe um den Rechtspolitiker Ernst Benda. Sie wollte eine zehnjährige Verlängerung der Frist durchsetzen – und hatte durchaus eine Chance, weil sie zusammen mit den Sozialdemokraten fast die Hälfte der Bundestagsmandate stellte. Im Januar 1965 nahm die Bundesregierung tatsächlich ihren Beschluß zurück und überließ dem Bundestag die Entscheidung über die Verjährung.

»Für Völkermord gibt es keine Verjährung«

Karl Jaspers: »Der entscheidende Punkt ist, ob man anerkennt: Der Nazistaat war ein Verbrecherstaat, nicht ein Staat, der auch Verbrechen begeht. Ein Verbrecherstaat ist ein solcher, der im Prinzip keine Rechtsordnung stiftet und anerkennt. Was Recht heißt und was er in einer Flut von Gesetzen hervorbringt, ist ihm ein Mittel zur Beruhigung und Unterwerfung seiner Menschenmassen, nicht etwas, was er selber achtet und einhält. ... Sein Prinzip bezeugt er durch Ausrottung von Völkern, die gemäß seiner Entscheidung keine Daseinsberechtigung haben.«

Rudolf Augstein: »Von da aus kommen wir nämlich auf den Punkt, der mir persönlich am bedenklichsten scheint. Ich frage mich nach der Legitimität dieses Staatswesens, das wir hier begründet haben, diese Verbrechen zu bestrafen. Es muß uns doch sehr zu denken geben, daß meines Wissens noch nicht ein Richter, noch nicht ein Staatsanwalt aus der NS-Zeit jemals vor dem Strafrichter gestanden hat. Das Recht ist tausend-, es ist hunderttausendfach gebeugt worden. Trotzdem haben die juristischen Täter nicht vor Gericht gestanden.«

Quelle: Spiegel-Interview von Rudolf Augstein mit Karl Jaspers, 10. März 1965

Die erste Lesung des Gesetzentwurfs der Gruppe Benda, die große parlamentarische Debatte zur Verjährung am 10. März 1965, gilt gemeinhin als ein Höhepunkt der Bonner Parlamentsgeschichte. Und in der Tat gab es wohl keine zweite Debatte des Bundestags, in der sich das Parlament so intensiv und ernsthaft mit der NS-Vergangenheit und ihrer Relevanz für die westdeutsche Politik auseinandersetzte. Den Stimmungsumschwung, der die Mehrheit der westdeutschen Politiker in der Verjährungsfrage erfaßte, bringt am anschaulichsten das Schlußwort aus Bendas Bundestagsrede zum Ausdruck. Er zitierte einen Spruch aus Israels nationaler Holocaust-Gedenkstätte, der seitdem in westdeutschen Ansprachen zum Gedenken an die Opfer des NS-Regimes vielfach wiederholt wurde: »Das Vergessenwollen verlängert das Exil, und das Geheimnis der Erlösung heißt Erinnerung.«[14]

Die Reden der Verjährungsdebatte im Bundestag zeichnete ein außergewöhnlicher moralischer Ernst aus. Außergewöhnlich war allerdings auch die politische Situation, die das Engagement der Parlamentarier

Geplante Amnestie oder Gesetzgebungspanne? Der Berliner Generalstaatsanwalt Hans Günther befürchtete das Schlimmste: »Es geht alles heillos durcheinander.« Den von ihm geleiteten Ermittlungen gegen 300 Angehörige des Reichssicherheitshauptsamtes drohte im Januar 1969 das Aus. Bereits aus der Untersuchungshaft entlassen waren die ehemaligen Leiter des Polen-Referats Bernhard Baatz und Joachim Deumling, beide der Beihilfe an der Ermordung Tausender polnischer Zivilisten beschuldigt. Weitere Häftlinge wie Otto Hunsche, an der Deportation von über 50 000 Juden beteiligt, konnten mit ihrer baldigen Freilassung rechnen.

Ausgelöst wurde diese Entlassungswelle durch die Änderung des Paragraphen 50/2 des Strafgesetzbuches. Eingeführt im Mai 1968 im Rahmen des neuen Ordnungswidrigkeitengesetzes, das vor allem Verkehrsdelikte entkriminalisieren sollte, besagte die Gesetzesänderung, daß Beihilfe zum Mord niedriger bestraft werden müsse als Haupttäterschaft. Entscheidend an der Novelle war aber allein eine spezifische Auslegung: Beihilfe zum Mord aus sogenannten niedrigen Beweggründen sollte bereits 1960 verjährt sein. Auf die Idee, daß der neue Paragraph so weitreichende Folgen habe könnte, war keiner der am Gesetzgebungsverfahren beteiligten Parlamentarier gekommen.

Der Verfasser der Novelle, Ministerialrat Eduard Dreher aus dem Bundesjustizministerium, hätte es jedoch wissen können – schließlich war er Fachmann für die Anwendung von Verjährungsbestimmungen auf NS-Verbrechen. Bis heute ist ungeklärt, ob Dreher und seine Kollegen im Ministerium sich – entgegen ihren Beteuerungen – nicht doch die Interessen der »Schreibtischtäter« zu eigen gemacht hatten.

Tatsache ist allerdings: Der Fünfte Strafsenat des Bundesgerichtshofs fällte mit dem Urteil vom Mai 1969 eine juristisch hoch umstrittene, aber politisch gewollte Entscheidung. Die verantwortlichen Richter, Berichterstatter Rudolf Börker, ehemals Kriegsgerichtsrat im Wehrmachtsgefängnis Torgau, und Senatspräsident Werner Sarstedt, der sich ebenfalls für die Straffreiheit der NS-Juristen einsetzte, erfüllten damit die Amnestieforderungen von CDU und FDP. Erst nach der Urteilsverkündung waren die Christdemokraten bereit, gemeinsam mit der SPD die im Mai 1969 ablaufende Verjährungsfrist für Mordverbrechen um weitere zehn Jahre zu verlängern.

Die Rechnung ging auf, denn so gering der Ertrag der Fristverlängerung für die Strafverfolgung war (nur zwei der neu eingeleiteten Ermittlungen führten zu einer Verurteilung), so verheerend waren die Folgen des Bundesgerichtshof-Urteils: Die Verfahren gegen das Personal des Reichssicherheitshauptamtes wurde eingestellt, der größte Mordprozeß der Nachkriegszeit damit kurz vor der Eröffnung ausgesetzt. Und dabei hätte dieses Schlüsselverfahren für die Strafverfolgung von NS-Verbrechen endlich Licht in das noch kaum bekannte Handeln einer Institution bringen können, die die Entscheidungszentrale der Vernichtungspolitik gewesen war. In den Reihen der Staatsanwaltschaften wurde die Gesetzesnovelle außerdem als Signal verstanden, das es erlaubte, Hunderte weiterer Ermittlungsverfahren einzustellen.

Zu bilanzieren ist: Diese sogenannte kalte Verjährung von 1968/69 diente fortan als juristische Barriere, um hochrangige NS-Täter vor der Strafverfolgung zu bewahren.

herausforderte: In den Vereinigten Staaten, in Israel und in Westeuropa liefen Verfolgtenverbände und jüdische Organisationen gegen die beabsichtigte Verjährung Sturm. Schließlich appellierten fast sämtliche Parlamente und Regierungen der westlichen Staaten an die Bundesrepublik, die Verjährungsfrist zu verlängern. Die vehementen Proteste aus dem Ausland demonstrierten der politischen Klasse der Bundesrepublik eindringlich, daß ihr im Konflikt um die Verjährung eine internationale Isolation drohte, die sie längst überwunden geglaubt hatte.

Vor dem Hintergrund dieser Protestbewegung, die auch Teile der westdeutschen Öffentlichkeit erfaßte, entschied sich der Bundestag für den Kompromiß, die Verjährungsfrist um vier Jahre zu verlängern. Die damit einhergehende Ankündigung, die Ahndung von NS-Verbrechen auszuweiten, stand indessen in hohem Maße unter Vorbehalt. Denn die konservative Mehrheit im Rechtsausschuß des Bundestags drängte 1965 und

Berlin, 14. Dezember 1968: Demonstration gegen den Freispruch Rehses und die Verurteilung von Beate Klarsfeld. Sie sollte wegen der Ohrfeige für Kiesinger ein Jahr in Haft.

auch in der 1969 folgenden Verjährungsdebatte auf eine Amnestie, um die Verlängerung der Verjährungsfrist zu kompensieren. Obwohl sie behauptete, nur die untergeordneten Gehilfen der Vernichtungspolitik vor der Strafverfolgung bewahren zu wollen, zielte ihr Amnestievorhaben letztlich auf alle Täter innerhalb der nationalsozialistischen Verwaltungsapparate.

Während die Befürworter dieser Amnestie 1965 noch an dem hinhaltenden Widerstand der SPD scheiterten, setzten sie sich vier Jahre später mittels einer unbeachteten Novelle des Strafgesetzbuches durch. Der Bundesgerichtshof entschied in seinem Urteil vom Mai 1969, daß die Verbrechen gerade derjenigen verjährt waren, die als Bürokraten innerhalb des Mordapparats die Hauptverantwortung getragen hatten.

Es hatte lange Jahre der Ermittlungsarbeit in Anspruch genommen, bis 1967 – endlich – ein Richter des Volksgerichtshofs vor Gericht kam: Angeklagt war Hans-Joachim Rehse, neben Freisler der am schwersten belastete Angehörige des Volksgerichtshofs. Während seiner Zeit als Bei-

Protest im Protestjahr 1968: Anzeige in verschiedenen West-Berliner Zeitungen.

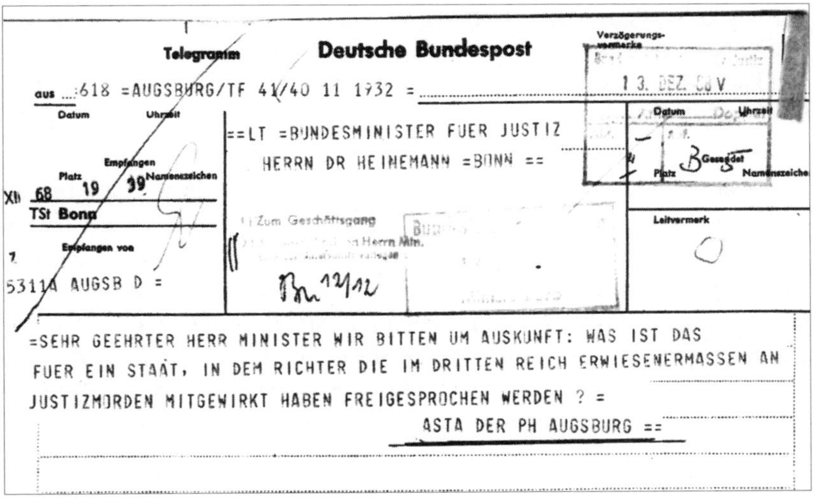
Telegramm Deutsche Bundespost

Verzögerungsvermerke

aus ...:618 =AUGSBURG/TF 41/40 11 1932 =

13. DEZ. 68 V

Datum Uhrzeit

==LT =BUNDESMINISTER FUER JUSTIZ
HERRN DR HEINEMANN =BONN ==

Empfangen
Platz Namenszeichen
XII 68 19 39
TSt Bonn
Empfangen von
53114 AUGSB D =

Zum Geschäftsgang
Herrn Min.

Leitvermerk

=SEHR GEEHRTER HERR MINISTER WIR BITTEN UM AUSKUNFT: WAS IST DAS FUER EIN STAAT, IN DEM RICHTER DIE IM DRITTEN REICH ERWIESENERMASSEN AN JUSTIZMORDEN MITGEWIRKT HABEN FREIGESPROCHEN WERDEN ? =
ASTA DER PH AUGSBURG ==

»Justizmorde«: Protestzuschrift aus den Akten des Bundesjustizministeriums.

sitzender Richter vom November 1941 bis Mai 1945 war Rehse an mindestens 231 Todesurteilen beteiligt gewesen. Das Verfahren gegen Rehse sollte den Auftakt für eine ganze Prozeßserie bilden, die mit zahlreichen Ermittlungsverfahren der Berliner Staatsanwaltschaft zum Volksgerichtshof vorbereitet worden war. In der Absicht, zumindest für die Richter dieser am meisten gefürchteten Institution der NS-Justiz eine Verurteilung zu erzielen, konzentrierten sich die Staatsanwälte in der Anklageschrift gegen Rehse auf sieben Todesurteile, bei denen er die eigene Zustimmung bereits gestanden hatte.

In diesem Sinne war die Entscheidung in erster Instanz ein Teilerfolg: Das Berliner Landgericht verurteilte Rehse am 3. Juli 1967 wegen Beihilfe zu Mord und versuchtem Mord zu fünf Jahren Gefängnis. Die Richter wagten indes nicht, den Angeklagten als vollverantwortlichen Täter einzustufen. Da sowohl Staatsanwaltschaft als auch Verteidigung Berufung einlegten, lag das Urteil dann dem Bundesgerichtshof zur Entscheidung vor. Unter Vorsitz von Werner Sarstedt vertrat wiederum der Fünfte Strafsenat die Ansicht, daß der Volksgerichtshof wie ein normales, unabhängiges Gericht zu bewerten sei. Unter dieser Voraussetzung könne bei Rehse nicht von Rechtsblindheit ausgegangen werden, sondern müsse ihm die bewußte Rechtsbeugung – Grundlage aller bisherigen Freisprüche für die NS-Justiz – nachgewiesen werden.

Juristisch verklausuliert war die Amnestie für Rehse damit vorgezeichnet.

Das Berliner Landgericht folgte dieser Linie mit einer apologetischen Schlichtheit, die das Urteil vom 6. Dezember 1968 zu einem für die gesamte Justiz peinlichen Skandal werden ließ: In der mündlichen Urteilsbegründung rechtfertigte der Vorsitzende Richter Hans-Jürgen Oske den Freispruch mit dem Argument, gegen Ende des Krieges hätten die Todesurteile der legitimen Selbstbehauptung des Staates gedient. Einen Sturm der Entrüstung entfachte Oske, indem er Parallelen zur Situation in der Bundesrepublik zog und härtere Strafen gegen Demonstranten forderte. Die Außerparlamentarische Opposition (APO) organisierte Protestkundgebungen, ja selbst der Regierende Berliner Bürgermeister Klaus Schütz empörte sich über das Urteil. Bevor aber der Bundesgerichtshof über eine erneute Revision entscheiden konnte, starb Rehse im September 1969.

Der letzte Versuch: Das Volksgerichtshof-Verfahren

Der nicht mehr zu widerrufende Freispruch für Rehse hatte weitreichende Folgen: Die Berliner Staatsanwaltschaft stellte nun sämtliche Ermittlungsverfahren gegen Mitglieder des Volksgerichtshofs ein. Erst eine Dekade später, im Oktober 1979, veranlaßte der Berliner Justizsenator Gerhard Meyer, daß die Akten erneut geöffnet wurden. Unmittelbarer Anlaß war eine Strafanzeige des deutsch-amerikanischen Rechtsanwalts Robert Kempner, ehemals stellvertretender US-Hauptankläger in Nürnberg, der Angehörige der Justizopfer vertrat.

Die Entscheidung des Senators kam der sich Ende der siebziger Jahre wandelnden Stimmungslage in der Bundesrepublik entgegen. Aufgerüttelt durch die Ausstrahlung der amerikanischen Fernsehserie »Holocaust« im Januar 1979, richtete die Öffentlichkeit ihre Aufmerksamkeit nun auf laufende NS-Verfahren. Sprunghaft stieg die Zahl der Presseberichte über den Düsseldorfer Prozeß gegen das SS-Wachpersonal des Vernichtungslagers Majdanek sowie über den Kölner Prozeß gegen die Organisatoren der Judendeportationen aus Frankreich, den nicht zuletzt der FDP-Bundestagsabgeordnete Ernst Achenbach hatte verhindern wollen.

Als die Staatsanwaltschaft erneut die Verbrechen des Volksgerichtshofs in den Blick nahm, entschied sie sich für die systematische Untersuchung

Ernst Achenbach: Politik im Dienste der Generalamnestie Der Freidemokrat Ernst Achenbach stand während seiner politischen Karriere schon oft im Kreuzfeuer der Kritik, aber dieses Mal, im Juli 1974, drohte dem gewieften Außenpolitiker das Ende seiner Laufbahn: Die französische Regierung und die bundesdeutsche Presse drängten darauf, daß Achenbach als Berichterstatter im Auswärtigen Ausschuß des Deutschen Bundestags zurücktrat, wo er für den deutsch-französischen Überleitungsvertrag für Kriegsverbrecher zuständig war. Diese zusätzliche Vereinbarung sollte den deutschen Gerichten ermöglichen, endlich jenen NS-Tätern den Prozeß zu machen, die französische Gerichte in Abwesenheit verurteilt hatten. Obwohl das Abkommen seit 1971 beschlossen war, verzögerte der Bundestag seine Ratifizierung Jahr um Jahr.

Der für die Verschleppung Hauptverantwortliche war Ernst Achenbach, in Sachen Amnestie für NS-Verbrecher beileibe kein Unbekannter: Schon bei den Nürnberger Kriegsverbrecherprozessen verteidigte er Angeklagte der IG Farben und des Auswärtigen Amtes. Anfang der fünfziger Jahre organisierte er zusammen mit Werner Best, dem früheren Chefideologen des Reichssicherheitshauptamtes, eine Kampagne, mit der die Generalamnestie für Kriegsverbrecher durchgesetzt werden sollte. Darüber hinaus war Achenbach, zunächst Landtagsabgeordneter der FDP in Düsseldorf, die Schlüsselfigur bei der Unterwanderung seiner Partei durch ehemalige Nationalsozialisten, die 1953 mit der Verhaftung des Goebbels-Staatssekretärs Werner Naumann aufgedeckt wurde. Seit 1957 gehörte Achenbach dem Bundestag an und verfolgte das Ziel der Generalamnestie unbeirrt weiter. Auch als Anwalt setzte er sich erfolgreich dafür ein, daß NS-Verfahren immer wieder ausgesetzt wurden, etwa im Fall von

Immer dabei: Ernst Achenbach.

Horst Wagner, der im Auswärtigen Amt für die Deportation der ungarischen Juden zuständig gewesen war.

Daß Achenbach 1974 schließlich mit Rücktrittsforderungen konfrontiert wurde, lag in erster Linie an der Deutsch-Französin Beate Klarsfeld. Sie engagierte sich seit Jahren dafür, daß die Organisatoren des Mordes an den französischen Juden verurteilt wurden. Bei ihren Recherchen machte sie Dokumente ausfindig, die bewiesen, daß Achenbach selbst schwer belastet war. Als leitender Mitarbeiter der deutschen Botschaft in Paris war der spätere Bundestagsabgeordnete in den Jahren zwischen 1941 und 1943 mit der Deportation der französischen Juden befaßt. Der Skandal schlug so große Wellen, daß Bundeskanzler Helmut Schmidt sich um Schadensbegrenzung bemühen mußte und der französischen Regierung zusagte, das Abkommen zügig zu ratifizieren. Im Oktober 1979 schließlich konnte der Frankreich-Prozeß in Köln eröffnet werden: Angeklagt waren Kurt Lischka, der ehemalige Chef der Sicherheitspolizei in Paris, dessen Sachbearbeiter für die »Endlösung«, Ernst Heinrichson, und der SS-Sturmbannführer Herbert Hagen.

aller relevanten Aspekte, derer sie habhaft werden konnte. Von den über 7000 Urteilen begutachtete sie etwa 2600; gegen insgesamt 110 Personen führte sie Ermittlungen, und erst nach drei Jahren begannen die Vernehmungen der Beschuldigten. Angesichts des hohen Alters der Beschuldigten hatte dieses zeitaufwendige Vorgehen, das die Anlageerhebung immer länger hinauszögerte, weitreichende Folgen: Auch die letzten noch lebenden NS-Juristen konnten aus gesundheitlichen Gründen nicht mehr vor Gericht gestellt werden. Im Laufe des gesamten Verfahrens von 1979 bis 1986 starben 27 Personen, gegen 29 wurde das Verfahren wegen Verhandlungsunfähigkeit eingestellt.

Doch nicht nur auf diesem Wege schonten die Staatsanwälte die Beschuldigten: Nach Ansicht der Ermittler war der Volksgerichtshof lediglich während der Ära Freisler kein reguläres Gericht, sondern ein Instrument des politischen Terrors. Der einzige, gegen den die Berliner Staatsanwaltschaft schließlich Anklage erhob, war der frühere Kammergerichtsrat Paul Reimers. Die 840 Seiten umfassende Anklageschrift warf dem Pensionär Mord und versuchten Mord in 97 Fällen vor. Vorsorglich ließ sich der Beschuldigte Verhandlungsunfähigkeit attestieren, beging jedoch, noch bevor über die Eröffnung der Hauptverhandlung entschieden wurde, Selbstmord. Im September 1986 stellte die Staatsanwaltschaft schließlich alle Ermittlungsverfahren ein. Das letzte Kapitel der gescheiterten Ahndung von NS-Justizverbrechen war abgeschlossen.

Die konservative Mehrheit auch unter den jüngeren Juristen mochte zwar die Ansicht vertreten, daß der Dritten Gewalt durch die Straffreiheit für NS-Juristen ein peinlicher Ansehensverlust erspart geblieben war. In der Rückschau erwies sich diese Selbstamnestierung jedoch als Pyrrhussieg: Fast drei Jahrzehnte, bis die letzten NS-Juristen Anfang der achtziger Jahre in Pension gingen, tauchten immer wieder Todesurteile und Gesetzeskommentare aus der NS-Zeit auf, die westdeutsche Richter, Staatsanwälte oder Politiker verfaßt hatten. Auch wenn das öffentliche Interesse selten über einige Artikel und Fernsehberichte hinausging, haftete den Juristen seitdem – zu Recht – der Ruf an, jene Funktionselite zu sein, die in der Bundesrepublik die größte personelle Kontinuität aufwies und das größte Kontingent nicht bestrafter Täter stellte.

NS-Richter flüchtete sich in den Tod

Sein Freitod sei rechtlich nicht als Schuldbekenntnis zu werten, beteuerte der ehemalige Richter am Volksgerichtshof (VGH), Dr. Paul Reimers, in seinem Abschiedsbrief. Vielmehr habe er damit seiner Familie die Auswirkungen des zu erwartenden Gerichtsverfahrens gegen ihn ersparen wollen. Der 82jährige, den die Berliner Staatsanwaltschaft wegen Mordes in 62 Fällen und wegen versuchten Mordes in 35 Fällen angeklagt hatte, war am Montagabend erhängt in seinem Bremer Haus aufgefunden worden.

Selbstmord: Paul Reimers

Wie Justizsprecher Volker Kähne gestern mitteilte, habe ein vom Gericht beauftragter Gutachter den Angeklagten als nicht selbstmordgefährdet eingeschätzt. Auch Reimers Rechtsanwalt und der ermittelnde Staatsanwalt hätten den Eindruck gehabt, er wolle sich dem Verfahren stellen.

Ausschnitt aus der *Berliner Morgenpost* vom 17. November 1984.

Der spektakulärste Skandal im Zusammenhang mit der NS-Justiz war zweifellos der Rücktritt des baden-württembergischen Ministerpräsidenten Hans Filbinger im August 1978. Die Debatte um die Vergangenheit des CDU-Politikers begann bereits 1972, als der ehemalige Marinestabsrichter ein

»Mir wurde schweres Unrecht angetan«

»Nach sorgfältiger, reiflicher Überlegung habe ich mich entschlossen, mein Amt als Ministerpräsident von Baden-Württemberg zurückzugeben. Dies ist die Folge einer Rufmordkampagne, die in dieser Form bisher in der Bundesrepublik Deutschland nicht vorhanden war. Es ist mir schweres Unrecht angetan worden. Dies wird sich erweisen, soweit es nicht bereits offenbar geworden ist. ... Ich stehe ohne Einschränkung zu der von mir beschworenen Verfassung und damit selbstverständlich auch zu der öffentlichen Meinungsfreiheit. Ich bin aber nicht bereit, schwerste Ehrverletzungen im Namen der Meinungsfreiheit hinzunehmen. Ein freiheitlicher Rechtsstaat, in dem die persönliche Ehre mit Füßen getreten werden kann, ruiniert sich selbst.«

Aus der Rücktrittserklärung Hans Filbingers vom 7. August 1978

vom *Spiegel* veröffentlichtes Fehlurteil verteidigte, mit dem er noch im Juni 1945 – selbst schon in einem Kriegsgefangenenlager inhaftiert – einen Soldaten wegen Gehorsamsverweigerung hatte ins Gefängnis bringen wollen.

Eine neue Qualität erreichte die Auseinandersetzung mit Filbinger im Februar 1978. In einem in der *Zeit* veröffentlichten Artikel nannte der Schriftsteller Rolf Hochhuth den Ministerpräsidenten einen »furchtbaren Juristen« und konnte ihm nachweisen, daß er – nun als Anklagevertreter – die Todesstrafe für einen desertierten Matrosen beantragt hatte. Filbinger reagierte auf die Enthüllung nicht nur ohne ein Wort des Bedauerns, sondern strengte sogar einen Rufmord-Prozeß gegen Hochhuth an. Als wenige Monate später zwei weitere Todesurteile Filbingers bekannt wurden, eskalierte der Konflikt. Vor allem die mangelnde Fähigkeit des Ministerpräsidenten, im Nachhinein eine innere Distanz zu den Urteilen zu entwickeln, trug dazu bei, daß selbst seine Parteifreunde sich von ihm distanzierten und der Rücktritt unausweichlich wurde. Für das beschädigte Rechtsstaatsverständnis einer politischen Generation, die mehr als dreißig Jahre die westdeutsche Justiz geprägt hat, steht Filbingers Äußerung: »Was damals Recht war, kann heute doch nicht Unrecht sein.«

Klaus Staeck kontra Hans Filbinger: Plakat aus der Serie »Radikale im öffentlichen Dienst«, 1975.

Kalter Krieg, Antikommunismus und die Vergangenheit

Vereint mit den Westmächten im Kampf gegen den Kommunismus: Dieses Szenario der späten NS-Propaganda diente noch in den Nürnberger Zellen einigen der ehemaligen großdeutschen Strategen für letzte Rechtfertigungsversuche, als sich – freilich ganz anders, als von wendigen Nationalsozialisten in den letzten Kriegsjahren erträumt – die »freie Welt« gegen einen möglichen Krieg mit der Sowjetunion zu wappnen begann.

Tatsächlich trat das besiegte Deutschland 1945 von seiner aktiven Rolle auf der Bühne der Weltpolitik ab, verließ das geteilte Land vor dem Hintergrund eines bis zur offenen Konfrontation sich steigernden Zerfalls der Siegerkoalition seine traditionelle, ideologisch überhöhte Mittellage in Europa. Unmißverständlich rückten die drei Westzonen und später die Bundesrepublik in die Reihen des Westens und der NATO, während auf der anderen Seite des »Eisernen Vorhangs« (so Winston Churchill im März 1946) die sowjetische Besatzungszone und spätere DDR fester Bestandteil des Warschauer Paktes wurde. Für viele Westdeutsche verband sich der tradierte Antikommunismus nun mit der – freilich beiderseits der Elbe vorhandenen – Sorge, Deutschland würde im Falle eines neuen Weltkrieges einen »Bruderkrieg« zu führen haben. Und es wuchs die Angst, Deutschland könnte zum atomaren Schlachtfeld werden.

Als im Juni 1950 in Korea der erste Stellvertreterkrieg des globalen Konfliktes ausbrach, schien sich den Westdeutschen die Parallele eines kommunistischen Angriffs in einem geteilten Land geradezu aufzudrängen; dies um so mehr, als die sowjetische Blockade der Westsektoren Berlins 1948/49 bereits einen Vorgeschmack auf die mögliche Eskalation geliefert hatte. Gleichwohl nahm die akute Angst vor einem Krieg im Laufe der fünfziger Jahre trotz ständiger militärisch-technischer Innovationen auf beiden Seiten allgemein ab. Die Kuba-Krise im Herbst 1962 brachte jedoch schlagartig ins allgemeine Bewußtsein zurück, wie schnell die von beiden Seiten praktizierte Droh- und Abschreckungsstrategie des Kalten Krieges zum realen

Waffengang führen konnte: Nur um Haaresbreite hatte damals der Versuch der UdSSR, auch im »Vorhof« der USA Nuklearraketen zu stationieren, an einem Atomkrieg vorbeigeführt; überall im Westen war es zu Hamsterkäufen und Bunkerbauten im eigenen Garten oder Keller gekommen.

Der Bau der Berliner Mauer zementierte 1961 die Spaltung Deutschlands und der Welt in feindliche Blöcke und wurde so zum Symbol für die Beständigkeit des ideologischen und militärischen Konflikts. Von der DDR-Propaganda als »antifaschistischer Schutzwall« gepriesen, war die Mauer eine frühe Bankrotterklärung des SED-Regimes – und seine einstweilige Rettung, die viele Menschenleben kosten sollte. Zugleich zwang die totale Abschließung der DDR die Bundesrepublik auf längere Sicht zu einer pragmatischen Deutschland- und Ostpolitik.

Anfang der fünfziger Jahre hatte die Furcht vor einer gezielten Unterwanderung durch den ideologischen Gegner in den USA zu den Exzessen der McCarthy-Ära geführt, in der Bundesrepublik zum Verbot der KPD. Der populäre Antikommunismus ließ sich aber auch trefflich für andere Zwecke instrumentalisieren. So konnte Kanzler Adenauer fünf Jahre nach der Befreiung von Auschwitz mit breiter Zustimmung rechnen, als er auf dem Goslarer Parteitag der CDU erklärte: »Ich wollte, die Bewohner der Ostzonen-Republik könnten einmal offen schildern, wie es bei ihnen aussieht. Unsere Leute würden hören, daß der Druck, den der Nationalsozialismus durch Gestapo, durch Konzentrationslager, durch Verurteilung ausgeübt hat, mäßig war gegenüber dem, was jetzt in der Ostzone geschieht.«[1] Klar ist freilich auch, daß es sich die DDR unter Berufung auf ihren Antifaschismus mit der Vergangenheit nicht schwerer machte.

Mit der Gewöhnung an die Teilung verlor in der Bundesrepublik die beliebte Taktik, unter Hinweis auf die Bedrohung aus dem Osten einer Auseinandersetzung mit der NS-Vergangenheit aus dem Wege zu gehen, an Plausibilität. Daß die rebellierenden Studenten der sechziger Jahre neben einem modischen Marxismus auch die Vergangenheit der Funktionseliten zum Ausgangspunkt und Hebel ihrer Kritik am kapitalistischen System machen konnten, zeigt, wie langwierig sich dieser Prozeß gestaltete. Zugleich aber war dies die Reaktion auf das gesellschaftspolitische Klima der fünfziger Jahre, in dem sich durchaus zutreffende Informationen über die NS-Belastung wichtiger Würdenträger beinahe in Auszeichnungen hatten ummünzen lassen – sofern sie nur aus »Pankow« stammten.

Journalisten: Worte als Taten

Matthias Weiß

»Wer den Geist des Nationalsozialismus gepredigt hat oder die Sprachregelung der Presse gelenkt hat, der soll für alle Zeiten von der Mitarbeit an einer politischen Zeitung ausgeschlossen werden.«[1] – Es waren deutliche Worte, mit denen sich die Politik-Redakteurin der *Zeit*, Marion Gräfin Dönhoff, 1953 an ihren Chef wandte. Doch der Adressat des Briefes, Richard Tüngel, hatte ganz andere Vorstellungen: Während die Herausgeber der 1946 gegründeten Hamburger Wochenzeitung um die finanzielle Absicherung ihres auflagenschwachen Blattes rangen, versuchte der Chefredakteur, der bereits in der Weimarer Republik natio-

Den Nationalsozialismus konsequent ächten: Marion Gräfin Dönhoff.

nalliberale bis deutschnationale Positionen vertreten hatte, die *Zeit* inhaltlich und personell auf eine Linie zu bringen, mit der er dem von Adenauer auf Westkurs gebrachten deutschen Patriotismus eine »rechte« Alternative entgegenhalten könnte.

Zahlreichen Journalisten, die unter Goebbels geschrieben hatten und die von ihrer Ablehnung einer liberalen Gesellschaft seitdem nicht abgewichen waren, hatte Tüngel in der *Zeit* bereits ein Forum geboten. Auch Hjalmar Schacht, einst verantwortlich für die Finanzierung der nationalsozialistischen Aufrüstungsprogramme, hatte hier schon veröffentlichen können. Doch nun sollte auch noch Carl Schmitt dazukommen, jener Staatsrechtler, der der rassistischen Ausgrenzungspolitik des Dritten Reiches eine rechtliche und intellektuelle Grundlage zu geben versucht hatte. Die Idee dazu stammte wahrscheinlich von Walter Petwaidic, einem Redaktionskollegen Tüngels, der – um von seiner Vergangenheit als »Arisierungshelfer« abzulenken – unter dem Namen Walter Fredericia über Verfassungsfragen schrieb. Wie viele ihrer Zeitgenossen waren Tüngel und Petwaidic von Schmitts autoritärem »Ordnungsdenken« offensichtlich stärker fasziniert als von den spröden Regeln parlamentarischer Verständigung.

Am 29. Juli ließ Tüngel in großer Aufmachung den Text »Im Vorraum der Macht« abdrucken, den Carl Schmitt für den Rundfunk verfaßt hatte. Marion Dönhoff, die sich zu diesem Zeitpunkt im Urlaub befand, war entsetzt. Bald nach ihrer Rückkehr überreichte sie ihrem Chef ein eigenhändig zusammengestelltes Dossier, aus dem Schmitts feindliche Einstellung zur Demokratie klipp und klar hervorging. Als dieser jedoch mit einem »Na und …?«[2] reagierte, räumte die Gräfin ihren Schreibtisch und schrieb jenen anfangs zitierten Brief, dessen klare Grenzziehung die *Zeit* nach ihrer Rückkehr im Sommer 1955 prägen sollte.

Die Lizenzzeit: Eine neue Presse für Deutschland

Sie sei mit ihrer Auffassung im Jahre 1948 stehengeblieben, hatte Tüngel seiner Kontrahentin im Streit vorgehalten. Worauf dieser Vorwurf zielte, war klar: Gemeint waren die Prinzipien, die den pressepolitischen Maßnahmen der Alliierten in der Besatzungszeit zugrunde gelegen hatten –

einschneidende Maßnahmen von dauerhafter Wirkung auf die innere Entwicklung der Bundesrepublik.

Im September 1944 war man von solchen Erkenntnissen freilich noch weit entfernt. Als die alliierten Truppen sich anschickten, mit der Besetzung des Deutschen Reiches Europa endgültig vom Alptraum der nationalsozialistischen Herrschaft zu befreien, stießen sie allerorten auf die Ergebnisse von zwölf Jahren »Volksaufklärung« und Propaganda.

»Hätten wir wirklich gewußt, was in Deutschland und in den Köpfen der Deutschen vor sich ging, wäre uns klar gewesen, daß es noch lange nicht zu Ende war«[3], stellte rückblickend Saul K. Padover fest, ein Offizier der den Kampfeinheiten unmittelbar folgenden Psychological Warfare Division (PWD). In den Planungsstäben der Alliierten herrschte allerdings schon seit längerem eine klare Vorstellung davon, wie es nach dem militärischen Sieg weitergehen mußte: Erst die vollständige Zerschlagung des gesamten staatlichen Propaganda-Apparates sowie des

Seit langem die erste freie Zeitung in Deutschland: General Robert A. McClure wartet am 27. Juni 1945 auf ein frisches Exemplar der *Aachener Nachrichten*.

NSDAP-Pressetrusts konnte den Grundstock legen für eine nachdrückliche Abwendung der Deutschen vom nazistischen Denken und Fühlen und für die dauerhafte Etablierung einer demokratischen Kultur. Geplant war ein vollständiger, auf drei Monate Dauer angesetzter *black out*: Niemand mehr aus Goebbels' untergehendem Reich, vom Schriftleiter über die Rundfunksprecherin bis zum Platzanweiser im Lichtspieltheater, sollte seine bisherige Tätigkeit weiter ausführen dürfen, keine unautorisierte Information mehr gedruckt oder in den Äther gelassen werden.

Bald nachdem es den Siegermächten gelungen war, den nationalsozialistischen Propaganda-Apparat auszuschalten, zeigte sich jedoch, daß zwischen ihnen hinsichtlich der demokratischen Ausgestaltung eines künftigen Mediensystems erhebliche Differenzen bestanden. In dem von der Sowjetunion kontrollierten Gebiet lautete die Aufgabe, die verschiedenen gesellschaftlichen und politischen Kräfte auf die Idee des Sozialismus hin auszurichten. »Demokratischen Zentralismus« nannte man das, aber der in Dresden lebende Romanist Victor Klemperer fühlte sich

Lizenzvergabe für die Deutsche Allgemeine Nachrichten-Agentur (DANA) am 26. Oktober 1946.

dabei schon bald an den Medieneinsatz im Dritten Reich erinnert. Während in der SBZ in bemerkenswerter Konsequenz bis 1949 alle Produktionsmittel im Pressebereich vergesellschaftet wurden, ging man in den Westzonen einen anderen Weg.

Hier war die Bevölkerung, sobald ein Gebiet militärisch kontrolliert wurde, mit Heeresgruppenzeitungen versorgt worden. Das erste dieser Blätter hieß *Aachener Nachrichten*, kam am 24. Januar 1945 heraus und wurde, nachdem es von dem PWD-Offizier Luther Conant aufgebaut worden war, später gemeinsam mit Deutschen weitergeführt. Zu lesen gab es auf vier Seiten Besatzungsbefehle und Weltnachrichten. Aber auch im Westen Deutschlands neigten bald nach der ersten Erleichterung über das Ende des Krieges viele Menschen dazu, die Informationen aus den alliierten Nachrichtenblättern für »Siegerpropaganda« zu halten. Wenn das beste Mittel dagegen lautete, die Deutschen ihre Zeitungen so rasch wie möglich wieder selber machen zu lassen, dann mußte sichergestellt werden, daß damit nicht wieder alles so werden würde wie früher.

Anschauungsunterricht, wie eine Zeitung künftig auszusehen habe, erteilte die im Herbst 1945 von den Amerikanern in München herausgegebene *Neue Zeitung*. In ihrer ersten Ausgabe, hergestellt in derselben Druckerei wie einst der *Völkische Beobachter*, machte Militärgouverneur Dwight D. Eisenhower deutlich, was eine »demokratische« Zeitung auszeichnet: »objektive Berichterstattung, bedingungslose Wahrheitsliebe und ... ein hohes journalistisches Niveau«. Die *Neue Zeitung* werde ihren Lesern »Tatsachen bieten, die in Deutschland in den zwölf Jahren nationalsozialistischer Herrschaft unterdrückt waren«, und die kommenden Aufgaben nahebringen: »Selbsthilfe, Ausschaltung von Nationalsozialismus und Militarismus, und die aktive Säuberung der Regierung sowie des Geschäftslebens«.[4]

In den Westzonen drängten die in Pressefragen außerordentlich engagierten Amerikaner auf eine privatwirtschaftliche Verankerung der künftigen deutschen Zeitungslandschaft. Im aufkommenden Kalten Krieg wollte man dem konkurrierenden System des Sozialismus keine Zugeständnisse mehr machen. Vor allem aber sollte die Unabhängigkeit der neuen Organe von staatlicher Einflußnahme dauerhaft gewährleistet sein. Die aus dem »Goebbels-Erbe« stammenden Mittel, vor allem die Druckereien, wurden unter Treuhänderschaft gestellt und Lizenzen an solche Deutschen vergeben, von denen man sicher annahm, daß bei ihnen die entscheidenden Posten – Verleger, Herausgeber, Chefredakteur – in guten

Preis 20 Pfg.

Süddeutsche Zeitung

MÜNCHNER NACHRICHTEN AUS POLITIK · KULTUR · WIRTSCHAFT UND SPORT

1. Jahrgang / Nummer 1 — Lizenz Nr. 1 der Nachrichtenkontrolle der Militärregierung Ost — Samstag, 6. Oktober 1945

Zum Geleit

Zum ersten Male seit dem Zusammenbruch der braunen Schreckensherrschaft erscheint in München eine von Deutschen geleitete Zeitung. Sie ist von den politischen Notwendigkeiten der Gegenwart begrenzt, aber durch keine Zensur gefesselt, durch keinen Gewissenszwang geknebelt.

Die „Süddeutsche Zeitung" ist nicht das Organ einer Regierung oder einer bestimmten Partei, sondern ein Sprachrohr für alle Deutschen, die einig sind in der Liebe zur Freiheit, im Haß gegen den totalen Staat, im Abscheu gegen alles, was nationalsozialistisch ist. Die Leiter der Zeitung, verschiedenen Parteien entstammend, glauben, daß nach zwölf Jahren schmachvoller Gewissensknechtung und anbefohlener Lüge der gemeinsame Wille zu politischer Mündigkeit und Sauberkeit, zu Verantwortungsbewußtsein und Wahrhaftigkeit eine genügend starke Grundlage für eine fruchtbare Zusammenarbeit bildet. Sie wollen beweisen, daß noch echte demokratische Gesinnung in Deutschland lebt, die sich nicht in Parteihader verliert, sondern in den innerpolitischen Spannungen eine Quelle der Kraft für das gemeinsame Ganze erblickt. Alle leitenden Kräfte der Zeitung fühlen sich im Anblick einer schrecklichen sozialen Not als Anwälte derer, die arm sind und ohne Schuld leiden müssen.

Die „Süddeutsche Zeitung" wird, durch ihren Erscheinungsort München verpflichtet, aus dem süddeutschen, insbesondere bayerischen Geschichtsbewußtsein leben und in Ablehnung eines öden, undeutschen Zentralismus einen kräftigen, den besten Ueberlieferungen verbundenen Föderalismus vertreten. Alle preußisch-militaristischen Tendenzen bekämpfend, wird sie jene religiösen und kulturellen Kräfte pflegen, die gerade auch in Bayern beheimatet sind und denen Deutschland einstmals Ansehen und Sympathie in der Welt verdankte. Sie wird als Stimme einer freiheitlichen Gegenwart allen jenen jungen Kräften offen stehen, die an der geistigen und kulturellen Umgestaltung Europas mitwirken wollen.

Wir beginnen auf schmaler Plattform mit geringen Mitteln und spiegeln damit die allgemeine Lage. Wir glauben, daß wir in nicht allzu ferner Zeit auch den allmählichen Aufstieg spiegeln werden.

Schriftleitung und Verlag

Neue Regierung Bayerns unter Dr. Högner

Dr. Högner, der neue Ministerpräsident

Dr. Högners Programm

Kein Wahlrecht für Nazis

General Patton scheidet aus Bayern

Eisenhower greift ein

Ein Brief Roosevelts

Spanien außerhalb der Gemeinschaft der Nationen

Keine Einigung der Außenminister

Ausführlicher Bericht Bevins im Unterhaus am nächsten Dienstag

Weltgewerkschaftsbund tagte

Linksruck in Frankreich

Sitzder Vereinten Nationen in Amerika

Abkehr – Einkehr

Von Edmund Goldschagg

Bis heute bildet die in der Besatzungszeit etablierte Lizenzpresse die Grundlage des deutschen Zeitungswesens: Die erste Lizenz in Bayern ging an die *Süddeutsche Zeitung*, deren Erstausgabe am 6. Oktober 1945 erschien. Nach »zwölf Jahren schmachvoller Gewissensknechtung und anempfohlener Lüge« versprachen »Schriftleitung und Verlag« den Lesern im feierlichen Geleitwort (oben links), an einem besseren Deutschland in Europa mitzuarbeiten und einen »allmählichen Aufstieg« in »nicht allzu ferner Zeit«.

Händen waren. Die Eigentümer der nicht parteieigenen Druckereien zwang man ebenso wie die Altverleger, sich bis zum Ende der Lizenzzeit zu gedulden. Erst dann sollten sie wieder ins Geschäft einsteigen können. Nur wer nicht Mitglied der NSDAP gewesen oder anderweitig belastet war, konnte eine Lizenz erhalten. Die erklärte Bereitschaft zur Mitarbeit am demokratischen Aufbau war selbstverständlich eine weitere Vergabevoraussetzung. Wo es mit der praktischen Befähigung dazu noch etwas haperte, sorgten Schulungen, Kongresse, Studienreisen oder der im April 1947 von der Information Control Division herausgegebene, zweisprachige *Wegweiser zu gutem Journalismus* (*Fair Practice Guide*) dafür, die Vertrautheit mit der westlichen Presse-Praxis zu erhöhen.

»Guter« Journalismus, das hieß nun vor allem: »Objektivität« anstelle von »Subjektivität, Entstellungssucht und Sonderinteressen«. Wo zwischen Kommentar und Nachrichten klar getrennt und Zitate ordentlich ausgewiesen sein mußten, wo moderne journalistische Ausdrucksformen wie die Reportage Einzug hielten, da verflüchtigte sich der deklamatorische oder pathetische Tonfall der NS-Presse rasch. Vor allem aber konnte dort, wo nun ein investigativer Journalismus entwickelt wurde – also bei den großen Zeitungen und Zeitschriften –, ein Verständnis dafür um sich greifen, daß die Presse in der Demokratie die Kommunikationsbedürfnisse der »mündigen« Bürger zu vertreten hat.

Im sensiblen Feld der »Umerziehung« waren symbolische Akte von großer Bedeutung: Vor laufender Kamera hielten amerikanische Offiziere und deutsche Arbeiter den Original-Bleisatz von Hitlers *Mein Kampf* hoch und warfen ihn in den Schmelzofen, um daraus die Druckplatten der ersten Ausgabe der *Süddeutschen Zeitung* zu gießen. Wichtiger noch war es, personalpolitische Zeichen zu setzen. Zu einem eigenen Strafprozeß für die Gruppe der NS-Journalisten war es nämlich nicht gekommen. Joseph Goebbels, oberster Herr über das gesamte Presse-, Film- und Rundfunkwesen des Dritten Reiches, hatte sich durch Selbstmord entzogen. Julius Streicher hingegen, der Herausgeber des zynischen Hetzblattes *Der Stürmer*, wurde in Nürnberg zum Tode verurteilt, allerdings wohl weniger als »Journalist« denn als herausragender Repräsentant für den radikalen Antisemitismus des Regimes. Demgegenüber stand mit Hans Fritzsche, der sich ebenfalls im Hauptkriegsverbrecherprozeß zu verantworten hatte, die Rundfunkstimme des Deutschen Reiches vor Gericht, wo er sich auf Betreiben der Sowjetunion wegen Verbrechen gegen die Menschlichkeit zu verantworten hatte.

Gepflegte Propaganda, der die Volkgenossen vertrauten: »Hier spricht Hans Fritzsche ...«.

Der Propagandist Hans Fritzsche hatte viele Ämter. Seit 1933 war er in Goebbels' Ministerium für das Nachrichtenwesen verantwortlich, seit 1942 war er Leiter der Rundfunkabteilung. Richtig populär wurde er durch seine mehrfach in der Woche stattfindende Zeitungs- und Rundfunkschau: Wenn Fritzsche hier die Ereignisse der Zeit kommentierte, dann tat er dies zwar im Sinne der NS-Führung, aber in einem verhaltenen, sachlichen Tonfall, der sich von der pathetischen Propaganda der »Wochenschau« spürbar abhob.

Tatsächlich vertrauten ihm seine Hörer in besonderem Maße. Als die Siegesmeldungen von den Fronten eingingen, hatte Fritzsche ein Millionenpublikum vor den Volksempfängern. Später – bei gewendeter Kriegslage – hielt er die Volksgenossen durch »maßvolle Unterhaltung« und lockeren Stil bei Laune und bei der Stange. Das sollte ihm aber letztlich schlecht bekommen. Als die Nürnberger Richter ihn freisprachen, weil sie seine Behauptung, er sei ja selbst ein gutgläubiger Getäuschter gewesen, nicht widerlegen konnten, waren es Proteste aus der deutschen Bevölkerung, die die Regierung Bayerns dazu veranlaßten, Fritzsche vor die Spruchkammer zu stellen. Seine Strafe waren neun Jahre Arbeitslager und das auf Lebenszeit verhängte Verbot, jemals wieder zu publizieren oder als Redakteur oder Rundfunkkommentator tätig zu werden.

Als jedoch 1953 Hildegard Springers Buch *Das Schwert auf der Waage* erschien, das den »menschlichen Ertrag« von Fritzsches Nürnberger Erlebnissen wiedergab, da erkannte nicht nur der *Spiegel*, daß alle 41 Kapitel »frappante Ähnlichkeit mit der Diktion des versierten ›Promi‹-Ministerialdirektors« aufwiesen. Zu lesen gab es Insiderstories aus dem Zellenleben der Nürnberger Angeklagten. Von dem gewichtigsten,

Hermann Göring, hatte sich Fritzsche »feierlich« bestätigen lassen, vor dem Prozeß »nicht gewußt zu haben, was sich unter dem Stichwort ›Endlösung der Judenfrage‹ wirklich verbarg«. Jedem der 20 Mitangeklagten war ein eigenes, einfühlsam geschriebenes Kapitel gewidmet. Sorgfältig abwägend – dafür war er ja bekannt – verteilte der ehemalige Rundfunkmann Licht und Schatten, indem er vermutete, daß manch einer im Gerichtssaal wohl gelogen habe. Mit diesem »objektiven« Gestus setzte er schließlich seine Pointe: Ein Mann wie Göring, standhaft und seinem »Führer« treu ergeben, hätte die Verbrechen unerschrocken auf sich genommen – wenn er von ihnen nur gewußt hätte. Man müsse ihm also glauben.

Die offizielle Autorin, Frau Springer, war selbst einmal im Propagandaministerium tätig gewesen – und seit 1951 Hans Fritzsches Ehefrau.

Nach seiner vorzeitigen Entlassung aus dem Arbeitslager im Jahre 1950 wurde Fritzsche als Werbeleiter in der rheinisch-westfälischen Industrie tätig. Für ihn führte kein Weg zurück in die Publizistik, und gleiches galt für alle Größen des NS-Mediensystems: so zum Beispiel für Wilhelm Weiß, den ehemaligen Leiter des Reichsverbandes der deutschen Presse und seit 1938 Hauptschriftleiter des *Völkischen Beobachters*, oder für Max Amann, den Chef des parteieigenen Franz Eher-Verlages, dem gegen Ende des Dritten Reiches auch die meisten Zeitungen gehörten. »Reichspressechef« Otto Dietrich, 1950 aus dem Gefängnis entlassen, wurde Mitarbeiter der Deutschen Kraftverkehrsgesellschaft.

Auch die Einrichtung der Lizenzpflicht erwies sich für mehrere Jahre *de facto* als Berufsverbot, mit dessen Hilfe – von Pannen abgesehen – die Chefetagen der neuen deutschen Presse von ehemaligen Parteigenossen freigehalten werden konnten.

Anders sah es allerdings auf den tieferen Stockwerken aus. Zwar verfolgten die zuständigen Presseoffiziere zunächst auch hier eine sensible Auswahl, doch mußte, wer im Nationalsozialismus einer einfachen journalistischen Tätigkeit nachgegangen war, sich dafür weder vor den Spruchkammern rechtfertigen noch mit Berufsverbot rechnen. Der ganz überwiegende Teil der Journalisten konnte folglich nach überstandener Entnazifizierung ab 1946/47 wieder in den Beruf zurückkehren. In der britischen, vor allem aber in der französischen Zone war man von vorn-

Gelernt ist gelernt: Rundfunkkommentator Hans Fritzsche (mit Zigarette) bleibt auch nach seinem Freispruch im Nürnberger Hauptkriegsverbrecherprozeß ein Mann der Öffentlichkeit.

herein großzügiger gewesen. Für die Franzosen kam dem nationalen Sicherheitsinteresse stets eine höhere Priorität zu als dem Willen, die Deutschen zu demokratisieren. Fast zwei Drittel der unter ihrer Kontrolle tätigen Journalisten hatten auch schon unter Hitler geschrieben. Von diesen war wiederum mindestens die Hälfte Mitglied der NSDAP gewesen.

Auch wenn der stetig wachsende Bedarf an ausgebildeten Journalisten den Militärverwaltungen kaum eine Alternative zu ihrer Einstellungspolitik ließ, sahen sie darin doch zugleich eine besorgniserregende Entwicklung. Je näher die Gründung eines selbstregierten deutschen Staates rückte, desto deutlicher mehrten sich nämlich die Anzeichen, daß die gerade erst etablierte Pressefreiheit wieder zurückgeschnitten werden könnte.

Bereits die Beratungen über die Pressegesetze der Länder hatten in diese Richtung gewiesen. Zu einem bezeichnenden Konflikt zwischen der Lizenzpresse und dem neuen politischen Personal aber kam es, als der Lizenzträger der *Stuttgarter Zeitung* und Spruchkammer-Ankläger Franz Karl Maier die Einstufung des württemberg-badischen Ministerpräsidenten Reinhold Maier als »belastet« forderte. Dieser hatte im März 1933 die Zustimmung der einstmals liberalen Deutschen Staatspartei zum »Ermächtigungsgesetz« begründet. Der Regierungschef empfand die unerwartete publizistische Gegenmacht, die er allein durch die Besatzungsbehörden legitimiert sah, als unzumutbare Beschränkung seiner eigenen Autorität. Nachdem – ungeachtet einer »Entbindung« des Pressemanns von seiner Aufgabe als Ankläger durch den Landesminister für politische Befreiung – in der *Stuttgarter Zeitung* auch über die Vergangenheit anderer Regierungsmitglieder zu lesen war, reichte Reinhold Maier gegen die Journalisten und ihre Berichterstattung – vergeblich – Klage ein.

Theodor Heuss zum Fall »Maier gegen Maier« Ende Januar 1947 nahm der damalige Lizenzträger der *Rhein-Neckar-Zeitung* und spätere Bundespräsident Theodor Heuss auf einer Veranstaltung der Demokratischen Volkspartei im Stuttgarter Staatstheater Reinhold Maier in Schutz gegen einen von »konzessionierten Privatleuten« betriebenen Journalismus. Heuss, der trotz Bedenken ebenfalls dem »Ermächtigungsgesetz« zugestimmt hatte, betonte, daß auch der demokratische Staat »ein System von Befehlsgewalt und Gehorsamsanspruch« sei, und hielt es für seine »Pflicht« als Politiker, den Anklagen des Lizenzträgers der *Stuttgarter Zeitung* mit persönlicher Polemik entgegenzutreten:

»Aber da kommt ein Irgendwer, ein Jemand, ein vorgestriger Niemand (Heiterkeit), vermutlich einer von jenen Pazifisten, die gern auf Menschenjagd gehen. ... Es scheint einer von den Leuten zu sein, die humorlos sind, die Tugendhaftigkeit als Wandergewerbe betreiben (Heiterkeit). Offenbar ein Mensch mit dialektischer Schulung und viel Geltungsbedürfnis, aber wohl auch einer von den unglücklichen Menschen, die sich selber nicht mögen (Heiterkeit). ... Der Herr Franz Karl Maier ist ein Berufspolitiker in Sehnsucht gewesen und in praxi mühelos geworden durch eine Lizenz (Heiterkeit). Ja nun, das mit der Lizenz ist, mit dem alten Fontane zu sprechen, ein weites Feld, von dem ich jetzt nicht reden kann. Aber es scheint mir ein Mißverständnis vorzuliegen, wenn man glaubt, daß die Amerikaner auch Lizenzen erteilen zur Demolierung der Staatsautorität (lebhafter Beifall).«

Quelle: Sonderdruck aus *Das neue Vaterland*. Halbmonatsschrift der Demokratischen Volkspartei, Stuttgart, 3.2.1947

Als im Juni 1949 mit der »Generallizenz«, die es den Alteigentümern gestattete, wieder in das Pressegeschehen einzugreifen, auch wirtschaftlich die Schonzeit für die Lizenzpresse zu Ende ging, prognostizierten Lizenzträger und Presseoffiziere düster eine Renaissance brauner Presseorgane. Die Altverleger wiederum begannen umstandslos, die Maßnahmen der Besatzungsbehörden öffentlich mit den Methoden der Presselenkung im NS-Staat gleichzusetzen. Am 27. August 1949 berichtete die *Neue Zeitung* von Äußerungen des obersten amerikanischen Presseoffiziers in Bayern, Ernst Langendorf, daß allein in diesem Bundesland mit 106 neuen Zeitungen zu rechnen sei, von denen sich viele zu ihren »früheren nationalsozialistischen Bindungen« offen bekennen würden. Es sei deshalb damit zu rechnen, daß diese Organe »chauvinistisch, unruhestiftend, antidemokratisch, antisemitisch« und nicht zuletzt »amerikafeindlich« auftreten würden. Zwei Tage später gab das internationale Presse-Echo – abgedruckt auf der Titelseite derselben Zeitung – Publizistik und Politik der Bundesrepublik eine deutliche Warnung mit auf den Weg: »Ausland fürchtet Renazifizierung der deutschen Presse. ›Goebbels und Streicher bitten Teufel um Urlaub‹«.

Neue Zeitungen für eine neue Zeit: Kiosk 1948 in Offenbach.

Vielleicht hatte die Warnung ja gewirkt. Fest steht, daß – von wenigen Ausnahmen abgesehen – die Altverleger den ökonomischen und sachtechnischen Vorsprung der Lizenzunternehmen nicht wieder einholen konnten. Bei unternehmerischem Geschick und fachlichem Können erwies sich die Lizenz zur Herausgabe einer Tageszeitung oder einer Illustrierten nun als wahre Goldgrube. Die durch die Lizenzierung erfolgte Strukturverbesserung der deutschen Presselandschaft, der bereits im Nationalsozialismus ein massiver Konzentrationsprozeß vorausgegangen war, hatte grundsolide Voraussetzungen für eine starke und unabhängige Presse in der Bundesrepublik geschaffen.

Öffentlichkeit, Presse und Nation in der Adenauer-Zeit

Wenige Monate nach der Verabschiedung des Grundgesetzes wurde die *Frankfurter Allgemeine Zeitung (FAZ)* aus der Taufe gehoben. Die dazu erforderlichen Mittel stammten von der Industrie, die eine »ordnungsliberale und staatsbürgerliche, nicht revolutionäre, nach keiner Seite, keine Rechts-, keine Links-, extreme Rechts-, extreme Links-Zeitung« haben wollte, wie sich Erich Welter, einer der Gründer der *FAZ*, an das Gespräch mit dem Generaldirektor der Schuhfabrik Salamander-Werke erinnerte.[5] Andererseits war die *FAZ* so etwas wie ein spätgeborenes Widerstandsprojekt gegen die amerikanischen Besatzer. Von Anfang an demonstrierte man neues Selbstbewußtsein: Der Kopf wurde in Fraktur gedruckt, der Leitartikel kam auf die erste Seite. Zur alten *Frankfurter Zeitung* (*FZ*) bekannte man sich ungebrochen und bezog nach einigen Zwischenstationen die Societätsdruckerei, wo diese bis zu ihrem Verbot 1943 erschienen war. Auch das führende Personal hatte schon bei der *FZ* gearbeitet: Welter, deren stellvertretender Hauptschriftleiter und nach ihrer Schließung zum *Völkischen Beobachter* »zwangsverpflichtet«, versammelte seine Leute bereits während seiner Tätigkeit bei der *Allgemeinen Zeitung*, einer Lizenzgründung in Mainz, um sich. Nur in der französischen Zone war das möglich gewesen, denn die Amerikaner, die in Frankfurt saßen, hatten sowohl die Wiederbegründung des bürgerlich-liberalen Glanzblattes als auch die Person Erich Welter stets entschieden abgelehnt.

Neben Welter gehörten Karl Korn (vor 1945: *Frankfurter Zeitung, Berliner Tageblatt, Das Reich*), Erich Dombrowski (Hauptschriftleiter des

Generalanzeigers in Frankfurt) und Hans Baumgarten (Hauptschriftleiter des *Deutschen Volkswirts*) zu den Gründern der *FAZ*, einige andere »Ehemalige« stießen später dazu. Auch Paul Sethe, der einstige Schriftleiter Politik der *FZ*, war von Anfang an dabei. Ein vom ihm verfaßter Leitartikel beschäftigte sich am 16. August 1950 mit dem Thema »Landsberg«, jener Haftanstalt, in der, noch immer in alliiertem Gewahrsam, NS-Kriegsverbrecher einsaßen. Für Paul Sethe war es offenbar selbstverständlich, die Perspektive der ehemaligen Wehrmachtsoffiziere und Berufssoldaten einzunehmen: Die, so wußte der Autor, hatten zum größten Teil ihre Verurteilungen niemals akzeptiert. Sethe hielt dies für wenig überraschend, hätten doch die Verfahren ohnehin nur den Zwecken der Sieger gedient: Indem diese »plötzlich viele Industrielle, Offiziere und hohe Beamte als Verbrecher brandmarkte[n], sollten die führenden Schichten des Volkes ins Mark getroffen werden, sollte aber auch das einfachste Selbstgefühl der Deutschen verwundet werden«.

Was sich den Anstrich einer einfühlsamen Wiedergabe leidiger Fakten gab, war tatsächlich nichts weniger als eine aus verletztem Nationalstolz heraus erfolgende Solidarisierung mit den alten Eliten des NS-Staates – und vor dem Hintergrund des Koreakrieges und der anlaufenden Wiederbewaffnungsdebatte eine versuchte politische Erpressung: »Glaubt man, ein Mann von Ehrgefühl werde die Uniform anziehen, wenn er davon überzeugt ist, daß seine Kameraden zu Unrecht im Kerker

Paul Sethe: Wie aus der *FZ* die *FAZ* wurde

»Das Ziel stand von vornherein fest: Die ›Frankfurter Zeitung‹ mußte wiedererstehen. Da das in der amerikanischen Zone nicht möglich war, weil hier das unmögliche Lizenzsystem bestand und wir in Freiheit wirken wollten und uns nicht die Lizenzträger nach Parteien aufoktroyieren lassen wollten, haben wir die Gelegenheit genutzt, in Mainz – dort ergab sich eine vorzügliche Gelegenheit – dem Ziel vorzuarbeiten, das wir von vornherein anvisiert hatten. Dort konnten wir die Mitarbeiter der *Frankfurter Zeitung* sammeln, teils als Redakteure, teils sie darauf vorbereiten, daß das eines Tages an sie herantreten wird, nämlich dann, wenn in der amerikanischen Zone das Lizenzsystem zu Ende ginge, woran wir fest glaubten.«

Quelle: Thomas, Michael Wolf (Hg.): *Porträts der deutschen Presse. Politik und Profit*, Berlin 1980, S. 84

Der Kanzler erklärt der Presse die Lage beim Tee
»Der Bundeskanzler eröffnete am Freitag das Teegespräch mit einer Frage, ob die deutsche Öffentlichkeit sich eigentlich über den Ernst der Stunde klar sei und über die Größe der Gefahren, denen der Bund und die westliche Welt ausgesetzt wären. Der Kanzler gab zu verstehen, daß die chinesische Offensive in Korea, der Vorschlag, eine Viererkonferenz abzuhalten, und der Grotewohlbrief nichts anderes seien als Steine in einem großen Mosaik, dessen endgültiges Bild die Züge eines bolschewistischen, zum mindesten aber eines politischen Angriffs trügen.«

Quelle: Tee-Empfang – Aktennotiz 15.12.1950 von Franz Hange, Bonn, für dpa-Chefredakteur Fritz Sänger, Hamburg

sitzen?« Sethe wußte natürlich, daß die Situation günstig war. Die offizielle Stimmung in den USA war inzwischen längst antikommunistisch geprägt – zugunsten des ehemaligen Gegners. Hochkommissar John J. McCloy hatte, wenn auch unter persönlichen Zweifeln, eine Gnadenkommission zur Überprüfung der Urteile eingesetzt. Da nutzte die deutsche Presse – *FAZ*, *Zeit*, *Christ und Welt*, aber auch regionale Blätter – ihre neue Freiheit und übte, indem sie in zahlreichen Artikeln die Erwartung einer baldigen »Lösung« des Landsberg-Komplexes weckte, Druck auf die Verantwortlichen aus – im nationalen Sinne.

Bundeskanzler Adenauer, an den diese Artikel nicht zuletzt gerichtet waren, hatte aus dieser Perspektive ein nur mäßig ausgeprägtes Nationalgefühl. Und »Pressekampagnen« waren ihm lästig. Sie störten bei den sensiblen Verhandlungen mit den Alliierten und dienten, so meinte er jedenfalls, letztlich immer der Opposition. Kurz: Sie machten das Regieren, wie er es verstand – mehr für das Volk, weniger mit ihm – unnötig kompliziert. Der im Kaiserreich zur Politik gekommene ehemalige Kölner Oberbürgermeister tat sich schwer mit der Vorstellung, daß die Presse eine gleichberechtigte Macht im Staate sein sollte. Wie es Hans Edgar Jahn, ehemaliger NS-Führungsoffizier und seit 1951 Adenauers Öffentlichkeits-»Mitarbeiter«, später in schönster Deutlichkeit ausdrückte: »Mit der Presse zusammenzuarbeiten, sie zu unterrichten, sie ›einzuweihen‹, sich ihrer zu bedienen, um dadurch für sich und die von ihm vertretene Politik Verständnis in der öffentlichen Meinung zu erreichen, das war Adenauers Problem Nr. 1.«[6]

Bei der »Lösung« dieses Problems mußte es zweifellos hilfreich sein, daß all diejenigen im Bonner Pressekorps, die ihre professionelle Kompetenz bereits im Nationalsozialismus erworben hatten – und das war eine eindrucksvolle Liste –, wußten, daß dieser Kanzler sie nicht auf ihre Vergangenheit ansprechen würde. Schließlich hatte er ja auch Hans Globke in sein Haus geholt, den Kommentator des Gesetzes »zum Schutze des deutschen Blutes und der deutschen Ehre« von 1935. In vertraulichen »Teerunden«, zu denen nur ausgewählte Bonner Journalisten gebeten wurden, erzählte der Kanzler in scheinbar großer Offenheit aus dem Nähkästchen des schwierigen Aufbaugeschäftes unter alliiertem Vorbehalt. Soviel Intimität konnte auf die Berichterstattung über die Regierungsarbeit kaum ohne generelle Wirkung bleiben, auf die versammelten »Multiplikatoren« wirkte sie ohnehin, wie Paul Sethe an sich selber feststellen konnte: »Wie noch bei jedem Teilnehmer eines Gesprächs mit ihm [Adenauer] wuchs in mir von Stunde zu Stunde die Bewunderung. ... Wer von seinen Gegnern auf die Ermattung des Kanzlers setzen würde, hat sich verrechnet. Er hat nichts verloren an Tatkraft wie an Instinkt für Macht. Er ist noch immer ein furchtbarer Gegner.«[7]

Demokratie mußte, auch was die Umgangsformen anbelangt, überall im neuen Staate noch eingeübt werden. In großem Stile, und freilich auch im

Der Bundeskanzler erklärt die Lage: Adenauer 1951 im Gespräch, an dem auch sein umtriebiger Staatssekretär Otto Lenz (ganz links) teilnimmt.

Lenz' beste Leute Die Politik des Kanzlers sollte popularisiert werden – also scharte Adenauers Staatssekretär Otto Lenz eine Reihe von Fachleuten um sich, die im Dritten Reich an der Produktion von Feindbildern mitgewirkt hatten. Dazu gehörte Erich Peter Neumann, ehemals Mitarbeiter beim *Berliner Tageblatt* und der *Deutschen Allgemeinen Zeitung,* danach beim *Reich*; unter dem Pseudonym Hubert Neun hatte er schaudernd über die »abstoßende Vielfalt aller jüdischen Typen des Ostens« im Warschauer Ghetto berichtet.[8] Dem Kanzler lieferte er nun zusammen mit seiner Frau, Elisabeth Noelle-Neumann, die ebenfalls für das *Reich* geschrieben hatte, Informationen über die Stimmungslagen in der Bevölkerung, die ihr Institut für Demoskopie in Allensbach erhob. Zu Lenz' PR-Team gehörte auch Karl Willy Beer, der eine ähnliche Karriere wie Neumann hinter sich hatte, bevor er als Kriegsberichterstatter Stalingrad zum Ort »unvergleichlichen« deutschen Heldentums hochjubelte. Den Antibolschewismus hatte er für die Jahrhundertaufgabe der Deutschen gehalten, die den »sowjetischen Menschen« überwinden müßten, und zwar »im Geist und mit den Waffen«[9]. Nun schrieb Beer für Erich Peter Neumanns regierungsnahen Auslandsartikeldienst, die *Deutsche Korrespondenz*, und leitete selbst das Berliner CDU-Organ *Der Tag* als Chefredakteur.

Der Ton hatte sich natürlich geändert, vielleicht auch die Anschauungen. Aber noch immer galt es, die Gefahr einer kommunistischen Zersetzung zu bekämpfen, die sich nicht zuletzt in der drohenden Herrschaft des »Massenmenschen« äußere. An deren Bekämpfung jedenfalls arbeitete mit Leidenschaft Hans Edgar Jahn, Parteigenosse seit 1932, Stipendiat der Reichskanzlei an der Hochschule für Politik, NS-Führungsoffizier, Autor, ab 1965 auch CDU-Bundestagsabgeordneter. 1943 hatte er das Buch *Der Steppensturm* geschrieben, in dem er dem Rußlandfeldzug eine nationalsozialistische Rechtfertigung gab: »Mit der Vernichtung des Bolschewismus wird der letzte große Versuch des Judentums nach Erlangung der Weltherrschaft zerschlagen werden.« Derselbe Mann, der damals die Sowjetbürger als »Bastarde zwischen Mensch und Tier« bezeichnete, diente nun mit vollem Engagement dem Kanzler der Bundesrepublik, den er noch Jahrzehnte später im Stile des »Führers« beschreiben sollte: »Von Anbeginn fühlte er sich berufen, die Christlich Demokratische Union zu führen, die er von seinem ersten Auftreten so gewollt hatte.«

eigenen Sinne, tat dies ein Stab von fähigen Mitarbeitern, die Adenauers umtriebiger und ehrgeiziger Staatssekretär Otto Lenz zu diesem Zwecke »berufen« hatte. Lenz, seit 1951 im Kanzleramt zuständig für die Innenpolitik, insbesondere aber dorthin berufen zur »Intensivierung der Presse und Propaganda«[10], betrieb seine Aufgabe mit ehemaligen NS-Journalisten wie Erich Peter Neumann oder Carl Willy Beer, vor allem jedoch mit dem bereits erwähnten Hans Edgar Jahn. Dessen Mission war die Gründung und Organisation der Arbeitsgemeinschaft Demokratischer Kreise (ADK), die, wie Jahn es selber formulierte, »direkter und indirekter Einflußnahme auf die Meinungsbildung im vorpolitischen und parteifreien Raum« dienen sollte[11].

Die ADK war keine staatliche oder parteigebundene Einrichtung, dennoch brachten ihre Mitarbeiter auf Bundes-, Länder- und Lokalebene in jährlich Tausenden von Veranstaltungen die Regierungspolitik unter das Wahlvolk. Hunderte von Vereinen und Gruppen im Lande wurden zu Vortragszwecken mit ADK-Leuten beschickt, darunter nicht wenige

Fachleute für Antikommunismus hören auf den Kanzler: Hans Edgar Jahn, Karl Willy Beer und Erich Peter Neumann (von rechts); ganz links schweigt Hans Globke.

einstige NS-Journalisten. Vor einer Zusammenarbeit mit neonazistischen Gruppen wie der Sozialistischen Reichspartei oder dem Deutschen Jugendbund Kyffhäuser scheute man keineswegs zurück. Als »Mitarbeiter« der Regierung jedoch nie offen kenntlich, lieferten die ADKler Berichte ins Kanzleramt, zu Lenz und Globke. Diese Berichte enthielten Beobachtungen über die Stimmung »im Volke«, in den Dörfern und den Betrieben: Informationen über die Wirkung kommunistischer »Unterwanderung« und rechtsradikaler Agitation.

Finanziert wurde alles verdeckt über das Presse- und Informationsamt der Bundesregierung, für dessen Leitung Lenz nach einigen Fehlversuchen Felix von Eckardt gefunden hatte. Den im betulichen Design der rheinischen Hauptstadt stets auffälligen Chic ausstrahlenden, geistvollen Mann mochten die Bonner Journalisten. Er nahm sie ernst in ihrer Aufgabe, die Öffentlichkeit zu informieren, auch dann, wenn er ihnen mit nichtssagenden Floskeln gegenübertrat – was nicht selten der Fall war. Vielleicht war das der Grund, warum sich über Eckardts Vergangenheit

Endlich ein funktionierender »Bundespressechef« für die Kanzlerdemokratie: Felix von Eckardt und Adenauer 1961, kurz vor Beginn einer Pressekonferenz.

als Drehbuchschreiber für den NS-Film nur Gemüter aus der DDR erregen konnten. Die Methoden des Bundespresseamtes wollte Lenz an der amerikanischen Technik der *Public Relations* orientiert sehen, doch das verhinderte nicht, daß in erheblichem Umfang auch auf Propagandamittel zurückgegriffen wurde, die sich schon im Nationalsozialismus bewährt hatten: auf den großräumigen Einsatz von Filmwagen etwa oder auf Ausstellungen, die den Westdeutschen zeigen sollten, wie weit man es zusammen, Regierung und Bevölkerung, schon gebracht hatte.

Ein zuweilen fragwürdiges Amalgam von Alt und Neu gingen auch die Inhalte ein: Dogmatischer Antikommunismus verband sich mit einer Auffassung von Demokratie, die die Gefahren einer nihilistischen Massengesellschaft östlichen wie westlichen Zuschnitts gleichermaßen abzuwehren versuchte. Dabei kam es auch vor, daß der ADK-Chef die Einführung der Lizenzpresse mit Goebbels' Praktiken in den ersten Jahren des Dritten Reiches gleichsetzte.

Die staatliche Informationspolitik trug so in nicht unerheblichem Maße dazu bei, daß den Deutschen einerseits die Jahre der alliierten Besatzung – neben den letzten Kriegsjahren – als die »schlimme Zeit« in Erinnerung

Antikommunismus als staatsbürgerliche Bildung: Der ehemalige NS-Führungsoffizier Hans Edgar Jahn (2. v. r.) und seine *Arbeitsgemeinschaft demokratischer Kreise* 1954 auf einer Tagung in Rhöndorf.

bleiben sollten, andererseits aber die Zäsur zum Nationalsozialismus in mancherlei Hinsicht für die ehemaligen Volksgenossen »verkraftbar« ausfiel. Die Presse arbeitete diesem gesellschaftlichen Selbstentwurf, in dem sich ein verletzter Nationalstolz, der auf dem Guten im Schlechten und dem Richtigen im Falschen beharrte, und der aufrichtige Wille, aus der Vergangenheit zu lernen, die Hand reichten, oftmals aus eigenen Stücken entgegen. Das Wochenblatt *Christ und Welt* etwa deutete Gegenwart und Vergangenheit aus der überzeitlichen und scheinbar unbehelligt gebliebenen Perspektive christlicher Wertvorstellungen. Die Redaktion der Zeitung erinnerte sich 1971, warum das Christentum in der Kultur der frühen Bundesrepublik so auffällig präsent war: »Die Kirchen standen damals hoch im Kurs. … Ihr Dach allein war intakt und gewährte Trost.«[12]

Tatsächlich fanden viele nach den Strapazen und Enttäuschungen der Vergangenheit Halt in den Lehren und Ritualen einer Institution, die weniger als alle anderen vom Nationalsozialismus korrumpiert zu sein schien. Doch das war natürlich nur ein Teil der Wahrheit. Die christlichen Prinzipien von Sühne, Vergebung und Erlösung erleichterten auch vielen der ehemaligen »Volksgenossen« das Gewissen beim Start in den neuen

Wissen, was das Volk denken soll: Peter Neumann und Elisabeth Noelle-Neumann betreiben Meinungsforschung beim Kanzler. Mit ihrem Institut in Allensbach am Bodensee machten sie Demoskopie zum politischen Führungsmittel.

Staat, von dem man ja, weltanschaulich ungebunden und pluralistisch, wie er sein sollte, noch gar nicht so recht wußte, wie darin zu leben sei. Und noch einen »Vorteil« hatte die Rede vom »christlichen Abendland«, die jetzt verstärkt zu hören war: Kommunisten gehörten definitiv nicht dazu.

Konnte eine christliche Haltung zum Medium werden, das »Volksgenossen« in Bürger der Bundesrepublik verwandelte? Ursula von Kardorff jedenfalls, nachdem sie im Februar 1945 ihre Arbeit für die *Deutsche Allgemeine Zeitung* beendet hatte und sich wie »ein Schiffchen, ohne rechtes Steuer, ohne rechtes Ziel, im Strudel, im allesverschlingenden«[13] fühlte, fand ihren neuen Hafen vorübergehend – wie so viele – nicht nur im Katholizismus, sondern auch als Autorin der 1948 gegründeten Wochenzeitung *Christ und Welt*. Erleichtert wurde ihr der Übergang sicherlich dadurch, daß sie sich und ihre Arbeit stets als »unpolitisch« betrachtete.

Für die Redaktion der sich als Organ des Protestantismus verstehenden Zeitung hingegen galten ganz andere Ambitionen. Hier herrschte, wie ein weiterer Autor des Blattes, Theodor Heuss, bemerkte, »schmissiges Christentum«. Für Geopolitik etwa interessierte sich Wolfgang Höpker. Der ehemalige politische Redakteur der *Münchner Neuesten Nachrichten* (*MNN*) versuchte, wie das Munzinger-Archiv in ungewollter Ironie zitiert, bereits wenige Jahre nach dem Krieg »immer wieder den Horizont der kontinental introvertierten Westdeutschen weltpolitisch zu weiten«. Solche Neigungen ließen einen französischen Beobachter 1950 feststellen, daß *Christ und Welt* unter den »immer brutaler« gegen die ehemaligen Besatzungsmächte tendierenden Zeitungen im Südwesten eine der aggressivsten sei – ein Sachverhalt, den einer der Initiatoren des Blattes, der Leiter des Evangelischen Hilfswerks Eugen Gerstenmaier, freilich neutraler umschrieb: »Wir wollten nicht nur freundliche Schilderer der Zeitgeschichte sein, vielmehr eine deutsche Stimme im lauter werdenden deutschen politischen Konzert.«[14]

Daß dazu auch gehörte, Internierungslager für ehemalige Parteigenossen mit nationalsozialistischen Konzentrationslagern gleichzusetzen, dazu trug neben Höpker auch sein Redaktionschef Klaus Mehnert bei. Der ausgewiesene Militarist und »Ostforscher«, für den einst das Leben der Jugend erst durch die »Machtergreifung« der Nationalsozialisten »wieder einen Sinn« erhalten hatte, war später zur *Braunen Post* gegangen, um anschließend in Ostasien für die Auslandspropaganda des Dritten Reiches zu arbeiten.[15] Mit großem Selbstbewußtsein ausgestat-

Top-Journalist in allen Systemen: Giselher Wirsing (mit Fliege), hier vor der Münchner Berufungskammer, frisiert seinen Nationalkonservatismus rechtzeitig für die Nachkriegszeit um – und bleibt bis in die sechziger Jahre ein Meinungsführer.

tet – Mehnert hatte in Tübingen, München, Berlin und Berkeley studiert und 1932 über den »Einfluß des russisch-japanischen Krieges auf die große Politik« promoviert –, gehörte er zu jenen Rechtskonservativen, die Hitlers Persönlichkeit durchaus mit Distanz betrachteten, ohne daß dies ihrer praktischen Mitarbeit am Dritten Reich Abbruch getan hätte. Darin – und in vielen anderen Eigenschaften – traf er sich mit einem weiteren Gründer von *Christ und Welt*, dem Mann, der ihn einst als Moskau-Korrespondent zu den *MNN* geholt hatte: Giselher Wirsing.

Wirsing, der *Christ und Welt* für anderthalb Jahrzehnte prägen sollte, hatte als ein *shooting star* des deutschen Journalismus begonnen. Mit 23 Jahren der jüngste Mitarbeiter Hans Zehrers bei der *Tat*, übernahm er 1933 deren Leitung. Mit 31, nur kurze Zeit später, wurde ihm auf Vorschlag des SS-Chefs Heinrich Himmler die Hauptschriftleitung der bedeutenden *MNN* anvertraut, im Krieg kam die Frontillustrierte *Signal* dazu. Als er Chefredakteur von *Christ und Welt* wurde, war er 41. Ehrgeiz, Fleiß, Begabung und der Wille, Einfluß auf die Mächtigen zu nehmen, zeichneten ihn in jeder politischen Situation aus. Von der Demokratie hatte er spätestens 1930 nichts mehr wissen wollen und vehement

Goebbels liest Wirsing Der Informationsfluß im Dritten Reich lief keineswegs nur von »oben« nach »unten«. Am 20. April 1940 schrieb der Propagandaminister in sein Tagebuch: »... komme mal wieder dazu, was zu lesen: 100 Familien regieren das Empire, von Wirsing. Ein erschütterndes Material gegen England.« Gut zwei Jahre später, am 12. März 1942, liest er den »neuen Wirsing« und ist wieder »erschüttert«: »Ich finde abends ein paar Stunden Zeit, in dem neuen Buch von Wirsing: ›Der maßlose Kontinent‹ zu lesen. Wirsing gibt hier eine Darstellung des amerikanischen Lebens, der amerikanischen Wirtschaft, Kultur und Politik. Das Material, das er hier zusammenträgt, ist wahrhaft erschütternd. Roosevelt ist einer der schwersten Schädlinge der modernen Kultur und Zivilisation. Wenn es uns nicht gelänge, die Feindseite, die sich aus Bolschewismus, Plutokratie und Kulturlosigkeit zusammensetzt, endgültig zu schlagen, dann würde die Welt der dunkelsten Finsternis entgegengehen. Das ist der Grund, warum wir heute alle Plagen und Belastungen mutig und unbeirrt auf uns nehmen müssen. Wir tragen tatsächlich die Fackel in der Hand, die die Menschheit erleuchtet.«

die Ablösung des »überfälligen parlamentarischen Systems und der überfälligen parlamentarischen Menschen«[16] gefordert. Sein Fachgebiet im Dritten Reich war die Außenpolitik: Im Osten und Südosten Europas sah er den Wirtschaftsraum, der ein ständisch-autoritäres Großdeutschland ernähren sollte.

Die Nähe seiner durchaus eigenständigen Vorstellungen zu denen der NS-Bewegung war evident; eine praktische Vermittlung über die Zeitungsarbeit hinaus fanden diese, als Wirsing für den Sicherheitsdienst (SD) der SS als Spitzel zu arbeiten begann. Als er 1938 zum SS-Hauptsturmführer befördert werden sollte, gab der SD-Oberabschnittführer Süd die Einschätzung ab: »williger, fleißiger und außerordentlich wertvoller Mitarbeiter«[17]. Wirsings Mission wurde der Kampf gegen den »Westen«, zunehmend versetzt mit einem NS-konformen Antisemitismus. In Büchern wie *Der maßlose Kontinent* (1942) oder *Hundert Familien beherrschen das Empire* (1940) beschrieb er die USA und England in einer Weise, daß ein begeisterter Goebbels daraus Bestseller für seine Propaganda-Schriftenreihe machte. Ein Jahr vor Kriegsende, im »Zeitalter des Ikaros«, erkannte Wirsing schließlich, daß Deutschland in der Nachkriegsordnung keine große Rolle mehr spielen werde. Die Rettung vor dem amerikanischen »Einheitsmenschen«, aber auch vor dem nun von Osten kommenden »furchtbaren Ansturm des Nihilismus«, sollte nun »Europa« als geistige Formation übernehmen.

In den fünfziger Jahren noch gefragt, ist der dogmatische Konservatismus des Publizisten Hans-Georg von Studnitz in den Sechzigern ein Auslaufmodell.

Die Selbsteinschätzung, ein nationaler Konservativer, kein »Nazi« gewesen zu sein, half offenbar. Schon 1948 war Wirsing wieder voll im Geschäft. In der Redaktion von *Christ und Welt* betrachtete man seine SS-Mitgliedschaft als »rein formal«, als einen Anpassungstrick, der nötig gewesen war, um die bürgerlichen Leser der *MNN* halten zu können. Gelegentliche Proteste wegen seiner Vergangenheit, aus Rundfunkanstalten

Wirsing gegen die Einheitsfront Der konservative Wirsing schreibt dem noch konservativeren Hans-Georg von Studnitz (»eine der brillantesten Federn in Deutschland«) am 5. September 1962 angesichts des Drucks, den die »Progressiven« in der Redaktion auf ihn ausüben:

»Ich stehe seit Monaten einer Einheitsfront gegenüber, die mir Duldung schwarz-weiß-roter Untertöne in Ihren politischen Äußerungen vorwirft. ... Sie, lieber Studnitz, leben in einer zweifellos geschlossenen Welt, in der alles seinen Platz hat. Die Redaktion empfindet diese Ihre Welt als irreal in den heute bestehenden Zusammenhängen; sie glaubt, daß diese verschiedenen Tonlagen einen Bruch ergeben, den der eigentliche CDU-Leser nicht mitmacht. ... Ich stehe in der Mitte, kann aber diesen Zustand nicht beseitigen, der zum Zerfall der Redaktion führen muß.«

Quelle: Nils Asmussen: »Hans-Georg von Studnitz. Ein konservativer Journalist im Dritten Reich und in der Bundesrepublik«, in: *Vierteljahrshefte für Zeitgeschichte* 45 (1997), S. 99

oder SPD-Kreisen, schadeten Wirsing in der Folge kaum. Lange Zeit kam Kritik nur noch von ganz rechts, wo man es ihm übelnahm, daß er sich zu einem demokratischen, irgendwie auch liberalen Konservativen entwickelt hatte – so etwa Hans-Georg von Studnitz, ein ehemaliger Weggefährte, der seit 1961 stellvertretender Chefredakteur bei *Christ und Welt* war. In ihren Anfängen von den Alliierten als »under cover Nazi-paper« eingeschätzt, hatte sich das Blatt unter Wirsing in eine nationalliberal-konservative Zeitung gewandelt, die für CDU-Wähler akzeptabel war und den rechten Rand im seriösen Zeitungsspektrum der westdeutschen Demokratie markierte. Mitarbeiter wie Armin Mohler oder Winfried Martini schieden Mitte der sechziger Jahre aus, weil ihnen der Kurs der Zeitung nicht mehr konservativ genug war. Wirsing, der zunehmend zwischen alten und neuen Kräften saß, fiel 1970 schließlich den »Generationskonflikten« in der Redaktion zum Opfer – ein Jahr, bevor *Christ und Welt* mit der *Deutschen Zeitung* fusionierte.

Bis 1963 war *Christ und Welt* die politische Wochenzeitung mit der höchsten Auflage gewesen, bevor sie von der *Zeit* überholt wurde. Wer allerdings hoffte, über Zeitungen Einfluß nehmen zu können auf Politik und Gesellschaft der Bundesrepublik, der mußte sich von allem Elitären abwenden. Die Musik spielte woanders: im Springer-Konzern, der den Boulevard zu seinem Terrain erklärte.

Konservatismus für die Massengesellschaft

»Das interessiert mich nicht, was Sie unter Hitler gemacht haben. Aber ich will keine Politik in meinen Blättern«[18], soll der Chef 1948 in einem Einstellungsgespräch gesagt haben. Axel Springer, mehrfacher Lizenzträger in der britischen Zone, wollte, obwohl damals der SPD nahestehend und entgegen der Einwände der Besatzungsmacht, auf keinen Fall eine parteipolitische Zeitung machen. Er glaubte, man könne den Deutschen die Werte der Demokratie nur dann verkaufen, wenn man sie da abholte, wo sie – seiner Meinung nach – standen. Und verkaufen, das wollte er. Der Zeitgeist verlangte nach zugänglicher, unpolitischer Lektüre; kritische Reflexion war kein Massenbedürfnis. In diesem Sinne gestaltete Springer seine größeren Projekte: Die *Radio-Post*, die später *Hör zu!* hieß, das *Hamburger Abendblatt*, die Illustrierte *Kristall*, schließlich die *Bild-Zeitung*, in der zunächst die lockere Beschreibung kleinbürgerlicher Idyllen vorherrschte. Wer sich auf Springers pragmatischen Kurs einließ und etwas von seinem Beruf verstand, der konnte – zusammen mit jüdischen Remigranten wie Ernst J. Cramer oder Hans Wallenberg – auch als politisch Belasteter mitarbeiten in Deutschlands größtem Zeitungshaus.

In der Springer-Illustrierten *Kristall* wurde das bildungsbürgerliche Treibgut der Nachkriegszeit massenmedial aufbereitet und durch handfeste politische Themen ergänzt. Berichtet wurde über naturwissenschaftliche Erkenntnisse, Kulturen und Menschen in fernen Ländern, über Historisches, aber auch über den vermeintlichen Einfluß des Kommunismus auf die französische Atomforschung. Eine Leserbefragung

Axel Springer über die Demokratie

»Die Erfahrung lehrt, daß man zur Demokratie nicht nur unmittelbar auf rein politischem Wege gelangt, sondern mittelbar auch dadurch, daß man die Menschen menschlich anspricht und in ihrer privaten Sphäre zu verstehen sucht. Diesen Weg will das ›Hamburger Abendblatt‹ gehen. Es fühlt sich dabei den humanitären und sozialen Forderungen aller deutschen Kräfte verbunden.«

Quelle: Gudrun Kruip: *Das »Welt«-»Bild« des Axel Springer Verlags. Journalismus zwischen westlichen Werten und deutschen Denktraditionen*, München 1999, S. 84

So knapp vor Moskau: Paul Carells Bücher prägten das Bild vom Zweiten Weltkrieg aus der Sicht tapferer deutscher Landser – die Kriegsverbrechen blieben im Dunklen.

zum Thema Euthanasie erbrachte erschreckend affirmative Antworten, die gleichwohl abgedruckt wurden. Geleitet wurde das Blatt zunächst von dem ehemaligen Nationalsozialisten Ivar Lissner und später, zwischen 1960 und 1965, von Horst Mahnke, der im Anschluß Geschäftsführer im redaktionellen Beirat des Verlages wurde. Der ehemalige SS-Hauptsturmführer war bereits – wie sein einstiger strammer SS-»Kamerad« Georg Wolff – beim *Spiegel* als leitender Redakteur tätig gewesen; als Chefredakteur von *Kristall* versuchte Mahnke die Auflage zu steigern, indem er – wie zuvor auch schon Lissner – Paul Carell in *Kristall* Fortsetzungsgeschichten aus dem Zweiten Weltkrieg schreiben ließ.

Der ehemalige Pressechef aus Ribbentrops Auswärtigem Amt, der eigentlich Paul Schmidt hieß und für die Erfindung von »Sprachregelungen« bei der Weitergabe von NS-Propaganda an ausländische Korrespondenten verantwortlich war, deutete nun die jüngste Geschichte als sozusagen besonders informierter »Zeitzeuge«. Carells Verherrlichungen der Wehrmacht stießen auf große Resonanz, in Buchform erreichten sie ein Millionenpublikum und wurden in viele Sprachen übersetzt (so zum Beispiel *Unternehmen Barbarossa*), hatten aber schon die ganzen fünfziger Jahre hindurch auch unzählige *Kristall*-Leser wieder in die

Paul Schmidt macht 1944 PR für die »Endlösung«

»Aus einer recht guten Übersicht über die laufenden und geplanten Judenaktionen in Ungarn entnehme ich, daß im Juni eine Großaktion auf die Budapester Juden geplant ist. Die geplante Aktion wird in ihrem Ausmaß im Auslande große Beachtung finden und sicher Anlaß zu einer heftigen Reaktion bilden. Die Gegner werden schreiben und von Menschenjagd etc. sprechen. ... Ich möchte deshalb anregen, ob man diesen Dingen nicht vorbeugen sollte dadurch, daß man äußere Anlässe und Begründungen für die Aktion schafft, z. B. Sprengstoffunde in jüdischen Vereinshäusern und Synagogen. Sabotageorganisationen, Umsturzpläne, Überfälle auf Polizisten, Devisenschiebungen großen Stils mit dem Ziel der Untergrabung des ungarischen Währungsgefüges. Der Schlußstein unter eine solche Aktion müßte ein besonders krasser Fall sein, an dem man dann die Großrazzia aufhängt.«

Quelle: Nürnberger Dokument NG-2424, abgedruckt in der *Frankfurter Rundschau* am 6. 8. 1959

»alten Zeiten« versetzt. Sie konnten beispielsweise den »Löwen von Narvik«, Eduard Dietl, begleiten, wobei aus dem brutalen Überfall Norwegens »ein Meisterstück der Organisation« wurde und aus dem Befehlshaber die gemütvolle »Seele« des Unternehmens: »schlicht und bieder und voll von unverwüstlichem Humor«.[19] Carells »historiographisches Credo« lautete etwa: Ohne den Dilettanten Hitler an der Spitze hätte es eigentlich klappen müssen.

Als in den sechziger Jahren das Interesse an dieser Art Erinnerung abnahm, war es bald auch mit *Kristall* vorbei. Mahnke jedoch fiel die Karriereleiter weiter hinauf und wurde 1965 Verlagsgeschäftsführer im Hause Springer – ein Posten, von dem aus er nun für eine Politisierung des ganzen Unternehmens sorgte.

Lange Zeit der einflußreichste Mitarbeiter Springers war indes Hans Zehrer. Der einstige Herausgeber der *Tat*, der in seinen autoritären Hoffnungen irrtümlich auf den Reichswehrminister Schleicher gesetzt und in der Hitler-Bewegung vor allem ein Mittel gesehen hatte, endlich das von ihm so gehaßte Weimarer »System« zu stürzen, war 1933 abgetaucht. Auch eine schnelle Wendung im April des Jahres, als er über die Notwendigkeit schrieb, den jüdischen Einfluß auf die »Schlüsselstellungen der Nation« auszuschalten, hatte nichts mehr geholfen. Erst ab 1939 war Zehrer wieder in Berlin als Direktor eines Verlages tätig, in dem unter anderem Wehrliteratur erschien. Nach dem Krieg beteiligte er sich am Aufbau der britischen Zonenzeitung *Die Welt*, bis ihn die Militärregierung untragbar fand. Als Axel Springer 1953 mit dem Kauf der Zeitung die Gründungsphase seines Imperiums abschloß, war Zehrer gleichwohl sein Mann. Zehrers Weg in die bundesdeutsche Presse hatte derweil über das *Sonntagsblatt* des niedersächsischen Landesbischofs Hanns Lilje geführt,

Der Chefredakteur der *Welt* und *Bild*-Kolumnist Hans Zehrer: Konnte die Republik nicht verändern, arbeitete aber an einem modernen Konservatismus.

der, wie viele Vertreter der Kirchen, den »Grundsatz großzügiger Amnestie« für NS-Kriegsverbrecher mit besonderem Nachdruck vertrat.

Eines der Anliegen Zehrers war es, der jüngsten Vergangenheit eine Deutung zu geben, die von konkreter Schuld absehen ließ: »Das Ganze muß einen so ungeheuerlichen Sinn haben«, schrieb er, »daß es weder mit einer wissenschaftlichen Theorie erfaßt werden kann, noch daß der andere Mensch dahinter stecken kann.«[20] Eine solche Sicht erlaubte es ihm nun problemlos, seine früheren Redaktionskollegen nachzuholen: Ferdinand Fried, unter vollem Namen Ferdinand Friedrich Zimmermann, ehemals SS-Sturmbannführer und 1937 Autor des antisemitischen Buches *Der Aufstieg der Juden*, und Ernst Wilhelm Eschmann, der schon 1932 in der *Tat* mit einem Beitrag über die »Grundzüge einer nationalen Planwirtschaft« hervorgetreten war. Auch zu Carl Schmitt, den er aus alten Tagen kannte, nahm Zehrer Kontakt auf.

Mit Mahnke und Zehrer war es zur Politisierung der Springerschen Blätter gekommen, nun sollte die Pressemacht zur Verbreitung von Werten und Haltungen eingesetzt werden. Auf Anraten Zehrers engagierte sich Springer in Berlin, erwarb dort den Ullstein-Verlag und kaufte sich bei mehreren Berliner Zeitungen ein – all das in der Erwartung einer baldigen Wiedervereinigung der Nation. Als diese ausblieb und ein größenwahnsinniger Versuch der beiden, Springer und Zehrer, fehlschlug, Chruschtschow 1958 persönlich zur Herausgabe der DDR zu bewegen, wurde Zehrer zunehmend aufs Abstellgleis gestellt, was seiner Reputation nach außen aber wenig schadete. Als er 1966 starb, gab es kaum kritische Nachrufe. Im Gegenteil: Zehrer galt als hochgeachtetes Mitglied der bundesdeutschen Gesellschaft. Mit dem Bundesverdienstkreuz war allerdings vor allem der Philosoph, Grübler und Christ, weniger der politische Publizist ausgezeichnet worden. Zugute kam ihm, daß es den nationalen Konservativen gelungen war, das »Schleicherprojekt« in der öffentlichen Erinnerung klar vom Nationalsozialismus zu trennen.

Auch nach Zehrers Entmachtung blieb das Haus Springer lange Zeit geprägt von einer Verbindung der nach 1945 geforderten westlichen Vorgaben mit einem aus deutschen Traditionen gespeisten Staatsverständnis. Unter dem ehemals elitären Rechtsaußen Zehrer, der als »Hans im Bild« regelmäßig in der *Bild-Zeitung* für die Massen und in deren Tonfall geschrieben hatte, war gleichwohl eine moderne Form des Konservatismus entstanden, die zwar nur eben soviel Demokratie zulassen wollte, wie für die Aufrechterhaltung von Ordnung und Sicherheit im

Staate erforderlich war, aber die Massengesellschaft und ihre spezifischen Bedürfnisse nicht mehr ablehnte. Während das Festhalten an der Nation mit einem unverminderten Antikommunismus einherging, hatten antiamerikanische Äußerungen in diesem Rahmen ebenso keinen Platz mehr wie antisemitische Ausfälle.

Krise und Kritik

Zementierte die Springer-Presse den von Adenauer eingeschlagenen Kurs für eine breite Öffentlichkeit, so hatte bei Teilen der deutschen Publizistik schon in den fünfziger Jahren eine allmähliche Abkehr vom nationalen Integrationskurs der Regierung begonnen. Tatsächlich waren es gerade deren pressepolitische Maßnahmen gewesen, die diesen Prozeß entscheidend vorangetrieben hatten. Eine interessante und im Ergebnis mit Befriedigung zur Kenntnis genommene Beobachtung machte in dieser Hinsicht Edward Tudor Lampson, Abteilungsleiter bei der Amerikanischen Hohen Kommission in Bonn, der im Juli 1954 ein Überblickspapier zum Stand der Demokratie in Deutschland erstellte: Als 1953 Staatssekretär Otto Lenz ein »Informationsministerium« plante, in dem die Mittel staatlicher Informations- und Aufklärungsarbeit wirkungsvoll »zusammengefaßt« werden sollten, habe – mit Ausnahme des früh aufmerksam gewordenen *Spiegel* – die deutsche Presse sich erst zu Wort gemeldet, als sich ausländische Blätter bereits mit Heißhunger auf das Thema geworfen hätten. Dann allerdings habe das Regierungsprojekt als eine Wiederkehr Goebbelsscher Ambitionen öffentlich zur Strecke gebracht werden können. Als hingegen, nur Monate später, eine Wiederauflage der Pläne Lenz' unter dem neutralen Begriff eines »Koordinierungsausschusses« bekannt wurden, habe der daraufhin sich entfaltende öffentliche Widerstand in Deutschland das Projekt von sich aus zu Fall gebracht. Lampson schloß seine positive Bilanz der deutschen Presseentwicklung jedoch mit der Bemerkung, es sei nicht ausgeschlossen, daß die deutsche Regierung ihre Ziele später in anderer Weise erneut durchzusetzen versuche. Das tat sie dann auch: im Oktober 1962, als die Staatsanwaltschaft die Redaktion des *Spiegel* besetzte.

Die wichtigste Folge der *Spiegel*-Affäre war die Etablierung einer kritischen Öffentlichkeit in der Bundesrepublik: Viele Zeitungen und Presseverlage solidarisierten sich mit Augsteins Blatt, die *Zeit* etwa stellte ihre Druckmaschinen zur Verfügung. Der größere Teil der Tagespresse enthielt sich zwar in der Berichterstattung wertender Stellungnahmen, andererseits übten aber 42 Prozent aller Blätter Kritik am Vorgehen der Behörden. Proteste kamen aber auch von Professoren, Künstlern, Schriftstellern, Studenten und einzelnen Journalisten. Zum ersten Mal in der Nachkriegszeit kam es an vielen Orten zu spontanen Protestkundgebungen. »Spiegel tot – Freiheit tot« konnte man auf den Spruchbändern von Demonstranten lesen, die sich zu Tausenden vor dem Gefängnis einfanden, in dem Augstein einsaß.

Schlagartig verdeutlichte die *Spiegel*-Affäre einem größeren Publikum, daß eine kritische Presse notwendiger Bestandteil einer demokratischen Gesellschaft ist und nicht, wie im Dritten Reich gelernt, ein

Zielpunkt: »Öffentlichkeit« Am 26. Oktober 1962 wurde Rudolf Augstein, der Herausgeber des *Spiegel*, verhaftet, der Verlag und die Bonner Redaktion des Magazins wurden in einer nächtlichen Aktion durchsucht. Conrad Ahlers, der knapp drei Wochen zuvor in dem Artikel »Bedingt abwehrbereit« ein NATO-Manöver analysiert und die Verteidigungsmöglichkeiten der Bundesrepublik kritisch beleuchtet hatte, wurde kurz darauf zusammen mit seiner Frau in Spanien inhaftiert. Wochenlang blieben die Redaktionsräume besetzt, die Staatsanwaltschaft schöpfte ihre Mittel bis an den Rand der Verfassungsmäßigkeit aus, Adenauer sprach von einem »Abgrund von Landesverrat«, den der *Spiegel* »systematisch« begangen habe, »um Geld zu verdienen«, der *Münchner Merkur* sah gar eine weltweite linksgerichtete Pressverschwörung am Werk.

Stück für Stück brachten Opposition und Presse in den folgenden Wochen jedoch heraus, daß wichtige Regierungsmitglieder in der Angelegenheit gelogen hatten, unter anderem der Kanzler selbst, vor allem aber sein Verteidigungsminister Franz Josef Strauß, der tief in die Planung der Aktion verstrickt gewesen war. Die Anklagen gegen die Redakteure mußten fallengelassen werden, Verurteilungen kamen nicht zustande. Das Kabinett Adenauer trat in Etappen zurück, Strauß wurde als Regierungsmitglied unhaltbar. Adenauer selbst kündigte im Laufe der Affäre seinen baldigen Rücktritt an.

Von nun an die kritische Instanz der Republik: Rudolf Augstein und Conrad Ahlers verlassen Karlsruhe als freie Männer.

Element sozialer Zersetzung. Aber auch für die deutsche Presse erwies sich das Ereignis als Meilenstein mit weitreichenden Folgen für ihr Selbstverständnis. Noch 27 Jahre später, in einer Umfrage von 1989, antwortete fast die Hälfte aller Journalisten in der Bundesrepublik auf die Frage, was ihre Arbeitsweise und ihr Selbstverständnis am meisten geprägt habe, es sei die *Spiegel*-Affäre gewesen.

Kritik und Vergangenheit

Gewiß hatte es eine kritische Berichterstattung auch zuvor schon gegeben, aber dahinter steckte zumeist eine von weltanschaulichen Motiven gespeiste Unzufriedenheit mit dem historischen Gang der Entwicklung, weniger die Einsicht in die prinzipielle Rolle kritischer Berichterstattung. Kaum irgendwo wurde dies so deutlich wie an dem heiklen Thema des 1951 verabschiedeten sogenannten »131er-Gesetzes«, das der Wiedereinstellung 1945 entlassener und mittlerweile entnazifizierter Beamter diente, damit aber auch vielen früheren NSDAP-Mitgliedern den Weg in die bundesdeutsche Verwaltung bis hinein in die Ministerialbürokratie ebnete. Die beharrlich kritisch berichtenden Kommentatoren dieses fragwürdigen Vorgangs, wie etwa der damalige Chefredakteur des Bayerischen Rundfunks, Walter von Cube, waren an einer Hand abzuzählen. Auch der *Spiegel* stillte die Sensationslust seiner Leser an diesem Thema im Juli 1955 lieber mit einer Geschichte über die Versorgungsansprüche der Witwen hoher Nazifunktionäre, darunter die Frau Reinhard

Rundfunk für die aufgeklärte Demokratie: BR-Chefredakteur Walter von Cube macht eine Sendereihe über ehemalige Nationalsozialisten im Bonner Auswärtigen Amt.

Heydrichs, der 1942 in Prag einem Attentat zum Opfer gefallen war. Klare Analysen in Hinblick auf die Folgen des Gesetzes, etwa die nahezu vollständige Rehabilitierung der alten Justizjuristen, wurden der Öffentlichkeit auch später nicht geboten.

Eine sensationelle Ausnahme hinsichtlich einer aufklärenden Auseinandersetzung mit den Folgen der NS-Vergangenheit hatte allerdings schon im Januar 1952 eine Artikelserie in der *Frankfurter Rundschau* gemacht. Darin berichtete der Autor, Michael Mansfeld, in einer höchst faktenreichen Weise von der Tatsache, daß sich im Auswärtigen Amt der neuen Republik in nahezu allen leitenden Positionen Beamte befanden, die auch schon unter Ribbentrop Dienst getan hatten. Die Sache wirbelte zunächst dermaßen Staub auf, daß sich der Bundestag auf Antrag der SPD in Form eines parlamentarischen Untersuchungsausschusses mit der Angelegenheit beschäftigte und der Kanzler, der ja auch die Außenpolitik führte, sich zu einer Bestätigung des Sachverhaltes gezwungen sah. Obwohl zwei Drittel der Mitarbeiter des Auswärtigen Amtes tatsächlich ehemalige Parteigenossen waren, gelang es Adenauer mit dem Hinweis, man könne ein solches Amt ohne eingearbeitete Experten eben nicht aufbauen, der Öffentlichkeit den Ton vorzugeben: »Ich meine, wir sollten jetzt mit der Nazi-Riecherei Schluß machen.«[21] Dem konnte auch eine Sendung des Bayerischen Rundfunks wenige Monate später nichts entgegensetzen. Die *Frankfurter Rundschau* jedoch, die unter allen deutschen Zeitungen mit überregionaler Bedeutung in bezug auf die Vergangenheit ihres Personals die weißeste Weste hatte, behielt auch in der Folge, unabhängig von personellen und positionellen Veränderungen, die dezidiert antinazistische Verpflichtung ihrer Gründer bei. In den Jahren 1959/60 etwa beauftragte die Redaktion ihr Mitglied Thomas Gnielka mit einer umfassenden Untersuchung rechtsradikaler Organisationen in der Bundesrepublik und im Ausland. Die Ergebnisse wurden in einer siebenteiligen Serie der Öffentlichkeit präsentiert, mit dem Ziel, den »bisher zu wenig beachteten politischen Rattenfängern in unserem Land das Handwerk zu legen«, die es besonders auf die organisierte Anstiftung der Jugend zu antisemitischen Ausschreitungen abgesehen hätten.[22]

Ein kritischer Journalismus konnte sich erst in den sechziger Jahren allmählich etablieren. Immer öfter war jetzt von der Presse als der »vierten Macht« im Staate die Rede. Und die Journalisten identifizierten sich selbst weitgehend mit dieser Rolle. Dafür sorgte nicht nur die Recht-

Dem Neonazismus das Handwerk legen: In einer als Broschüre nachgedruckten Artikelserie warnte die *Frankfurter Rundschau* 1959 vor »politischen Rattenfängern« – und kritisierte die mangelnde geschichtliche Aufklärungsbereitschaft ihrer Konkurrenz.

sprechung mit ihrer wiederholten Ausformulierung des Artikels 5 Grundgesetz über die Meinungsfreiheit, die den Berufsstand mit Privilegien wie der Behördenauskunftspflicht oder einem Zeugnisverweigerungsrecht ausgestattet hatte, dafür sorgten vor allem auch Vertreter des Faches selbst – nicht selten solche, die vielfache Brüche in ihrer Biographie aufzuweisen hatten.

Axel Eggebrecht etwa, Jahrgang 1899, in den zwanziger Jahren Mitarbeiter der *Weltbühne* und jetzt wegen seiner Kommentare zum Frankfurter Auschwitz-Prozeß berühmt geworden, leitete ab 1963 das Nachwuchsstudio des Norddeutschen Rundfunks. Seine Schüler erinnern sich, wie er sie stets vor jeder Form von »Verlautbarungsjournalismus« oder »Hofberichterstattung« gewarnt habe. In seinen Beiträgen verbanden sich Optimismus und ein unermüdlicher Appell an die Vernunft. Ein anderer Publizist, Ralph Giordano, Jahrgang 1923, der als Sohn einer jüdischen Mutter den Krieg nur mit Glück und viel Courage überlebt hatte, beschloß nach der Befreiung, in Deutschland zu bleiben, um die Entmenschlichung im nationalsozialistischen Deutschland aufarbeiten zu helfen. Er berichtete seit 1964, als er beim Westdeutschen Rundfunk in Köln eine journalistische Laufbahn begann, über Probleme der »Dritten Welt« ebenso wie über die NS-Vergangenheit und den Stalinismus.

Engagement mit Kritikfähigkeit verbanden auch Sebastian Haffner oder Carola Stern, die sich – später – ebenfalls öffentlich mit ihrer oder der deutschen Vergangenheit auseinandersetzten. Carola Stern machte, als sie 1986 mit 61 Jahren ihre Autobiographie schrieb, aus ihrer jugendlichen Begeisterung für die Nazi-Phrasen kein Hehl, legte offen und selbstkritisch Zeugnis ab von ihrer »beschämenden Gläubigkeit bis zuletzt«. Für ihr vielfaches publizistisches Engagement, aber auch ihr Eintreten für Amnesty International, deren Mitbegründerin und zeitweilige Vorsitzende in Deutschland sie war, fand sie eine Begründung, wie sie wohl auch für viele der Journalisten gelten kann, denen in der Bundesrepublik eine zweite Chance in ihrem Beruf eingeräumt worden war: »Ich habe versucht«, sagte sie in einem Fernsehinterview, »wie so viele andere Deutsche auch, einfach durch Taten zu zeigen, daß ich wohl verstanden habe, wie notwendig es ist, Konsequenzen aus seiner Vergangenheit zu ziehen.«

Die neue Rolle des Journalismus wurde aber auch von solchen angenommen, die in der Vergangenheit schuldig geworden waren – etwa von Hilmar Pabel, einem Fotoreporter, der während des Krieges propagan-

Ralph Giordano:
Unbequem gegen die Verdränger.

Sebastian Haffner:
Unabhängigkeit als journalistische Tugend.

Carola Stern:
Bewältigung durch engagierte Publizistik.

distische Aufnahmen gemacht und 1940 im Ghetto von Lublin eine antisemitische Reportage aufgenommen hatte. Nach dem Krieg kreisten seine Fotografien zunächst um Glück und Elend der deutschen Kriegsheimkehrer, ohne daß der Aspekt deutscher Schuld dabei irgendeine Rolle spielte. In der Folge aber übertrug er seine einfühlsame Sichtweise auf ganz andere Leidende und Opfergruppen. Für den *Stern*, aber auch für ausländische Magazine, beschrieb Pabel das Elend Verfolgter in Prag und Vietnam. Seine Reportagen über die *boat people* erschütterten das Gewissen der Öffentlichkeit weltweit.

Die Journalisten nahmen ihre neue Rolle an, legten jedoch kaum offene Bekenntnisse zu ihrer eigenen Vergangenheit ab. Sie taten vielmehr das, was Journalisten schon immer getan hatten: Sie schrieben – nunmehr »kritisch« – über andere. Die Anzahl der Artikel, die sich etwa mit dem Fall Globke auseinandersetzten, stieg Anfang der sechziger Jahre sprunghaft an – im Gefolge eines anderen Phänomens, das besondere Aufmerksamkeit auf sich zog: die verstärkte Wiederaufnahme von Prozessen gegen NS-Straftäter seit Ende der fünfziger Jahre. Besonders zwei Verfahren sollten im Jahrzehnt darauf die deutsche Öffentlichkeit längere Zeit in Anspruch nehmen und ihren Blick auf die Untaten der NS-Zeit lenken. Für die Berichterstattung über den Prozeß gegen Adolf Eichmann, den für die Durchführung der »Endlösung« verantwortlichen Leiter des »Judenreferats« im Reichssicherheitshauptamt, entsandten die wichtigsten deutschen Zeitungen, aber auch die Nachrichten-agentur *dpa*, der Rundfunk und das Fernsehen eigene Berichterstatter nach Israel. Rund 800 Artikel erschienen in den Qualitätszeitungen *FAZ*, *SZ*, *Welt* und *Frankfurter Rundschau*. Während auch der 20monatige Frankfurter Auschwitz-Prozeß große Beachtung fand, ging das öffentliche Interesse anläßlich des Düsseldorfer Majdanek-Prozesses allerdings wieder zurück. Auch die in den sechziger Jahren im Bundestag geführten Verjährungsdebatten waren wichtige Anlässe für die Medien, sich mit der Vergangenheit zu beschäftigen.

Die Berichterstattung um Globke, Eichmann und die Angeklagten im Auschwitz-Prozeß, auch so spektakuläre Enttarnungen wie die des Auschwitz-Kommandanten Richard Baer oder des »Euthanasie«- und KZ-Arztes Werner Heyde, hatten zur Folge, daß sich in der westdeutschen Gesellschaft der sechziger Jahre ein Gefühl dafür einstellte, daß die Täter der Judenvernichtung mitten in der eigenen Gesellschaft lebten, dort eventuell sogar hohe Positionen einnahmen. Sie lenkte damit freilich auch ab von der Frage nach der Mitverantwortung aller, die tatenlos Zeugen der Verbrechen geworden waren oder – wie die NS-Journalisten – »nur geschrieben« hatten.

Eichmann im Glaskasten: Der Jerusalemer Prozeß gegen den ehemaligen Leiter des Judenreferats im Reichssicherheitshauptamt rückt den Holocaust 1961 vorübergehend in den Blickpunkt auch der deutschen Öffentlichkeit.

»Hoch über Grab und Gram und Tod und Qual« Unter diesem Titel erschien 1964 ein *Spiegel*-Beitrag, der sich auf über 13 Seiten mit der NS-Zeitschrift *Das Reich* beschäftigte, jener NS-Illustrierten, die, wie einer der Redakteure später selbstkritisch feststellte, den »Nationalsozialismus im Frack« verkauft hatte. Für das *Reich*, so konnte man dem *Spiegel* entnehmen, das bei aller verordneten Seriosität die weltanschaulichen Inhalte des Nationalsozialismus einschließlich eines radikalen Antisemitismus klar verkündete, hatten neben Leitartikler Goebbels nur die Besten geschrieben – die Liste reichte von Carl Linfert und Karl Korn über Ernst Samhaber und Margret Boveri zu Carl Willy Beer und Hans Schwarz van Berk. Überzeugte und kaum oder gar nicht überzeugte NS-Journalisten hatten neben Autoren wie Carl Schmitt, aber auch Wolfgang Koeppen veröffentlicht, der mit einer Rezension vertreten war. Unschwer konnte man feststellen, daß sich diese Liste wie das *Who is who?* des deutschen Edeljournalismus auch noch in den Jahrzehnten nach dem Untergang der Goebbelspresse las. Einige der Schreiber, Karl Korn, Erich Peter Neumann und Theodor Heuss etwa, wurden darüber hinaus mit Porträtfotografien herausgestellt. Bis auf ein paar empörte Leserbriefe und die Richtigstellung einiger nebensächlicher Sachverhalte durch Elisabeth Noelle-Neumann blieb die Veröffentlichung aber ebenso ohne Folgen wie die Tatsache, daß Giselher Wirsings SD-Vergangenheit mittlerweile in einer von dem ehemaligen Widerstandskämpfer Joseph Wulf zusammengestellten Dokumentensammlung für jedermann einsehbar war.

Wer in den frühen sechziger Jahren die westdeutschen Journalisten an ihre eigene Vergangenheit erinnerte, der mußte sich fragen lassen, ob er mit dem Ostberliner Kommunisten Albert Norden im Bunde sei, der immer wieder ausführliches Material über die NS-Vergangenheit westdeutscher Funktionsträger publizierte. Dabei nahm er sich das Bonner Presseamt ebenso vor wie Werner Höfer, tat dies aber in einem derart haßerfüllten Ton, daß es den Angegriffenen leicht fiel, eigentlich unbestreitbare Fakten als Propaganda zurückzuweisen. Aber auch ein Mann wie Kurt Ziesel fand jetzt kaum mehr Gehör. Der ehemalige österreichische Nationalsozialist und unbelehrbare Denunziant der Besatzungsmächte sah in der westdeutschen Presse deren »kommunistische« Hinterlassenschaft und hielt ihr vor, sie schränke die Meinungsfreiheit nicht weniger ein, als es die NS-»Presselenkung« getan habe. In seinen polemischen und in schlechtem Deutsch vorgetragenen Pamphleten, in denen er sich beispielsweise mit Wilhelm Emanuel Süskind von der *Süddeutschen Zeitung* anlegte, konnte sich Ziesel freilich auf die durchaus zutreffende Behauptung stützen, daß in den Pressehäusern eine Beschäftigung mit der NS-Belastung des eigenen Personals noch immer ausblieb. Der Kalte Krieg und sein antitotalitärer Konsens machten es jedoch einer sichtbar liberaler gewordenen westdeutschen Presse leicht, die genannten Angriffe allein durch Hinweis auf ihre Herkunft abzublocken.

Vergangenheit und Populismus

Einen eigenen Stil, mit der Vergangenheit umzugehen, pflegten die Illustrierten. Für sie galt in den sechziger Jahren: »Ankommen – gleichgültig, womit man ankommt, wenn es nur ankommt.«[23] Nicht immer war dieses Prinzip gänzlich ausgeprägt, aber als allgemeine Tendenz ging es einher mit bemerkenswerten verlegerischen Kontinuitäten. So zum Beispiel bei John Jahr. Bereits in den zwanziger Jahren hatte er für die in großer Auflage monatlich herauskommende Zeitschrift *Weg der Frau* gearbeitet und 1937 *Die junge Dame* erworben. Das NS-Blatt wandte sich an 17- bis 30jährige, vor allem unverheiratete Frauen, die es für das Regime gewann, indem es Alltäglichkeit und Normalität produzierte und mit Glamour anreicherte: Erfundene und wahre Geschichten, Filmfotos (auch aus Hollywood), Modeberichte und Tips zur Schönheitspflege, Sportler- und Künstlerinterviews, Kummerkasten und »wahre Erlebnisse«, »schaurigsüße Dinge« und Artikel über das exklusive Leben füllten die Seiten der Wochenzeitschrift. Noch vor dem Krieg übernahm mit Hans Huffzky erstmals ein Mann die Redaktion, die nun ein konservativeres, »artgerechteres« Frauenbild propagierte.

Viele von den sachdienlichen Hinweisen für die patente Lebensführung der »deutschen Frau« ließen sich auch nach dem Krieg noch problemlos verwenden, als Jahr zusammen mit Axel Springer eine Lizenz für die Frauenzeitschrift *Constanze* erhielt. Später brachte Jahr *Brigitte* und 1964 auch noch *Petra* heraus. 1974 schließlich wandte er sich explizit der deutschen Vergangenheit zu, als in seinem John Jahr Verlag

Das Dritte Reich erschien. Mit großem Werbeaufwand vertrieben, brachte die Sammeldokumentation dem Verlag wegen der populistischen Aufbereitung ihres Gegenstandes starke Kritik ein. Wie eine Illustrierte aufgemacht, aktualisierten die Hefte unter fettgesetzen NS-Slogans (»Gegen geistige Syphilis und Idiotenkunst. Die Herrschaft des gesunden Volksempfindens«, »Blut und Ehre«, »Deutschland vom Volkstod bedroht« usw.) die Selbstsicht der NS-»Volksgemeinschaft«.

Die beigefügten Texte verstanden sich durchaus als kritische Kommentierung, versteckten sich aber geradezu hinter dem mit viel Farbe und großen Formaten aufgemachten originalen Propagandamaterial. Oft über eine ganze Doppelseite erstreckten sich Fotografien, die die Größen des Regimes im Kreise jubelnder Anhänger zeigten oder Einblick in ihr Familienleben gaben, daneben heroische Kriegsbilder, detaillierte Beschreibungen deutscher Waffensysteme, Karten, die ein von waffenstarrenden Nachbarn umzingeltes Deutsches Reich zeigten, Graphiken, die den Rückgang der Arbeitslosigkeit nach 1933 ebenso suggestiv präsentierten wie die Gefahren, die von der »Judenherrschaft in Deutschland« ausgingen. Nichts beschrieb die Obszönität der Gesamtgestaltung besser als die Tatsache, daß die ersten Ausgaben jeweils in der Mitte mit doppelseitigen, farbigen NS-Akten versehen waren, in denen »blutvolle, dem Volkstum entstammende« Frauengestalten in Szene gesetzt wurden. Schwülstige Phantasien leiteten die Autoren des Machwerks sicher auch, wenn sie die »Weiblichkeit nach Güteklassen« durchdeklinierten und – immer unter dem Vorwand, die Weltanschauung des Nationalsozialismus nicht zu verherrlichen, sondern zu veranschaulichen – Elke Sommer als »Klasse I-Frau« abbildeten. Von den Opfern des Regimes war hingegen nahezu nichts zu sehen. So war es eigentlich nur konsequent, daß der John Jahr Verlag drei Jahre später unter dem Namen »Signal« eine Reihe zwar kommentierter, aber – wie betont wurde – »abgeschlossener, völlig unveränderter Beiträge aus der Propaganda-Zeitschrift der Deutschen Wehrmacht« gleichen Namens herausgab.

In die 1965 von John Jahr und den zwei anderen Hamburger Großverlegern, Gerd Bucerius und Richard Gruner, gegründete Gruner+Jahr GmbH und Co. ging neben dem Constanze-Verlag auch der Henri-Nannen-Verlag ein, der den *Stern* produzierte, eine der vier von ursprünglich rund 30 bundesdeutschen Illustrierten, die Ende der sechziger Jahre noch liefen. Daß der *Stern* die erfolgreichste von allen war, hatte viel mit seinem vitalen Gründer und jahrzehntelangen Chefredakteur Henri Nannen zu tun, der an der Umerziehungsphilosophie der Alliierten wahrscheinlich wenig interessiert war.

Als junger Kunstgeschichtsstudent in München hatte Nannen seine ersten journalistischen Erfahrungen beim dortigen Reichssender und in Kunstzeitschriften gesammelt, aber auch Artikel für *Die Kunst im Dritten Reich* geschrieben, ein Produkt des nationalsozialistischen Eher-Verlags. Im Krieg kam er, wie er es sich gewünscht hatte, zur Luftwaffe und wurde als Kriegsberichterstatter einer Propagandakompanie in der Sowjetunion und an der italienischen Front eingesetzt. Schon damals erwies sich Nannen als ein Mann der Praxis und der Vermittlung von politischen Ideen. Im Dezember 1947, als er die Lizenz für eine »politisch illustrierte Zeitung für Jedermann« beantragte, war seine These: Die Demokratie sei für große Teile des deutschen Volkes »vaterlandslos«.[24] Seine Antwort darauf lautete: »Der Nationalismus muß durch die Demokratie erobert werden.« Das spätere Programm zeigte, daß die Lektionen,

WEIBLICHKEIT

Wie Liebe als Menschenzüchtung verstanden wurde

Neuadel aus Blut und Boden, den wollte Naziideologe Richard Walther Darré gerne züchten. Mit unüberbietbarem Zynismus gegenüber dem Mädchen und der Frau forderte er, jeden Geburtsjahrgang im heiratsfähigen Alter in vier Güteklassen aufzuteilen. Nicht Zärtlichkeit, sondern Besamungsvorgang . . . und das Mutterkreuz gibt's als Zuchtprämie dazu. Glücklicherweise hatten die Darrés nicht genug Zeit, eine solche Entmenschlichung der Frau zu verwirklichen.

Können Sie sich vorstellen, daß man beispielsweise Elke Sommer klassifiziert hätte? Als wertvolles Zuchtgut für den neuen deutschen Adel . . .

Im großen und ganzen können wir unseren weiblichen Nachwuchs in zwei Hauptgruppen einteilen: erstens solche Mädchen, von denen man für das Volk Nachkommenschaft erwünscht, und zweitens solche, von denen man dies nicht wünschen kann, weil sie aus gesundheitlichen oder erbwertlichen Gründen hierfür nicht in Frage kommen. Denn das ist ja klar, daß, wenn das Bürgerrecht auf der Blutfrage aufgebaut wird, die Ehe keine reine Ich-und-Du-Angelegenheit mehr sein kann, sondern daß der Staat sie nur dem Würdigen gewährt. Diese Gewährung ist der Ausdruck staatlichen Vertrauens gegenüber den Eheschließenden.

Klasse I

Ihr werden diejenigen Mädchen zugerechnet, deren Verehelichung in jeder Beziehung wünschenswert erscheint. Um in dieser Klasse auch tatsächlich nur immer das Beste zu sammeln, sei als Höchstgrenze für jeden Jahrgang bestimmt, daß nur ein begrenzter Hundertsatz, etwa 10 v. H. aus der Schar der zur vollen Ehe Tauglichen, in ihr Aufnahme finden. Gelingt es, die Mitgift für die Eheschließung auszuschalten, so darf zweifellos damit gerechnet werden, daß die Angehörigen dieser Klasse restlos dem Ehestand zugeführt werden.

Unterhaltsame Vergangenheitsbewältigung im farbigen Illustriertenstil der Siebziger:

NACH GÜTEKLASSEN

Hilfswerk Mutter und Kind

So wünschten sich die Nazis die Durchschnittsfrau der Klasse II: Gebärfreudig und kinderlieb. Gegen die Fortpflanzung dieses „Frauentyps" bestanden staatlicherseits keine Bedenken

Klasse II

Ihr wird der Rest aller derjenigen Mädchen zugeteilt, deren Verehelichung im Hinblick auf die Nachkommenschaft keinerlei grundsätzliche Bedenken entgegenstehen. Diese Klasse wird im allgemeinen die zahlreichste sein.

Und die Mutter dieses bedauernswerten Geschöpfes? Spontan meinen wohl immer noch viele Menschen, hier seien Abtreibung, Totgeburt oder „Spritze" barmherziger. Darré jedenfalls klassifizierte die Mutter dieses geisteskranken Kindes: Zwar berechtigt zur Lust, aber striktes Kinderverbot . . .

Klasse III

Ihr werden diejenigen Mädchen zugeteilt, gegen deren Verehelichung aus sittlichen oder staatsrechtlichen Gründen keine Bedenken vorliegen, deren erbwertlicher Zustand aber in jedem Falle eine Unterbindung von Nachkommenschaft verlangt. Diesen Mädchen wird man die Ehe gestatten, wenn die Kinderlosigkeit ihrer Ehe gewährleistet ist (Sterilisation!).

Wie hätten Sie den Fall Christine Keeler entschieden? Für Darré und seine nationalsozialistischen Gesinnungsgenossen wäre der Fall eindeutig gewesen: Als Edelnutte nicht würdig, von einem deutschen Mann geliebt zu werden . . .

Klasse IV

Sie nimmt alle diejenigen Mädchen auf, gegen deren Verehelichung grundsätzlich schwere Bedenken vorliegen, so daß man von ihnen nicht nur keine Nachkommenschaft wünscht, sondern sich gegen ihre Verheiratung als solche wenden muß, weil dadurch der Begriff einer *deutschen* Ehe entwürdigt würde. Hierzu gehören einmal alle Geisteskranken, dann öffentliche Dirnen, denen ihre Ahnentafel das Gewerbe schon vorzeichnet, weiterhin rückfällige Verbrecherinnen usw.; diese nur als besonders handgreifliche Beispiele erwähnt.

Aus Gründen der Folgerichtigkeit gehören hierher *zunächst* auch alle unehelichen Kinder unbekannter Herkunft. Diese sind in jedem Falle für den Volkskörper im höchsten Grade gefährlich. Sie müssen einer gesonderten Bewertung unterliegen. In dem Maße, wie sich die Verkehrsmittel entwikkeln, wächst die Gefahr der unbeobachteten Einschleppung unerwünschten Blutes durch uneheliche Kinder. Man denke an die Großstädte, in denen sich heute der farbige Student, der schwarze „Künstler", die Hawaian-Jazz-Band, der chinesische Matrose, der mittelamerikanische Früchtehändler usw. usw. so wohl fühlen können wie zu Hause und dementsprechend sich auch meistens irgendwie „verewigen".

Das Ziel der weiblichen Erziehung hat unverrückbar die kommende Mutter zu sein.

Adolf Hitler („Mein Kampf", S. 460)

Das Sammelwerk »Das Dritte Reich« verzichtete bei der Präsentation originalen Propaganda-Materials auf die kritische Brechung.

die auch Goebbels begriffen hatte, nicht vergessen waren: Der *Stern*, so hieß es, sei eine Zeitschrift mit einer »ganz klaren politisch-sozialpädagogischen Tendenz«, die aber um so besser verkauft werden könne, »je mehr man den *Stern* für eine reine Unterhaltungs-Illustrierte hält«.

Die Methode war erfolgreich, so sehr, daß der *Stern* in der Folge zur *cash cow* der lange defizitären *Zeit* werden konnte. Der *Stern* wurde zu jedermanns Fachlektüre in Sachen Mode und Luxus, für die personellen Angelegenheiten am persischen Kaiserhof, für die beginnende plastische Chirurgie in Deutschland und die neue deutsche Autoversessenheit. Genauso verkaufte man die Vergangenheit.

Nicht anders als seine härteste Konkurrenz, die *Quick*, bot sich das Nannen-Blatt in den fünfziger Jahren auch einer Leserschaft an, die gar nicht daran dachte, die NS-Zeit zu »verdrängen«, sondern die im Gegenteil geradezu süchtig war nach Geschichten aus dem Krieg. Voller Anteilnahme riefen diese »Tatsachenberichte« die Erinnerung an jene schicksalsschweren und erlebnisreichen Tage auf, an denen der deutsche »Landser« vieles durchlitt und manches erlebte – nur keine Kriegsverbrechen der eigenen Seite. Ein Schaudern aus sicherem Abstand, auch ein Schuß Melancholie, fehlten selten in solchen Reportagen, und natürlich transportierten sie die alten Feindklischees und die Moral der »Volksgemeinschaft«. Das war in dieser Form sicher nicht beabsichtigt – auch *Quick* und *Stern* verstanden sich als kritische Antwort auf den Nationalsozialismus –, wurde aber als Beitrag zur Leserbindung bereitwillig in Kauf genommen.

Im Mai 1950, nach einem Besuch in seiner eigenen Vergangenheit, brachte Henri Nannen die erste Stern-Aktion mit: die übers Magazin laufende Finanzierung eines »schlichten, würdigen Soldatenfriedhofs bei Salerno« für die dort gefallenen Wehrmachtssoldaten. Die Vergangenheit wollte man auch in Zukunft spannend präsentieren, etwa als Reporter des *Stern* versuchten, mit skandalösen Zusagen an den angeblich noch lebenden ehemaligen Chef der NSDAP-Parteikanzlei, Martin Bormann, heranzukommen. *Public Relations* wurden großgeschrieben, und nicht zufällig war für die *Stern*-Redaktion der Beiname »Freikorps Nannen« im Umlauf. Hier arbeiteten neben Remigranten die ehemaligen »Höheren Berichter« Günter Radke und Paul Sethe, der nach seinem Ausscheiden aus der *FAZ*, einem Zwischenschritt bei der *Welt* und dem Scheitern eines Tageszeitungsprojektes mit Rudolf Augstein *Zeit* und *Stern* mit politischen Kommentaren und historischen Serien versorgte.

Eine wichtige Figur im Hause Nannen war der ehemalige Propagandakompanist Hans Weidemann, der die stets mit viel Prominenz besetzten PR-Events des *Stern* in den Sechzigern betreute. Der ehemalige Obersturmführer, Nannens Vorgesetzter beim unter der Leitung der Waffen-

SS stehenden Frontpropaganda-Unternehmen »Südstern«, war nach Kriegsende untergetaucht und wurde – dank einflußreicher Fürsprecher – 1950 als »Mitläufer« eingestuft. Zunächst als selbständiger Werbeberater für Hamburger Firmen, dann als Pressesprecher einer Strumpffabrik tätig, leitete er bis 1960 die »Miß-Germany«-Wahlen und wurde 1963 von Nannen mit der Organisation der *Stern*-Spektakel betraut. Ein Jahr darauf wurde er fest angestellt und erfand die Aktionen »Jugend forscht« und »Jugend trainiert für Olympia«. Giselher Wirsing warf dem *Stern* stellvertretend für die gesamte Illustriertenpresse der Bundesrepublik die »Mischung« von ernsten Themen und frivoler Aufmachung vor. Die Konservativen bei *Christ und Welt*, für die der *Stern*-Verleger Bucerius und sein Chefredakteur »Moral auf Striptease-Basis« verkauften, verbreiteten im Frühjahr 1962 den Verdacht, in Hamburg würden die Methoden der Propagandakampfeinheiten aus dem Weltkrieg weiterhin Anwendung finden.

Ein eigentlich politisches Programm hatte Henri Nannen nicht. Er wollte provozieren; vor allem aber haßte der ehemalige PK-Mann politischen Illusionismus: Es habe »kaum ein nationales Unglück der Deutschen in diesem Jahrhundert« gegeben, das nicht daraus entstanden sei.

Der Chef hat den Schreibstift zwischen den Zähnen: Das »Freikorps Nannen« macht Europas erfolgreichste Illustrierte.

Auch sein engagiertes Eintreten für die neue Ostpolitik Willy Brandts ließ sich, wie sein Biograph Hermann Schreiber annimmt, wohl darauf zurückführen, daß er »deutsche Kriegsverbrechen mit eigenen Augen gesehen, von der Judenvernichtung zumindest gewußt und dennoch seine martialisch dröhnenden PK-Berichte geschrieben hat«[25]. Die eigene Vergangenheit identifizierte Nannen stets ganz selbstverständlich mit der der meisten Deutschen. Das machte ihn sensibel gegenüber den Lügen anderer, zugleich aber auch allzu generös. Für den »Fall Lübke«, angestoßen durch Albert Norden, der 1965, pünktlich zur Wiederwahl des Bundespräsidenten, belastende Dokumente hervorgeholt hatte, interessierte sich der *Stern* erst zwei Jahre später, aber dann in bezeichnender Weise. Für Nannen ging es »nicht darum, daß dieser Präsident an Baracken mitgebaut hat, die KZ-Häftlingen als Unterkunft dienten. Es geht darum, daß er nicht den Mut fand, zu dieser Tatsache zu stehen.«

In den politischen Konstellationen der Zeit trug die zweifelhafte Form seiner Kritik Nannen den Ruf ein, ein moralisierender Nörgler, ein Liberaler, wenn nicht gar ein »Linker« zu sein. Als er 1968 zu Werner Höfers »Frühschoppen« geladen wurde, um über den »publizistischen Umgang mit Staatsoberhäuptern« zu diskutieren, übte nicht zuletzt das Bundespresseamt Druck auf den WDR aus, nicht über Lübke zu sprechen. In der Sendung, die zweimal kurz vor dem Abschalten gestanden haben soll, betonte Nannen, daß er und der »Parteigenosse Kiesinger« ihre Vergangenheit ja nie abgestritten hätten, womit er auch darauf reagierte, daß anläßlich dieser Sendung zum ersten Mal seine eigenen NS-Artikel einer breiteren Öffentlichkeit bekannt gemacht worden waren. Denn ein paar Tage zuvor hatte eine »Studiengesellschaft für staatsbürgerliche Öffentlichkeitsarbeit« Nannens Lobschriften auf den Führer in der katholischen Zeitschrift *Echo der Zeit* publiziert, *Bild* und *Welt am Sonntag* hatten bloß noch zitieren müssen. Vielen imponierte damals die Offenheit, in der sich Nannen offenbar mit der eigenen Geschichte auseinandersetzte. Doch da diese Offenheit stets einherging mit der Hoffnung, dadurch könne die Vergangenheit endlich zum Schweigen gebracht werden, machte sie ihn auch angreifbar.

Am 16. Dezember 1970 saß der *Stern*-Chefredakteur in einem Wiesbadener Studio Gerhard Löwenthal gegenüber, dem Leiter des *ZDF-Magazins*. »Halten Sie den Mund, ich bin noch nicht fertig«, brüllte ein sichtlich erregter und zugleich gut vorbereiteter Henri Nannen vor laufender Kamera, nachdem er die Sendung verbal und argumentativ immer mehr an sich gerissen hatte. Die Sache war offensichtlich persönlich. Löwenthal senkte den Kopf, raschelte mit seinen Papieren, hatte aber nicht viel zu entgegnen. In zwei vorausgegangenen Sendungen hatte der ZDF-Mann, gestützt wohl auf Informationen aus dem Hause Springer, dem *Stern*-Mitarbeiter Hans Weidemann unterstellt, 1944 im italienischen Bevilacqua als Chef des von dort geleiteten Propaganda-Unternehmens »Südstern II« für die Folterung und Erschießung von Partisanen mitverantwortlich gewesen zu sein. Nannen, damals in Weidemanns Kriegsberichterzug, habe davon zumindest gewußt. Es gehe, so hatte Löwenthal seinem Publikum erklärt, »um die Glaubwürdigkeit von Leuten, die heute in der Publizistik wichtige Positionen einnehmen«. Nannen hatte daraufhin seine Redaktion zur bis dahin größten Recherche-Aktion des *Sterns* mobilisiert: Korrespondenten, Rechercheure, Fotografen und Dolmetscher waren losgeschickt worden, den Sachverhalt zu klären. Der Firmenjet stand zur Verfügung, das Spesenkonto war nach oben offen. Das Ergebnis war aus journalistischer Sicht ruinös für das *ZDF-Magazin*, die anschließenden Prozesse kosteten den Sender viele hunderttausend Mark.

Bundesrepublikanische Fronten 1970: Henri Nannen (links) gegen Gerhard Löwenthal (ganz rechts), daneben ZDF-Redakteur Jürgen Meyer.

Warum die Redaktion des *ZDF-Magazins* trotz erkenntlich mangelhafter Beweislage in die vollen gegangen war, machte jedoch bereits die Anmoderation der Sendung mit Nannen deutlich, als man sich wenig Mühe gab zu verbergen, daß hier auf Willy Brandt gezielt wurde, den Nannen wenige Tage zuvor bei seinem Besuch in Warschau und dem aufsehenerregenden Kniefall begleitet hatte. Der Ausgang der Sendung, die 20 Millionen Zuschauer mitverfolgt hatten, weckte Jubel in weiten Kreisen. Mitarbeiter im Sendestudio gratulierten Nannen spontan wie nach einem Boxkampf. Viel Beifall gab es freilich auch von der falschen Seite. Die Gründe dafür hatte nicht zuletzt Nannen selbst durch die Art seines Auftrittes geliefert, indem er Weidemann nicht nur als einen »anständigen« Nazi vehement verteidigte und sich dabei ausgerechnet auf Albert Speer berief, sondern auch, indem er jovial die Vermutung äußerte, er selbst sei bei seinem Wuchs vielleicht ein ganz guter Nationalsozialist geworden, wenn die ihn nur gewollt hätten. Auf Löwenthals Frage schließlich, warum er erst eigene Recherchen anstellen mußte, um die gegen ihn erhobenen Vorwürfe zurückzuweisen, hatte Nannen erregt geantwortet, andernfalls hätte er, Löwenthal, ihm doch vorgehalten: »Na, so sind die Deutschen alle, sie wissen es nicht mehr, sie haben es

Antitotalitarismus als NS-Bewältigung: Gerhard Löwenthal Am 27. April 1945 wäre der hochaufgeschossene Blonde fast noch von einem sowjetischen Soldaten erschossen worden. Aber als er ein jüdisches Gebet sprach, ließ der Soldat, der auch Jude war, seine Waffe fallen und umarmte sein Gegenüber mit Tränen in den Augen. Im gleichen Augenblick hatte Gerhard Löwenthal Jahre nicht abreißender Todesangst endlich hinter sich. Er hatte – untergetaucht in Berlin – nur mit viel Glück überlebt. Viele aus seiner Familie hatten das nicht geschafft.

Löwenthal blieb in Deutschland, wollte dafür sorgen, daß sich, was er erlebt hat, niemals wiederholt. Dem eingeschriebenen Medizinstudenten drückte ein amerikanischer Nachrichtenoffizier ein Aufnahmegerät in die Hand und wurde damit zum Geburtshelfer einer Medienkarriere: Mit 29 Jahren war Löwenthal stellvertretender Programmdirektor des RIAS. Später arbeitete er in führenden Positionen für den SFB. Er berichtete von den Nürnberger Prozessen, war brennend an der Aufdeckung der Verbrechen interessiert. An einen seiner damaligen Kollegen, für den das auch galt, den mit der Gruppe Ulbricht gekommenen Markus Wolf, erinnerte sich Löwenthal später nur ungern, und das beruhte auf Gegenseitigkeit. Die Kommunisten wurden Löwenthals festes Feindbild. Für ihn waren sie »rote Nazis«, die ein dem Nationalsozialismus vergleichbares System errichtet hatten.

In Berlin hatte Löwenthal die SPD gewählt, sich für Ernst Reuter und Willy Brandt engagiert. Dann war er nach Paris gegangen. Als er im heißen Jahr 1968 zurückkehrte, fand er eine andere Republik vor. Argumente und Methoden der Studenten widersprachen seiner Auffassung von Freiheit. Das schleuderte er ihnen auch in den Universitäten entgegen. Als ihn die Polizei aufforderte, zur eigenen Sicherheit das Podium zu verlassen, fragte er zurück, ob in Hessen ein verfolgter Jude nicht mehr reden dürfe, nur weil er nicht links sei.

Sechzehn Jahre lang moderierte Löwenthal ab Januar 1969 das von ihm gegen die politischen Magazine der ARD und die liberale Hamburger Presse entwickelte *ZDF-Magazin*, das wesentlich zum damaligen politischen Profil des Senders beitrug. Jeden Mittwoch, ab 1973 jeden zweiten, erinnerte er die nachlässigen Westdeutschen mit Ingrimm an die Existenz eines »Verbrecherregimes« im anderen Teil Deutschlands. In den siebziger Jahren, als die bundesdeutsche Öffentlichkeit sich über der Frage der neuen Ostpolitik spaltete, wurde er zur Galionsfigur der konservativen – »radikal konservativen«, wie er selber meinte – Publizistik in der Bundesrepublik. In den achtziger Jahren hatte Löwenthal in der DDR höhere Einschaltquoten als im Westen. 1987, kurz nach Löwenthals unfreiwilligem Ausscheiden und nach 585 von ihm moderierten Sendungen, setzte das ZDF das Magazin ab. Auch in der realen Ostpolitik der neuen konservativen Regierung fand sich für die dogmatischen Parolen des Kalten Krieges kein Platz mehr. Den Zusammenbruch der DDR fand Löwenthal, der als Freund und Bewunderer Franz Josef Strauß' neben seiner publizistischen Arbeit für die Existenz einer verfassungstreuen rechten Partei in Deutschland eintrat, nicht überraschend. Schließlich hatte sein Magazin oft genug auf die marode Wirtschaft des SED-Staates hingewiesen.

vergessen!« – Daß er einem Deutschen gegenübersaß, scheint Nannen in diesem Moment nicht bewußt gewesen zu sein.

Was man in der politischen Situation kurz nach dem Wechsel zur sozial-liberalen Regierung kaum bemerkte oder offen zu sagen wagte, formulierte Dieter E. Zimmer in der *Zeit*, als er das TV-Duell als »ungewöhnliche Verschränkung von Doppelrollen« beschrieb: »der Konservative, der Antifaschist war, gegen den Liberalen, der Nazi war« – eine Bemerkung, die soviel Aufsehen erregte, daß sie zwei Wochen später zurückgenommen werden mußte. Aber auch in der *Stern*-Redaktion wurde der Verdacht, der Chef könne doch ein Nazi gewesen sein, nie wieder ganz getilgt. Langsam begann sich in der Folge das »Freikorps« vom Chef zu emanzipieren. Weidemann verließ den *Stern*.

Abkehr vom Kollegenrabatt

Die ernsthafte Auseinandersetzung des westdeutschen Journalismus mit seiner Vergangenheit begann erst spät. Am 14. Dezember 1987 berichtete der *Spiegel* unter der Überschrift »Tod eines Pianisten« über Karlrobert Kreiten, einen von den Nationalsozialisten ermordeten Musiker – und über den »Schreibtischtäter Werner Höfer«. Letzterer hatte, worauf von Albert Norden ja schon früher hingewiesen worden war, in der NS-Zeit für verschiedene Blätter Jubel- und Durchhalteartikel verfaßt. Nun aber präsentierte *Spiegel*-Autor Harald Wieser einen Artikel Höfers, der eine andere Dimension berührte: Hier hatte es ein eindeutig benennbares Opfer gegeben.

Am 20. September 1943 hatte Höfer im *12 Uhr-Blatt* – knapp zwei Wochen, nachdem der 27jährige Konzertpianist Kreiten in Berlin-Plötzensee wegen »Feindbegünstigung« und »Wehrkraftzersetzung« hingerichtet worden war – über den Fall des jungen Künstlers geschrieben, der aus privatem Kreise heraus denunziert worden war, weil er die Überzeugung geäußert hatte, der »praktisch verlorene Krieg« werde auch das Ende der deutschen Kultur bedeuten. »Es dürfte heute niemand Verständnis dafür haben«, schrieb Höfer, »wenn einem Künstler, der fehlte, eher verziehen würde als dem letzten gestrauchelten Volksgenossen.« Das Volk, so Höfer weiter, fordere gerade die in der Öffentlichkeit stehenden Künstler auf, ihre Pflicht zu tun, »wie jeder seiner unbekannten Kameraden aus anderen Gebieten der Arbeit« auch.

Diesmal ging alles ganz schnell: Dankbar nahm die *Bild* das Thema auf und sorgte so für eine massenwirksame Resonanz. Kurze Zeit später legte Höfer die Moderation des *Internationalen Frühschoppens*

Über die Verstrickung einer Elite machte sich die Publizistik der Bundesrepublik zuletzt Gedanken: über die der Journalisten.

nieder; der Rundfunkrat des WDR hatte ihm dies nahegelegt. Dennoch blieb die Angelegenheit in der Folge umstritten. Grund dafür war nicht nur, daß Höfer sich für die politische Kultur der Bundesrepublik unbestritten große Verdienste erworben hatte – war es doch schließlich sein *Frühschoppen* gewesen, der seit dem 6. Januar 1952 allsonntäglich den Deutschen praktisch vor Augen geführt hatte, wie auch über heikle politische Themen kontrovers, aber mit Respekt voreinander und in kollegialem Tonfall diskutiert werden konnte. Hinzu kam der offene Verdacht, daß die Vergangenheit Höfer nun eingeholt hatte, weil sein Ausscheiden bestimmten Personal- und Programmplanungen des WDR entgegenkam. Aber die Affäre zeigte zugleich, daß der Maßstab, der an die Art des öffentlichen Umgangs mit der eigenen NS-Vergangenheit gelegt wurde, auch innerhalb der Journalistenzunft ein anderer geworden war. Als Höfer reflexartig behauptete – und in der Folge daran festhielt –, alles Schlimme sei »von oben« in seine Artikel hineinredigiert worden, fand sich, anders als in den Jahrzehnten zuvor, keine Öffentlichkeit mehr, die diese Schutzbehauptung einfach hingenommen hätte.

Mehr als vierzig Jahre nach dem Dritten Reich beenden längst bekannte Informationen eine der bedeutendsten westdeutschen Medienkarrieren: Der *Spiegel*-Artikel »Tod eines Pianisten« lieferte die Argumente für den Rücktritt Werner Höfers (Mitte).

Was jedoch unterblieb, war die ehrliche Frage, warum sich die westdeutsche Öffentlichkeit so lange über sich selbst hinweggetäuscht hatte. Dieser Punkt wurde erst berührt, als Philipp Maußhardt in der *tageszeitung* (*taz*) Claus Volkmann enttarnte, der als Peter Grubbe einer der profiliertesten unter den kritischen Journalisten des Landes gewesen war. In den dreißiger Jahren, als er unter seinem amtlichen Namen Volkmann für die *Frankfurter Zeitung* schrieb, hatte er dies nur im Nebenjob getan. Hauptberuflich war der 1913 geborene Jurist, der als 19jähriger der NSDAP beigetreten war, ein Mann der Verwaltung gewesen. Bald nach Kriegsbeginn war der frisch Examinierte in das besetzte Polen gegangen, wo er persönlicher Referent des stellvertretenden Generalgouverneurs und ab April 1941 Kreishauptmann im Distrikt Lublin geworden war. Als solcher hatte Volkmann im Mai 1941 die beginnende Ghettoisierung der jüdischen Einwohner seines Kreises veranlaßt und zwei Straflager einrichten lassen. Im August 1941 wurde er Kreishauptmann im galizischen Kolomea und bereitete dort die Deportation von Juden vor, die nach Belzec verbracht wurden. Zeugen sagten später aus, Volkmann habe gegen Zahlungen zugelassen, daß einige Juden zunächst bleiben durften. Knapp ein Jahr darauf lebten in Kolomea keine Juden mehr, Volkmann aber war in der Zwischenzeit seines Postens enthoben worden – wahrscheinlich, weil er sich persönlich bereichert hatte.

Als 1945 sein Name auf den Kriegsverbrecherlisten stand, griff Volkmann auf seinen ehemaligen Nebenjob und – als Autor – auf ein Pseudonym zurück, das er früher schon verwandt hatte. Er ging als Peter Grubbe auf Tauchstation nach London und berichtete von dort für *FAZ* und *Welt*. Zehn Jahre später schien die Gefahr vorbei, hatten ehemalige Beamte aus dem Generalgouvernement in Deutschland kaum mehr etwas zu befürchten; Joseph Schönigh, der stellvertretende Kreishauptmann in Tarnopol, hatte immerhin schon einer der Mitgründer der *Süddeutschen Zeitung* werden können.

Nach seiner Rückkehr aus London schrieb Grubbe für die *Zeit* und den *Stern* und saß dabei Tür an Tür mit Erich Kuby. Dieser Autor vieler Bücher über die NS-Verbrechen sagte später, wenn ihm Grubbes Identität bekannt gewesen wäre, hätte er »für seine Entlassung plädiert«[26]. Volkmann/Grubbe jedoch wurde im Deckmantel des Pseudonyms zum Liberalen wie Werner Höfer oder Hilmar Pabel.

Bald gehörte Grubbe zu den kritischen Edelfedern im deutschen Journalismus, weithin geachtet wegen seines Schwerpunktes »Dritte Welt«. Er bereiste Afrika und Asien, um über das Elend einer verfehlten

Entwicklungshilfepolitik zu berichten. Ohne jemals eine Spur des Bedauerns über seine frühere Tätigkeit öffentlich geäußert zu haben, wurde er Mitglied in der Gesellschaft für bedrohte Völker, in deren Beirat er tätig wurde. Als die Staatsanwaltschaft Darmstadt gegen ihn wegen Beteiligung an der Endlösung ermittelte und er sich im November 1967 – unbemerkt von den Kollegen – vor dem Untersuchungsrichter behaupten mußte, gab er an, sich an nichts mehr zu erinnern.

Nachdem der Artikel in der *taz* erschienen war, wollten *Spiegel*, *Zeit*, *Stern* und *NDR* von Grubbe wissen, wie er zu seinen Taten und seiner Schuld stehe. Grubbes Antworten waren nicht originell: Er habe mitgemacht, um – wenn auch in bescheidenen Grenzen – Leben retten zu können. Daß dabei Geld im Spiel gewesen sei, bestritt er. Vom Holocaust

Fritz Sänger und die journalistische Ethik in der Diktatur 1989 verzichteten die Journalisten Wolfgang Moser und Hans-Joachim Lang auf den von der SPD gestifteten, renommierten Fritz-Sänger-Preis für »mutigen Journalismus«. Moser, ein für seine engagierte Berichterstattung bekanntgewordener ehemaliger Südwestfunk-Redakteur, begründete die unerwartete Ablehnung mit dem Hinweis, der Namengeber des Preises habe dem NS-System »bis zuletzt ... bei der Verbreitung seiner Lügen und Täuschungen journalistisch geholfen«[27].

Der Sozialdemokrat Fritz Sänger – im April 1933 vom Preußischen Lehrerverein entlassen – hatte zunächst versucht, sich durch die Gründung eines Pressebüros über Wasser zu halten und zugleich den Kontakt zwischen ehemaligen sozialdemokratischen Lehrern und Redakteuren zu verstärken. Ab 1935 war er dann akkreditiertes Mitglied der Reichspressekonferenz. Nun, als Korrespondent der wichtigen *Frankfurter Zeitung*, gehörte Sänger zu jenen Journalisten, die vom »Reichspressechef« zusätzlich vertrauliche Informationen erhielten. Als die *FZ* im Sommer 1943 verboten wurde, begann Sänger, für die Berliner Redaktion des *Neuen Wiener Tagblatts* zu arbeiten; seine Artikel wurden aber auch in der *Kieler Zeitung* abgedruckt.

Bei den Sozialdemokraten, die in ihrer Preis-Dokumentation Sängers Lebensweg im Nationalsozialismus eher vage beschrieben hatten, war man konsterniert und verärgert; galt ihnen der Mann, zu dessen 80. Geburtstag der Preis 1981 gestiftet worden war, doch als ein vorbildlicher Demokrat: Als erster Chef der Deutschen Presseagentur in der Bundesrepublik hatte Sänger leidenschaftlich für die Etablierung einer regierungsunabhängigen Berichterstattung gekämpft und sich damit die offene Feindschaft Adenauers eingehandelt. Auch an der programmatischen Öffnung der SPD hin zur modernen Volkspartei hatte er maßgeblichen Anteil. Als Bundestagsabgeordneter schließlich engagierte er sich energisch für ein liberales Presserahmengesetz.

Sänger selbst hat seine Tätigkeit im Dritten Reich nach 1945 ausführlich beschrieben und kommentiert. Als Journalist sei er »dabeigeblieben«, um in einer von Manipulation und Täuschung geprägten Umwelt zum Zeugen zu werden: Ihn »reizte die Chance, ein Gegenspiel gegen die Mächtigen mitspielen zu dürfen«[28]. Den Akteuren des Widerstands, die ihn nach dem 20. Juli 1944 als Chef einer künftigen Presseagentur vorgesehen hatten, konnte er auf diese Weise wichtige Informationen liefern. Für die Zeit nach dem Regime rettete er seine über Jahre hinweg angefertigten, äußerst riskanten Mitschriften der geheimen Pressekonferenzen – heute die wichtigste Quelle zur Presselenkung im NS-Staat. Beim *Neuen Wiener Tagblatt*, als die Kriegssituation sich gegen Deutschland zuspitzte und er nach dem Scheitern des 20. Juli um das eigene Leben fürchten mußte, hatte Sänger freilich mit den Wölfen geheult und sich der für den späten NS-Journalismus charakteristischen Mischung aus realistischer Information und propagandistischen Durchhalteparolen bedient – ohne hervorstechende Emphase, aber auch ohne die geringsten Zweideutigkeiten.

Solange dies irgend möglich schien, hatte Sänger in der Beseitigung der nationalsozialistischen Herrschaft die wichtigste Motivation für seine Arbeit im Dritten Reich gesehen. Dieses eindeutig politische Ziel vor Augen, hatte er »das Leben für nützlicher« gehalten als »Zuchthaus oder Konzentrationslager«. Der ehemalige *Spiegel*- und *Konkret*-Journalist Otto Köhler jedoch sah im Anschluß an Mosers Absage die Vorzeigefigur Sänger aufgrund von dessen späten Durchhalteartikeln grundsätzlich diskreditiert. Moser selbst urteilte differenzierter und enthielt sich weitgehend einer nachträglichen moralischen Ächtung. Den Gedanken allerdings, daß ein Preis für vorbildlichen Journalismus im Namen eines Fachvertreters vergeben werde, der zehn Jahre lang – mit welchen Motiven auch immer – im System des NS-Journalismus funktioniert hatte, lehnte er »bestürzt und schockiert« ab.

sprach er nicht, verstand sich auch nicht als Teil der dafür notwendigen Tötungsmaschinerie; er sei lediglich ein »Aushängeschild« des Regimes gewesen.[29] In der Berichterstattung jedoch wurden seine Aussagen immer wieder mit denen überlebender Juden aus dem Ghetto von Kolomea konfrontiert. Von Grubbes später Erinnerung hatte so gut wie nichts Bestand: Kaum sei die Front in Richtung Osten verschoben worden, sagten Überlebende, hätten die Massaker begonnen. Wenn es den Besatzern gefallen habe, hätten die Morde auch auf offener Straße stattgefunden. An Schießereien konnte sich sogar Grubbe erinnern: »Sicher, nachts hat es fast immer geknallt, aber Exekutionen?« Davon wisse er nichts.[30]

Obwohl seine Kollegen Grubbe nicht glaubten, war der Tenor ihrer Berichterstattung selten polemisch oder aggressiv. Eher war Bedauern zu spüren über einen, dessen letzte Bücher vom *Untergang der Dritten Welt*, vom *Zerfall der demokratischen Moral* und vom Wert der Freundschaft gehandelt hatten; über einen, dem man eine selbstkritischere Haltung zugetraut, ja abverlangt hätte und der als Beteiligter im Umgang mit

Glaubte, sein journalistisches Engagement für die Benachteiligten in aller Welt mache stillschweigend alles wieder gut: Der ehemalige Kreishauptmann Claus Volkmann alias Peter Grubbe (hier Mitte der sechziger Jahre mit Verteidigungsminister Kai-Uwe von Hassel, links).

der Erinnerung an die NS-Zeit und den Judenmord ein Zeichen hätte setzen können. Doch Peter Grubbe hatte offenbar nicht verdrängt, er hatte geglaubt, alles auf persönliche Weise wieder gutgemacht zu haben. Gegenüber der *taz* zeigte er sich jedenfalls verwundert über seine Entlarvung: »Ich stehe Ihnen doch politisch nahe. Ich bin Grünen-Wähler.«

Ein Buch, wie es sich Philipp Maußhardt gewünscht hätte, eines, das über die aus dem Schuldgefühl hervorgegangene Kraft für ein engagiertes Journalistenleben hätte erzählen können, das hat Peter Grubbe nie geschrieben – wohl, weil er sein Leben für »eine ganz normale deutsche Geschichte«[31] hielt.

Was sagt uns der Fall »Peter Grubbe«? Wie sollte man mit Peter Grubbe nach seiner Enttarnung umgehen? Darüber bestand keine Einigkeit. »Als ich von Grubbes Vergangenheit hörte und die Dokumente gesehen habe, war ich dagegen, das bekanntzugeben«, sagte Tilman Zülch, der Vorsitzende der Gesellschaft für bedrohte Völker, der Grubbe deshalb stillschweigend von der Beiratsliste strich. Er sah in einer öffentlichen Verlautbarung »eine Vergangenheitsbewältigung, die nicht konstruktiv gewesen wäre«. Ganz anders der aus der DDR stammende Schriftsteller Werner Steinberg, der Volkmann/Grubbe schon über längere Zeit hinweg öffentliche Vorhaltungen gemacht hatte. Für Steinberg war Grubbe ein Opportunist und obendrein ein »Prototyp, der eine bestimmte Schicht von Menschen repräsentiert. Sie passen sich völlig ihrer Umgebung an, wie ein Chamäleon wechseln sie die Farbe ihrer Gesinnung, wenn es ihnen zweckmäßig erscheint. Sie haben keine eigene Meinung, aber sie vertreten die Meinung anderer, als sei es die ihre, wenn es ihnen nur Vorteil verspricht.« Noch weiter ging der Historiker und Publizist Götz Aly, der in Grubbes Lebensweg einen »furchtbaren Normalfall« sah: »Der Holocaust war nicht das Werk einiger Rassenfanatiker, sondern Ergebnis eines vielschichtigen Prozesses. Die Beteiligten stammten aus allen Schichten der deutschen Bevölkerung, aus unterschiedlichsten Denkschulen, und sie hatten vor 1933 die verschiedensten politischen Prägungen. Sie waren für die deutsche Gesellschaft repräsentativ – auch nach 1945.«

Quelle: *taz* vom 29.9.1995

»Unbewältigte Vergangenheit« und kritische Öffentlichkeit

In der Weihnachtsnacht 1959 wurde die erst wenige Monate zuvor wieder eingeweihte Kölner Synagoge mit Hakenkreuzen und der Losung »Deutsche fordern Juden raus« beschmiert. Tags darauf gab die Polizei bekannt, daß es sich bei den gefaßten Attentätern, zwei jungen Männern, um Mitglieder der rechtsextremen Deutschen Reichspartei handelte. Doch damit nicht genug: Der Kölner Vorfall wurde zum Auslöser für eine Serie von Friedhofsschändungen und Hakenkreuzschmierereien, die die ganze Republik überzog; innerhalb von nur sechs Wochen zählte man 833 antisemitische Untaten.

Diese sogenannte »Schmierwelle« löste im westlichen Ausland helle Empörung aus. In Großbritannien, wo die Vorbehalte gegenüber den Deutschen besonders tief saßen, fanden Kundgebungen statt, Protestresolutionen wurden verabschiedet, und nicht nur die Repräsentanten jüdischer Organisationen fragten besorgt, ob die westdeutsche Gesellschaft den Nationalsozialismus wirklich überwunden habe. Diese Kritik von außen bestärkte die besorgten Stimmen im Inland, und so wurde der Anschlag zu einem Wendepunkt im Umgang mit der NS-Vergangenheit: Während noch im Jahr zuvor die Schändung der Düsseldorfer Synagoge in der Öffentlichkeit kaum registriert worden war, verurteilten Gewerkschafts- und Parteiführer die Vorfälle nun mit großem Nachdruck. Neu war auch die starke Resonanz in den Medien. Die Kommentatoren begnügten sich indes nicht mit bloßen Verdikten, sondern forderten verstärkte Anstrengungen, in den Schulen mehr Aufklärung über die Verbrechen der NS-Zeit zu leisten. Zudem nahmen sie die Bundesregierung aufs Korn, die zunächst von unpolitischen Bagatelldelikten gesprochen und dann die DDR als Drahtzieher hinter den Anschlägen beschuldigt hatte. In der Reaktion der westdeutschen Journalisten, insbesondere aus den Reihen des öffentlichen Rundfunks, zeigte sich, daß unter ihnen inzwischen die liberalen, regierungskritischen Stimmen überwogen. Gemeinsam mit den ausländischen Protesten vermochten sie die Adenauer-Regierung dazu zu bewegen, dem Rechtsextremismus entschiedener entgegenzutreten.

Aus der Rückschau läßt sich erkennen, daß sich damals eine Frontstellung herausbildete, die den Umgang mit der NS-Vergangenheit in den sechziger Jahren – und darüber hinaus – mit erstaunlicher Beharrlichkeit prägen sollte: Auf der einen Seite standen kritische Journalisten und Intellektuelle, die sich als Avantgarde verstanden und auf die Demokratisierung der Gesellschaft nach westlichem Zuschnitt drängten, auf der anderen Seite stand die konservative Bundesregierung, deren Vergangenheitspolitik von der Mehrheit der Bevölkerung unterstützt wurde. Fernsehen und Zeitungen konfrontierten die Regierung immer wieder mit dem Vorwurf, daß die Erinnerung an die nationalsozialistischen Mordtaten ausgeblendet, Täter nicht vor Gericht gestellt und zahlreiche Opfer nicht entschädigt würden. Kurzum, worüber gestritten wurde, war die »Vergangenheitsbewältigung« – ein Begriff, der in der zweiten Hälfte der fünfziger Jahre aufkam und mit dem sich spätestens seit der antisemitischen Welle von 1959/60 ein Unbehagen an der Gegenwart verband. Die fortan häufig zu hörende Rede von der »unbewältigten Vergangenheit« stand für die Erfahrung, daß die zuvor mühsam verdrängten Verbrechen der NS-Zeit die Gegenwart wieder einholten und dabei hohe gesellschaftliche Sprengkraft entwickelten.

Eine entscheidende Rolle bei der Auseinandersetzung mit der NS-Vergangenheit spielten die großen NS-Prozesse, insbesondere 1961 der Jerusalemer Eichmann- und 1963 der Frankfurter Auschwitz-Prozeß. Darüber hinaus gerieten aber auch belastete Spitzenpolitiker wie Hans Globke, Adenauers Kanzleramtschef, und später dann Bundeskanzler Kurt-Georg Kiesinger in das Blickfeld kritischer Journalisten und linker Studentengruppen. Weitreichender noch waren die Überlegungen des Frankfurter Philosophen Theodor W. Adorno, einem der Begründer der Kritischen Theorie. In seinem vielbeachteten Vortrag *Was bedeutet: Aufarbeitung der Vergangenheit* aus dem Jahr 1959 schrieb er, voller Skepsis über das Fortbestehen autoritärer Prägungen und einer kapitalistischen Gesellschaftsordnung: »Ich betrachte das Nachleben des Nationalsozialismus *in* der Demokratie als potentiell bedrohlicher denn das Nachleben faschistischer Tendenzen *gegen* die Demokratie.«

Hitlers Eliten nach 1945 – eine Bilanz

Norbert Frei

> *»Das ist ja überhaupt das Verhängnis für Deutschland, daß die alte Generation überall an die Spitze muß. Die mittlere Generation fällt nahezu vollständig aus, weil sie in der Partei war. Die junge Generation ist nicht urteilsfähig weder in politischer noch einer sonstigen Hinsicht. Sie muß völlig umerzogen werden.«*
>
> *Konrad Adenauer, April 1946*[1]

Jahrzehntelang machte sich im Westen wie im Osten Deutschlands verdächtig, wer danach fragte, wieviel personelle Kontinuität die beiden 1949 ausgerufenen Republiken mit dem untergegangenen NS-Regime verband – jedenfalls immer dann, wenn diese Frage sich nicht auf das feindliche Gegenüber bezog. Die Erklärung dafür lag auf der Hand, wurde aber selten ausgesprochen: Jede Seite verstand sich als die einzig legitime Antwort auf das Dritte Reich, und jede mußte Staat mit einer Bevölkerung machen, die keine zehn Jahre zuvor Hitler auch in freier und geheimer Wahl eine überwältigende Mehrheit beschert hätte. Angesichts einer solchen Ausgangslage verwandelte sich das Kontinuitätsproblem beiderseits der Elbe mit dem Akt der Staatsgründung in eine Art Betriebsgeheimnis: nach innen allgemein bekannt, nach außen prinzipiell beschwiegen.

Auch die Geschichtswissenschaft ist dem Thema lange aus dem Weg gegangen. Wohl hat man die Entstehung der Bundesrepublik und der DDR in allen außen- und innenpolitischen Facetten erforscht, kaum jedoch die psychische Verfassung der seit dem 8. Mai 1945 zwar aus ihrer nationalsozialistischen Inanspruchnahme entlassenen, mental aber durchaus weiter existenten »Volksgemeinschaft«. Dadurch wurde eine Einsicht verfehlt, die jeder sinnvollen Antwort auf die Kontinuitätsfrage vorausgehen muß: die Einsicht nämlich, daß das Dritte Reich im Innern über die längste Zeit seiner Dauer nicht auf die Ausübung von Terror und Gewalt angewiesen war, sondern sich vielmehr außerordentlich großer Integrationskraft und hoher Akzeptanz erfreute – und zwar bei den Eliten nicht weniger als bei den sogenannten »einfachen Volksgenossen«.

Wenn aber – woran die neuere NS-Forschung keinen Zweifel läßt – das politische Projekt des Nationalsozialismus und das Versprechen der »Volksgemeinschaft« bei den Deutschen über weite Strecken auf so breite Zustimmung trafen, dann hat es wenig Sinn, das Problem der Elitenkontinuität auf die Frage nach einer genuin nationalsozialistischen Elite und deren Nachkriegschancen zu verkürzen. Statt dessen gilt es, den Blick auf die deutschen Führungsschichten insgesamt zu richten: auf all jene also, die mit ihren Fähigkeiten, ihrem Talent und ihrer Expertenschaft dazu beitrugen, daß Hitler und seine 1933 installierte »Bewegung« binnen weniger Jahre für Deutschland den Status einer politischen, ökonomischen und militärischen Großmacht zurückzuerobern vermochten, um schließlich einen beispiellos verbrecherischen Krieg zu beginnen. Dann freilich zielt die Frage nach »Hitlers Eliten« nicht allein auf den begrenzten Kreis hochrangiger Parteimitglieder und weltanschaulicher Überzeugungstäter, sondern durchaus generell auf die deutschen Funktionseliten im Nationalsozialismus – und auf ihren Weg danach.

Dieses Buch konzentriert sich, wie die ihm zugrunde liegende Fernsehserie, auf fünf bedeutsame Gruppen: auf Mediziner, Militärs, Unternehmer, Journalisten und Juristen. Damit ist das Feld der politisch und gesellschaftspolitisch zentralen Funktionseliten nicht zur Gänze abgesteckt, wohl aber in entscheidenden Bereichen. Das gilt um so mehr, als die Beamtenschaft, die auf Anhieb zu fehlen scheint, in dieser Auswahl vielfach auftaucht. So prägten zum Beispiel die im Dritten Reich aktiven Juristen nicht nur die Rechtsprechung im Nachkriegsdeutschland, sondern auch den Geist der öffentlichen Verwaltung; beamtete Mediziner, die eben noch als »Euthanasie«-Experten hervorgetreten waren, ließen sich als praktische Ärzte nieder, oder es gelangen ihnen neue Karrieren als Wissenschaftler in den wiedereröffneten Universitäten; Generale, mangels anderer Verwendungsmöglichkeiten pensioniert, gingen in die Wirtschaft oder schrieben ihre Memoiren.

Solche Funktionswechsel erweitern das Bild, vermögen es jedoch nicht völlig auszufüllen; dazu ist das Spektrum der gesellschaftlichen Spitzen zu vielfältig und, zumal für den Bereich der DDR, auch noch längst nicht genügend erforscht. Eine Lücke in unserem Panorama des Übergangs der Eliten von der NS- in die Nachkriegszeit allerdings ist keine: die der *politischen* Führungsschicht des Dritten Reiches. Für sie gab es, im Unterschied zu allen anderen Funktionseliten, nach 1945 keine Zukunft. Niemand, der an Hitlers Seite ein auch nur einigermaßen wichtiges politisches Amt innehatte, konnte im Nachkriegsdeutschland erneut ein solches erringen. Die Erklärung dafür liefert die Geschichte der politischen Säuberung. Sie verdeutlicht auch den Fehlschluß, der aus der noch immer populären Annahme einer simplen »Kontinuität« der Eliten erwächst.

Die Zäsur der Säuberung oder: Warum es nicht einfach weiterging

Im Unterschied zu den bekannten Spitzenfiguren und einer nicht unbeträchtlichen Zahl hoher Partei- und SS-Führer, die im Frühjahr 1945 nur noch den Selbstmord als Ausweg sahen, hoffte das Gros der deutschen Funktionseliten auf die Naivität, die Unkenntnis oder auf das Verständnis der Sieger. Manche Spezialisten – etwa die Raketenbauer, aber auch Geheimdienstler à la Gehlen – hofften mit ihren Kenntnissen auf Interesse zu stoßen, und sicherlich nicht wenige hatten auch eine Portion Angst im Gepäck. Immerhin hatte Goebbels zur Pflege des »Durchhaltewillens« in der letzten Kriegsphase wieder und wieder, Wahrheit und Lüge dabei sorgsam vermischend, über die Absichten der Alliierten informieren lassen und namentlich mit Meldungen über die Pläne zur Zerstückelung des Reiches und der »Bestrafung« aller Deutscher durchaus Wirkung erzielt. Die Vorstellung aber, es könne auch jenseits der unmittelbar politischen Ebene zu einem radikalen Durchgreifen kommen, erschien den meisten Führungskräften offenbar ebenso unwahrscheinlich wie praktisch unmöglich: Man würde doch gebraucht.

Tatsächlich deutete im Moment der Niederlage einiges darauf hin, daß die Besatzungsmächte auf das Ausmaß an Chaos und Zerstörung mit Pragmatismus reagieren und sich der etablierten Experten bedienen würden. Gerade in der Wirtschaft waren solche Erwartungen weit verbreitet, und die Geschichte eines Hermann Josef Abs, der sich von seinen ersten englischen »Gesprächspartnern« so überaus verstanden fühlte in seinem Wunsch, weitermachen zu dürfen, ist dafür nur ein Beispiel.

Doch für viele aus dem Kreis der Eliten nahmen sich die Dinge schon nach wenigen Wochen gänzlich anders aus: In Nürnberg bereiteten die Alliierten mit größtem Aufwand einen ersten Prozeß gegen 24 »Hauptkriegsverbrecher« vor, dem nach ihrem erklärten Willen weitere Verfahren gegen die Leistungsträger der deutschen Kriegs- und Vernichtungsmaschine folgen sollten: zum Beispiel gegen Bankiers, die Hitlers Rüstungsprogramm finanziert und die »Arisierung« vorangetrieben, gegen Offiziere, die verbrecherische Befehle ausgegeben, gegen Unternehmer, die Zwangsarbeiter »verbraucht« und gegen Ärzte, die in Konzentrationslagern »selektiert« hatten. Und noch ehe das International Military Tribunal im Herbst 1945 zusammentrat, begannen in den einzelnen Besatzungszonen zahlreiche Militärgerichtsprozesse, in denen binnen kurzem mehrere Tausend SS- und Wehrmachtangehörige, aber auch lokale Parteibonzen, kommunale Beamte und Wirtschaftsführer als Kriegsverbrecher verurteilt wurden – so etwa, in der französischen Zone, der Stahlindustrielle Hermann Röchling.

Parallel dazu setzten große Verhaftungswellen ein. Im Juli 1945 machten allein die Amerikaner innerhalb von wenigen Tagen Zehntausende Verdächtige dingfest; vom Ortsgruppenleiter aufwärts galt jetzt für NS-Amtswalter das Prinzip des »automatischen Arrests«. Um die übrigen Funktionseliten, bei denen es darauf ankam, die wirklich wichtigen Figuren herauszupicken, kümmerten sich oftmals erstaunlich gut informierte Spezialteams. Auf dem Höhepunkt dieser Internierungspolitik hielten die Alliierten etwa eine Viertelmillion Deutsche in Gewahrsam; eineinhalb Jahre nach Kriegsende waren es immerhin noch über 90 000. Die anderen hatten inzwischen Verhöre, Ermittlungen und gegebenenfalls einen Prozeß durchlaufen, in jedem Fall aber – und zwar nicht selten verbunden mit empfindlichen Strafen, bis hin zum Berufsverbot – ein Entnazifizierungsverfahren, das inzwischen für Millionen erwachsener Deutscher zur Pflicht geworden war.

Nächst der SS und ihrem Sicherheitsdienst, der Gestapo sowie dem Reichssicherheitshauptamt, die in Nürnberg zu »verbrecherischen Organisationen« erklärt worden waren, traf die politische Säuberung eine Gruppe besonders rigoros: das deutsche Berufsbeamtentum. Nach anfangs frei verfügten Entlassungen, die den Alliierten im Sommer 1945 als ein probates Mittel erschienen, um etwaige Widerstände innerhalb der Verwaltung zu brechen und NS-Seilschaften zu zerschlagen, mußte in der amerikanischen Zone schließlich jeder Beamte seinen Schreibtisch räumen, der der NSDAP vor dem 1. Mai 1937 beigetreten war. Hunderttausende waren von diesen Maßnahmen zumindest vorübergehend betroffen, und daß es dabei auch zu Ungerechtigkeiten kam, läßt sich ebenso leicht vorstellen wie die Tatsache, daß dieser »Denkzettel« nicht wirkungslos blieb. Lieferte er den einen Anlaß zur Selbstbesinnung, so den anderen zu Selbstmitleid – vor allem aber, und auf mittlere Sicht vielleicht am wichtigsten: er bewog fortan viele zu politischer Zurückhaltung.

Das harte Vorgehen gegen die Beamtenschaft und die unerquicklichen Nachrichten aus den Internierungslagern sorgten inzwischen auch in der privaten Wirtschaft und im Offizierkorps, wo die Erfahrung der Kriegsgefangenschaft hinzu kam, für erhebliche Unruhe. Vor allem als sich der Entschluß der Amerikaner herumsprach, angesichts der zunehmenden Spannungen in Nürnberg eine Reihe von Verfahren ohne ihre Alliierten im Alleingang durchzuführen, schrillten bei vielen die Alarmglocken. Tatsächlich wurden die zwölf sogenannten Nachfolgeprozesse, die sich zum Teil bis 1949 hinzogen, zu einer politisch und moralisch beispiellosen Abrechnung mit ausgewählten Vertretern jener Eliten, die zum Funktionieren des NS-Systems entscheidend beigetragen hatten. Zwar fielen die Verfahren hinter die ursprünglichen Planungen zurück – so blieben die Banken, anders als noch 1945 vorgesehen, am Ende so gut wie unberücksichtigt –, keineswegs aber wurden nur ein paar mordgierige Ärzte und Einsatzgruppenführer der SS zur Rechenschaft gezogen, sondern auch hoch angesehene Generale, Spitzenbeamte und Wirtschaftsführer. Wie sehr sich gerade die Großindustrie getroffen fühlte – hier hatten sich die Amerikaner auf drei große Namen konzentriert: Krupp, Flick und IG Farben –, sollte sich bald nach Gründung der Bundesrepublik in entsprechenden Amnestiekampagnen erweisen.

Bei allen Ungereimtheiten und Schwächen, die die alliierten Säuberungsbemühungen vom ersten Tag an begleiteten und die auf deutscher Seite, mit massiver Unterstützung der Kirchen, weidlich ausgenutzt wurden (zum Beispiel vermittels einer Inflation von Persilscheinen, die aus der Entnazifizierung bald eine Farce und aus anfänglichen »Hauptschuldigen« nach ein oder zwei Revisionsdurchgängen »Mitläufer« machte): wirkungslos blieben die Eingriffe nicht. Denn die Siegermächte hatten damit eine Zäsur gesetzt. Unmißverständlich hatten sie ihren Willen bekundet, dem Nationalsozialismus in Deutschland keine Zukunft zu gestatten – und niemandem, der dazu weiterhin sich zu bekennen die Absicht hatte.

Der Bestseller zur verhaßten Entnazifizierung: Mit dem »Fragebogen« trifft Ernst von Salomon 1951 den Nerv der Zeit. Kaum jemand stört sich daran, daß der Ex-Terrorist wegen Beihilfe zum Mord an Reichsaußenminister Walther Rathenau (1922) zu fünf Jahren Zuchthaus verurteilt worden war, aber viele begrüßen es, daß er die Situation der verurteilten Kriegs- und NS-Verbrecher jetzt mit jener der Freikorpskämpfer in den zwanziger Jahren vergleicht und eine »Generalamnestie« verlangt.

Tatsächlich war die Bereitschaft der Deutschen, sich vom Nationalsozialismus zu distanzieren, im Zeichen der politischen Säuberung fast so groß wie die Zustimmung, die er bis weit in den Krieg hinein gefunden hatte. Auch wenn schon bald die Hälfte der erwachsenen Bevölkerung wieder meinen sollte, die »Idee« des Nationalsozialismus sei eigentlich gut und nur die »Ausführung« schlecht gewesen – zunächst einmal gab es wenig Grund für nachgetragene Loyalität: Hitler, Himmler, Goebbels und Göring waren tot, auf zahlreiche andere Granden wartete der Galgen oder jahrelange Haft; aus den mittleren Rängen der Mörder und Schreibtischtäter waren Tausende, die auf die Haltbarkeit ihrer gefälschten Papiere nicht vertrauten, über die berüchtigten »Rattenlinien« nach Südamerika, nach Spanien oder in den Nahen Osten entkommen. Im Jahr Vier nach Hitler, so stellte Hannah Arendt bei einer Reise durch Deutschland fest, war es praktisch unmöglich geworden, auch nur einen einzigen Nazi zu treffen: Niemand wollte einer gewesen sein.

Dieses Gemisch aus offenbarer Lüge und massenhaftem Selbstbetrug, das die Besucherin aus Amerika, die 1933 als Jüdin emigriert war, zu Recht empörte und das sie nur mit Sarkasmus kommentieren konnte: Es war auch Ausdruck jener politisch eingeforderten kollektiven Trennung vom Nationalsozialismus, die für viele zunächst nur ein Lippenbekenntnis darstellen mochte, dem im Laufe der Jahre aber doch Bedeutung zuwachsen sollte. Anders gesagt: Es war ein Indiz dafür, daß vielleicht nicht jedes Ziel der Säuberungspolitik erreicht, ihr Hauptzweck aber auch nicht verfehlt worden war – die klare normative Abgrenzung vom Nationalsozialismus, hinter die es ein Zurück nicht mehr gab. Aus diesem prinzipiellen Grund waren die Jahre der Besatzung keine Zeit der Kontinuität, bei den Eliten so wenig wie insgesamt in der deutschen Gesellschaft.

Die Restauration der fünfziger Jahre oder: Wie es dann doch weiterging

Natürlich unterschied sich die Politik der Säuberung, wie sie die Sowjets in ihrer Besatzungszone vorantrieben, bald unübersehbar von den Zielen, die Amerikaner, Briten und Franzosen damit verbanden. Anders als im Osten ging es im Westen nicht darum, die Entnazifizierung als Hebel für eine nachhaltige Schwächung der »bürgerlichen Kräfte« oder gar für einen sozialistischen Umbau der Gesellschaft zu nutzen. Mochte die Neigung zu planwirtschaftlichen Experimenten in der Krise des Anfangs auch in den Westzonen durchaus nicht selten anzutreffen sein und bei Teilen des anglo-amerikanischen Besatzungspersonals sogar auf Unterstützung stoßen, so konnte doch nie ein ernsthafter Zweifel bestehen, daß es den Westmächten nicht um die Errichtung einer kommunistischen Ordnung zu tun war, sondern um eine stabile parlamentarische Demokratie in Deutschland.

Damit aber waren Weichenstellungen getroffen, die nach dem Ende der unmittelbaren Besatzungsherrschaft, also mit Gründung der beiden deutschen Staaten, nicht zuletzt für die diskreditierten – und vorderhand zum Teil noch dispensierten – Eliten zentrale Bedeutung erlangen würden. Tatsächlich hatte die politische Säuberung schon erheblich an Schwung verloren, als an die westdeutschen Ministerpräsidenten Anfang Juli 1948 der Auftrag erging, eine Verfassung auszuarbeiten. Und als die Bundesrepublik ein knappes Jahr später ins Leben trat, waren die Erwartungen entsprechend hochgespannt.

In seiner Regierungserklärung gab dann ein längst pragmatisch gewordener Konrad Adenauer am 20. September 1949 das ersehnte Signal: Mit der »Denazifizierung«, so der Bundeskanzler, sei »viel Unglück und viel Unheil« angerichtet worden, und während die »wirklich Schuldigen« an den Verbrechen der NS-Zeit mit aller Strenge zu bestrafen seien, müsse die Unterscheidung zwischen »zwei Klassen von Menschen in Deutschland«, nämlich zwischen »politisch Einwandfreien« und »Nichteinwandfreien«, nun »baldigst verschwinden«. Krieg und Nachkriegswirren hätten für viele so harte Prüfungen und Versuchungen gebracht, daß man für manche Verfehlungen und Vergehen Verständnis aufbringen müsse. Wo es ihr vertretbar erscheine, sei die Bundesregierung deshalb entschlossen, »Vergangenes vergangen sein zu lassen«. Unter den Bravorufen seiner Unionsfreunde kündigte der Kanzler schließlich an, es werde auch die Möglichkeit geprüft, »bei den Hohen Kommissaren dahin vorstellig zu werden, daß entsprechend für von alliierten Militärgerichten verhängte Strafen Amnestie gewährt wird«[2].

Adenauers Äußerungen ließen nur eine Deutung zu: Viereinhalb Jahre nach Kriegsende standen die politischen Zeichen auf Integration – genauer gesagt, auf Reintegration – der »Ehemaligen«. Wer es etwas polemischer liebte, und dazu mußte man kein Kommunist sein, sprach von Restauration.

Die Brisanz, die dem Restaurationsbegriff in der Historiographie zur Bundesrepublik bis in die achtziger Jahre hinein beigemessen wurde, hält einer nüchternen Betrachtung jedoch nicht stand: Gerade wer die Zäsur der politischen Säuberung betont, kommt an der Feststellung nicht vorbei, daß sie zwar nicht in ihrer Normierungswirkung, wohl aber in ihren individuellen Folgen für die davon Betroffenen zu Anfang der fünfziger Jahre in weitestem Umfang zurückgenommen wurde; umgekehrt impliziert die Vorstellung von einer Restauration gerade den vorausgegangenen Kontinuitätsbruch.

Das Interessanteste an der später so heftig geführten Restaurationsdebatte war, daß sie in der jungen Bundesrepublik kaum Vorläufer besaß. Zwar polemisierten Walter Dirks und Eugen Kogon in ihren *Frankfurter Heften* schon bald sehr kritisch über den »restaurativen Charakter der Epoche« und über die »Aussichten der Restauration«[3]; lieber aber hielt man sich in allen Parteien an Kogons 1947 postuliertes »Recht auf den politischen Irrtum« – ein Schlagwort, das auch den rechten Fürsprechern derer gefiel, die mehr als nur einen »Irrtum« begangen hatten.

Kennzeichen der Adenauerschen Integrationspolitik war mithin die einhellige Zustimmung, die sie quer durch den Bundestag fand. Als nach dem noch zu Silvester 1949 durchgepeitschten ersten Amnestiegesetz und der 1950 verkündeten »Liquidation« der Entnazifizierung ein Jahr später die finanzielle Versorgung der seit Kriegsende entlassenen Beamten auf der Tagesordnung stand (das berühmte 131er-Gesetz), plädierten sogar die Kommunisten dafür, die Ansprüche des einzelnen Gestapo-Beamten zu berücksichtigen, der »trotz allem ein anständiger Mensch geblieben ist«[4].

Wirklich überraschen konnten solche Argumente nur den, der nicht verstand, mit wieviel Ernüchterung die hohe soziale Bindekraft des Nationalsozialismus schon seit Mitte der dreißiger Jahre gerade auf der Linken analysiert worden war – und welche Konsequenzen daraus jetzt auch in der DDR gezogen wurden. Unter den Auspizien einer von oben verkündeten »Volksdemokratie«, in der sich die Notwendigkeit der politischen Loyalitätsbeschaffung in ganz anderem Maße stellte als in der Bundesrepublik, verabschiedete die Ost-Berliner Volkskammer Integrationsgesetze, die frappierende Parallelen zur Bonner Vergangenheitspolitik aufwiesen: So zum Beispiel das »Gesetz über den Erlaß von Sühnemaßnahmen und die Gewährung staatsbürgerlicher Rechte für die ehemaligen Mitglieder und Anhänger der Nazipartei und Offiziere der faschistischen Wehrmacht« vom 9. November 1949. Diesem Signal vorausgegangen war bereits 1948 die Zulassung der Nationaldemokratischen Partei, die dann in der DDR in ähnlicher Weise als Auffangbecken für die »Ehemaligen« diente wie im Westen die DP oder der BHE. Und die SED selbst zählte Mitte der fünfziger Jahre in manchen Regionen bis zu 15 Prozent einstiger NSDAP-Mitglieder in ihren Reihen.

Im übrigen sprach es Bände, daß jetzt systemübergreifend fast nur noch von den »Ehemaligen« die Rede war. Hier wie dort umgingen die Repräsentanten der neuerrichteten Staatlichkeit – sie entstammten praktisch alle dem politischen Personalreservoir der Weimarer Republik – damit das Eingeständnis, daß es auch auf dem je eigenen Territorium durchaus noch überzeugte Nationalsozialisten gab. Und doch hatte die Beschwörungsformel ihren funktionalen Sinn: Sie setzte für den Moment auf die normative Kraft des Faktischen (und zur Not der Polizei), und für die Zukunft auf die Attraktivität der neuen Ordnung.

Die Zukunft, das wußte man im Osten wie im Westen, war nur mit jener übergroßen Mehrheit zu gewinnen, die schon den NS-Staat getragen hatte, nicht gegen sie. Während die DDR dieser Einsicht jedoch jederzeit mit den brutalen Methoden einer Erziehungsdiktatur Nachdruck verleihen konnte – man denke etwa an die »Waldheimer Prozesse« –, blieben der Bundesrepublik nur die Möglichkeiten einer Erziehung zur Demokratie. Die »zweite Chance« (Fritz Stern), die den Westdeutschen von außen gewährt worden war, sie mußte auch nach innen geboten werden. Dolf Sternberger, Herausgeber der *Wandlung*, formulierte diese Erkenntnis im Sommer 1949 nicht ohne Wehmut: »Man fühlt, man muß eine positive neue Ordnung schaffen und darum ein weites Herz haben, viele Chancen geben, viele tolerieren, die gestern Feinde waren.«[5]

Die kritische Frage freilich war von Anfang an, wie weit man dabei gehen durfte, ohne die moralischen Normen der neuen Demokratie zu verletzen und ihre politischen Erfolgschancen zu schmälern. Wie rasch die junge Bundesrepublik an Statur gewinnen und wie stabil sie schon bald dastehen würde, war im Systemwettstreit des Jahres 1949 schwer zu erahnen; nach zwei Jahrzehnten war es leichter, optimistisch zu sein. Da allerdings hatte die Revolte der Studenten ihren Höhepunkt schon überschritten, war der »Machtwechsel« zur Sozialdemokratie vollzogen – und die stärksten Jahrgänge der aus der NS-Zeit übernommenen Eliten gingen gerade in den Ruhestand.

Wie aber hatten diese um 1905 Geborenen die ersten 20 Jahre der Republik geprägt? Wie hatten sich ihre zweiten Karrieren mit dem zweiten Anlauf der Demokratie in Deutschland vertragen? Welche Fehlentwicklungen sind ihnen anzulasten, welche Mängel gehen auf ihr Konto? Die Antworten auf solche Fragen fallen bis heute sehr unterschiedlich aus. Doch immer deutlicher wird auch, daß mit pauschalen Urteilen wenig gewonnen ist: allein schon deshalb, weil »Kontinuität« von Elite zu Elite durchaus Unterschiedliches bedeutete.

Wann immer in der Geschichte es um die versäumten Chancen eines Neubeginns geht, verweist die Apologie auf die klassische Alternative »Brot oder Politik«. So auch für Deutschland nach Hitler. Nirgendwo sollte das Dilemma zwischen dem Imperativ der politischen Säuberung und dem der schnellstmöglichen »Normalisierung« 1945 deutlicher zutage treten als in der *Wirtschaft*. Die Wiederaufnahme der fast überall zusammengebrochenen Produktion, wenigstens um die Grundversor-

Das Wirtschaftswunder nach Hitler: Der vom »Führer« versprochene »KdF-Wagen«, auf den Hunderttausende von »Volksgenossen« seit 1938 vergeblich gespart hatten, lief seit 1946 tatsächlich vom Band. Als VW-Käfer wurde er zum Symbol des Massenwohlstands in der jungen Bundesrepublik.

gung der Menschen zu sichern, war Gebot der Stunde – und die Stunde der »Betriebsführer«, die fast überall, zumal in der mittelständischen Wirtschaft, wie selbstverständlich erneut das Kommando übernahmen; daß »Gefolgschaftsmitglieder« dagegen Einspruch erhoben, blieb die Ausnahme.

Diese später vielbeklagte Passivität der Arbeiterschaft gegenüber dem Unternehmertum in der vermeintlichen »Stunde Null« gründete nicht nur in einem unterschwelligen Gefühl volksgemeinschaftlicher Verstrickung; sie hatte auch darin ihren Grund, daß die Stammbelegschaften vielerorts stark ausgedünnt waren. Weite Bereiche der deutschen Wirtschaft hatten ja seit Jahren nur noch aufgrund des Einsatzes von Millionen sogenannter Fremdarbeiter funktioniert, und vor allem die Rüstungsproduktion beruhte großenteils auf mörderischer Zwangsarbeit.

Es lag deshalb nahe, daß sich die Alliierten für die Montanindustrie an Rhein und Ruhr besonders interessierten. Neben Krupp hatten sie dabei vor allem die seit den zwanziger Jahren von Albert Vögler aus den Resten des Stinnes-Imperiums geschmiedeten Vereinigten Stahlwerke im Blick. Für den zweitgrößten Stahlkonzern der Welt sollte das Ende des Dritten Reiches, schon aufgrund der abzusehenden Entflechtung, tatsächlich eine Zäsur bedeuten, wie sie nur für wenige andere Großunternehmen galt. Vögler selbst, zuletzt Vorsitzender des Aufsichtsrats, markierte diesen Einschnitt vorab, indem er sich im Moment seiner Verhaftung vor amerikanischen Soldaten mit einer Kapsel Zyankali das Leben nahm; Walter Rohland, der Vögler als Vorstandschef gefolgt und mit seiner Panzerproduktion zum Inbegriff des nationalsozialistischen Rüstungsmanagers geworden war, kam nach der Internierung beruflich nie mehr richtig auf die Füße. Als einer, der über die Partei »von außen« gekommen war, mußte er jetzt draußen bleiben; in einer Zeit, da jeder auf Distanz zum Regime gewesen sein wollte, war für einen wie ihn kein Platz mehr.

Blieb der Selbstmord des Albert Vögler die Ausnahme, so war die Erfahrung, die Rohland machen mußte, für typische NS-Karrieristen keine Seltenheit – indirekt aber bestätigte sie nur, wie hoch die Kontinuität ansonsten gerade in der Wirtschaft war: Wer schon vor 1933 »dazugehört« hatte oder aufgrund erkennbarer Fähigkeiten auf dem Weg in Führungspositionen war, wer sich seitdem darüber hinaus vielleicht sogar noch in der Wahrung unternehmerischer Interessen gegenüber den Zumutungen »politischer Fanatiker« bewährt hatte, dem standen schon bald nach dem »Zusammenbruch« wieder alle Wege offen. Ein wenig büßen mußte allenfalls, wer unter dem Druck der alliierten Investigationen zuviel geplaudert oder sonstwie den Komment verletzt hatte – und sei es bloß, daß er, wie Bertold Beitz, ungewollt als ein Beispiel dastand für die Möglichkeit, auch unter extremen Bedingungen menschlich zu handeln.

Heißt das, die alliierten Säuberungsbemühungen seien an den harten »Männern der Wirtschaft« einfach abgeprallt? Man wird den Schock nicht unterschätzen dürfen, den es für ein Vorstandsmitglied oder einen Werksdirektor bedeutete, sich plötzlich und auf unbestimmte Zeit in einem Barackenlager interniert zu finden; unter Umständen genau dort – und solche Konstellationen gab es –, wo noch ein paar Monate zuvor die für das eigene Unternehmen angeforderten KZ-Häftlinge oder Zwangsarbeiter hatten hausen müssen. Die Erfahrung sozialer Deklassierung, teilweise auch materieller Not; der Zwang, sich erklären zu müssen – gegenüber oftmals noch ganz jungen Ermittlern, auf die man zwar herabblicken konnte, von denen man aber abhängig war: das alles ging an den Wirtschaftsführern so wenig spurlos vorüber wie an Generalen, Richtern oder Publizisten, die noch bis gestern Macht und Bedeutung vor sich hergetragen hatten.

Natürlich waren die Reaktionen auf solch demütigende Erfahrungen individuell verschieden. Jenseits dessen, was jeder mit sich selbst ausmachte, gab es aber wohl doch so etwas wie eine kollektive Ratio der Verarbeitung: das westdeutsche »Wirtschaftswunder«. Spätestens im Wiederaufbau der fünfziger Jahre gelang es der Unternehmerschaft, ihr angeschlagenes Selbstbild wieder in Deckung zu bringen mit einer Realität, in der sich dank ihrer Fähigkeiten – aber auch dank ihres pragmatischen Engagements im Rahmen eines neuen politischen Systems, das ihnen mindestens in seiner Wirtschaftsordnung als vernünftig erschien – die äußerlichen Spuren des Zweiten Weltkriegs mit stupender Geschwindigkeit verwischten.

In der Wirtschaft vermutlich stärker als in anderen Funktionseliten, beschleunigten die Kriegszerstörungen und die ja keineswegs nur personellen, sondern auch strukturellen Eingriffe der Alliierten den Generationenwechsel. Die Dynamik des Wiederaufbaus bot vielen »jungen Leuten« die Chance, ihre in der Kriegswirtschaft erworbenen Fähigkeiten früher als üblich in verantwortlichen Positionen unter Beweis zu stellen. Was dieser Einzug der im schnellen Zupacken und Improvisieren gleichsam großgewordenen Nachwuchs-Manager in die Führungsetagen der deutschen Wirtschaft bedeutete – auch: was seine gesellschaftspolitischen Implikationen waren –, ist noch wenig erforscht. Dies gilt auch für die Mittdreißiger in der Rüstungsverwaltung, den sogenannten »Kindergarten« Albert Speers; von seinem jungen »Arbeitsstab zum Wiederaufbau bombenzerstörter Städte« immerhin weiß man, daß daraus führende Architekten hervorgegangen sind, die aus dem verbesserten »Luftschutz«, einem Erfordernis der Jahre ab 1943, die Grüngürtel der Nachkriegsstädte entwickelten.

Insgesamt kann als gesichert gelten, daß die Zerstörungen der Kriegs- und die Demontagen der Nachkriegszeit (vor dem Hintergrund gewaltiger Investitionen während des Rüstungsbooms) in der westdeutschen Wirtschaft einen ungeplanten Modernisierungsschub auslösten, der sich für die europäisch und transatlantisch eingebundene Exportnation bald als Konkurrenzvorteil herausstellen sollte. Aber gewiß nicht in allem, was sich nun zusammenfügte, lag eine Chance. Mehr noch als in den Strukturen gab es neue Belastungen beim Personal. So erwiesen sich oft gerade diejenigen, die seit 1945 als »Seiteneinsteiger« hinzu kamen, als problematisch: für die Reputation, für die Effizienz – oder für beides. Nicht gut vorzeigbar, jedenfalls nicht in der internationalen Geschäftswelt, waren zum Beispiel die trüben Gestalten, die der SD-Professor Reinhard Höhn in seiner »Akademie für Führungskräfte der Wirtschaft« auf den einheimischen Nachwuchs losließ, und vielfach eher ein in älteren Loyalitäten gründender Gnadenakt als eine rationale Geschäftsentscheidung dürfte es gewesen sein, wenn ein florierendes Unternehmen einen politisch hoffnungslos kompromittierten SS-Juristen oder einen unversorgten Wehrmachtgeneral aufnahm.

War die Wirtschaft am Ende jener Bereich, in dem sich »Kontinuität« am schnellsten wiederherstellen ließ, so dauerte es beim *Militär* damit am längsten. Und was nicht wenigen Berufsoffizieren im Moment der Niederlage noch schwerfallen mochte zu begreifen: Die Zäsur, die ihnen bevorstand, war besonders tief. Doch als die genauen Kapitulationsbedingungen bekannt und die vollständige Entmilitarisierung Deutschlands als eines der vorrangigen Ziele alliierter Besatzungspolitik verkündet waren, blieb für Phantastereien kein Raum mehr. Statt eines gemeinsamen Feldzugs mit den Amerikanern gegen den Bolschewismus, wie manche ihn seit Stalingrad erträumten, stand der Prozeß von Nürn-

In Europa kennt man das deutsche Militär und seine Tradition – und bleibt auch gegenüber der Bundeswehr erst einmal mißtrauisch: »Gott sei Dank – er entwickelt sich normal!«, schreibt die Kopenhagener *Politiken* im Sommer 1964 unter diese Karikatur.

berg an, in dem die verbliebenen militärischen Spitzen (Keitel, Jodl, Raeder, Dönitz) hart bestraft wurden – und die Wehrmacht insgesamt keineswegs, wie später gerne behauptet wurde, wegen erwiesener Unschuld, sondern in erster Linie aus rechtspraktischen Gründen einer Verurteilung als »verbrecherische Organisation« entging.

Die logische Folge des Verzichts auf die kollektive Verdammung der Wehrmacht war die genauere Beleuchtung weiterer ausgewählter Teile der Generalität. Diesem Zweck dienten nicht nur die beiden Nürnberger Nachfolgeprozesse, die die Amerikaner 1947/48 im Alleingang gegen vierzehn Angehörige des OKW und zwölf sogenannte Südost-Generale führten. Hinzu kam, auch seitens der übrigen Besatzungsmächte, eine ganze Reihe von Militärgerichtsverfahren gegen ehemalige Angehörige der Wehrmacht, und im spektakulärsten Prozeß der Briten hatte sich noch 1949 Erich von Manstein zu verantworten, in den fünfziger Jahren der Deutschen soldatische Ikone schlechthin.

Der Kampf um die Freilassung des Generalfeldmarschalls und einiger Hundert weiterer rechtskräftig verurteilter Kriegsverbrecher erregte die deutsche Öffentlichkeit in den Anfangsjahren der Ära Adenauer wie kaum ein anderes innenpolitisches Thema. Von der konservativen Presse und den Boulevardblättern eifrig befeuert, war bald nur noch von »Kriegsverurteilten« die Rede, denen die Solidarität aller »anständigen Deutschen« zu gelten habe. In die Politik geratene Ritterkreuzträger vom Schlage eines Erich Mende (FDP) mobilisierten unentwegt den Deutschen Bundestag, und der Kanzler konnte, zumal in Wahlkampfzeiten, seine »Ehrenerklärung für den deutschen Soldaten« gar nicht oft genug wiederholen, um die wunde Seele von Millionen deutscher Männer zu beruhigen, denen die alliierte Kriegsverbrecherpolitik die Sicherheit geraubt hatte, für eine gerechte Sache in den Krieg gezogen zu sein. Wider besseres Wissen wurde in diesen Jahren die Legende von der »sauberen Wehrmacht« in die Welt gesetzt, der zufolge Judenmord und Geiselerschießungen allein auf das Konto »asozialer Elemente« in der SS gegangen waren.

So sehr die Amnestiekampagnen, an denen sich vor allem die protestantische Kirche prominent beteiligte, einem kollektiven Bedürfnis nach »Schlußstrich« und Entlastung entsprachen, so sehr enthielten sie doch auch ein kompensatorisches Moment: Darüber hinaus vermochte die Politik für das nach Hunderttausenden zählende Heer arbeitsloser Offiziere zunächst einmal wenig zu tun. Zwar sprach dann das 131er-Gesetz auch den ehemaligen Berufssoldaten eine Versorgung zu, eine adäquate Aufgabe aber ließ auf sich warten. Immerhin verging vom frühesten Prospekt eines westdeutschen »Wehrbeitrags« (Adenauers Sicherheitsmemorandum vom August 1950) bis zur Vereidigung der ersten Bundeswehrsoldaten im Herbst 1955 noch einmal ein halbes Jahrzehnt; damit war es am Ende eine volle Dekade, die sich die Militärs bis zu ihrer »Wiederverwendung« in Geduld zu fassen hatten.

Zweifellos trug diese Karenz, die – begleitet immerhin von heftigen grundsätzlichen Debatten über die Notwendigkeit der Wiederbewaffnung – in einer anfangs quasi öffentlichen Auswahl der Bewerber durch den sogenannten Personalgutachterausschuß mündete, zur dauerhaften Festschreibung des Primats der Politik gegenüber dem Militär erheblich bei; auch an diesem kritischen Punkt sollte Bonn nicht Weimar werden. Die Hoffnung allerdings, daß von den Offizieren während der prekären Pause gleichsam alles abgefallen wäre, was an die nationalsozialistische Wehrmacht erinnerte, daß die neue Armee frei sein würde von altem Geist – diese Hoffnung erwies sich als Illusion: Jahrzehnt um Jahrzehnt rang die schon bald isolierte Minderheit der Reformer in der Bundeswehr, unterstützt von der liberalen Publizistik, mit den Verteidigern teils sozusagen automatisch überkommener, teils bewußt über nommener apologetischer Traditionen und Strukturen. Zwar begann sich – Folge des auch hier eingetretenen Generationenwechsels – seit den siebziger Jahren im gewöhnlichen Dienstbetrieb manches zu liberalisieren; vieles Bedenkliche aber hatte sich in die Köpfe der Jüngeren fortgepflanzt. Probleme mit dem Konzept des »Staatsbürgers in Uniform« und mit ihrem historischen Selbstverständnis plagen die Bundeswehr, wie die jahrelange Debatte um die Verbrechen der Wehrmacht oder der zähe Kampf um die Umbenennung von Kasernen zeigt, bis in die Gegenwart.

Als noch folgenreicher für das normative Gefüge und die politische Moral der Demokratie sollte sich die Reinstallierung der *Justiz* erweisen, die schon vor Gründung der Bundesrepublik weitgehend abgeschlossen war.

Eilfertig und aufs Ganze gesehen in deprimierender Einmütigkeit – gegen die wenigen republikanisch Standfesten in den eigenen Reihen bot spätestens das Berufsbeamtengesetz vom April 1933 die ersehnte Handhabe –, hatten sich Richter, Staatsanwälte und Verwaltungsjuristen seit Hitlers Machtübernahme in den Dienst der nationalsozialistischen Sache gestellt; Sympathisanten waren nicht wenige von ihnen schon vorher gewesen. Die systematische Aushöhlung des Weimarer Rechtsstaats hatten sie mit Fleiß betrieben, den Terror des NS-Regimes in Gesetzesform gefaßt und im Übersoll exekutiert. Vor diesem Hintergrund mußte es 1945 jedem rechtlich Denkenden als unvorstellbar erscheinen, die Ahndung von Kriegs- und NS-Verbrechen in die Hände der deutschen Justiz zu legen; tatsächlich war dies auch einer der Gründe für die Alliierten,

Die Rückkehr der »Blutrichter«: Wolfgang Staudtes berühmte Anklage von 1946 kann nicht verhindern, daß die Zustände in der Justiz der frühen Bundesrepublik noch schlimmer werden.

den Nürnberger Prozeß zu führen und eine je eigene Militärgerichtsbarkeit aufzuziehen.

Während damit einstweilen immerhin die von Deutschen an Nichtdeutschen begangenen Verbrechen (vor allem in den besetzten Gebieten, aber etwa auch an Fremdarbeitern) der deutschen Judikatur entzogen blieben, mußten die innerdeutschen Verfolgten des NS-Regimes sich an Gerichte wenden, an denen ihnen unter Umständen derselbe Richter gegenüber saß, der sie im Dritten Reich verurteilt hatte. Denn im sogenannten Huckepack-Verfahren (ein Belasteter auf einen Unbelasteten) waren schon bis 1946 viele NS-Juristen in ihre Ämter zurückgekehrt. Gegen Ende der Besatzungszeit war in den Westzonen schließlich die übergroße Mehrheit des alten Justizpersonals wieder im Amt, während in der Ostzone vermittels der im Eilverfahren ausgebildeten »Volksrichter« ein nahezu vollständiger Elitenaustausch stattgefunden hatte.

Gerade dieser drastische Gegensatz, der sich in ähnlicher Weise weder für die Wirtschaft noch für Militär, Medizin oder Journalismus behaupten ließ – in allen diesen Bereichen gab es für anpassungsbereite »Ehemalige« auch in der DDR reichlich Chancen –, sollte Ost-Berlin bald Anlaß für eine gewaltige Propagandakampagne sein. Vorderhand jedoch akzeptierte die politische Klasse der Bundesrepublik die Ausführungen von Hochschullehrern und Praktikern des Rechts, die gegen alle Evidenz, aber in dem ihnen gewohnheitsmäßig zu Gebote stehenden autoritativen Gestus behaupteten, die deutsche Richterschaft habe sich, von wenigen Ausnahmen abgesehen, im Dritten Reich streng an das Gesetz gehalten und sich nichts zu schulden kommen lassen – ja, sie sei gerade wegen ihrer Treue zum überlieferten Recht selbst Opfer zunehmender politischer Drangsalierung geworden.

Daß solche Beteuerungen in den fünfziger Jahren so gerne geglaubt wurden, hing mit der ebenso neurotischen wie populären Aversion gegen die angebliche alliierte »Siegerjustiz« zusammen, von der damals bis in die Sozialdemokratie hinein die Rede war. Vor allem aber war die Überzeugungskraft des verlogenen Selbstbildes der Justiz auf den Einfluß zurückzuführen, den sich die juristische Elite in der Bonner Ministerialverwaltung und im Bundestag von Anfang an gesichert hatte. Das war im Justizministerium, wo ganze Seilschaften einstiger Kriegs- und Sonderrichter sich um die vergangenheitspolitischen Interessen ihrer Kollegen und um die Amnestiebedürfnisse hochrangiger SS-Täter kümmerten, nicht anders als im Auswärtigen Amt, das 1951 aufgrund einer sogar der Opposition ins Auge stechenden Überausstattung mit »Ehemaligen« (angeblich mehr als seinerzeit in der Wilhelmstraße) Gegenstand eines parlamentarischen Untersuchungsausschusses wurde. Zwei Drittel seiner AA-Beamten waren, wie Adenauer daraufhin gegenüber der SPD einräumen mußte, vormalige Parteigenossen: »Aber ich glaube, wenn Sie sich die Dinge einmal in Ruhe überlegen, dann werden Sie nicht sagen können, daß man anders hätte verfahren *können.* Man kann doch ein Auswärtiges Amt nicht aufbauen, wenn man nicht wenigstens zunächst an den leitenden Stellen Leute hat, die von der Geschichte von früher her etwas verstehen.«[6]

Kaum je zuvor und selten danach hat der Gründungskanzler der Bundesrepublik die Ratio des ministerialbürokratischen »Neuanfangs« in solcher Offenherzigkeit formuliert – freilich auch nicht, was die Gestaltungsmöglichkeiten der Politik gegenüber Justiz und Verwaltung anbetraf, so nahe an einem Offenbarungseid.

Das jahrelange Tauziehen um die vorzeitige Pensionierung wenigstens der am meisten belasteten Richter; das hinter den Kulissen durchaus unwürdige Feilschen um die Verjährung singulärer Verbrechen; die Unverfrorenheit der Selbstbegünstigung in Gestalt von Freisprüchen für NS-Juristen – das alles war, über Jahrzehnte hinweg, nichts anderes als ein einziger politischer und moralischer Skandal. Und es bewirkte, zumal in den Augen der einstigen Opfer und vieler junger Menschen, einen Vertrauensverlust, an dem der Rechtsstaat Bundesrepublik lange zu tragen hatte.

Zweifel waren auch in den Hochschulen angebracht, wo furchtbare Strafrechtslehrer den juristischen Nachwuchs unterwiesen. Einer davon war Edmund Mezger, den seine Münchner Fakultät im Oktober 1948 ausdrücklich zurückhaben wollte; 1945 auf Befehl der Amerikaner seiner Professur enthoben, war Mezger inzwischen 65 Jahre alt. Ganz im Einklang mit seinem »Führer«, hatte der Kriminologe schon bald nach 1933 das »gesunde Volksempfinden« zur Rechtsquelle erhoben wissen wollen. Der Begriff der »Sonderbehandlung« tauchte in Mezgers Schriften sogar schon 1928 auf, als er sich mit »erbbiologisch« vorgeprägten Verbrechern auseinandersetzte; diese seien zwar »nicht geisteskrank und geistesgestört«, aber »unverbesserlich«. Insofern war für Mezger klar: sie »bedürfen der ›Ausscheidung aus der menschlichen Gesellschaft‹ oder, weniger aufreizend ausgedrückt: bedürfen einer *Sonderbehand-*

lung, die sich von bloß zeitweiliger Schutzaufsicht bis zur lebenslänglichen Sicherungsverwahrung erstrecken kann«[7].

Unbestreitbar ist, daß Edmund Mezger mit »Sonderbehandlung« 1928 anderes im Sinne hatte als Heinrich Himmler 1944, aber unbestreitbar ist auch, daß Mezger 1944 dem neuen Reichsinnenminister – er hieß Himmler – per Postkarte aus München einen Entwurf zur Klassifikation der Verbrecher zukommen ließ: Sein Beitrag für das in Vorbereitung befindliche »Gesetz über die Behandlung Gemeinschaftsfremder«, das endlich den rechtlichen Rahmen liefern sollte für die Verhängung zeitlich unbestimmter Strafhaft gegen »Unverbesserliche«, aber auch für die Entmannung von Homosexuellen und die Sterilisation von »Versagern und Taugenichtsen«[8].

Der Strafrechtler Mezger, er lehrte noch bis 1957, hatte damit beileibe kein besonderes Beispiel politischer Erbötigkeit geliefert, weder für seine juristische noch für die deutsche Wissenschaft überhaupt. Von Soziologen, Demographen oder Historikern hat die Forschung zur Genüge Vergleichbares ans Tageslicht gebracht – wobei ausgerechnet die Selbsterkundung der Geschichtswissenschaft besonders lange auf sich warten ließ[9] –, von Medizinern sowieso.

Mit dem Nürnberger Ärzteprozeß hatten die Amerikaner eigentlich dafür gesorgt, daß fortan kein Zweifel mehr bestehen konnte hinsichtlich des besonderen Anteils der *Medizin* an den Verbrechen des Dritten Reiches – bis hin zum Holocaust. Gleichwohl sollte es der bundesrepublikanischen Justiz gelingen, in höchstem Feingefühl für eine benachbarte Funktionselite das rechtsstaatlich gebotene Vorgehen gegen eine ganze Anzahl noch unbehelligter NS-Verbrecher innerhalb der deutschen Ärzteschaft auf Dauer zu verschleppen.

Die Strafvereitelung zugunsten von »Euthanasie«-Ärzten, deren sich deutsche Richter bis in die achtziger Jahre befleißigten, war allerdings nur der Gipfel eines sehr viel breiter angelegten Verdrängungswerkes in den Heilberufen und den mit ihnen verbundenen Wissenschaften.

So war und blieb zwar seit Nürnberg bekannt, daß es in den Konzentrationslagern mörderische Menschenversuche gegeben hatte – verschleiert aber wurde, daß die dabei gewonnenen »Präparate« der universitären Forschung nach 1945 weiter zur Verfügung standen. Verheimlicht wurde, daß im Dritten Reich angelegte »Zigeunerkarteien« weiter genutzt und nationalsozialistische »Zigeunerexperten« als Gutachter über die (bis in die sechziger Jahre mehr oder weniger pauschal abgewiesenen) Entschädigungsbegehren ihrer Opfer befanden. Vertuscht wurde, daß die meisten der als Krankenschwestern oder Pfleger an der »Euthanasie« Beteiligten weiterhin in Kliniken Dienst taten. Und verborgen blieb das verbrecherische Vorleben nicht weniger freundlicher Hausärzte von nebenan, die niemand fragte, woher sie eigentlich gekommen waren.

Ein solches Netz der Camouflage funktionierte nicht schon, weil ein paar ihrer Bestrafung entgangene Täter dies wollten. Dahinter arbeitete die Energie eines ganzen Berufsstandes, der alles daran setzte, ein öffentliches Bild von sich zu erhalten, das durch den Ärzteprozeß und die Erfahrungen mit der NS-Medizin ins Wanken geraten war: die Vorstellung nämlich, daß es den Medizinern und der Medizin stets und zuerst um das Wohl des Patienten gehe. Genau das aber war im Dritten Reich nicht der Fall gewesen.

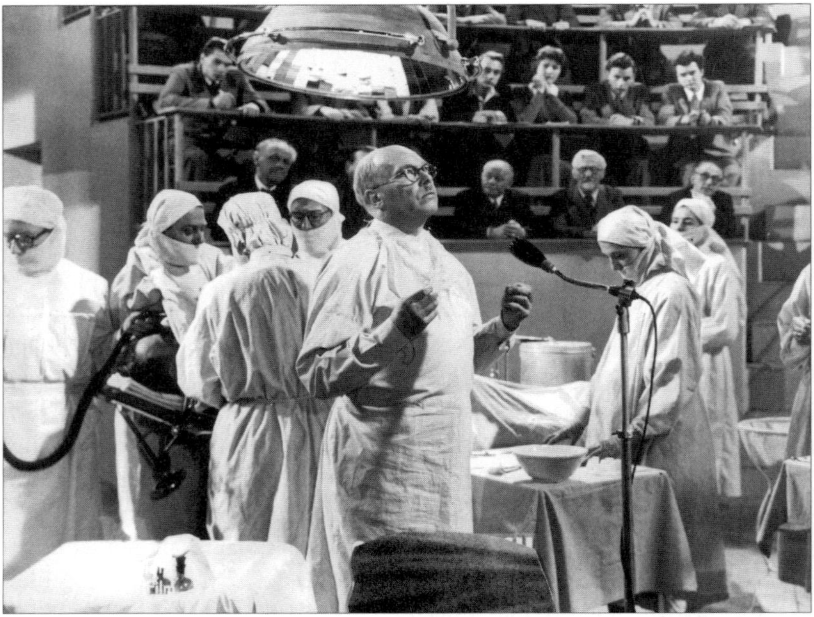

»Das war mein Leben« – als Halbgott in Weiß: Ferdinand Sauerbruch, schon seit dem Kaiserreich ein berühmter Mann, verkörperte über alle politischen Systembrüche hinweg den ebenso genialen wie edelmütigen Chirurgen. Auch die Verfilmung der in seinem Todesjahr 1951 erschienenen Memoiren mit Ewald Balser in der Hauptrolle wurde ein Kassenschlager.

Im Widerspruch zu ihrer traditionellen Selbstverpflichtung auf den hippokratischen Eid hatten sich Teile der Ärzteschaft seit den zwanziger Jahren von den Ideen der damals wissenschaftlich international hoch gehandelten Eugenik beeindrucken und von der angeblichen Notwendigkeit einer aktiven Sterilisationspolitik überzeugen lassen. Über dieser Orientierung am »Volkskörper« war die Würde des Menschen im medizinwissenschaftlichen Diskurs durchaus schon ins Rutschen geraten, als 1933 ein »Reichsgesundheitsführer« und die Funktionäre des NS-Ärztebundes den Paradigmenwechsel postulierten: Nicht mehr die Gesundheit des einzelnen sollte von nun an im Mittelpunkt des ärztlichen Bemühens stehen, sondern das Heil der »arischen Rasse«. Der Weg in die Medizinverbrechen war damit angebahnt.

Gewiß war es nachvollziehbar, wenn ärztliche Verbandsvertreter nach »Nürnberg« dann jahrzehntelang erklärten, die Masse der Mediziner habe sich auch während der NS-Zeit nach besten Kräften um ihre Patienten gekümmert und könne deshalb nicht für jene »350 Täter« verantwortlich gemacht werden, von denen hinfort nur die Rede ging. Ebenso gewiß war das in dieser Schlichtheit aber falsch, und daß man sich mit der Zahl beharrlich auf Alexander Mitscherlich berief, der gegen diese Fehldeutung seiner Prozeßdokumentation protestierte, war angesichts des seinerzeitigen Umgangs des medizinischen Establishments mit diesem Nachwuchswissenschaftler geradezu infam.

Als Disziplin hatte sich die Medizin 1933 in den Dienst einer zutiefst rassistischen Politik gestellt und das christlich-humanistische Menschenbild verraten. Im Zusammenwirken mit den einschlägigen Naturwissenschaften hatte sie einem Biologismus gehuldigt, dessen autoritärer Machtanspruch über das Individuum mit der Wiederbegründung der Demokratie in Deutschland nicht schon überwunden war. Wenn es vielmehr dauerte, ehe diese bösen Überstände kritisch und mit Nachhall reflektiert werden konnten, so hatte das mit dem ausgeprägt konservativen Selbstverständnis und einem extremen Standesbewußtsein der »Halbgötter in Weiß« zu tun – aber auch mit der Mentalität einer nachnationalsozialistischen Gesellschaft, die ihrerseits der Sensibilisierung für den Wert, die Rechte und die Freiheit des einzelnen durchaus noch bedurfte.

Zur Dialektik dieser Erfahrungsverarbeitung gehörte es dann, daß sich in der Öffentlichkeit der Bundesrepublik schließlich ein besonderes Bewußtsein für die politischen und ethischen Risiken medizinischer

Manipulation herausbildete. Fragen der Abtreibung, der Sterbehilfe und neuerdings der Eingriffe in die menschlichen Keimzellen werden hierzulande stets auch im Rückbezug auf die Medizinverbrechen der NS-Zeit diskutiert, und es ist unübersehbar, daß sich die Presse dabei in der Rolle einer historisch informierten Kontrollinstanz sieht. Auch das wollte nach 1945 erst gelernt sein.

Vergleichbar nur mit den politischen Repräsentanten des untergegangenen Regimes und anders als die übrigen Funktionseliten, erlebten die deutschen *Journalisten* bei Kriegsende eine Totalzäsur. Für ein paar Wochen oder Monate durfte im Vier-Zonen-Deutschland buchstäblich niemand schreiben oder senden, der dies seit 1933 unter Hitler getan hatte. Das Ziel der alliierten Kommunikationspolitik war die völlige Beseitigung des nationalsozialistischen Mediensystems, und dieses Ziel wurde erreicht: Zunächst mit der Ausgabe von Heeresgruppenzeitungen und dem Betrieb der Rundfunkstationen durch Angehörige der Psychological Warfare Division, seit Sommer 1945 dann vermittels einer sorg-

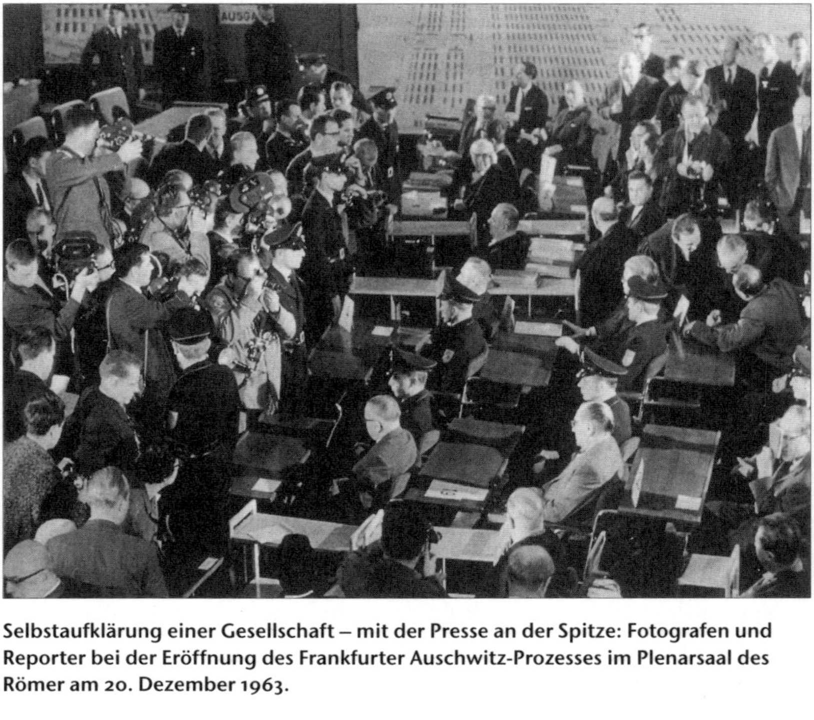

Selbstaufklärung einer Gesellschaft – mit der Presse an der Spitze: Fotografen und Reporter bei der Eröffnung des Frankfurter Auschwitz-Prozesses im Plenarsaal des Römer am 20. Dezember 1963.

fältigen Auswahl politisch vertrauenswürdiger deutscher Herausgeber und Redakteure für die sogenannte Lizenzpresse und bald auch den Hörfunk.

Unter der Aufsicht besonderer Kontrolloffiziere kam in den Westzonen auf diese Weise bis 1949 eine klar strukturierte Medienlandschaft zustande, deren Köpfe sich in der Regel glaubwürdig zur liberalen Demokratie bekannten; in der Ostzone sah dies naturgemäß anders aus. Hier wie dort griffen die Redaktionen inzwischen allerdings zunehmend auf die Mitarbeit auch von Routiniers zurück, die ihr Handwerk großenteils unter Goebbels gelernt hatten; die Zahl der wirklichen »neuen« Naturtalente war überall dünn gesät.

Dieser Einzug der jungen »Kriegsberichter« und der »alten Hasen« in die Redaktionsstuben der Nachkriegspresse, die Wiederverwendung politischer Korrespondenten, die ihren Dienstsitz vormals in Berlin und nun in Bonn hatten, wurde zwar nicht thematisiert, aber er erfolgte – und das war eine weitere wesentliche Besonderheit gegenüber den anderen Funktionseliten – im wahrsten Sinne des Wortes vor aller Öffentlichkeit. Deshalb strengte sich natürlich an, wer eine der ersehnten Einladungen zu Adenauers »Teegesprächen« erhielt, und wessen journalistische Wurzeln in der gelenkten NS-Presse lagen, vielleicht sogar in Goebbels' Renommierblatt *Das Reich*, dessen Ziel war es, diese persönliche Vorgeschichte durch mustergültig demokratische Berichterstattung vergessen zu machen. Daß dies nicht immer auf Anhieb gelang und mancher, sei es aus Routine, sei es aus echter Bewunderung für den »Alten«, doch wieder in einen idolisierenden Ton verfiel, stand auf einem anderen Blatt.

Es änderte jedenfalls nichts am Bekenntnis zu dem für deutsche Verhältnisse neuen Konzept einer staatsfern organisierten Öffentlichkeit, das insbesondere die Amerikaner ihren Journalisten-Schülern jeden Alters nahezubringen versucht hatten, und es führte im Laufe der Jahre tatsächlich dazu, daß sich die bundesrepublikanische Presse mit wachsendem Selbstbewußtsein als »vierte Säule der Demokratie« verstand. Daß es vielfach gerade »Ehemalige« waren, die sich zu dieser Aufgabe bekannten: sie selbst empfanden das nicht als Ironie, eher schon als eine Form der Wiedergutmachung.

Vermutlich war es genau dieses Ausmaß bereitwilliger Anverwandlung an die Erfordernisse einer funktionierenden Demokratie, das es den Journalisten unmöglich machte – und zugleich überflüssig erscheinen ließ – sich auch ihrer eigenen Vergangenheit zu stellen, als die kritische

Auseinandersetzung mit der NS-Geschichte seit Ende der fünfziger Jahre langsam an Fahrt gewann. Wie sollte, wer mit wachsender Überzeugungskraft und öffentlicher Zustimmung die Rolle des Aufklärers übernommen hatte, plötzlich über sich selbst aufklären? – Im übrigen war man ja, wie jeder treue Leser des *Spiegel* oder *Stern* wissen konnte, tatsächlich in die neue Rolle erst hineingewachsen; wieviel Nationalapologie, etwa in der Kriegsverbrecherfrage, auch diese Magazine ehedem verbreitet hatten, war deren Leitfiguren im Zeitalter des heraufziehenden Linksliberalismus offenbar ebenso entfallen wie der Chefin der *Zeit*. Und für den *Spiegel* ist hinzuzufügen: Ihm wurde, auf dem Weg in die Karriere als »Sturmgeschütz der Demokratie«, das größte Geschenk durch seine regierenden Gegner zuteil – 1962, als sie, in völliger autoritärer Verblendung, Augstein und Ahlers zu Märtyrern der Pressefreiheit machten. Was bis dahin auch der *Spiegel,* im Gewand einer betont national gesinnten Kritik an Adenauers Westkurs, an Überständigem vertreten hatte, war fortan vergessen.

Die letzten Chancen, daß einer aus dem Journalismus sich selbstkritisch zu seiner Vergangenheit hätte bekennen können, ohne seine Weiterverwendung zu riskieren, schwanden vermutlich im gesellschaftspolitischen Aufbruch der sechziger Jahre. Doch als 1964 ein faksimilierter Auswahlband der Wochenzeitung *Das Reich* herauskam und die Einleitung dazu, in der sich führende Namen der bundesdeutschen Publizistik fanden, als Vorabdruck im *Spiegel* erschien, gab es fast keine Reaktionen. Die Möglichkeit, sich zu erklären, versäumte damals auch Werner Höfer. Mit seinem »Internationalen Frühschoppen« längst eine Säule weltoffenliberaler Diskussionskultur geworden, wäre ihm der hämische Artikel über den hingerichteten Pianisten Karlrobert Kreiten wohl verziehen worden, der ein Vierteljahrhundert später, nach einem neuerlichen *Spiegel*-Bericht, seinen Rücktritt erzwang.

Es war allerdings nicht erst unter dem Generalverdacht der anstürmenden Achtundsechziger, daß die Zeit für potentiell folgenlose Geständnisse zu Ende ging. Das moralisch Unerträgliche der Situation – wiedereingesetzte Richter, die sich erneut als Kommunistenfresser präsentierten, hoch belastete »131er«, die mit skandalösem Erfolg auf »Wiedergutmachung« bestanden, während Überlebende der »Endlösung« mit Almosen abgespeist wurden, weil sie verlorenen Besitz nicht nachweisen konnten –, das alles hatte schon seit einem Jahrzehnt, wenn auch nur langsam wachsend, Kritik hervorgerufen, und je länger sich nichts änderte, desto höher stiegen die Erwartungen. Zumindest Teilen der Öffentlichkeit wurde nun immer klarer, daß es so etwas gab wie eine »unbewältigte Vergangenheit«. Und wenn das Gros der Reinstallierten dies weiterhin glatt verneinte – oft in aufreizender Selbstgerechtigkeit, oft aber auch aus einem nicht unberechtigten Gefühl heraus, sich doch inzwischen längst »bewährt« zu haben –, so nährte es damit nur den Gärungsprozeß, für den die Hefe allerdings auch von anderer Seite geliefert wurde: aus der DDR.

Kritik der »unbewältigten Vergangenheit« oder: Wie sich die Dinge änderten

Seit der zweiten Hälfte der fünfziger Jahre hatte Ost-Berlin ein Argument entwickelt, das in der Auseinandersetzung mit der »Bonner Republik« bald zur rhetorischen Allzweckwaffe werden sollte. In seiner kürzesten Variante lief es auf die Behauptung hinaus, im Westen habe sich nichts geändert, im Osten hingegen sei alles neu.

Dieser Rekurs auf die gemeinsame »faschistische« Vergangenheit und die diskrepanten Folgerungen, die daraus gezogen worden waren: so erkennbar polemisch er sich vom ersten Moment an darstellte, so tückisch erwies er sich für die politische Klasse der Bundesrepublik. Denn in einem Punkt traf er ja zu: Im Westen waren die Funktionseliten, nach einer Phase unterschiedlich gründlicher Säuberung, weitestgehend wiederverwendet worden, während der Osten für sich Totalaustausch in Anspruch nahm. Mit einiger Berechtigung ließ sich letzteres für die Polizei, vor allem aber hinsichtlich der Justiz behaupten, und genau deshalb setzten die Ost-Berliner Attacken bei den westdeutschen Richtern an; ein schärferer Kontrast war nicht zu erzielen.

»Hitlers Blutrichter in Adenauers Diensten«, »Terror wie zu Hitlers Zeiten«, »Bonns braune Maden« – Eindruck machte weniger die überschießende Aggressivität solcher Schlagzeilen, von denen die Krawalljahre des Kalten Krieges viele sahen, als die dokumentarische Evidenz tonnenweise in den Westen geschaffter Broschüren, die seitenlang die Namen und früheren Funktionen bundesdeutscher Juristen aufführten. Und da die Vorwürfe auf der faktischen Ebene, also hinsichtlich der Vergangenheit dieser Richter und Staatsanwälte, in der Regel zutrafen, blieb auch die Perfidie nicht ohne Wirkung, die in der pauschalen Unterstellung lag, daß die Reinstallation des alten Personals gleichbedeutend sei mit ideologisch-politischer Kontinuität. Mit anderen Worten: daß in der Bundesrepublik weiterhin und systematisch Nazi-Recht gesprochen werde.

Im westlichen Ausland runzelte man, wieder einmal, die Stirn über den neuen Verbündeten, und zumal die Engländer erinnerten sich, daß ihre Militärpolizei in Nordrhein-Westfalen noch 1953 gegen den »Gauleiter-Kreis« um den einstigen Goebbels-Staatssekretär Werner Naumann hatte vorgehen müssen, der gerade dabei war, den dortigen Landesverband der FDP zu unterwandern. Aber auch in der Bundesrepublik keimten nun Empörung und Widerspruch, besonders unter den Jungen. Ein Indiz dafür war die Ausstellung »Ungesühnte Nazi-Justiz«, die der West-Berliner Student Reinhard Strecker mit einigen Kommilitonen 1959 in Karlsruhe eröffnete, am Sitz der höchsten Gerichte. Die Tatsache, daß die gezeigten Dokumente vor allem aus DDR-Archiven kamen, wurde Anlaß wütender Attacken auf die angeblichen Wasserträger »Pankows«, vermochte jedoch nicht mehr zu verhindern, daß sich die öffentliche Kritik an den Zuständen in der Justiz seitdem entfaltete.

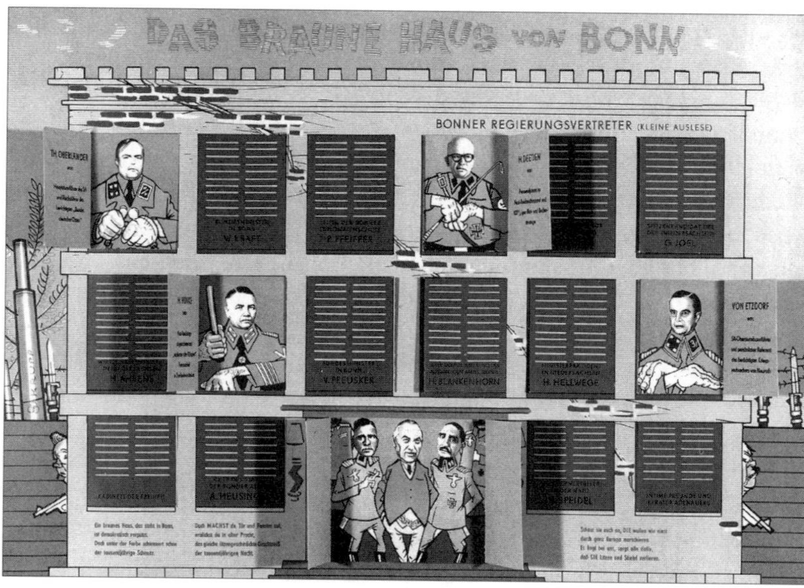

Adventskalender der Agitation: 1956 standen noch die Repräsentanten der westdeutschen »Remilitarisierung« im Zentrum der Ost-Berliner Angriffe.

Von ihrem »Agitationserfolg« ganz offensichtlich angetan, baute die SED-Führung ihre Kampagnen gegen »Kriegs- und Naziverbrecher in der Bundesrepublik« in den nächsten Jahren massiv aus. Nach den Juristen kamen Zug um Zug sämtliche Eliten an die Reihe: Wirtschaft, Militär, Wissenschaft und, selbstredend, die Bonner Ministerialbürokratie. Was diese anging, so konzentrierten sich die Ost-Berliner Fahnder schließlich auf ein Zielobjekt, das schon die sozialdemokratische Opposition seit 1950 immer wieder aufs Korn genommen hatte und das propagandistisch kaum ergiebiger hätte sein können: Hans Globke, seit 1949 zunächst Bürochef und seit 1953 Staatssekretär im Bundeskanzleramt; ihn Adenauers »rechte Hand« zu nennen, ist kaum zu vermeidendes Stereotyp und Untertreibung in einem.

Der Hauptvorwurf gegen das ehemalige Zentrumsmitglied Globke, der 1932 als Referent für Staatsangehörigkeitsfragen in das Reichsinnenministerium eingetreten war, bezog sich auf seine Tätigkeit als Mitkommentator der sogenannten Nürnberger Rassegesetze vom September 1935; vorgehalten wurden ihm aber auch Verhandlungen mit Schweizer Beamten, die zur Einführung des »J«-Stempels in Reisepässen führten. Globkes Verteidiger – darunter Robert Kempner, der ehemalige preußische Ministerialbeamte und spätere Ankläger in Nürnberg – verwiesen dagegen stets auf seine Bedeutung als Verbindungsmann der katholischen Opposition und auf seine Distanz zur NSDAP; Globkes Aufnahmeantrag von 1940 war im Februar 1943 abgelehnt worden.

Immer wieder ist darüber spekuliert worden, ob Adenauers beharrliche Weigerung, Globke zu entlassen, als ein Signal an die »Ehemaligen« verstanden werden sollte. Viel scheint dafür nicht zu sprechen, denn auch ohne Globke hätte jeder Interessierte sehen können, wie breit das Integrationsangebot des Kanzlers tatsächlich war. Doch selbst wenn dieses Motiv zu Anfang der fünfziger Jahre eine gewisse Rolle gespielt haben sollte, dann gewiß nicht mehr gegen Ende des Jahrzehnts, als Adenauer, auf der Höhe seines Erfolges, solch brauner Sympathiekrücken schwerlich bedurfte. Jetzt war es, wenn anderes als Wertschätzung für seinen Paladin im Spiele war, eher die Kraftprobe mit Ost-Berlin, die einen Rücktritt Globkes aus Adenauers Perspektive verbot. Ganz sicher galt das jedenfalls seit Sommer 1960, als in Jerusalem der Prozeß gegen Adolf Eichmann bevorstand und die DDR versuchte, Globke als dessen geistigen »Komplizen« darzustellen. Die Kampagne gipfelte drei Jahre später in einem Prozeß gegen »Dr. Hans-Maria Globke« vor dem Obersten Gericht der DDR, das den Angeklagten »in Abwesenheit« zu lebenslänglichem Zuchthaus verurteilte. Vor diesem Hintergrund haben sich Adenauer und Globke, man kann es nicht anders sagen, bis zu des alten Kanzlers erzwungenem Rücktritt 1963 die Treue gehalten.

Die letzten Jahre der »Ära Adenauer« waren mit NS-Skandalen geradezu gepflastert. Dazu trug die steigende Sensibilität der bundesdeutschen Presse bei, mindestens so sehr aber das unermüdliche Schaffen von Albert Norden, Mitglied des Zentralkomitees der SED und dessen Sekretär für »Agitation und Propaganda«. Und immer öfter hing das eine mit dem anderen zusammen, denn begleitend zu den Vorwürfen, die Norden auf »internationalen Pressekonferenzen« gegen westdeutsche Funktionsträger erhob, lancierte die Stasi entsprechende Dokumente an aufklärungswillige Journalisten in der Bundesrepublik.

Mißt man Nordens Propagandaarbeit – sie war stets mit Walter Ulbricht abgestimmt – an dem Ziel, die Beschuldigten tatsächlich zum Rückzug zu zwingen, so war die Aktion gegen Theodor Oberländer, die dem Feldzug gegen Globke vorausging, am erfolgreichsten: Nach monatelangen Angriffen und einem einwöchigen Schauprozeß in Ost-Berlin trat der Bonner Vertriebenenminister am 3. Mai 1960 von seinem Amt zurück. Anlaß war die auch in der westdeutschen Presse wiedergegebene Behauptung, Oberländer und das von ihm im Sommer 1941 aus ukrainischen Freiwilligen zusammengestellte Bataillon »Nachtigall« seien für ein Massaker an etwa 5000 Juden und Polen in Lemberg verantwortlich. Während der genaue Ablauf des Geschehens bis heute nicht völlig geklärt werden konnte, resultierten die nach dem Ende der DDR anhand des Stasi-Materials noch einmal aufgenommenen Ermittlungen der Kölner Staatsanwaltschaft in einer Einstellungsverfügung, die Oberländer zweifellos als jene Rehabilitation verstanden hätte, die er zeitlebens betrieb. Vier Tage, bevor die Mitteilung an seinen Anwalt erging, war der Dreiundneunzigjährige gestorben.

Im Lichte der neueren historischen Erkenntnisse über Oberländers Rolle als »Ostforscher« in Königsberg, später an den Universitäten Greifswald und Prag – aber auch angesichts der alten Seilschaften, die er als Minister um sich scharte –, war Adenauers Entscheidung, den aus

Der Sekretär des Kanzlers: Auch die westdeutschen Medien zeichneten selten ein freundliches Bild des agilen Mannes hinter Adenauer. Höhepunkt der Kampagne gegen Hans Globke war jedoch der generalstabsmäßig geplante Schauprozeß der DDR im Sommer 1963.

dem BHE übernommenen »Volkstumsexperten« aus seinem Kabinett zu entfernen, gleichwohl nicht verkehrt.

Das galt ebenso, im Sommer 1962, für die rasche Ablösung des gerade erst ernannten Generalbundesanwalts Wolfgang Fränkel, dem Norden zahlreiche Fälle vorhielt, in denen der tüchtige Staatsanwalt während des Krieges wegen Nichtigkeiten die Todesstrafe beantragt hatte.

Doch war es wirklich die »Bereinigung« solch unhaltbarer Zustände, was die Attacken aus der DDR bezweckten? Dagegen spricht, daß sich die Stasi nach Kräften um die Förderung des – auch ohne Nachhilfe nicht schwachen – Antisemitismus und des organisierten Rechtsextremismus im Westen bemühte (wobei bis heute unbewiesen ist, ob der schon damals geäußerte Verdacht zutraf, »der Osten« habe die Hakenkreuzschmierereien an der neu eingeweihten Kölner Synagoge veranlaßt, die zu Weihnachten 1959 weltweites Aufsehen erregten). Dagegen spricht aber auch die Neigung der Ost-Berliner Aktenfahnder, die Beweiskraft einzelner Dokumente durch Manipulationen zu erhöhen: so geschehen im Falle des »KZ-Baumeisters« Heinrich Lübke.

Mit der Kampagne gegen den Bundespräsidenten zielte die DDR seit 1965 buchstäblich auf die Spitze der »Bonner Republik«. Der Vorwurf gegen Lübke lautete, er habe während des Krieges als Planer der »Baugruppe Schlempp« für KZ-Häftlinge genutzte Baracken errichten lassen; daß er seit 1943 als oberster Bauleiter am Raketenfertigungsstandort Peenemünde selbst KZ-Häftlinge eingesetzt hatte, blieb der Stasi lange verborgen. Doch das hinderte die Agitatoren nicht daran, mit gefälschten Aktendeckeln (die Dokumente selbst waren authentisch) eine Kampagne zu entfachen, die die internationale Reputation des Konkurrenzstaates beschädigen sollte – und nur darum ging es. Keinen Aufwand scheuend, spielte die Stasi mit dem Präsidialamt jahrelang Hase und Igel: Wo immer Lübke im Ausland auftrat, das »Informationsmaterial« aus der DDR war schon da. Die zweite Amtsperiode des Christdemokraten wurde dadurch zusehends zu einer Belastung: für den Präsidenten selbst, vor allem aber für das Ansehen der Bundesrepublik. Im Sommer 1969 trat er, auch von Parteifreunden bedrängt, ein Vierteljahr vor Ablauf seiner Amtszeit zurück.

Nicht erst die Wahl des Sozialdemokraten Gustav Heinemann zu Lübkes Nachfolger verdeutlichte, wie sehr sich die politische Stimmung in der Bundesrepublik gewandelt hatte. Im Herbst davor noch, zum Ausklang des deutschen »Achtundsechzig« sozusagen, hatte Beate

Klarsfeld mit ihrer Ohrfeige für Kurt-Georg Kiesinger, den Kanzler der Großen Koalition und vormaligen Parteigenossen, demonstriert, wie hoch die moralische Meßlatte inzwischen hing: Wer mit braunen Flecken auf der Weste Politik zu machen versuchte, der mußte jetzt mit dem »Widerstand« der kritischen Jugend und linker Intellektueller rechnen, die sich im übrigen wenig daran stießen, woher die entsprechenden Informationen kamen. Im Zweifelsfalle kamen sie nach wie vor aus der DDR.

Während dort aus dem 1945 verordneten »Antifaschismus« längst eine doktrinäre Leerformel geworden war, hinter der manche mentalen Reste einer nach-nationalsozialistischen »Volksgemeinschaft« konserviert werden konnten, hatte sich die nach außen verlagerte Vergangenheitskritik in der Bundesrepublik tatsächlich entwickelt – und zwar keineswegs zu deren Schaden. Ganz gegen die Intentionen ihrer Urheber hatten die DDR-Attacken auf die »faschistischen Eliten« im Westen zu einem Klimawandel beigetragen, in dem sich jener selbstkritische Umgang mit der NS-Vergangenheit herauszubilden vermochte, der spätestens seit den achtziger Jahren in signifikanter Weise das Selbstverständnis der zweiten Republik und ihrer politischen Klasse prägt. Der Narben, die das hohe Maß an wiederhergestellter Kontinuität in den Jahrzehnten davor hinterlassen hatte, wird man sich seitdem immer deutlicher bewußt.

So wenig die Nachgeschichte des Nationalsozialismus in der Bundesrepublik sich auf eine Kette struktureller Versäumnisse, politischer Skandale und rechtlicher Defizite reduzieren läßt, so wenig geht sie in einer glatten »Erfolgsgeschichte« auf. Es waren die Funktionseliten der Hitler-Zeit, die das Projekt Bundesrepublik bis in die siebziger Jahre hinein entscheidend gestalteten; von ihrer Wandlungsfähigkeit – und von ihrer Bereitschaft zur Anverwandlung an die neuen politischen Verhältnisse – hing vieles ab. Daß hinter ihnen eine »skeptische Generation« der entschlossenen Reformer in die Verantwortung drängte und vor ihnen die alten »Weimaraner« die politischen Zügel hielten, dürfte ihre Umorientierung befördert haben. Jedenfalls schlugen nur wenige die Einladung zur Anpassung aus, die mit Gründung der Bundesrepublik an sie ergangen war. Eine Minderheit aus dieser Generation, die Adenauer einst als die »mittlere« aufgegeben hatte, wuchs zu wahrer Liberalität heran, eine Mehrheit immerhin im Laufe der Zeit zu passablen Demokraten.

Anmerkungen

Mediziner: Operation Volkskörper

1 Deuticke an Oelemann, 19.11.1946, zit. n. Jürgen Peter: *Der Nürnberger Ärzteprozeß im Spiegel seiner Aufarbeitung anhand der drei Dokumentensammlungen von Alexander Mitscherlich und Fred Mielke*, Münster/Hamburg 1994, S. 36
2 Alexander Mitscherlich: Vorwort, in: ders./Fred Mielke (Hg.): *Das Diktat der Menschenverachtung*, Heidelberg 1947, S. 11–13, hier S. 12
3 Alexander Mitscherlich: Von der Absicht dieser Chronik, in: ders./Fred Mielke (Hg.): *Medizin ohne Menschlichkeit. Dokumente des Nürnberger Ärzteprozesses*, Frankfurt/M./Hamburg 1960, S. 7–17, hier S. 11
4 Alexander Mitscherlich: *Kurzer Zwischenbericht aus Nürnberg*, Nürnberg 6.2.1947, unveröffentlichtes Typoskript, zit. nach Peter: *Ärzteprozeß*, S. 47
5 Alexander Mitscherlich: *Ein Leben für die Psychoanalyse. Anmerkungen zu meiner Zeit*, Frankfurt/M. 1980, S. 145
6 Zit. n. Norbert Jachertz: Phasen der »Vergangenheitsbewältigung« in der deutschen Ärzteschaft nach dem Zweiten Weltkrieg, in: Robert Jütte (Hg.): *Geschichte der deutschen Ärzteschaft. Organisierte Berufs- und Gesundheitspolitik im 19. und 20. Jahrhundert*, Köln 1997, S. 276–288, hier S. 278
7 Vorwort der Arbeitsgemeinschaft der westdeutschen Ärztekammern, in: Alexander Mitscherlich/Fred Mielke (Hg.): *Wissenschaft ohne Menschlichkeit. Medizinische und eugenische Irrwege unter Diktatur, Bürokratie und Krieg*, Heidelberg 1949, S. V–VIII, hier S. V
8 Mitscherlich: Von der Absicht dieser Chronik, S. 5
9 Mitscherlich: Von der Absicht dieser Chronik, S. 6
10 So berichtet Lifton über eine persönliche Mitteilung Mitscherlichs: Robert Jay Lifton: *Ärzte im Dritten Reich*, Berlin 1988, S. 532
11 Lifton: *Ärzte im Dritten Reich*, S. 12
12 Mitscherlich: Von der Absicht dieser Chronik, S. 13
13 Hendrik van dem Bussche: *Medizinische Wissenschaft im »Dritten Reich«. Kontinuität, Anpassung und Opposition an der Hamburger Medizinischen Fakultät*, Berlin/Hamburg 1989, S. 450

14 Zit. n. Klaus Detlev Godau-Schüttke: *Die Heyde-Sawade-Affäre,* Baden-Baden 1998, S. 181

15 Nachtsheim an Lenz, 23.12.1947, zit. n. Hans Peter Kröner: *Von der Rassenhygiene zur Humangenetik. Das Kaiser-Wilhelm-Institut für Anthropologie, menschliche Erblehre und Eugenik nach dem Kriege*, Stuttgart 1998, S. 76

16 Universitätsarchiv Münster, NL Verschuer, de Rudder an Verschuer, 23.5.1945, Verschuer an de Rudder, 4.7.1945, Verschuer an de Rudder, 17.10.1945

17 Universitätsarchiv Münster, NL Verschuer, Verschuer an de Rudder, 31.10.1945

18 Universitätsarchiv Münster, NL Verschuer, Verschuer an de Rudder, 4.12.1945

19 Zit. n. Notker Hammerstein: *Die Johann Wolfgang Goethe-Universität Frankfurt a. M. Von der Stiftungsuniversität zur Staatlichen Hochschule*, Bd. I.: 1914 bis 1950, Neuwied/Frankfurt/M. 1989, S. 658

20 Zit. n. Kröner: *Rassenhygiene*, S. 106ff.

21 Denkschrift betreffend Herrn Prof. Dr. med. Otmar Frhr. v. Verschuer, vom September 1949. Eine Abschrift findet sich im Briefwechsel Verschuer/Butenandt, NL Verschuer

22 Universitätsarchiv Münster, NL Verschuer, Verschuer an Butenandt, 11.7.1960

23 Zit. n. Frank Sparing: Von der Rassenhygiene zur Humangenetik – Heinrich Schade, in: Michael G. Esch u. a. (Hg.): *Die Medizinische Akademie Düsseldorf im Nationalsozialismus*, Essen 1997, S. 341–363, hier S. 350

24 Otmar von Verschuer: »Gefährdung des Erbgutes – ein genetisches Problem«, in: *Abhandlungen der mathematisch-naturwissenschaftlichen Klasse,* 1962, Heft 3, S. 16

25 Universitätsarchiv Münster, NL Verschuer, Verschuer an Lehmann, 18.9.1957

26 Universitätsarchiv Münster, NL Verschuer, Votum des »Eugenischen Arbeitskreises« von 1959

27 Universitätsarchiv Münster, NL Verschuer, Otmar von Verschuer: *Gesichtspunkte einer verantwortlichen Humangenetik. Vortrag vor der evangelischen Akademie Hofgeismar 23.–26.2.1968* (Bandabschrift), S. 4

28 Zit. n. Hans-Christoph von Hase (Hg.): *Evangelische Dokumente zur Ermordung der »unheilbar Kranken« unter der nationalsozialistischen Herrschaft in den Jahren 1939–1945*, Stuttgart 1964, S. 55

29 Zit. n. Ernst Klee: *Was sie taten – was sie wurden. Ärzte, Juristen und andere Beteiligte am Kranken- oder Judenmord*, Frankfurt/M. 1986, S. 129f.

30 Zit. n. Godau-Schüttke: *Heyde/Sawade,* S. 66

31 Zit. n. ebd., S. 89

32 Zit. n. Klee: *Was sie taten*, S. 25

33 Zit. n. ebd., S. 22

34 Zit. n. Godau-Schüttke: *Heyde/Sawade*, S. 231

35 *Hamburger Echo*, 14.2.1964, zit. n. Klee: *Was sie taten*, S. 50

36 Zit. n. ebd., S. 124f.

37 *Der Spiegel*, 37/1973, S. 52

38 *Deutsches Ärzteblatt*, 84 (1987), S. 847–859

39 *Deutsches Ärzteblatt*, 84 (1987), S. 1451–1456

40 Zit. n. Michael Greve: *Die organisierte Vernichtung »lebensunwerten Lebens« im Rahmen der »Aktion T4«*, Pfaffenweiler 1998, S. 116
41 Zit. n. Renate Jäckle: *Die Ärzte und die Politik 1930 bis heute*, München 1988, S. 155 f.

Unternehmer: Profiteure des Unrechts

1 Erik Reger: *Union der festen Hand. Roman einer Entwicklung*, Berlin 1931
2 Ulrich Brochhagen: *Nach Nürnberg. Vergangenheitsbewältigung und Westintegration in der Ära Adenauer*, Hamburg 1994, S. 35
3 Zit. n. Toni Pierenkemper: »Josef Neckermann 1902–1992. Anmerkungen zur Autobiographie«, in: *Jahrbuch für Wirtschaftsgeschichte* 2 (1996), S. 233–245
4 Kurt Pritzkoleit: *Männer, Mächte, Monopole. Hinter den Türen der westdeutschen Wirtschaft*, Düsseldorf 1953, S. 47
5 Ebd., S. 31 f.
6 *FAZ*, 15.5.1954
7 *Der Spiegel*, 45/1960, S. 37
8 Otto A. Friedrich im Gespräch mit Axel Springer, zit. n. Volker R. Berghahn/Paul J. Friedrich: *Otto A. Friedrich. Ein politischer Unternehmer. Sein Leben und seine Zeit 1902–1975*, Frankfurt/M./New York 1993, S. 229
9 Zit. n. *Frankfurter Rundschau*, 10.11.1950
10 Zit. n. Toni Pierenkemper: Hans-Günther Sohl. Funktionale Effizienz und autoritäre Harmonie in der Eisen- und Stahlindustrie, in: Paul Erker/Toni Pierenkemper (Hg.): *Deutsche Unternehmer zwischen Kriegswirtschaft und Wiederaufbau. Studien zur Erfahrungsbildung von Industrie-Eliten*, München 1999, S. 91
11 *Kölnische Rundschau*, 23.5.1956
12 Hier und das Zitat von Reusch nach Ulrich Borsdorf: »Die Belegschaft des Hüttenwerks scheint geschlossen in den Betten zu liegen.« Ein Streik für die Montanmitbestimmung, in: Lutz Niethammer u.a. (Hg.): *Die Menschen machen ihre Geschichte nicht aus freien Stücken, aber sie machen sie selbst. Einladung zu einer Geschichte des Volkes in NRW*, 3. Auflage, Bonn 1988, S. 196 ff.
13 Rolf-Dieter Müller: *Der Manager der Kriegswirtschaft. Hans Kehrl: Ein Unternehmer in der Politik des »Dritten Reiches«*, Essen 1999
14 Benno Müller-Hill: »Warum wurden wir Mitglieder im SDS 1946–1960?«, in: *1999*, 2 (1998), S. 172–189, hier: 173
15 Christopher Kopper, zit. n. *Die Zeit*, 13.8.1998
16 Zit. n. Wolfgang Schroeder: Industrielle Beziehungen in den 60er Jahren – unter besonderer Berücksichtigung der Metallindustrie, in: Axel Schildt/Detlef Siegfried/Karl Christian Lammers (Hg.): *Dynamische Zeiten. Die 60er Jahre in den beiden deutschen Gesellschaften*, Hamburg 2000, S. 512

Die Entnazifizierung der »Volksgemeinschaft«

1 Dieses und die folgenden Zitate nach: Clemens Vollnhals (Hg.): *Entnazifizierung. Politische Säuberung und Rehabilitierung in den vier Besatzungszonen 1945–1949*, München 1991, S. 281–284

Offiziere: Im Geiste unbesiegt

1 Detlef Bald: *Militär und Gesellschaft 1845–1990*, Baden-Baden 1994, S. 32
2 Oliver von Wrochem: »Die Auseinandersetzung mit Wehrmachtsverbrechen im Prozeß gegen den Generalfeldmarschall Erich von Manstein 1949«, in: *Zeitschrift für Geschichtswissenschaft* 46/1998, S. 329–353
3 Reginald T. Paget: *Manstein. Seine Feldzüge und sein Prozeß*, Wiesbaden 1952, S. 212
4 Geleitwort von Ulrich de Maizière, in: *Nie außer Dienst. Zum 80. Geburtstag von Generalfeldmarschall Erich von Manstein*, Köln 1967, S. 7
5 Paget: *Manstein*, S. 14
6 Franz W. Seidler: *Das Militär in der Karikatur*, München 1982, S. 128
7 Klaus von Schubert: *Wiederbewaffnung und Westintegration*, Stuttgart 1970, S. 82 f.
8 Ulrich Brochhagen: *Nach Nürnberg. Vergangenheitsbewältigung und Westintegration in der Ära Adenauer*, Hamburg 1994, S. 198
9 Verhandlungen des Deutschen Bundestages, 1. Wahlperiode 1949, Stenographische Berichte Bd. 14, Bonn 1953, S. 11141.
10 Kurt Pätzold: *Ihr waret die besten Soldaten. Ursprung und Geschichte einer Legende*, Leipzig 2000
11 Dieter S. Lutz (Hg.): *Im Dienst für Frieden und Sicherheit. Festschrift für Wolf Graf von Baudissin*, Baden-Baden 1985, S. 103
12 Interview mit Philipp von Boeselager, in: *Soldaten für Hitler – Das Erbe*, ein Film des MDR, gesendet 27.4.1998
13 Brochhagen: *Nach Nürnberg*, S. 212
14 Grundgesetz für die BRD, Artikel 12a, 26, 45b, 65a, 87a, 115b
15 Hans-Joachim Harder/Norbert Wiggershaus: *Tradition und Reform in den Aufbaujahren der Bundeswehr*, hg. vom Militärgeschichtlichen Forschungsamt, Herford/Bonn 1985, S. 12
16 Bernd C. Hesslein: Innere Führung – der unerfüllte Auftrag der Bundeswehr, in: Lutz (Hg.): *Im Dienst für Frieden und Sicherheit*, S. 99 ff.
17 Klaus-Jürgen Preuschoff: Menschenführung in der Bundeswehr zwischen Wunsch und erlebter Realität, in: Kurt Kister/Paul Klein (Hg.): *Staatsbürger in Uniform – Wunschbild oder gelebte Realität?*, Baden-Baden 1989
18 Gesprächsrunde in *Die Zeit*, Sonderdruck aus Nr. 10, 3. März 1995

19 Giordano: *Die Traditionslüge*, Köln 2000, S. 233
20 Fragen an die Begründer der Inneren Führung, in: Dieter Walz (Hg.): *Drei Jahrzehnte Innere Führung*, Baden-Baden 1987, S. 20
21 Donald Abenheim: *Bundeswehr und Tradition. Die Suche nach dem gültigen Erbe des deutschen Soldaten*, München 1989, S. 224ff.

Amnestie und Integration in der Bundesrepublik

1 Hermann Lübbe: »Der Nationalsozialismus im deutschen Nachkriegsbewußtsein«, in: *Historische Zeitschrift* 236 (1983), S. 579–599, hier: 585
2 Hierzu und zum folgenden Norbert Frei: *Vergangenheitspolitik. Die Anfänge der Bundesrepublik und die NS-Vergangenheit*, München 1996
3 Eugen Kogon: »Das Recht auf den politischen Irrtum«, in: *Frankfurter Hefte* 2 (1947), S. 641–655, hier: 654f.
4 Fritz René Allemann: *Bonn ist nicht Weimar*, Köln 1956

Juristen: Richter in eigener Sache

1 »NS-Chefrichter verklagt Land Hessen«, in: *Frankfurter Rundschau*, 25.1.1955
2 Zit. n. Hans Wrobel: *Verurteilt zur Demokratie. Justiz und Justizpolitik in Deutschland 1945–1949*, Heidelberg 1989, S. 200ff.
3 Gustav Radbruch: »Zur Diskussion über die Verbrechen gegen die Menschlichkeit«, in: *Süddeutsche Juristenzeitung* (1947), Sp. 135
4 Bundesarchiv Koblenz, B 141/50449, Norden auf der Pressekonferenz vom 23.5.1957
5 Bundesarchiv Koblenz, B 141/33726, Knappstein an Schäffer, 1.8.1958
6 *Frankfurter Allgemeine Zeitung*, 11.9.1958
7 Bundesarchiv Koblenz, B 141/50451, Vermerk des Personalreferenten, Dezember 1959
8 *Der Spiegel*, 2/1960, S. 32
9 *Süddeutsche Zeitung*, 15.1.1960
10 Parlamentsarchiv des Deutschen Bundestages, Dok. III/417, A4, vertrauliches Protokoll der 146. Sitzung des Bundestags-Rechtsausschusses am 20.4.1961, Äußerung Adolf Arndts, S. 52
11 Ebd., vertrauliches Protokoll der 149. Sitzung des Bundestags-Rechtsausschusses am 29.5.1961
12 Ausschuß für Deutsche Einheit: *Von der Reichsanwaltschaft zur Bundesanwaltschaft. Wolfgang Fränkel – neuer Generalbundesanwalt. Eine Dokumentation*, Ost-Berlin, S. 48

13 Bernd Naumann: *Auschwitz. Bericht über die Strafsache gegen Mulka u. a. vor dem Schwurgericht Frankfurt*, Frankfurt/M., 1968, S. 36ff.
14 Bundestags-Berichte, 4. Wahlperiode, 170. Sitzung am 10. 3. 1965, in: Deutscher Bundestag (Hg.): *Zur Verjährung nationalsozialistischer Verbrechen*, Bonn 1980, S. 166

Kalter Krieg, Antikommunismus und die NS-Vergangenheit

1 Wilhelm von Sternburg: *Adenauer. Eine deutsche Legende*, Berlin 2001

Journalisten: Worte als Taten

1 Zit. n. Haug von Kuehnheim: *Marion Dönhoff*, Reinbek 1999, S. 65 f.
2 Zit. n. Ralf Dahrendorf: *Liberal und unabhängig. Gerd Bucerius und seine Zeit*, München 2000, S. 113
3 Saul K. Padover: *Lügendetektor. Vernehmungen im besiegten Deutschland 1944/45*, Frankfurt/M. 1999, S. 7
4 Zit. n. Norbert Frei: Die Presse, in: Wolfgang Benz (Hg.), *Die Bundesrepublik Deutschland*, Bd. 3: *Kultur*, Frankfurt/M. 1983, S. 275–218, hier: 276
5 Zit. n. Michael Wolf Thomas (Hg.): *Porträts der deutschen Presse. Politik und Profil*, Berlin 1980, S. 85
6 Hans Edgar Jahn: *An Adenauers Seite. Sein Berater erinnert sich*, München 1987, S. 23
7 Paul Sethe, in: *Allgemeine Zeitung* (Mainz), 5. 6. 1956, zit. n. Norbert Frei/Johannes Schmitz: *Journalismus im Dritten Reich*, 3. Auflage, München 1999, S. 193
8 *Das Reich* 9. 3. 1941
9 *Das Reich* 4. 4. 1943
10 *Im Zentrum der Macht. Das Tagebuch von Staatssekretär Lenz 1951–1953*, bearb. von Klaus Gotto u. a., Eintrag vom 15. 1. 1951
11 Jahn, *An Adenauers Seite*, S. 69
12 *Christ und Welt*, 2. 4. 1971, zit. n. Peter Köpf: *Schreiben nach jeder Richtung. Goebbels-Propagandisten in der westdeutschen Nachkriegspresse*, Berlin 1995, S. 74
13 Ursula von Kardorff: *Berliner Aufzeichnungen 1942–1945*, München 1992, S. 290, Fußn. 1
14 Zit. n. Wolfgang Höpker: »Als der Weltgeist nach Stuttgart kam. Die Geschichte von Christ und Welt – ein evangelisches Blatt, das immer informieren wollte«, in: *Rheinischer Merkur/Christ und Welt*, 15. 3. 1986

15 Klaus Mehnert: »Die große Pause: Die Sowjetunion im Spätsommer 1933«, in: *Die Tat*, 25/1933, S. 530–543, hier: 542
16 Giselher Wirsing: »Richtung Ost/Südost«, in: *Die Tat*, 8/1930, zit. n. Köpf, *Schreiben nach jeder Richtung*, S. 69f.
17 Der Personalbericht ist abgebildet in Josef Wulf: *Presse und Funk im Dritten Reich. Eine Dokumentation*, Gütersloh 1964, S. 26f.
18 Zit. n. Michael Jürgs: *Der Fall Axel Springer*, München 1995, S. 170f.
19 *Kristall*, 1/1953, S. 10f., zit. n. Otto Köhler: *Unheimliche Publizisten. Die verdrängte Vergangenheit der Medienmacher*, München 1995, S. 188
20 Hans Zehrer: *Der Mensch in dieser Welt*, Hamburg 1948, S. 19
21 Bundestagsberichte (22.10.1952), zit. n. Norbert Frei: *Vergangenheitspolitik. Die Anfänge der Bundesrepublik und die NS-Vergangenheit*, München 1999, S. 86
22 Thomas Gnielka: *Falschspiel mit der Vergangenheit*, Frankfurt/M. (Sonderdruck) 1960, Vorwort
23 Karl Pavek: Boulevardblätter und Illustrierte, in: Harry Pross (Hg.): *Zeitgenössische Presse seit 1945*, Bern u.a. 1965, S. 135–158, hier: 146
24 Die Zitate in diesem und den folgenden Abschnitten nach Hermann Schreiber: *Henri Nannen. Drei Leben*, 3. Auflage, München 1999, S. 195f., S. 205 u. 276
25 Ebd., S. 277
26 Zit. n. Philipp Maußhardt: »Es gibt zwei Leben vor dem Tod«, in: *taz*, 29.9.1995
27 Brief von Wolfgang Moser an Freimut Duve vom 4. April 1989, in: Bernd C. Hesslein (Hg.): *Fritz Sänger. Ein Mutiger – kein Held*, Bonn 1991, S. 12-15, dort auch die folgenden Zitate Mosers.
28 Zit. n.: Norbert Frei: »Ein Mutiger, kein Held. Der Fall Sänger und die journalistische Ethik in totalitären Systemen«, in: *FAZ*, 31.3.1990, dort auch die folgenden Zitate Sängers.
29 »›Ich bin mit mir im reinen‹. Der linksliberale Autor Peter Grubbe über seine NS-Vergangenheit als Kreishauptmann in Kolomea«, in: *Der Spiegel* 41/1995
30 Zitiert nach: Thomas, Kleine-Brockhoff: »*Der Verwalter des Schlachthauses*«, in: *Die Zeit*, 13. 10. 1995
31 »Ich bin mit mir im reinen«, in: *Der Spiegel* 41/1995

Hitlers Eliten nach 1945 – eine Bilanz

1 In einem Brief an Paul Silverberg vom 23.4.1946, zit. n. Konrad Adenauer: *Briefe über Deutschland 1945–1955*, ausgewählt und eingeleitet von Hans Peter Mensing, München 1999, S. 47
2 Stenographische Berichte des Deutschen Bundestages, 1. Wahlperiode, 20.9.1949, S. 27

3 Walter Dirks: »Der restaurative Charakter der Epoche«, in: *Frankfurter Hefte* 5 (1950), S. 942–954; Eugen Kogon: »Die Aussichten der Restauration. Über die gesellschaftlichen Grundlagen der Zeit«, in: ebenda 7 (1952), S. 165–177

4 Stenographische Berichte des Deutschen Bundestages, 1. Wahlperiode, 6.4.1951, S. 5037 f.

5 Dolf Sternberger: »Die deutsche Frage«, in: *Der Monat*, H. 8/9 (1949), S. 16–21, hier S. 17

6 Stenographische Berichte des Deutschen Bundestages, 1. Wahlperiode, 22.10.1952, S. 10735 f.; Hervorhebung im Original

7 Edmund Mezger: »Konstitutionelle und dynamische Verbrechensauffassung«, in: *Monatsschrift für Kriminalpsychologie und Strafrechtsreform* 19 (1928), S. 385 bis 400, hier 393; Hervorhebung im Original. Vgl. auch Gerit Thulfaut: *Kriminalpolitik und Strafrechtslehre bei Edmund Mezger (1883–1962). Eine wissenschaftsgeschichtliche und biographische Untersuchung*, Baden-Baden 2000

8 Zit. n. Norbert Frei: *Der Führerstaat. Nationalsozialistische Herrschaft 1933 bis 1945*, München [6]2001, S. 250–257

9 Sie begann jedoch nicht erst, wie es jetzt mitunter den Anschein hat, auf dem Frankfurter Historikertag 1998; vgl. als Einstieg und Überblick über eine inzwischen breit gewordene Literatur: Winfried Schulze/Otto Gerhard Oexle (Hg.): *Deutsche Historiker im Nationalsozialismus,* Frankfurt am Main 1999

Literatur

Abenheim, Donald: *Bundeswehr und Tradition. Die Suche nach dem gültigen Erbe des deutschen Soldaten*, München 1989

Aly, Götz (Hg.): *Aktion T4 1939–1945. Die »Euthanasie«-Zentrale in der Tiergartenstraße 4*, Berlin 1987

Bald, Detlef: *Militär und Gesellschaft 1945–1990. Die Bundeswehr der Bonner Republik*, Baden-Baden 1994

Berghahn, Volker R./Friedrich, Paul J.: *Otto A. Friedrich. Ein politischer Unternehmer. Sein Leben und seine Zeit 1902–1975*, Frankfurt/M./New York 1993

Berghahn, Volker R.: *Unternehmer und Politik in der Bundesrepublik*, Frankfurt/M. 1985

Berghoff, Hartmut/Rauh-Kühne, Cornelia: *Fritz K. Ein deutsches Leben im zwanzigsten Jahrhundert*, Stuttgart 2000

»Beseitigung des jüdischen Einflusses«. Antisemitische Forschung, Eliten und Karrieren im Nationalsozialismus. Jahrbuch 1998/99 zur Geschichte und Wirkung des Holocaust, Frankfurt/M. 1999

»Bis endlich der langersehnte Umschwung kam ...« Von der Verantwortung der Medizin unter dem Nationalsozialismus, hg. von der Fachschaft Medizin der Phillips-Universität Marburg, Marburg 1991

Breymayer, Ursula/Ulrich, Bernd/Wieland, Karin (Hg.): *Willensmenschen. Über deutsche Offiziere*, Frankfurt/M. 1999

Brochhagen, Ulrich: *Nach Nürnberg. Vergangenheitsbewältigung und Westintegration in der Ära Adenauer*, Hamburg 1994

Bundesminister der Justiz (Hg.): *Im Namen des deutschen Volkes. Justiz und Nationalsozialismus. Katalog zur Ausstellung*, Köln 1989

Bussche, Hendrik van dem: *Medizinische Wissenschaft im »Dritten Reich«. Kontinuität, Anpassung und Opposition an der Hamburger Medizinischen Fakultät*, Berlin/Hamburg 1989

Dahrendorf, Ralf: *Liberal und unabhängig. Gerd Bucerius und seine Zeit*, München 2000

Danyel, Jürgen: »Die beiden deutschen Staaten und ihre nationalsozialistische Vergangenheit. Elitewechsel und Vergangenheitspolitik«, in: Kleßmann, Christoph/Misselwitz, Hans/Wichert, Günter (Hg.): *Deutsche Vergangenheiten – eine gemeinsame Herausforderung. Der schwierige Umfang mit der doppelten Nachkriegsgeschichte*, Berlin 1999, S. 128–138

Ebbinghaus, Angelika/Dörner, Klaus: *Vernichten und Heilen. Der Nürnberger Ärzteprozeß und seine Folgen*, Berlin 2000
Erker, Paul/Pierenkemper, Toni (Hg.): *Deutsche Unternehmer zwischen Kriegswirtschaft und Wiederaufbau. Studien zur Erfahrungsbildung von Industrie-Eliten*, München 1999
Frei, Norbert: »NS-Vergangenheit unter Ulbricht und Adenauer. Gesichtspunkte einer »vergleichenden Bewältigungsforschung«, in: Danyel, Jürgen (Hg.): *Die geteilte Vergangenheit. Zum Umgang mit Nationalsozialismus und Widerstand in beiden deutschen Staaten*, Berlin 1995, S. 125–132
Frei, Norbert: Vergangenheitspolitik. Die Anfänge der Bundesrepublik und die NS-Vergangenheit, München 1996, 1999.
Frei, Norbert/Schmitz, Johannes: *Journalismus im Dritten Reich*, München 1999 (3. überarb. Aufl.)
Frei, Norbert: »Die Presse«, »Hörfunk und Fernsehen«, in: Wolfgang Benz (Hg.), *Die Bundesrepublik Deutschland. Geschichte in drei Bänden*, Band 3: *Kultur*, Frankfurt/M. 1993, S. 370–463.
Frei, Norbert (Hg.): *Medizin und Gesundheitspolitik in der NS-Zeit*, München 1991
Frei, Norbert/van Laak, Dirk/Stolleis, Michael (Hg.): *Geschichte vor Gericht. Historiker, Richter und die Suche nach Gerechtigkeit*, München 2000
Gall, Lothar: »A man for all seasons? Hermann Josef Abs im Dritten Reich«, in: *Zeitschrift für Unternehmensgeschichte*, 2 (1998), S. 123–176
Giordano, Ralph: *Die Traditionslüge. Vom Kriegerkult in der Bundeswehr*, Köln 2000
Godau-Schüttke, Klaus Detlev: *Die Heyde/Sawade-Affäre*, Baden-Baden 1998
Heesch, Eckhard (Hg.): *Heilkunst in unheilvoller Zeit. Beiträge zur Geschichte der Medizin im Nationalsozialismus*, Frankfurt/M. 1993
Henke, Klaus-Dietmar: »Die Trennung vom Nationalsozialismus. Selbstzerstörung, politische Säuberung, Entnazifizierung, Strafverfolgung«, in: ders./Hans Woller (Hg.): Politische Säuberung in Europa. Die Abrechnung mit Faschismus und Kollaboration nach dem Zweiten Weltkrieg, München 1991, S. 21–83
Herbert, Ulrich: »Deutsche Eliten nach Hitler«, in: *Mittelweg 36* 3 (1999), S. 66–82
Herbert, Ulrich: »Rückkehr in die Bürgerlichkeit? NS-Eliten in der Bundesrepublik«, in: Weisbrod, Bernd (Hg.): *Rechtsradikalismus in der politischen Kultur der Nachkriegszeit. Die verzögerte Normalisierung in Niedersachsen*, Hannover 1995, S. 157–173
Jäckle, Renate: *Die Ärzte und die Politik 1930 bis heute*, München 1988
James, Harold: *Die Deutsche Bank und die »Arisierung«*, München 2001
Joly, Hervé: *Großunternehmer in Deutschland. Soziologie einer industriellen Elite 1933–1989*, Leipzig 1998
Kardorff, Ursula von: *Berliner Aufzeichnungen 1942–1945*, München 1992
Kater, Michael H.: *Ärzte als Hitlers Helfer*, Hamburg/Wien 2000
Kister, Kurt/Klein Paul (Hg.): *Staatsbürger in Uniform – Wunschbild oder gelebte Realität?*, Baden-Baden 1989
Klee, Ernst: *Was sie taten – was sie wurden. Ärzte, Juristen und andere Beteiligte am Kranken- oder Judenmord*, Frankfurt/M. 1986

Knabe, Hubertus: *Die unterwanderte Republik. Stasi im Westen*, Berlin 1999
Köhler, Otto: *Unheimliche Publizisten. Die verdrängte Vergangenheit der Medienmacher*, München 1995
König, Helmut/Kuhlmann, Wolfgang/Schwabe, Klaus (Hg.): *Vertuschte Vergangenheit. Der Fall Schwerte und die NS-Vergangenheit der deutschen Hochschulen*, München 1997
Kolb, Stephan/Seithe, Horst/IPPNW (Hg.): *Medizin und Gewissen. 50 Jahre nach dem Nürnberger Ärzteprozeß – Kongreßdokumentation*, Frankfurt/M. 1998
Kröner, Hans Peter: *Von der Rassenhygiene zur Humangenetik. Das Kaiser-Wilhelm-Institut für Anthropologie, menschliche Erblehre und Eugenik nach dem Kriege*, Stuttgart 1998
Kuenheim, Haug von: *Marion Dönhoff*, Reinbek 1999
Lemke, Michael: »Kampagnen gegen Bonn. Die Systemkrise der DDR und die West-Propaganda der SED 1960–1963«, in: *Vierteljahrshefte für Zeitgeschichte* 41 (1993), S. 153–174
Lichtenstein, Heiner: *Im Namen des Volkes? Eine persönliche Bilanz der NS-Prozesse*, Köln 1984
Lifton, Robert Jay: *Ärzte im Dritten Reich*, Berlin 1988
Loewy, Hanno/Winter, Bettina (Hg.): *NS-»Euthanasie« vor Gericht. Fritz Bauer und die Grenzen juristischer Bewältigung*, Frankfurt/M. 1996
Loth, Winfried/Rusinek, Bernd-A. (Hg.): *Verwandlungspolitik. NS-Eliten in der westdeutschen Nachkriegsgesellschaft*, Frankfurt am Main 1998
Meinel, Christoph/Voswinckel, Peter (Hg.): *Medizin, Naturwissenschaft, Technik und Nationalsozialismus. Kontinuitäten und Diskontinuitäten*, Stuttgart 1994
Messerschmidt, Manfred: *Militärgeschichtliche Aspekte der Entwicklung des deutschen Nationalstaates*, Düsseldorf 1988
Meyer-Seitz, Christian: *Die Verfolgung von NS-Straftaten in der Sowjetischen Besatzungszone*, Berlin 1998
Mitscherlich, Alexander/Mielke, Fred (Hg.): *Medizin ohne Menschlichkeit. Dokumente des Nürnberger Ärzteprozesses*, Frankfurt/M. 1960 (zuerst 1947: *Das Diktat der Menschenverachtung*, 1949 unter dem Titel: *Wissenschaft ohne Menschlichkeit*)
Müller, Ingo: *Furchtbare Juristen. Die unbewältigte Vergangenheit unserer Justiz*, München 1987
Müller, Rolf-Dieter: *Der Manager der Kriegswirtschaft. Hans Kehrl. Ein Unternehmer in der Politik des Dritten Reichs*, Essen 1999
Müller, Rolf-Dieter/Ueberschär, Gerd R.: *Hitlers Krieg im Osten 1941–1945. Ein Forschungsbericht*, Darmstadt 2000
Müller-Hill, Benno: *Tödliche Wissenschaft. Die Aussonderung von Juden, Zigeunern und Geisteskranken 1933–1945*, Hamburg 1984
Padover, Saul K.: *Lügendetektor. Vernehmungen im besiegten Deutschland 1944/45*, Frankfurt/M. 1999
Pätzold, Kurt: *Ihr waret die besten Soldaten. Ursprung und Geschichte einer Legende*, Leipzig 2000

Perels, Joachim: *Das juristische Erbe des »Dritten Reiches«. Beschädigungen der demokratischen Rechtsordnung*, Frankfurt/M./New York 1999

Plato, Alexander von: »›Wirtschaftskapitäne‹. Biographische Selbstrekonstruktionen von Unternehmern der Nachkriegszeit«, in: Schildt, Axel/Sywottek, Arnold (Hg.): *Modernisierung im Wiederaufbau. Die westdeutsche Gesellschaft der 50er Jahre*, Bonn 1998

Plumpe, Werner: *Vom Plan zum Markt. Wirtschaftsverwaltung und Unternehmerverbände in der britischen Zone*, Düsseldorf 1987

Pross, Harry: *Zeitungsreport. Deutsche Presse im 20. Jahrhundert*, Weimar 2000

Rahms, Helene: *Zwischen den Zeilen. Mein Leben als Journalistin im Dritten Reich*, Bern 1997

Redaktion Kritische Justiz (Hg.): *Die juristische Aufarbeitung des Unrechts-Staats*, Baden-Baden 1998

Rückerl, Adalbert: *NS-Verbrechen vor Gericht. Versuch einer Vergangenheitsbewältigung*, Heidelberg 1982

Ruck, Michael: »Verwaltungsjuristen in der Nachkriegszeit – Wandlungen einer deutschen Funktionselite im interregionalen Vergleich«, in: Düwell, Franz-Josef und Vormbaum, Thomas (Hg.): *Themen juristischer Zeitgeschichte*, Baden-Baden 1999, S. 71–98

Schildt, Axel: »NS-Eliten in der Bundesrepublik Deutschland«, in: *Geschichte, Politik und ihre Didaktik* 24 (1996), S. 20–32

Schreiber, Hermann: *Henri Nannen. Drei Leben*, München 1999

Stein, Marcel: *Generalfeldmarschall Erich von Manstein. Kritische Betrachtung des Soldaten und Menschen*, Mainz 2000

Stiftung Hamburger Institut für Sozialforschung (Hg.): *Eine Ausstellung und ihre Folgen. Rezeption der Ausstellung »Vernichtungskrieg. Verbrechen der Wehrmacht 1941 bis 1945«*, Hamburg 1999

Streit, Christian: *Keine Kameraden: Die Wehrmacht und die sowjetischen Kriegsgefangenen 1941–1945*, Neuausgabe Bonn 1997

Völklein, Ulrich: *Die verweigerte Schuld. Gespräche mit einem Täter: Wie aus dem NS-Kreishauptmann Claus Volkmann der links-liberale Publizist Peter Grubbe wurde*, Hamburg 2000

Wachs, Philipp-Christian: *Der Fall Theodor Oberländer (1905–1998). Ein Lehrstück deutscher Geschichte.* Frankfurt/New York 2000

Wilke, Jürgen (Hg.): *Mediengeschichte der Bundesrepublik Deutschland*, Köln 1999

Wrobel, Hans: *Verurteilt zur Demokratie. Justiz und Justizpolitik in Deutschland 1945–1949*, Heidelberg 1989

Zapf, Wolfgang (Hg.): *Beiträge zur Analyse der deutschen Oberschicht*, München 1996

Zapf, Wolfgang: *Wandlungen der deutschen Elite. Ein Zirkulationsmodell deutscher Führungsgruppen 1919–1961*, München 1996

Ziegler, Dieter (Hg.): *Großbürger und Unternehmer. Die deutsche Wirtschaftselite im 20. Jahrhundert*, Göttingen 2000

Abkürzungen

AA	Auswärtiges Amt
ABC-Waffen	atomare, biologische und chemische Kampfmittel
ADK	Arbeitsgemeinschaft Demokratischer Kreise
APO	Außerparlamentarische Opposition
ARD	Arbeitsgemeinschaft der öffentlich-rechtlichen Rundfunkanstalten Deutschlands
BASF	Badische Anilin- und Sodafabriken
BdA	Bundesvereinigung der deutschen Arbeitgeberverbände
BDI	Bundesverband der Deutschen Industrie
BHE	Bund der Heimatvertriebenen und Entrechteten
BND	Bundesnachrichtendienst
CDU	Christlich Demokratische Union
CIA	Central Intelligence Agency
DDR	Deutsche Demokratische Republik
DFG	Deutsche Forschungsgemeinschaft
DGB	Deutscher Gewerkschaftsbund
DMW	Deutsche Medizinische Wochenschrift
DNVP	Deutschnationale Volkspartei
DP	Deutsche Partei
dpa	Deutsche Presse-Agentur
EVG	Europäische Verteidigungsgemeinschaft
FAZ	Frankfurter Allgemeine Zeitung
FDP	Freie Demokratische Partei
FZ	Frankfurter Zeitung

Gekrat Gemeinnützige Krankentransportgesellschaft

Gestapo Geheime Staatspolizei

HIAG Hilfsgemeinschaft auf Gegenseitigkeit (SS)

IG Farben Interessengemeinschaft Farbenindustrie AG

IG Metall Industriegewerkschaft Metall

IMT Internationales Militär Tribunal

KPD Kommunistische Partei Deutschlands

MNN Münchner Neueste Nachrichten

NATO North Atlantic Treaty Organization

NDR Norddeutscher Rundfunk

NS Nationalsozialismus

NSDAP Nationalsozialistische Deutsche Arbeiterpartei

NVA Nationale Volksarmee

ÖTV Gewerkschaft Öffentliche Dienste, Transport und Verkehr

OKH Oberkommando des Heeres

OKW Oberkommando der Wehrmacht

PK Propagandakompanie

PWD Psychological Warfare Division

RAF Rote Armee Fraktion

RIAS Rundfunk im amerikanischen Sektor

SA Sturmabteilung

SBZ Sowjetisch besetzte Zone

SD Sicherheitsdienst der SS

SDS Sozialistischer Deutscher Studentenbund

SED Sozialistische Einheitspartei Deutschlands

SFB Sender Freies Berlin

SPD Sozialdemokratische Partei Deutschlands

SS Schutzstaffel

UdSSR Union der sozialistischen Sowjetrepubliken

UN United Nations

VIAG Vereinigte Industrie-Unternehmungen AG

WDR Westdeutscher Rundfunk

ZDF Zweites Deutsches Fernsehen

Register

(Kursive Seitenzahlen verweisen auf Abbildungen.)

Bildnachweise*

Aus: *Berliner Morgenpost* vom 7.11.1984; Seite 235

Aus: *Illustrierte Film-Bühne* vom 24.9.1959; Seite 211

Aus: *Der Spiegel*, 45/1960; Seite 102

Aus: *Der Spiegel*, 1-2/1962; Seite 158

Aus: *Der Spiegel*, 52/1963; Seite 151

Aus: *Der Spiegel*, 37/1965; Seite 225

Aus: *Der Spiegel*, 17/1985; Seite 41

Aus: *Sunday Express* vom 31.1.1951(Giles) ; Seite 91

Aus: *Volk und Rasse. Illustrierte Monatszeitschrift für deutsches Volkstum*, 10. Jg. 1936; Seite 15

Archiv des Landtags Nordrhein-Westfalen, Düsseldorf; Seite 198

Bildarchiv Preussischer Kulturbesitz, Berlin; Seite 87, 103

Bundesarchiv Koblenz; Seite 22, 181, 182, 185, 200, 212

Bundesministerium der Verteidigung; Seite 150

Der Spiegel, Hamburg; Seite 59, 105, 333

Deutscher Ärzte Verlag, Köln; Seite 28, 65

Deutsches Ärzteblatt/Fotoarchiv, Köln; Seite 18, 29, 64

Deutsches Historisches Museum, Berlin; Seite 320, 330

Dönhoff, Marion Gräfin; Seite 241

dpa Bildarchiv Frankfurt/M.; Seite 19, 33, 67/1, 67/2, 77, 85, 95, 116, 124, 142, 174, 190, 208, 220, 259, 265, 274, 279/2, 279/3, 289

Hanitzsch, Dieter; Seite 293

Hessisches Hauptstaatsarchiv, Wiesbaden; Seite 25

Imperial War Museum; Seite 81 (BU 11806)

Intertopics, Hamburg; Seite 74

Landeswohlfahrtsverband Hessen, Kassel; Seite 40

Mabuse Verlag, Frankfurt; Seite 63

* Trotz aller Bemühungen ist es nicht in allen Fällen gelungen, die Rechteinhaber zu ermitteln. Es wird darum gebeten, sich gegebenenfalls beim Campus Verlag, Kurfürstenstraße 49, 60486 Frankfurt zu melden.

Neues Deutschland; Seite 97

Presse- und Informationsamt der Bundesregierung, Bundesbildstelle; Seite 131, 148, 207, 256, 260, 261

Schindler-Foto-Report, Oberursel; Seite 224

Simplicissimus; Seite 218

Süddeutscher Verlag/DIZ Bilderdienst, München; Seite 68, 75, 76, 83, 94/2, 98, 107, 118, 121, 139, 233, 246, 263, 270, 275, 313, 324

Süddeutsche Zeitung, Ernst Maria Lang; Seite 154

Staeck, Klaus; Seite 237

STERN, Hamburg
– Foto: Günter Radtke; Seite 287
– Foto: Rudi Herzog; Seite 298

Stuttgarter Zeitung; Seite 57

Ullstein Bilderdienst, Berlin; Seite 21, 26, 39, 43/2, 43/3, 45, 93/1, 100, 110, 112, 125, 192, 206, 229, 248, 250, 279/1, 280, 294

Werksarchiv VEBA-Öl AG; Seite 85

Die Autoren

Dr. Thomas Fischer Jahrgang 1947, Leiter der Redaktion Bildung und Zeitgeschehen beim Fernsehen des Südwestrundfunks, verantwortlicher Redakteur der ARD-Serie *Karrieren im Zwielicht*.

Prof. Dr. Norbert Frei Jahrgang 1955, Lehrstuhlinhaber für Neuere und Neueste Geschichte an der Ruhr-Universität Bochum. Veröffentlichungen u. a.: *Vergangenheitspolitik. Die Anfänge der Bundesrepublik und die NS-Vergangenheit*, München 1996, Taschenbuchausgabe 1999; *Der Führerstaat. Nationalsozialistische Herrschaft 1933 bis 1945*, erweiterte Neuausgabe München 2001.

Tobias Freimüller Jahrgang 1973, Erstes Staatsexamen 2001 an der Ruhr-Universität Bochum mit einer Arbeit über den Umgang der bundesdeutschen Ärzteschaft mit ihrer NS-Vergangenheit, Promotionsprojekt über Alexander Mitscherlich.

Marc von Miquel, M. A. Jahrgang 1968, Promotionsstipendiat an der Ruhr-Universität Bochum im Forschungsprojekt »Ahndung, Verjährung, Amnestie 1945–1969«. Veröffentlichung u. a.: »Wir müssen mit den Mördern zusammenleben!« NS-Prozesse und politische Öffentlichkeit in den sechziger Jahren, in: Fritz Bauer Institut (Hg.), *Jahrbuch zur Geschichte und Wirkung des Holocaust*, Frankfurt/M. 2001.

Tim Schanetzky, M. A. Jahrgang 1973, Wissenschaftlicher Mitarbeiter beim Sonderforschungsbereich »Wissenskultur und gesellschaftlicher Wandel« an der Universität Frankfurt/M. Veröffentlichungen u. a.: *Unter einem Dach. Engagement und Sozialkompetenz. 100 Jahre Hattinger Wohnstättengenossenschaft*, Essen 1999; *Endstation Größenwahn. Die Geschichte der Stadtsanierung in Essen-Steele*, Essen 1998.

Jens Scholten, M.A. Jahrgang 1974, Magisterexamen 2000 an der Ruhr-Universität Bochum mit einer Arbeit über die Einführung der Selbstbedienung im deutschen Lebensmittelhandel. Veröffentlichung: Themenroute 18: Großchemie und Energie, in: Kommunalverband Ruhrgebiet (Hg.), *Reiseführer Route der Industriekultur*, 2000.

Matthias Weiß, M.A. Jahrgang 1969, Promotionsstipendiat an der Ruhr-Universität Bochum im Forschungsprojekt »Medienpolitik in der Bundesrepublik 1949–1970«. Veröffentlichung u.a: *Sinn und Geschichte. Die filmische Selbstvergegenwärtigung der nationalsozialistischen »Volksgemeinschaft«*, Regensburg 2000.

Frankfurter Rundschau